Breve história da
Segunda Guerra Mundial

Ralf Georg Reuth

Breve história da Segunda Guerra Mundial

tradução
Claudia Abeling

todavia

Prólogo 7

1. Weimar, Hitler e a Segunda Guerra Mundial: Novembro de 1918 a janeiro de 1933 **15**
2. O caminho para a guerra europeia: Janeiro de 1933 a setembro de 1939 **45**
3. Guerras-relâmpago contra a Polônia e a França: Setembro de 1939 a julho de 1940 **83**
4. A luta pela Inglaterra: Julho de 1940 a junho de 1941 **121**
5. A guerra de extermínio contra a União Soviética: Junho a dezembro de 1941 **153**
6. A ampliação da guerra à Guerra Mundial: Dezembro de 1941 a janeiro de 1943 **181**
7. As forças do Eixo na defensiva: Fevereiro de 1943 a junho de 1944 **227**
8. O segundo front na Europa: Junho a dezembro de 1944 **271**
9. A luta final pelo Reich e a morte de Hitler: Dezembro de 1944 a maio de 1945 **305**
10. A Cortina de Ferro e a capitulação do Japão: Maio a setembro de 1945 **335**

Notas **357**

Fontes **371**

Bibliografia selecionada **375**

Índice toponímico **381**

Índice onomástico **389**

Créditos das imagens **397**

Prólogo

*Aqueles historiadores de nossa época
obcecados pelo determinismo e pela
compreensão sociológica da história
gostam de não reparar [...] no papel
desempenhado por determinadas figuras.*

François Furet[1]

Nenhum acontecimento histórico foi objeto de tantos livros quanto a Segunda Guerra Mundial. O número de publicações — via de regra narrativas completas, crônicas, biografias e tratados sobre eventos militares específicos — é quase incalculável. O que não espanta, dadas as dimensões descomunais e as consequências de grande envergadura desse evento mundial de cinco anos de duração. Seu custo chegou a 55 milhões de vidas humanas, além de genocídios e destruições em escala desconhecida até então. Hiroshima e Nagasaki iniciaram uma nova era, a atômica. O mundo se tornou bipolar, com regras ditadas pelas novas superpotências, os Estados Unidos e a União Soviética. Os grandes impérios coloniais se desfizeram. A Europa deixou de existir como centro do poder e durante décadas foi dividida por uma "cortina de ferro".

A autodestruição do Antigo Continente foi um longo processo, que se iniciou no verão de 1914 com a Primeira Guerra Mundial, na qual os povos entraram cambaleando feito "sonâmbulos". Os historiadores falam da "catástrofe primordial" do século XX, confirmando a sombria opinião do ministro das Relações Exteriores britânico Edward Grey, no início da guerra. Ele dizia que as luzes estavam se apagando em toda a Europa e que "nunca mais as veríamos brilhar em nossa vida".[2] Pois a primeira guerra industrializada trouxe consigo

A nova dimensão do ódio aos judeus

dimensões de extermínio que haviam superado a imaginação de seus contemporâneos e semearam um ódio inédito entre os povos — ódio esse que impediu tanto um acordo de paz durante a guerra quanto uma ordem pacífica sustentável no instante em que as armas silenciaram. A Primeira Guerra Mundial teve ainda outras consequências bem diferentes. Ela levou à liberação do espaço político, contribuindo para a irrupção dos movimentos sociais que eram uma resposta às crises espirituais, políticas e também econômicas da época. O ano de 1917 — com a Revolução Russa, cujos efeitos logo assolaram toda a Europa e principalmente a Alemanha — se tornou o grande ponto de inflexão. Dali a pouco o confronto não se daria mais entre nações e impérios apenas, mas também entre sistemas ideológicos antagônicos. Nesse contexto, falamos da "era dos extremos". Independentemente de como é chamada, essa época tem seu clímax na Segunda Guerra Mundial, que, devido ao desenvolvimento tecnológico e à dissolução de limites morais, em muito superou os horizontes de extermínio da Primeira Guerra Mundial.

No centro desse evento e, portanto, também deste livro, Adolf Hitler aparece como o principal responsável. A atual doutrina histórico-social dominante tende a negar que ele seja o resultado da reviravolta dessa época iniciada pela catástrofe primordial da Primeira Guerra. Para ela, Hitler é consequência e ponto-final de um *Sonderweg* [caminho particular] alemão — do caminho particular de uma nação que, sob a condução da Prússia, foi formada tardiamente e com prejuízos, caracterizada por um ímpeto expansionista insaciável, um militarismo intenso e um nacionalismo racial desmedido. A aspiração de Hitler ao poder mundial e a Segunda Guerra Mundial são compreendidas assim como continuação do imperialismo guilhermino e da Primeira Guerra; e, em última análise, a ideologia racista nacional-socialista e a política de

A nova dimensão do ódio aos judeus

extermínio são apenas consequência do antissemitismo da época anterior a 1914.

Quem tenta explicar a ascensão de Hitler e o domínio nacional-socialista exclusivamente a partir das forças sociais convencionais não dá conta do fenômeno. Pois reduzi-lo ao efeito de legalidades quer dizer tirá-lo do contexto histórico tão significativo para o século. Pesquisas mais recentes comprovam também que a politização ideológico-racista de Hitler aconteceu na época da revolução e de grande incerteza. Mesmo ao unir em sua pessoa componentes do mundo das ideias do século XIX, principalmente no que se refere à sua ideologia racista, Hitler significa um profundo rompimento na história moderna, alemã e europeia.

Em certo sentido, Hitler não encaixa na história. Ele não era um antissemita do tipo que tinha existido sempre e em todo lugar. Seu ódio aos judeus era de uma nova dimensão. Por meio da vivência no front, tornou-se discípulo de um darwinismo social e, depois da Primeira Guerra, enxergou "no judeu" o motivo primeiro de todo o mal. Ele o supunha tanto por trás da revolução vermelha quanto do Tratado de Versalhes. No mundo imaginário de Hitler, a luta contra o "judaísmo internacional" se tornou a questão existencial sobre o futuro da nação. À semelhança de um fanático religioso e às raias da mania de perseguição, ele submeteu sua vida ao objetivo de salvar a Alemanha e a cultura ocidental dessa "conspiração judaica mundial". A disparatada missão ideológico-racista foi sua motivação decisiva e não apenas o mero desejo de transformar a Alemanha numa potência mundial, ainda que concorresse, no fim das contas, ao mesmo resultado.

Hitler, cuja guerra começou em 1919-20, tinha uma característica única que o diferenciava de Stálin, seu rival ideológico. Ambos ignoravam as regras do jogo da realpolitik liberal e burguesa tradicional. Mas, ao contrário do líder soviético

A estratégia de Hitler como adversário sem qualquer racionalidade

materialista, que, com toda a pretensão comunista de salvação do mundo, se manteve realista, o líder alemão era guiado por fatores irracionais. Trata-se de algo de difícil compreensão a partir do ponto de vista de um presente esclarecido e pode incentivar a tendência de se minimizar as tiradas de ódio de Hitler contra tudo que era judaico, contra a Bolsa de Valores e o bolchevismo como meras propagandas antissemitas sem relação entre si. Na realidade, tudo nele convergia para uma visão de mundo fechada e de ideologia racista, acrescida pelo componente do espaço vital, do qual ele derivava os elementos programáticos básicos de uma política alemã e de guerra futuras. Aquilo que formulou como propagandista de Munique, como detento da prisão de Landsberg e como dirigente do Partido Nacional-Socialista dos Trabalhadores Alemães [Nationalsozialistische Deutscher Arbeiterpartei] (NSDAP), Hitler tentou concretizar de maneira dogmática e coerente como "Führer" e, por fim, como comandante supremo na guerra. No centro disso estava a destruição da União Soviética como bastião do "bolchevismo judaico" e, como precondição para tanto, uma parceria com o Império Britânico.

Para a compreensão do fenômeno Hitler é decisivo o fato de seus verdadeiros objetivos mal terem sido notados, o que com certeza não aconteceria se ele fosse resultado final de fluxos sociais convencionais. As afirmações ideológico-racistas nos primeiros discursos e em *Mein Kampf* estavam simplesmente distantes demais do discurso político normal de seu tempo. Além disso, Hitler — após ter subido ao palco da grande política nacional no fim dos anos 1920 — conseguiu ocultar por muito tempo sua política (externa) nutrida por essa visão de mundo detrás de um revisionismo radical, compartilhado por grande parte da população. Assim como Hitler chegou ao poder porque ninguém o tinha como quem era na realidade, nos anos 1930 e sob o júbilo da nação, lhe foi possível

A estratégia de Hitler como adversário sem qualquer racionalidade

colecionar sucessivos êxitos na política externa e conquistar a auréola tão duradoura de infalível grande líder. A política das potências ocidentais — mais tarde criticada, principalmente a da Grã-Bretanha — que toleraram Hitler, seja na ocupação da Renânia, na anexação da Áustria ou na crise dos Sudetos, com certeza não teria sido apoiada por tanto tempo pelo espírito do *appeasement* se seus verdadeiros objetivos tivessem sido enxergados ou ao menos imaginados. Entretanto, a política de apaziguamento londrina partia do pressuposto de que lidava com um rival racional.

Este livro evidencia a estratégia de Hitler como adversário de qualquer racionalidade na política e na condução da guerra, e a confronta com sua beligerância. Apenas esse procedimento oferece a chave para a compreensão da história prévia e a história da Segunda Guerra Mundial, na qual o ditador alemão fez, por assim dizer, sua própria guerra — submetida a critérios totalmente diferentes — dentro da guerra. Isso implicou erros de julgamento em parte catastróficos feitos por seus oponentes. Um deles foi cometido, por exemplo, por Stálin em 1941. Visto que também considerava Hitler um político frio e calculista, ele estava absolutamente convencido de que, apesar da gigantesca concentração de tropas alemãs, a União Soviética não seria atacada enquanto o conflito contra a Inglaterra não estivesse encerrado.

A guerra na guerra de Hitler também teve efeitos sobre a relação com os parceiros, por exemplo, com os membros do Pacto Tripartite, Itália e Japão, pois suas mudanças incompreensíveis na condução do confronto dificultavam o trabalho em conjunto. Mas as distorções dentro do comando alemão foram mais significativas. O Ministério das Relações Exteriores planejava, por exemplo, constelações de parceiros que não eram de maneira alguma compatíveis com as verdadeiras ideias de Hitler. O Alto-Comando da Marinha de Guerra se sentia comprometido a

Hitler como personagem singular

manter a tradição de Tirpitz.* Por essa razão, o inimigo a ser derrotado se chamava Inglaterra — a mesma Inglaterra que Hitler tanto desejava como parceiro estratégico. Nem o Alto--Comando da Wehrmacht** nem do Exército, ou seja, gente muito próxima a Hitler, compreendia essa estratégia, embora ela fosse servilmente executada. Nesse contexto, é sintomática a anotação do diário do mais alto estrategista militar de Hitler antes da campanha da Rússia: "Sentido não está claro [...]". Raras vezes na história uma liderança militar teve tão pouca familiaridade com aquilo que de fato impulsionava seu comandante--chefe e com seu objetivo — algo que naturalmente não livra ninguém de sua cumplicidade em relação à guerra criminosa nem traz absolvição quanto ao genocídio.

Todo o caráter da guerra de Hitler teve origem no seu irracionalismo disparatado. A guerra de extermínio por ele conduzida contra a União Soviética, mas também o genocídio dos judeus europeus, são explicados pela dimensão de sua batalha mundial das raças — sempre validada por ele no transcurso fático da guerra — e não por nenhuma tradição da política externa alemã. E a partir de certo momento na lógica pervertida de Hitler, o genocídio dos judeus era não apenas incontornável como também legítimo. Em outras palavras: a grandeza de sua tarefa não só justificava a anulação das normas civilizatórias, mas também a tornava imperiosa. E o fim da Segunda Guerra com a derrocada do Estado alemão também foi determinado pelo ideário racista de Hitler — mesmo que os entendimentos

---

* Alfred von Tirpitz (1849-1930): almirante, ministro e comandante da Marinha imperial alemã durante a Primeira Guerra Mundial. Defendia a expansão naval como uma questão de sobrevivência do Império e via na Inglaterra seu maior inimigo. [Esta e as demais notas de rodapé são da tradutora.]
** Reunião das Forças Armadas (Heer, Exército; Luftwaffe, Força Aérea; Kriegsmarine, Marinha de Guerra) com — do ponto de vista tático — a Waffen-SS (braço armado da organização paramilitar Schutzstaffel ou SS).

Hitler como personagem singular

da coalizão anti-Hitler em relação à exigência de uma capitulação irrestrita não possibilitassem nenhuma outra saída. Dessa maneira, no segundo volume de *Mein Kampf*, ele escreveu: "Ou a Alemanha será potência mundial ou não será".[3] Depois de concretizar sua profecia e de a nação tê-lo seguido na derrocada, Hitler deixou a vida. E o fez não sem obrigar em seu testamento político as futuras gerações a prosseguirem sua luta racial. Sua morte, porém, representou inevitavelmente o fim de sua ideologia assassina, enquanto o antissemitismo "tradicional" continuou existindo apesar das experiências horrendas do genocídio. Certa vez, durante a guerra, Stálin disse que os Hitlers iam e vinham. Ele se enganou. Pois o ditador alemão foi uma figura singular. E sua tarefa autoimposta, com a qual se tornou anacrônico, converteu-o na personagem histórica mais poderosa do século XX, e a Segunda Guerra Mundial, numa catástrofe sem precedentes.

1.
Weimar, Hitler e a Segunda Guerra Mundial

Novembro de 1918 a janeiro de 1933

*Se nossa gente e nosso Estado se
tornarem vítimas dos judeus tiranos
das nações, ávidos por sangue e
por dinheiro, o mundo inteiro cairá
nos tentáculos desse polvo [...].*

Adolf Hitler, *Mein Kampf*, 1926

É errado dizer que a Segunda Guerra Mundial foi consequência da Primeira Guerra. Apesar disso, sua história começa com o armistício e a revolução de novembro de 1918. Ambos os eventos se condicionam mutuamente. Pois a revolução também foi o resultado das circunstâncias confusas e obscuras que acompanharam o fim das animosidades na Alemanha. Logo depois do anúncio da vitória pacífica, alardeou-se que a guerra estava perdida, embora o Exército ainda se encontrasse no interior da França e da Bélgica e a Rússia bolchevista tivesse assinado, havia pouco meses, o humilhante Tratado de Paz de Brest-Litovsk. Tratava-se de uma gritante contradição com a realidade, quase despercebida no Reich,* de que o front ocidental havia sido derrotado. Na verdade, o Terceiro Alto-Comando do Exército, dotado de plenos poderes ditatoriais e sob o controle de Ludendorff e Hindenburg, não sabia mais o que fazer. Os dois generais eximiram-se da responsabilidade à medida que exigiam uma solução política justamente do governo

---

* Deutsches Reich: nome do Estado alemão de 1871 a 1945.

Final da guerra e revolução de novembro

do Reich — do qual até então faziam pouco-caso. Era preciso chegar a um cessar-fogo em 24 horas. Quando ele não foi selado devido às condições tidas como irrealizáveis, e como desesperada reação, a esquadra que até então enferrujava nos portos desde a Batalha da Jutlândia deveria ser mobilizada para um último confronto com os britânicos, superiores, os marinheiros se rebelaram no início de novembro. Essa revolta regional transformou-se em uma revolução, que, partindo da costa, logo se alastrou por toda a Alemanha.

Apesar de alguns paralelos exteriores, ao contrário dos acontecimentos na Rússia, tratava-se menos de uma revolução social do que de uma revolução de paz. Ela ofereceu à monarquia um final rápido, porque esta foi responsabilizada, pelos alemães cansados da guerra — seja nos fronts ou em casa —, pela situação a que o país tinha chegado. Em 9 de novembro de 1918, o deputado Philipp Scheidemann, da ala majoritária da social-democracia, gritou de uma janela do edifício do Reichstag [Parlamento], em Berlim: "O antigo, o podre, a monarquia cedeu [...]. Viva o novo, viva a república alemã".[1] Com sua proclamação, a ala majoritária da social-democracia teve de assumir a responsabilidade. E ela conduziu a revolução por caminhos moderados, controlados.

Entretanto, a medida prioritária era encerrar a guerra. Pois além do sofrimento humano, a população passava fome havia anos, e uma melhoria no abastecimento não estava em vista caso perdurasse o bloqueio naval dos Aliados. Como não se ouvia nem se via mais nada por parte das lideranças militares, o civil e membro do partido de centro Matthias Erzberger, na qualidade de mandatário do governo do Reich e líder da delegação alemã de negociação no bosque de Compiègne, assinou um armistício que se igualava a uma capitulação. Foi por isso que, mais tarde, criou-se a falsa impressão de que a política havia sido responsável pelo desonroso final da guerra.

Final da guerra e revolução de novembro

A Revolução Alemã foi um movimento dividido. Os sociais-democratas da ala majoritária [Mehrheitssozialdemocratische Partei Deutschlands] (MSPD) ao redor de Philipp Scheidemann e Friedrich Ebert queriam uma democracia parlamentarista. A extrema esquerda em torno de Rosa Luxemburgo e Karl Liebknecht, que tinha proclamado uma "República Socialista Alemã Livre" poucas horas depois de Scheidemann e que se solidarizara com os bolcheviques, uniu-se com partes dos sociais-democratas independentes [Unabhängige Sozialdemokratische Partei Deutschlands] (USPD) a favor de uma República dos Conselhos [Räterepublik] segundo o modelo russo. E o fosso entre os moderados e os radicais, que tinham se reunido sob a liderança do MSPD para formar um governo provisório, o Conselho dos Representantes do Povo, haveria de aumentar cada vez mais. Em dezembro de 1918 aconteceu o rompimento. A USPD anunciou o fim do trabalho conjunto com o MSPD ao deixar o Conselho dos Representantes do Povo e se manifestar contra a rápida eleição de uma assembleia nacional. O Partido Comunista da Alemanha [Kommunistische Partei Deutschlands] (KPD), fundado na virada de 1918 para 1919 por parte da USPD e por outros agrupamentos de esquerda, recusou totalmente as eleições e seguiu pelo caminho da oposição revolucionária extraparlamentar — o mesmo trilhado por Lênin em 1917 na Rússia, depois de reconhecer que seus bolcheviques não alcançariam o poder pela via democrática. Como consequência, surgiram na Alemanha situações semelhantes às de uma guerra civil. O levante espartaquista de Berlim foi o começo.

Mesmo assim, a democracia parlamentar sob a liderança do MSPD se consolidou, fazendo um pacto com o antigo Exército, cujo novo chefe Wilhelm Groener se bandeara para o lado da República. O que mais os sociais-democratas da ala majoritária poderiam ter feito de diferente, visto que partes da Marinha estavam associadas com os radicais? Por essa razão eles

Final da guerra e revolução de novembro

tentaram ganhar a simpatia de milhões de soldados regressados, em parte desenraizados, e os atraíram. Friedrich Ebert, presidente do Conselho dos Representantes do Povo e futuro presidente do Reich, que também perdera dois filhos na guerra, era quem mais queria passar aos regressados a sensação de que nem tudo tinha sido em vão. Insistindo na mentira, ele lhes assegurou que haviam sido imbatíveis. Agradecendo por sua atuação em prol da pátria, garantiu-lhes que seriam necessários à construção e à autoafirmação da República.

A possibilidade de eleger uma assembleia nacional em 19 de janeiro de 1919 foi mérito histórico da social-democracia majoritária alemã. Devido ao levante espartaquista na capital, ela teve de ser convocada em Weimar. A eleição foi o momento áureo da democracia na Alemanha, pois era a primeira votação livre, igualitária e secreta no país, incluindo-se aí a participação das mulheres. A assim chamada coalizão de Weimar — formada pelo MSPD, o centro e o Partido Democrático Alemão [Deutsche Demokratische Partei] (DDP) —, que deveria formar o governo, conseguiu 76,2% dos votos; 37,9% correspondiam ao MSPD. As forças da reação tinham sido batidas de maneira aniquiladora. O Partido Popular Nacional Alemão [Deutschnationale Volkspartei] (DNVP) alcançou 10,3%. O Partido Popular Alemão [Deutsche Volkspartei] (DVP), 4,4%. O Partido Social-Democrata Independente da Alemanha (USPD) ficou com 7,6% dos votos. Esse foi um atestado inequívoco dos alemães por um futuro democrático-republicano e, portanto, pacífico, de seu país, um atestado do nascimento da democracia alemã e que hoje quase caiu no esquecimento. Também é um atestado de que, no início de 1919, nada apontava para um Hitler e mais uma guerra mundial.

É lenda dizer que a dissensão entre a esquerda e a coalizão dos sociais-democratas de ala majoritária com o Exército e os grupos paramilitares [Freikorps] abriu caminho para

Repúblicas de Conselhos e exércitos vermelhos

o nacional-socialismo. Pois somente uma esquerda unificada poderia provocar um novo e imediato acirramento da reação. Os revolucionários radicais que tinham se unido a partes do USPD e formaram o Partido Comunista da Alemanha (KPD) foram vistos como vanguarda da revolução proletária mundial exaltada por Moscou. Ainda no início de novembro de 1918 eles tinham sido apoiados pela embaixada russa em Berlim, fazendo com que o governo do Reich da época encerrasse as relações diplomáticas com Moscou. No início da primavera de 1919, inquietações revolucionárias acometiam a capital, enquanto na Renânia foi montado um "exército vermelho" que aterrorizou a região. Repúblicas de Conselhos, surgidas em quase vinte cidades espalhadas por toda a Alemanha, eram compreendidas pelos que a convocavam como parte da revolução bolchevique mundial. Os bolcheviques russos, que ajudavam com sugestões e ações, enxergavam da mesma maneira. Grigóri E. Zinóviev, líder do Comintern, telegrafou satisfeito a Munique depois de os revolucionários esquerdistas terem tomado o poder local, dizendo que a partir de então existiam "três repúblicas soviéticas: Rússia, Hungria e Baviera". E ainda acrescentou que em um ano toda a Europa seria comunista.[2] Até Lênin enviou uma mensagem de saudação aos líderes da República dos Conselhos, pedindo para ser informado sobre "quais medidas haviam sido tomadas para lutar contra os carrascos burgueses Scheidemann e cia.".[3]

Naquela época, portanto, o medo assolava a Alemanha: o medo de "situações russas", ou seja, de violência e de terror inéditos, com os quais era conduzida a guerra civil no Leste. Por trás disso, ocultavam-se ainda medos antigos, difusos, do estranho e inquietante colosso oriental. Todos esses medos, que posteriormente desembocaram no ódio de Hitler aos bolcheviques, explicam parcialmente a dureza das tropas do governo e os excessos assassinos dos grupos paramilitares

As ilusões alemãs de paz

aliados, dos quais também Rosa Luxemburgo e Karl Liebknecht foram vítimas no decorrer do aniquilamento do levante espartaquista. Historiadores futuros poderão atestar que as muito alardeadas possibilidades de influência do jornal *Die rote Fahne* [A Bandeira Vermelha], órgão do KPD, não eram tão expressivas assim. Contemporâneos como Thomas Mann, conde Harry Kessler ou Ernst Troeltsch, por sua vez, viam os braços das "garras bolcheviques" agarrarem o coração da Europa. Eles e a maioria dos alemães enxergavam aí uma ameaça ao ambiente cultural, que era preciso afastar por todos os meios.

O resultado das negociações de paz que desde janeiro de 1919 ocorriam em subúrbios franceses foi de graves consequências para a marcha da história. Visto que os alemães, como perdedores da guerra, permaneceram por muito tempo distantes delas, as ilusões tinham florescido de início. Elas eram alimentadas também pelos discursos de políticos de ponta do MSPD. Guiados pelas ideias do presidente americano Woodrow Wilson, eles consideravam que o papel futuro da Alemanha seria o de parceiro igualitário na comunidade das democracias ocidentais. Ainda durante a guerra, em janeiro de 1918, Wilson rascunhou e continuou a desenvolver seus catorze pontos para uma reordenação futura da Europa. Ela se baseava nos princípios da democracia e do direito, bem como no direito de autodeterminação dos povos. Com o final da monarquia e a introdução da democracia parlamentarista, o governo do Reich correspondia às ideias e exigências de Wilson.

Além do mais, a Alemanha precisou aceitar as condições especialmente duras do armistício de Compiègne — sair dos territórios ocupados, recuar suas tropas para trás do Reno e, ainda por cima, fazer consideráveis pagamentos em espécie. Na perspectiva do governo do Reich, conduzido pela social--democracia, que enxergava nesse armistício também uma ação para gerar confiança com relação às negociações futuras em Versalhes, havia poucos obstáculos a uma paz justa. Os sociais-democratas apelaram ainda aos Aliados para que a paz europeia fosse negociada a partir das reivindicações de Wilson e, principalmente, com base em um justo equilíbrio de interesses. Sua autoconfiança em agir nesse sentido nascia da consciência de ter afastado da responsabilidade política os corresponsáveis pela guerra e de defender o novo, a democracia. Na condição de seus representantes, estavam imbuídos do desejo honesto de impedir a repetição de uma catástrofe como a Primeira Guerra Mundial. Em uma declaração oficial, o chanceler Scheidemann disse: "A paz, cuja negociação é a difícil tarefa deste governo, não deve ser uma paz do tipo conhecido pela história, não deve ser uma pausa repleta de novos preparativos à guerra em um eterno estado bélico dos povos, mas sim fundamentar a coexistência de todos os povos civilizados baseada numa Constituição mundial que garanta direitos iguais a todos".[4] Como a história europeia teria transcorrido caso essas esperanças tivessem se concretizado?

Mas as feridas que a guerra terrível havia aberto eram profundas demais, o ódio ainda era muito recente, e o desejo por vingança, ainda bastante vivo. Dessa maneira, aquilo que havia sido ditado aos perdedores da guerra no início de maio de 1919 em Versalhes e Saint-Germain não tinha nada que ver com as ideias do governo do Reich sobre uma futura ordem de paz. Nem com os princípios de Wilson. E também só se relacionava apenas muito vagamente às ideias do primeiro-ministro britânico David Lloyd George, que, no âmbito da doutrina londrina do equilíbrio,* queria manter de certo modo a Alemanha — como fator econômico e político — no jogo de

---

* Refere-se ao princípio da política externa britânica (até o final da Segunda Guerra) de se outorgar o papel de "equilibrador": o país não se identificava permanentemente com as políticas de nenhuma nação europeia, mas apoiava um ou outro lado, visando a manutenção do equilíbrio de forças no continente.

Tratado de Versalhes

forças da Europa continental. Ambos se curvaram às ideias do primeiro-ministro francês Georges Clemenceau, que considerava inevitável mais um ataque armado contra os alemães. Por esse motivo, os franceses insistiram em enfraquecer da maneira mais duradoura possível o inimigo mortal por meio das condições de paz. Isso implicava que o direito à autodeterminação e o princípio da nacionalidade, que o presidente americano queria ver realçados, não deveriam mais valer para os perdedores da guerra. Dessa maneira, lhes foi negada a união do Império Alemão com a República da Áustria Alemã,* como os parlamentos social-democratas, eleitos de maneira democrática em Berlim e Viena, haviam decidido. Além disso, ambos os perdedores tiveram de abdicar de uma série de regiões de língua quase que exclusivamente alemã. Lloyd George alertou sobre esse estado de coisas, dizendo que "não poderia imaginar motivo mais forte para uma guerra futura".[5] O Sul do Tirol ficou com a Itália, os Sudetos com a recém-criada Tchecoslováquia, o território de Memel com a Lituânia, e Danzig se tornou cidade livre controlada pela Liga das Nações. Regiões povoadas quase que exclusivamente por alemães como a província de Posen, a Prússia Ocidental e partes da Alta Silésia ficaram com a Polônia restabelecida; Eupen-Malmedy ficou com a Bélgica, o norte de Schleswig com a Dinamarca. No fim, um sétimo do território do Reich foi perdido, em cuja área haviam se estabelecido importantes indústrias-chave (somando 50% das jazidas de ferro e 25% das de carvão mineral) e na qual viviam 6,5 milhões de pessoas.

Mas isso não é tudo. As condições do acordo previam que a Alemanha, além de abdicar de todas as colônias, se tornasse

---

* Estado austríaco criado logo após o desmembramento do Império Austro-Húngaro.

Tratado de Versalhes

militarmente uma *quantité négliable*, ou seja, insignificante. O Exército, outrora orgulho da nação, deveria ser reduzido a 100 mil homens; a Marinha a 15 mil homens. A esquadra, filha dileta do imperador, devia ser em grande parte extinta. Em junho de 1919, 74 navios de guerra foram a pique na baía de Scapa Flow; em seguida, os Aliados exigiram a entrega da quase totalidade da frota mercante alemã. Complementando tudo isso, o Tratado de Versalhes previa a desmilitarização das regiões à esquerda do Reno e uma faixa de cinquenta quilômetros de largura à direita do Reno, mais o desmantelamento das fortificações locais, bem como a dissolução de todas as guarnições. Além disso, o monstruoso documento de 440 artigos obrigava a Alemanha a fazer vultosos pagamentos em espécie. Os representantes da Entente não ficaram por aí: a Alemanha — cuja delegação de negociação só pôde entrar no palácio de Versalhes por uma entrada lateral — tinha também de oferecer reparações financeiras. As forças vencedoras ainda não haviam chegado a um consenso sobre o montante. Mas isso não importava, visto que os vencidos tinham de aceitar de antemão qualquer valor. Pois contra qualquer realidade histórica, o artigo 231 dispunha que "a Alemanha e seus sequazes, na qualidade de artífices da guerra, são responsáveis por todas as perdas e danos que os Aliados possam ter sofrido".[6] Por essa razão, o preâmbulo do tratado dizia que o ingresso da Alemanha na liga das nações civilizadas estaria vedado até 1926.

Determinar a culpa de uma nação por uma guerra e, em seguida, boicotá-la mundialmente era uma novidade na história. Isso também se estendia para a exigência de entregar o imperador, como chefe militar supremo, mais oitocentos de seus partidários, permitindo que fossem julgados por um tribunal aliado. No que se refere aos oitocentos partidários, o governo do Reich não tomou providências. Com relação ao imperador em seu exílio em Doorn, nos Países Baixos, que haviam

O ultimato das potências vencedoras

se mantido neutros, opuseram-se com relutância às insistentes tentativas de extradição por parte da Entente. Não foram poucos os que levantaram a voz contra o Tratado de Versalhes. Keynes, economista e membro da delegação britânica de negociação, discorreu sobre uma "política de escravização da Alemanha durante toda uma vida, a humilhação de milhões de pessoas vivas e a espoliação de todo um povo".[7] Os participantes da conferência que tinham uma visão mais ampla — como o primeiro-ministro da União Sul-Africana, Jan C. Smuts, membro da delegação britânica — alertaram sobre um novo confronto. Ele escreveu para Wilson: "Esta paz poderia [...] significar para o mundo uma desgraça ainda maior do que foi a guerra".[8] Mas o presidente americano, que não se impunha, também se via como vítima dos seus aliados.

O saldo final de Versalhes, que regulou os interesses territoriais das potências vencedoras e, com isso, manteve a Rússia bolchevique afastada da Europa por meio de um *cordon sanitaire* de Estados médios e pequenos, da Finlândia até a Romênia, passando pelos países bálticos e pela Polônia, foi um choque para os alemães — que se sentiram atingidos até a medula. Todas as esperanças gestadas no armistício em relação a um futuro melhor, pacífico, e ao fim da fome tornaram-se puro desespero. E eis o que era percebido como ainda pior: a nação que havia nascido de guerras e para a qual a classe militar era algo intrínseco tinha sido profundamente humilhada.

A Alemanha vencida começou a tomar consciência de que esse tratado nunca poderia ter sido aceito e também nunca seria aceito. Os protocolos do Reichstag documentam o famoso discurso de Scheidemann, proferido em 12 de maio de 1919 na Universidade Friederich Wilhelm, em Berlim, onde o Parlamento se reunia:

O ultimato das potências vencedoras

Eu lhes pergunto: quem, como homem honesto e cumpridor de seus deveres, pode aceitar tais condições? Que mão não haveria de fenecer ao nos algemar e a si mesma dessa maneira? Para o governo do Reich, esse tratado é inaceitável. Minutos de efusivos aplausos na casa e nas tribunas. As pessoas se levantam.[9]

Esse 12 de maio de 1919 — em Munique, uma república soviética bávara havia sido destituída com sangue no início do mês — foi a última grande articulação do consenso parlamentar na Alemanha da República de Weimar.

Da mesma maneira como a nação como um todo sofreu o impacto daquilo que foi tratado em Versalhes, ela foi abruptamente atropelada pela sucessão dos acontecimentos: em 16 de junho de 1919, os vencedores da Guerra Mundial deram um ultimato ao governo do Reich. Se a Alemanha não aceitasse as condições de paz dentro de cinco dias, eles dariam prosseguimento à guerra. Berlim tinha de se decidir entre Cila e Caríbdis. Se o ultimato fosse ignorado, a cansada Alemanha, que com a aceitação das condições do armistício de Compiègne mal tinha chance de defender seu território, cairia num caos completo. Tendo em vista o movimento separatista na Renânia e na Baviera, a consequência provável seria não apenas a desintegração do país como também um reavivamento da revolução. Se Berlim aceitasse as condições dos Aliados, os combatentes da Guerra Mundial se sentiriam traídos e, do ponto de vista não só da direita, a nação seria "difamada". Do ponto de vista do governo do Reich, ainda totalmente sob a marca da terrível Guerra Mundial, a decisão de se curvar ao ultimato foi o mal menor. Por protesto e sabendo que toda e qualquer ação seria errada, Scheidemann renunciou e foi seguido por todo o gabinete, não sem antes ter votado, bem como seu partido e apenas parte dos membros da coalizão de centro, pela aceitação do tratado. Todo o resto, a outra parte do centro — o DDP, o DNVP, o DVP e o USPD — votou contra. A divisão do Parlamento, no qual a maioria da coalizão de Weimar continuava a pertencer ao passado, encontrou seu equivalente na população alemã. Enquanto os bolcheviques queriam prosseguir com o sucesso da revolução, apoiando por todo o país as revoltas da extrema esquerda, ódio e pensamentos de vingança germinavam. O MSPD não era mais considerado o partido dos antigos soldados do front. No Exército, mas principalmente entre os indivíduos sem perspectiva dos grupos paramilitares e das associações militares, falava-se da grande conspiração dos sociais-democratas. Um desses grupos paramilitares, a Brigada de Marinha Ehrhard, posteriormente deu um golpe sob a liderança do ultrarreacionário Wolfgang Kapp, fracassando deploravelmente depois de apenas cem horas. Quem sustentava as narrativas sobre a "punhalada" nas costas do front eram aqueles responsáveis pelo desastre da Guerra Mundial e tradicionalmente partidários do DNVP, que apenas então ganhava relevância. E teorias conspiratórias como as que foram disseminadas mundialmente pelos *Protocolos dos sábios de Sião* ou pelo best-seller de Henry Ford, *O judeu internacional*, incendiavam círculos e grupos nacionalistas sectários, que passaram a contabilizar mais adesões.

A ideologização e a radicalização de Adolf Hitler começaram também por essa época. Depois de quatro anos, o desenraizado cabo austríaco havia retornado do front ocidental professando um darwinismo social primitivo. Para ele, a legitimidade da vida era a luta. Ao voltar para casa, onde nada mais era como costumava ser, o homem com a Cruz de Ferro, Primeira Classe, foi em busca de orientação. Ele foi visto na cerimônia de sepultamento do judeu e social-democrata independente Kurt Eisner, o primeiro-ministro bávaro assassinado em fevereiro de 1919. Durante a República dos Conselhos em abril de 1919, ele apareceu num conselho de soldados, mais especificamente como vice-representante da 2ª Companhia do Batalhão de Desmobilização do 2º Regimento de Infantaria bávaro, integrado ao "exército vermelho". Um Hitler desorientado, obtuso funcionário de baixo escalão na engrenagem da revolução mundial bolchevista é o mesmo Hitler que logo após a República dos Conselhos vai enxergar no "bolchevismo judaico" seu inimigo mortal! Isso não combina com as teses que traçam para sua pessoa supostas linhas que vão do antissemita vienense ao *Judenhasser* [odiador de judeus] do pós-guerra. Este último ele se tornou quando, nos dias seguintes ao final da República dos Conselhos bávara e à divulgação do Tratado de Versalhes, foi designado a uma unidade que deveria realizar um trabalho educativo sobre o agente do mal do bolchevismo e o "capitalismo especulativo" das Bolsas, um capitalismo que, segundo a concepção da época, era tão dominado pelos judeus quanto o bolchevismo.

Em sua função como propagandista e espião, Hitler acabou entrando em contato com o Partido dos Trabalhadores Alemães [Deutsche Arbeiterpartei] (DAP), criado logo após a guerra. Os poucos membros do DAP — que posteriormente daria origem ao NSDAP — tinham como objetivo conciliar socialismo e nacionalismo. Do ponto de vista do pequeno e insignificante grupo ao redor do jornalista esportivo Karl Harrer e do agitador político Anton Drexler, ao qual logo se juntou o engenheiro Gottfried Feder, foi o choque de ambas as correntes que havia levado à derrota na Guerra Mundial. Feder refletiu sobre uma ordem econômica e redigiu um "manifesto", segundo o qual era preciso romper o domínio da "escravidão dos juros". Dinheiro não poderia mais ser ganho com dinheiro, mas exclusivamente com o trabalho. As teses de Feder foram matéria de discussão no jovem micropartido NSDAP.

A "luta mundial das raças"

Adolf Hitler por volta de 1920-1. Ele defendeu até a morte suas ideias, desenvolvidas após a Primeira Guerra, de uma "luta mundial das raças".

Nesse sentido, o nacional-socialismo era uma coisa, a ideologia racista — que Hitler começou a interiorizar na segunda metade de 1919 — era outra, o essencial. Esse mundo foi aberto ao cabo austríaco semiletrado por um escritor fracassado de nome Dietrich Eckart, que viria a se tornar seu mentor para assuntos relativos à visão de mundo. Eckart fazia parte daquele círculo de sectários nacionalistas que estavam organizados na Sociedade Thule e que enxergavam no "judeu parasita" o destruidor de toda sociedade nacional. Para eles, a trajetória do mundo era uma gigante luta de raças, que seria decidida pelo confronto entre judeus e arianos. Para os membros da Thule, tratava-se de uma luta impiedosa pelo ser ou não ser, uma luta entre a raça nórdica, que incluía o "ser humano sensível", e seu grande contrário, o "judeu materialista". Para os homens e as mulheres da Sociedade Thule, essa era a essência da história.

A "luta mundial das raças"

Para Hitler, entretanto, foram os acontecimentos envolvendo a Alemanha que transformaram essa luta numa grande conspiração judaica. Aí então ele passou a considerá-la não mais apenas como um modelo teórico de explicação do mundo, mas, sim, como uma realidade supostamente vivenciada e sofrida. A partir daí, Hitler ficou completamente obcecado pela ideia de que o bolchevismo russo e o capitalismo especulativo, na forma da República dos Conselhos bávara e do Tratado de Versalhes, seriam os instrumentos perniciosos de uma mesma força judaica, cujas sistemáticas "atividades subversivas" tinham levado à derrota na Primeira Guerra Mundial. "O Tratado de Paz de Versalhes e o bolchevismo são as duas cabeças de um monstro. Temos de cortar ambas", ele disse certa vez.[10]

Partindo da convicção de que era dos poucos que tinham compreendido as verdadeiras conexões do curso do mundo, Hitler passou a subordinar toda a sua ação política a esse ponto de vista. Daí surgiu uma forma do político com elementos pseudorreligiosos. A visão de mundo segundo a ideologia racista de Hitler tornou-se então um tipo de "religião política", cujo núcleo era um tipo de "guerra religiosa" contra "os judeus" e, a partir da compreensão desse que o comandava, só poderia terminar com a vitória — ou seja, com a salvação do mundo — ou com a derrota. "Ou a Alemanha será potência mundial ou não será", ele escreveu mais tarde em *Mein Kampf*.[11]

A fanática luta mundial de Hitler começou no final de 1919 e dirigiu-se à princípio contra a "imposição de paz", mas também contra a revolução. Ele censurou o KPD, associado com Moscou, que queria submeter a Alemanha ao domínio "do pan-judaísmo". Difamou os sociais-democratas como instrumento submisso aos "judeus manipuladores", desde que aceitaram as condições de paz dos inimigos da Alemanha impostas pelos "judeus especuladores". Em setembro de 1919 — ainda bem no início de sua ideologização —, ele derivou uma

A "luta mundial das raças"

consequência terrível de seu suposto conhecimento da natureza de seu inimigo, ao escrever: "O objetivo último deve ser definitivamente o afastamento dos judeus".[12] Provavelmente ainda não estava se referindo de maneira resoluta ao genocídio, mas os judeus deviam desaparecer, fosse como fosse.

Os enfrentamentos com Versalhes e o dilatamento da revolução bolchevista na forma da República dos Conselhos de Munique, que contava com inúmeros judeus entre seus protagonistas, tiveram um quinhão decisivo na formação da lunática ideologia de Hitler na segunda metade de 1919. Entretanto, suas "verdades" no âmbito da ideologia racista encontraram eco, no melhor dos casos, nos círculos sectários de Munique. E no que diz respeito ao seu objetivo político central, concreto, que ele ressaltou em seu programa de 25 pontos de fevereiro de 1920, este não se diferenciava daquele do espectro político geral da República. Todos, da extrema esquerda à extrema direita, queriam a anulação dos tratados de Versalhes e de Saint-Germain.

Os governos do Reich lutavam através da via diplomática pelo fim das reparações, que em junho de 1920 tinham sido fixadas em astronômicos 269 bilhões de marcos de ouro. Eles também defendiam a anulação dos limites impostos aos armamentos, considerados especialmente desonrosos. Por último, esperavam que a Alemanha pudesse reconquistar, no longo prazo, sua posição de potência. A política externa considerava haver uma chance no fato de que a união existente desde o tempo do imperador entre as forças aliadas Grã-Bretanha, França e Rússia tinha sido interrompida. A potência comunista no Leste estava isolada e se oferecia como parceira da política alemã, principalmente seu campo liberal-burguês--conservador, onde opostos ideológicos — ao contrário do que ocorria com os sociais-democratas — tinham pouca ou nenhuma importância.

A liderança da Reichswehr* imaginou inclusive cenários de uma ação conjunta com a Rússia contra a Polônia para a reconquista dos territórios orientais perdidos, seguida de uma campanha contra a França com o suporte russo. Esses eram estudos iguais aos realizados pelos staffs dos generais das potências europeias, pois a guerra — apesar do horror de 1914-8 — continuava sendo considerada como a legítima continuação da política. O ponto decisivo era uma avaliação racional da situação e, principalmente, das próprias possibilidades militares. No começo dos anos 1920 na Alemanha, uma revisão à força de Versalhes era sem dúvida uma opção distante, pois não se fazia guerra com um Exército de 100 mil homens.

O governo do Reich, conduzido pelo político de centro Joseph Wirth, aproveitou-se das possibilidades que a Rússia comunista oferecia para a política alemã. Em abril de 1922, o ministro das Relações Exteriores Walter Rathenau (DDP) e o comissário do povo para assuntos externos Gueórgui Tchitchérin assinaram, na presença de Adolf Jones, embaixador soviético expulso de Berlim em novembro, o Tratado de Rapallo. Aquilo que Hitler enxergava como a ação conjunta dos odiosos políticos do sistema,** dominados pelos judeus, com os bolchevistas judeus do Kremlin — confirmando assim sua visão de mundo da grande traição —, foi percebido como um escândalo na Europa. Os perdedores da guerra, os desvalidos, tiveram a audácia de sair do isolamento político e social e fortalecer sua posição frente às potências ocidentais. Nesse tratado, ficou acordado o restabelecimento de relações diplomáticas e econômicas. Especialmente estas últimas eram importantes para a Alemanha, pois suas mercadorias estavam sendo boicotadas

---

* Nome dado ao conjunto das Forças Armadas alemãs no período entre 1919 e 1935 e limitado a 100 mil homens pelo Tratado de Versalhes. ** "Época do sistema": maneira como os nacional-socialistas chamavam, de forma desdenhosa e pejorativa, o período entre 1918 e sua tomada de poder em 1933.

pelos países da Europa ocidental. O ponto mais explosivo de Rapallo foi a fixação de um trabalho militar conjunto secreto entre os dois países tão antagônicos, que já tinha começado. Soldados alemães recebiam treinamento em tanques e aviões na Rússia; ou seja, em armas modernas que, de acordo com o Tratado de Versalhes, a Alemanha estava impedida de possuir. A política externa do governo de Moscou pretendia continuar acompanhando os componentes mundiais da revolução. Com Rapallo, o Kremlin esperava conseguir impulsionar a luta de classes de seus seguidores alemães no KPD. Calculava-se que o tratado iria escalar o conflito da Alemanha com as potências vencedoras da Guerra Mundial, abalando a estabilidade interna destas últimas. E a revolução necessitava de uma crise. Rapallo realmente chamou a atenção das potências ocidentais. Uma mudança nas relações de força europeias e, consequentemente, da organização pós-guerra de Versalhes era temida sobretudo por Paris. O primeiro-ministro Raymond Poincaré aludiu publicamente a uma intervenção militar.

No início de 1923, tropas francesas e belgas entraram na região do Ruhr, coração da indústria pesada alemã. Para justificar a medida — que supostamente estava sendo considerada já antes de Rapallo —, os invasores alegaram o atraso do pagamento das reparações, decretaram estado de exceção e governaram com brutalidade. O governo do Reich liderado por Cuno (DVP) — o quinto desde as eleições de janeiro de 1919 — respondeu com resistência passiva. Entretanto, as perdas na produção arruinaram totalmente a economia alemã. O número de desempregados superou 4 milhões. A Alemanha espoliada pela hiperinflação — em novembro de 1923, um dólar correspondia a 4,2 trilhões de marcos — estava ameaçada de mergulhar definitivamente no caos.

Nesse momento, o Kremlin tentou aproveitar a ocasião propícia (também para superar dificuldades políticas internas)

"Outubro alemão" e putsch de Hitler

e auxiliar o sucesso da "segunda onda da revolução mundial" na Alemanha, partindo da Turíngia e da Saxônia, governadas por frentes populares. Foram organizados "esquadrões revolucionários" paramilitares segundo o modelo da Guarda Vermelha de São Petersburgo, encabeçados por líderes revolucionários russos infiltrados e experientes em batalhas. Ao mesmo tempo, deveria haver uma revolta em Hamburgo. Mas não era tudo. Havia um plano da comissão militar do Comitê Central do Partido Comunista da União Soviética, discutido com a chefia do KPD em Moscou, que previa a marcha de até 2,3 milhões de soldados do Exército Vermelho através da Polônia a fim de "ajudar militarmente o proletariado alemão". Essa vitória iria "transferir o centro da revolução mundial de Moscou para Berlim", escreveu Josef Stálin, desde 1922 secretário-geral do Comitê Central do partido no jornal *Die rote Fahne*,[13] órgão do KPD, visto que estava convencido de que apenas o sucesso revolucionário na Alemanha daria o impulso decisivo à revolução mundial.

Ainda antes de o "outubro alemão", muito propagandeado pelos comunistas, fracassar redondamente pela impossibilidade de mobilizar a classe trabalhadora, o autointitulado salvador do mundo bávaro havia se decidido a agir — de maneira fanática e igualmente irracional ao determinar seu objetivo. A fim de evitar que a Alemanha se tornasse o butim do "bolchevismo judaico" e do "grande capital judaico" e de seus ajudantes no Reichstag, ele queria tomar o poder na Baviera e dali marchar até Berlim. O putsch de Hitler de 8-9 de novembro, que fracassou definitivamente diante da Feldherrnhalle sob o fogo da polícia bávara, foi antes uma farsa, mesmo que sangrenta: dezesseis nacional-socialistas mortos, que mais tarde seriam exaltados como "testemunhas de sangue do movimento", um golpista fugitivo que falhou na sua tentativa de suicídio e um processo que o condenou a uma pena branda de

"Outubro alemão" e putsch de Hitler

cinco anos de reclusão. Passado um ano, porém, ele foi libertado, pois não se queria denegar o sentimento patriótico do cabo da Guerra Mundial condecorado com a Cruz de Ferro, Primeira Classe. De acordo com avaliações correntes, Hitler e seu NSDAP, que ele havia assumido em 1920, tinham fracassado. Sua agitação não lhe trouxe a aceitação das massas. E como deveria? Apenas uma vez, nas eleições de maio de 1924 para o Reichstag, seu partido, coligado ao DVP, conquistou 6,6% dos votos. Nas eleições seguintes, de dezembro de 1924, quando a situação política no país gradualmente se consolidava, foram apenas 3% — tendência declinante. Seus programáticos textos de cosmovisão escritos e compilados numa cela de padrão confortável da prisão em Landsberg, posteriormente intitulados *Mein Kampf*, no qual ele tematizava "a conspiração mundial judaica", também não mudaram a situação. Tudo indicava que Hitler, o homem de aspecto inibido e desajeitado, cairia no esquecimento como sectário antissemita, compondo apenas uma nota marginal da história bávara.

A jovem democracia alemã, governada até janeiro de 1925 por doze gabinetes, tinha se imposto apesar de condições iniciais extremamente adversas. O perigo de uma revolução havia sido debelado. A principal contribuição nesse sentido foi a República ter saído aos poucos do fundo do poço da economia (sobretudo com a ajuda de créditos americanos), extinguindo de vez a condição previamente já desfavorável à mobilização do proletariado. A introdução de uma nova moeda, o Rentenmark, garantiu um meio de pagamento estável em relação ao marco, e seria logo substituído pelo Reichsmark. O Plano Dawes, de agosto de 1924, reordenou o pagamento das reparações. A partir de então, estas últimas, no valor de 5,4 bilhões de marcos de ouro, até 1928 deveriam se orientar pela capacidade do país. A parcela média anual deveria ficar por volta de 2 bilhões de Reichsmark — o que representava apenas uma fração dos pagamentos anuais exigidos originalmente em marco de ouro. Foram suspensas limitações da soberania alemã como o controle estrangeiro sobre o banco do Reich e o sistema ferroviário. Um primeiro passo rumo à revisão de Versalhes tinha sido dado.

Em outubro de 1925 — no abril do ano anterior, Paul von Hinbenburg, aos 77 anos, tinha se tornado presidente do Reich —, o país até então proscrito retornou à Liga das Nações. A conferência em Locarno, na Suíça, da qual participaram os líderes da Itália, França, Grã-Bretanha, Bélgica, Tchecoslováquia, Polônia e também da Alemanha na pessoa do chanceler Hans Luther e de seu ministro das Relações Exteriores Gustav Stresemann (ambos do DVP), foi considerada uma etapa decisiva no caminho para a segurança da paz na Europa, que Stresemann via como requisito para o retorno da Alemanha ao concerto das potências. Com o Tratado de Locarno sacramentou-se a renúncia de uma modificação profunda na fronteira ocidental alemã, decidida em Versalhes, e a confirmação da desmilitarização da Renânia, igualmente decidida naquela época. Além disso, combinou-se a entrada da Alemanha na Liga das Nações, que ocorreu em setembro de 1926.

Em Moscou, Locarno foi interpretado como uma reorientação do Reich em direção ao Ocidente. A Rússia mantinha a política de duas vias com a Alemanha — a oficial e a não oficial. Em 1926, Tchitchérin, ministro das Relações Estrangeiras de Stálin, e Stresemann assinaram um tratado de amizade entre os dois países, com o qual a União Soviética queria subverter seu isolamento. No que diz respeito à política não oficial em relação à Alemanha, depois do fracasso do levante de outubro de 1923, Stálin apostava num avanço da "sovietização" do KPD e, com isso, a criação de um instrumento contundente a serviço dos interesses soviéticos no campo da política externa.

Para Stresemann, que distinguia na Alemanha componentes sociais-revolucionários da política soviética, a política de Berlim para o Leste constituía-se também em um meio de pressão para seu pacífico curso revisionista. Seus objetivos eram ambiciosos. Entre eles estava a união oficial com a Áustria. Entretanto, a prioridade para ele era a solução definitiva, suportável para a Alemanha, da questão da reparação e, principalmente, a correção das fronteiras orientais — a reconquista de Danzig e do corredor polonês, bem como o deslocamento da fronteira na Alta Silésia. Ele queria conquistar isso por meio de uma política de cooperação com a França, com uma estreita integração econômica de base europeia no centro. Aristide Briand, ministro francês das Relações Exteriores — laureado com o prêmio Nobel da Paz, junto com Stresemann, por Locarno —, desenvolveu posteriormente nesse contexto a concepção de uma "União Federativa Europeia".

O prêmio Nobel também contribuiu para uma grande euforia depois de Locarno. Mas ela não conseguiu fazer frente à realidade. No fim das contas, a "União Federativa Europeia" de Briand queria apenas fixar o status quo territorial após Versalhes e riscar a política revisionista de Berlim. Paris negou a devolução de Eupen-Malmedy, solicitada por Stresemann, assim como o pedido de adiantamento da votação sobre o Sarre, estipulada em Versalhes para acontecer em 1935. Apenas em julho de 1930 as tropas de ocupação deixaram a Renânia, que foi desmilitarizada. E no que se refere à questão das fronteiras orientais da Alemanha, o governo francês seguiu Varsóvia, que recusava peremptoriamente qualquer modificação em relação a elas. A política econômica liberal revisionista de Stresemann, de início tão festejada, tinha fracassado no fim.

Apesar disso, Locarno parecia conduzir a Alemanha para o caminho de um futuro melhor. A aflição e a miséria do pós-guerra, dos anos da revolução e da desonra nacional começaram

A crise econômica mundial

a ocupar o segundo plano na consciência das pessoas. A economia continuava a crescer, o padrão de vida melhorava. Não por acaso essa época do retorno à normalidade se chamou "os dourados anos 1920". Ninguém na vida pública ou nos partidos democráticos do país pensava numa nova grande guerra, ainda que os jogos de guerra prosseguissem nos tanquinhos de areia da Reichswehr.

Se mesmo assim Hitler alcançou o grande palco nacional, então o motivo esteve num acontecimento que não influenciou a política local. A morte de Stresemann em outubro de 1929 pareceu anunciar esse acontecimento como as palavras escritas na parede durante a festa de Belsazar:* a crise econômica mundial. Os bons anos da República foram encerrados abruptamente com o Plano Young, que apresentou um novo esquema de pagamento das reparações, opondo-se ao desejo da Alemanha por sua redução para 112 bilhões de Reichsmark. A aflição do início do período pós-guerra retornou rapidamente. Pois a grande crise econômica, que começou com o crash da Bolsa de Nova York devido à bolha especulativa no superaquecido mercado de ações americano e que trouxe de roldão o colapso dos mercados acionários internacionais, atingiu a Alemanha de maneira especialmente dura, tendo em vista seus muitos créditos norte-americanos. O dinheiro americano desapareceu, significando a falência de muitas empresas e a consequente quebra de grandes bancos.

A resposta do governo do Reich sob seu chanceler Heinrich Brüning foi a deflação, que ele queria alcançar por meio de um contínuo saneamento das contas públicas, salários baixos ditados pelo Estado e redução de preços. A Alemanha devia encolher e convalescer a fim de se tornar mais apta a concorrer no mercado mundial. Além disso, Brüning achava que

---

* Esta história bíblica é contada em Daniel 5,1-31.

A crise econômica mundial

essa política econômica poderia levar os pagamentos das reparações *ad absurdum*, pois a bancarrota total da Alemanha não podia ser do interesse da economia mundial. A grande crise também ofereceu a chance de sacudir a frágil ordem de Versalhes. Enquanto o governo do Reich aspirava ao fim das reparações, bem como a uma formal igualdade de direitos militares da Alemanha, a liderança das Forças Armadas alemãs avançava. Ela queria tornar público o rearmamento secreto. Nesses temas, a política externa alemã colecionou alguns êxitos. Na Conferência de Lausanne de junho-julho de 1932, o gabinete de Papen alcançou um fático final das reparações. Entretanto, o preço para a política dos governos do Reich seria alto demais.

O desemprego na Alemanha subiu de 1,9 milhão no verão de 1929 para 6,14 milhões em fevereiro de 1932. Filas intermináveis diante de repartições públicas, nas quais os desempregados esperavam por benefícios insuficientes para sua sobrevivência, marcavam a imagem das cidades alemãs. A consequente miséria inflamou uma potente força social explosiva e radicalizou o confronto político. Nesse momento, a culpa pela situação não foi mais tão imputada aos partidos individualmente ou à rápida sucessão de governos, mas sobretudo ao "sistema" em si. Aos olhos de muitos, era impossível lidar com as exigências da época. O chamado pelo novo, pelo retrógrado, se tornou audível. Isso catapultou de súbito às esferas do poder o já quase esquecido NSDAP de Hitler, que nas eleições para o Reichstag de maio de 1928 obtivera apenas 2,6% dos votos. Nas eleições de setembro de 1930, com sensacionais 18,3%, o partido superou os comunistas, que chegaram a 13,1%, e se tornou a segunda força política no Reichstag alemão, atrás do SPD (24,5%).

O que aconteceu, visto que o antigo partido de Hitler não tinha conseguido arregimentar capital quase nenhum a partir da crise dos anos iniciais da República? Por que agora sim? Sem

A ascensão do ideólogo racial na figura do populista

dúvida, o NSDAP, refundado por Hitler depois de sua saída da prisão, tinha passado a contar com uma moderna organização partidária. Ele fazia uso dos novos métodos e meios de propaganda, como o rádio. E logo passaria a enfatizar, como um mantra, que o poder seria conquistado legalmente. Mas havia um detalhe decisivo: Hitler tinha compreendido que não era possível criar um Estado a partir de sua obsessão ideológico-racista quase maníaca. Ele tinha compreendido que seu *Herrschaftswissen* [saber de dominação] era incapaz de mobilizar as massas populares, que considerava rudes, para si ou para seu partido.

No segundo volume de *Mein Kampf*, lançado em dezembro de 1926, quase um ano e meio depois do primeiro, Hitler delineou uma vez mais o perigo da conspiração mundial judaica. Ele escreveu:

> As linhas de pensamento dos judeus são claras. A bolchevização da Alemanha, isto é, o extermínio da inteligência nacional, nacional-popular [*völkisch*], e a espoliação, tornada então possível, da força de trabalho alemã sob o jugo das finanças mundiais judaicas são pensadas apenas como preâmbulo para a contínua disseminação da tendência judaica de conquistar o mundo. Como tantas vezes na história, a Alemanha é o grande ponto fulcral nessa violenta luta. Se nossa gente e nosso Estado se tornarem vítimas dos judeus tiranos das nações, ávidos por sangue e por dinheiro, o mundo inteiro cairá nos tentáculos desse polvo [...].[14]

No verão de 1928, Hitler esboçou as conclusões concretas disso para sua futura política e condução de guerra no chamado *Segundo livro* não publicado, que gira em torno do extermínio da Rússia bolchevista e da amizade com a Grã-Bretanha.

Por essa razão, desde 1927-8 Hitler já não falava de uma "conspiração judaica mundial" em suas aparições públicas.

Quando atacava os judeus, era apenas com pequenos golpes indiretos e insinuações. E no que se refere ao NSDAP, a agitação antissemita dependia da posição de cada um dos sátrapas de Hitler. Diferentemente de Julius Streicher na Francônia ou Robert Ley na Renânia, dirigentes locais como Wilhelm Murr em Württemberg ou Albert Krebs em Hamburgo se mantinham razoavelmente indiferentes ao antissemitismo. A fração do Norte da Alemanha do NSDAP, liderada pelos irmãos Otto e Gregor Strasser, por exemplo, não dava importância ao antissemitismo "coletivo" e considerava a "conspiração mundial judaica" uma total idiotice. Em 1932, até a União Central dos Cidadãos Alemães de Fé Judaica, após avaliar muitos escritos nacional-socialistas, reconhecia a existência de um antissemitismo bastante disseminado — principalmente em áreas e grupos que se sentiam ameaçados por concorrência judaica —, mas, ironia da história, não apontava nenhuma linha antissemita evidente no NSDAP.

A imagem do partido de Hitler nessa época era tão multifacetada que uma fixação ideológica inequívoca era algo quase impossível para seus contemporâneos. A ala do Norte da Alemanha, ao redor de Strasser, ficava mais à esquerda, enquanto Hitler e o partido do Sul da Alemanha podia ser colocado mais à direita. Joseph Goebbels, líder provincial em Berlim, manteve essas alas unidas durante muito tempo por meio de sua lealdade canina em relação a Hitler e de sua postura básica mais à esquerda. A agitação do partido como um todo se voltava, como fazem os populistas, contra quase tudo: contra o sistema de Weimar, que tinha possibilitado Versalhes; contra os "partidos do sistema"; contra os conservadores, os liberais, os sociais-democratas; e, principalmente, contra os comunistas e seus líderes moscovitas. No que diz respeito aos objetivos do NSDAP e de seu líder, esses pareciam — exceto no que se refere à revisão de Versalhes — se movimentar em águas turvas, como é de praxe entre populistas e partidos de protesto.

Hitler e seu partido na percepção pública

Hitler, cujo NSDAP alcançou 37,4% dos votos nas eleições para o Reichstag em julho de 1932, tornando-se o partido mais forte, passou a ser percebido pelos alemães como um político que, ao contrário dos "políticos do sistema", chamava as coisas pelo nome. Dessa maneira, parecia ser o homem para milhões de pessoas sofredoras, desempregadas e sem perspectiva, que ansiavam por um Estado capaz de agir, que domaria a grande crise mundial — ao contrário de um governo que se desfazia por causa de um aumento de centavos nas contribuições ao seguro-desemprego. Ele também era o homem daqueles milhões de alemães que viviam nas regiões cedidas ou ocupadas pelos vencedores da Guerra Mundial e que passaram a confiar que ele lhes "traria de volta à casa". E, principalmente, era o homem para todos aqueles que estavam acostumados com a sociedade autoritária da época do imperador, que não se adaptavam à diversidade da República e ansiavam por ordem. Esse sentimento era ainda mais forte porque as condições semelhantes às de uma guerra civil de anos atrás haviam retornado, com tiroteios e assassinatos políticos fazendo parte da ordem do dia das grandes cidades alemãs.

O KPD de Stálin tinha retomado a luta contra a República em sua totalidade. Essa era sobretudo uma luta contra o SPD, conduzida sob o signo do fascismo social. O partido, que havia levado a Alemanha à democracia contra as tentativas de golpe comunista apoiadas por Moscou, era considerado o "principal organizador de uma frente unida capitalista e antissoviética".[15] A fim de desestabilizar a República, não se evitavam tons nacionalistas nem alianças parciais com o partido de Hitler, como na greve dos serviços de transporte de Berlim. Segundo a alegação de Stálin, toda posição orientada ao "revolucionamento" só traria vantagens àqueles que desejavam uma cisão com a União Soviética.

O KPD, que no final da República de Weimar tinha alcançado 16,9% dos votos, era visto pelos outros partidos como a "quinta-coluna" de Moscou. Tratava-se do partido de uma potência estrangeira, diferente do NSDAP. O medo quase maníaco do bolchevismo por parte da burguesia foi despertado novamente. No fim das contas, era o mesmo cenário do início do pós-guerra. Só que havia um novo jogador em campo, o partido de Hitler. E assim como os sociais-democratas tinham lançado mão de grupos paramilitares a fim de salvar a democracia parlamentarista, na cabeça de alguns políticos conservadores pipocava a ideia de, com a ajuda do partido de Hitler, dar um fim a essa República e igualmente aos comunistas. Isso parecia ainda mais adequado tendo em vista que, do gabinete presidencial encabeçado por Brüning, só era possível governar por meio de decretos emergenciais do presidente.

Devido a um crasso erro de cálculo — talvez o de mais graves consequências na história mundial —, conservadores importantes acreditaram poder usar Hitler. Hindenburg falou com desdém do "cabo da Boêmia": imaginava-se que bastasse ele estar sentado à mesa dos poderosos, dotado de insígnias e dos privilégios do poder, para sua agitada revolução de salão logo cessar. Ou seja, Hitler era medido com réguas próprias, de cima para baixo, com arrogância e ignorância também. Além disso, a ideia era "enquadrá-lo" num gabinete de "concentração nacional", como havia dito Franz von Papen, o ex-chanceler e porta-voz daqueles que queriam instrumentalizar Hitler e seu partido.

Assim como mais tarde os políticos do apaziguamento, muitos conservadores acreditavam erroneamente que Hitler perseguia — de modo um pouco mais agressivo e rude — os mesmos objetivos que eles próprios, ou seja, uma política externa visando a revisão de Versalhes e, com isso, o restabelecimento da antiga força da Alemanha. Entretanto, também os "barões" poderiam saber da verdadeira intenção de Hitler. Mas ninguém levou a sério o que ele escreveu em *Mein Kampf*. Afinal, quem levaria a sério um texto que afirmava que, no caso de uma vitória "do judeu" sobre os povos do mundo com "ajuda de sua profissão de fé marxista", sua "coroa seria a grinalda mortuária da humanidade" e "este planeta, como há bilhões de anos, vagaria vazio pelo universo novamente"?[16] Tudo parecia bizarro demais. Dessa maneira, a leitura da sandice ideológico-racista e do cenário da "conspiração mundial judaica" levou aqueles que queriam se aproveitar de Hitler a dar uma risadinha, no melhor dos casos; isso quando o livro realmente era lido, o que via de regra não acontecia. E o fato de Hitler ser antissemita não irritava ninguém, pois havia muitos desse tipo na Alemanha, na Europa e no mundo, inclusive também depois da crise econômica mundial.

O gabinete da "renovação nacional". Sentados (da esq. para a dir.): Göring, Hitler e Von Papen. Os barões acreditavam que conseguiriam "enquadrá-lo".

Chanceler Hitler

Dessa maneira, em 30 de janeiro de 1933, Hitler recebeu seu certificado de nomeação como chanceler, depois de o chanceler grisalho e um pouco senil ter sido convencido a deixar de lado sua aversão pelo mero cabo. Além disso, não se tratou de uma tomada de poder, mas de uma transferência de poder a um líder partidário que já parecia ter deixado para trás seu apogeu, como indicavam os 2 milhões de votos perdidos na eleição ao Reichstag de novembro de 1932. Se mesmo assim Hitler se tornou chanceler, foi porque um grupo conservador tinha abandonado suas últimas hesitações a fim de criar, com a ajuda de Hitler, um Estado de acordo com suas ideias. E, a princípio, parecia que Hitler os satisfaria, visto que se portou de maneira diligente, como, por exemplo, no "dia de Potsdam",* a fim de dar continuidade à tradição alemã — numa sequência com Frederico, o Grande, Bismarck e Guilherme II. Tudo era uma grandiosa fraude de um obcecado, que considerava legítimos todos os meios para alcançar seu objetivo, um obcecado que se movia para além de qualquer norma. Não se pode falar de uma inevitabilidade histórica por consequência da grande catástrofe, a Primeira Guerra Mundial, mesmo que a base de sua lunática visão de mundo ideológico-racista se ancore em seu desenlace.

---

* Em 21 de março de 1933, Hitler se apresentou como um estadista humilde e encenou a transição com Von Hindenburg, proclamando sua união com o conservadorismo prussiano.

2.

O caminho para a guerra europeia

Janeiro de 1933 a setembro de 1939

Paz para nosso tempo.

Neville Chamberlain, 30 set. 1938

Quando Hitler chegou ao poder, em 30 de janeiro de 1933, outra guerra mundial estava determinada. Quando seus oponentes falavam que o novo chanceler significava guerra, eles estavam pensando numa guerra bem diferente. Não aludiam a uma batalha motivada pela ideologia racista contra o judaísmo e seus expoentes, à qual Hitler se referia de modo muito obstinado. Se ele agora perseguia os comunistas, isso não era visto pela opinião pública e pelos seus parceiros como somente um primeiro passo para a realização de um grande plano, mas sim como "apenas" um ajuste de contas com seus mais ferrenhos opositores políticos. O boicote aos negócios judeus em abril de 1933 e o início do afastamento dos judeus do serviço público, ações recebidas por partes da população com maliciosa alegria e que mobilizavam alguns instintos baixos, foram tidos como repressão à influência judaica na Alemanha. Apesar de toda a preocupação, mesmo alguns judeus acreditavam que se tratava de apenas de uma nova onda de antissemitismo, que também passaria.

No cenário político, a imagem de Hitler era muito diversa. Para a extrema esquerda, ele representava a criação de uma ditadura do grande capital, sendo o nacional-socialismo sua ponta de lança. Para o declinante centro político, ele era o fim do estado de direito e o início do arbítrio, da intolerância e do estreitamento intelectual, quando, por exemplo, logo a literatura *"undeutsch"* [pouco alemã] passou ser queimada em fogueiras. Mas muitos dos outros, onde quer que estivessem politicamente ancorados no passado, viam nele o salvador da pátria. O que ninguém percebia era sua irracionalidade, seu delírio em relação a uma conspiração mundial judaica, que ele trouxera dos tempos da revolução para a chancelaria. Nesse sentido, achava ser preciso exterminar seus opositores internamente, conquistar o poder total, alinhar de forma radical a sociedade e armar o país, tornando-o apto à guerra, pois, segundo seu entendimento deste mundo, tratava-se de ser ou não ser. Por essa razão, no caso de Hitler tudo estava dirigido para a guerra desde o início.

A princípio, ele teve de se moderar um pouco em relação aos judeus, pois o Gabinete da Renovação Nacional ainda contava com seus parceiros conservadores e, principalmente, com o presidente. Por outro lado, contra os comunistas — não importando se eram judeus ou não —, Hitler podia contar com o apoio deles para agir de imediato. O incêndio do Reichstag, independentemente de quem possa tê-lo iniciado, tornou-se o sinal para o grande golpe contra o odiado KPD, que dentro de pouquíssimo tempo deixou de existir. Seus funcionários foram levados aos recém-construídos campos de concentração em Dachau, Oranienburg e outros lugares, ou entraram na clandestinidade. Muitos emigraram rumo a França, Escandinávia ou União Soviética. Para o comunismo mundial, tratava-se de uma catástrofe. Para Stálin, menos. Ele enxergava Hitler e o governo conservador num contexto internacional e apostava que a esperada radical política revisionista alemã gerasse um conflito com as forças ocidentais. E, realmente, Londres e Paris se prepararam para tempos difíceis, embora lá também Hitler fosse considerado revisionista, ainda que estranho. Ninguém enxergou o verdadeiro caráter de sua política.

Hitler, a Reichswehr e o "putsch de Röhm"

Enquanto isso, a política berlinense logo se deu conta de que Hitler não era o instrumento daqueles que o haviam construído. No mais tardar com a Lei de Concessão de Plenos Poderes de março de 1933 — uma autodestituição do Reichstag, à qual apenas os sociais-democratas se opuseram —, Papen começou a perceber que eles não haviam instrumentalizado Hitler, mas sim que ele os havia usado. Desiludidos, tiveram de assisti-lo avançar sobre todo o poder. Quase não havia mais com o que detê-lo. E onde estava o povo alemão, cuja maioria não votou nele nas eleições de março de 1933? Após as humilhações do passado, grande parte começou a se deleitar com a euforia nacional. Era como uma embriaguez coletiva, que abarcava cada vez mais gente e que parecia superar todas as objeções. Nessa época, aqueles que havia pouco ainda promoviam brigas nas ruas caminhavam lado a lado com pás nos ombros até os canteiros de construção das recém-criadas ações para a criação de postos de trabalho. O Primeiro de Maio foi introduzido como feriado oficial e celebrado de maneira espetacular por um jovem arquiteto chamado Albert Speer.

Os partidos, símbolos da desunião nacional, desapareceram. Havia apenas um único partido e suas organizações, da Juventude Hitlerista, passando pela Liga das Mulheres Nacional-Socialistas até as Unidades Motorizadas Nacional-Socialistas. A sociedade alinhada, "trabalhada" pela propaganda marrom de Joseph Goebbels, pegava as pessoas pela mão, organizava a vida delas. Até as férias logo foram organizadas pela Frente Alemã do Trabalho, como se chamava o sindicato único, sob o lema "Força pela alegria". E também os que ainda imaginavam haver outras autoridades acima deles, como os católicos praticantes, foram satisfeitos, visto que uma concordata religiosa* assegurou

---

* Tratado que estabeleceu os direitos à liberdade religiosa católica entre a Santa Sé e a Alemanha.

Hitler, a Reichswehr e o "putsch de Röhm"

a permanência de sua igreja. Tudo isso serviu, no fim das contas, para a "convalescença da população" e, portanto, para o "rearmamento da nação". Enquanto isso, as pessoas que marchavam rumo à catástrofe acreditavam que, sob a suástica, estavam indo em direção a um futuro melhor. Aquilo que era patentemente vergonhoso foi reprimido: pois o que era o aprisionamento dos opositores do sistema e o afastamento dos judeus da vida pública em relação a essa obra de reconstrução nacional! O alto escalão da Reichswehr saudava especialmente o mandato de chanceler de Hitler. Ninguém duvidava que ele iria trazer de volta os territórios separados por "Versalhes" e conduzir a nação à antiga grandeza, pois essa parecia ser sua motivação. Ao anunciar querer alcançar o "fortalecimento da vontade de combater" com todos os meios, Hitler passou a ser visto como o homem do momento não apenas para o ministro da Reichswehr Werner von Blomberg e seu chefe de gabinete, Walter von Reichenau. Hitler explicou diversas vezes aos generais mais graduados sua intenção do "rearmamento", quer dizer, o fortalecimento secreto do rearmamento do país. Os círculos militares gostavam de ouvir essas coisas, pois vinham acompanhadas por uma ênfase na importância da tropa e insuspeitadas possibilidades de fortalecimento em relação ao tempo do Exército de 100 mil homens da República de Weimar.

O rebaixamento promovido por Hitler do seu brutal exército partidário depois de um avanço da revolução nacional-socialista foi recebido com grande satisfação pela Reichswehr. Ele o fez consciente de que não poderia concretizar seus grandes objetivos com a SA. Dessa maneira, inventou um golpe que não houve. Ernst Röhm, chefe da SA, e outros adversários de dentro do partido como Gregor Strasser foram liquidados e, com eles, mais alguns de seus opositores no campo conservador, de modo a se criar a impressão de que eram participantes do suposto golpe. A propaganda teve ainda seu papel ao

O roteiro para a guerra racial

apresentar o incêndio criminoso, que vitimou também o ex-chanceler Kurt von Schleicher e outros, como salvação da pátria. Quando Hindenburg morreu, em agosto de 1934, Hitler pôde unificar em sua pessoa os postos de chanceler e presidente do Reich, passando a concentrar todo o poder. Ele mandava na Wehrmacht também. E a liderança complacente desta última permitiu que a tropa jurasse por seu nome — uma novidade e, ao mesmo tempo, uma temeridade. Treze anos depois de ter entrado na política como um perturbado cabo e sob o impacto da revolução e de Versalhes, ele dispunha então de um instrumental para expandir sua luta contra o "judaísmo mundial" e seus expoentes, passo a passo.

O chanceler do Reich, que não parava de falar de paz e que preparava a guerra, não agia de modo impensado. Suas ideias relativas à política externa já tinham sido delineadas ainda na época de sua insignificância política. O programa de Hitler, que ele concretizou principalmente em 1928, no seu *Segundo livro* (ao lado de *Mein Kampf*), nunca publicado, baseava-se num tipo de inventário da luta racial. No que se refere à Rússia, seu julgamento era inequívoco: "o judeu" tinha exterminado a inteligência nacional russa com a ajuda da revolução bolchevista, sob "martírios desumanos e atrocidades", e criado, "no caminho da degeneração geral, uma massa humana inferior", "que, por fim, não pode mais prescindir do judeu como único elemento intelectual". Hitler prosseguia, dizendo que "o judeu" estava se esforçando para "levar ao restante dos Estados a mesma situação".[1] Segundo sua avaliação, foi o que aconteceu também na Alemanha nos anos que se seguiram ao fim da Guerra Mundial.

A luta também já estava decidida na França, ele escreveu em seu *Segundo livro*. Lá, "o judeu estava formando uma comunidade de interesses com o chauvinismo nacional francês [...]. Desde então, a Bolsa de Valores judaica e a baioneta

49

O roteiro para a guerra racial

francesa são aliadas".[2] Na Inglaterra, a "intervenção judaica" ainda era confrontada por uma "tradição britânica antiga" com "instintos agudos e vivos", motivo pelo qual a batalha ainda não tinha sido definida.[3] Era bem diferente na Itália. Lá, o povo havia vencido "o judeu" desde a controversa marcha de Mussolini e das "legiões fascistas" até Roma, escreveu Hitler com elevada consideração pelo "Duce", a quem ele queria ceder o Sul do Tirol, que, apesar da sua população alemã, havia sido destinado à Itália por Versalhes.

A partir desse inventário ideológico-racista, Hitler deriva a estratégia de sua luta mundial das raças. O objetivo primordial para ele era a destruição da "União Soviética judaico-bolchevista", em cuja existência enxergava "o mais terrível crime da humanidade de todos os tempos".[4] Vinculado de maneira inseparável ao ímpeto ideológico-racista, ao extermínio dos supostamente perigosíssimos judeus lá ativos e à repressão da "sub-humanidade eslava" estava a ideia da conquista de espaço vital. O movimento nacional-socialista "deve, sem respeitar 'tradições' ou preconceitos, encontrar a coragem de reunir nosso povo e sua força a fim de avançar naquela estrada que o conduza para fora do confinamento atual do espaço vital rumo a uma nova terra e solo, libertando-o para sempre do perigo de desaparecer desta terra ou de ter de servir a outros, como povo escravo", Hitler assim explicou o objetivo de sua "política de sangue e solo" em *Mein Kampf.*[5]

O ditador alemão, que encerrou o trabalho conjunto entre a Reichswehr e o Exército Vermelho, achava totalmente incompreensível que "alemães nacionalistas acreditem conseguir chegar a um entendimento com um Estado cujo maior interesse é a destruição justamente dessa Alemanha nacionalista".[6] Para ele, a ideia de conduzir junto com essa Rússia uma luta contra o mundo capitalista europeu ocidental era igualmente incompreensível, porque a Rússia não era um Estado

50

O roteiro para a guerra racial

anticapitalista. "Entretanto, trata-se de um país que destruiu a própria economia, mas apenas para garantir ao capital financeiro internacional a possibilidade de uma dominação absoluta. Se não fosse assim, como seria possível [...] o mundo capitalista na Alemanha ser a favor de tal aliança?", Hitler constatava através das lentes distorcidas de sua ideologia racista.[7]

No decorrer na Nova Política Econômica de Stálin, a Rússia realmente tinha tentado angariar investidores estrangeiros a fim de sanar a fraqueza econômica do país posterior à Guerra Mundial, à guerra civil e ao comunismo de guerra. Esse desvio da teoria pura resultou num limitado restabelecimento econômico do país. A política externa de Moscou era conduzida pela máxima de se evitar, a qualquer custo, um cercamento por forças imperialistas. Visto que o Japão, que tinha conquistado a Manchúria, representava uma ameaça latente no Leste, era preciso agudizar a oposição entre a Alemanha e os Estados capitalistas no Oeste, a fim de se evitar qualquer formação de blocos contrários à União Soviética. Já em 1931-2, às custas da aproximação germano-soviética, como combinada em Rapallo em 1922 e renovada pelo Tratado de Amizade Germano-Soviético de 1926, Stálin selou pactos de não agressão com a Polônia e sua "protetora", a França. Ele saudou a chancelaria de Hitler, não enxergando nela nenhuma catástrofe mundial. O que significavam aqueles 200 mil companheiros alemães se comparados à perspectiva que se abria para a política soviética: por conta da agressiva retórica revisionista de Hitler nas questões de Versalhes, Stálin apostava no conflito da Alemanha com a Grã-Bretanha e a França.

Na realidade, porém, Hitler pretendia nivelar-se com a Grã-Bretanha. Ao lado da extinção da União Soviética, esse era o segundo ponto central de suas reflexões e, ao mesmo tempo, a condição para a realização do primeiro. Pois o arranjo com a Inglaterra deveria proporcionar autonomia no Oeste para a

O roteiro para a guerra racial

manobra no Leste. Hitler enxergava na Marinha britânica o parceiro natural da potência continental Alemanha, e isso lhe era mais significativo do que o componente de estratégia militar. "Se [...] a Alemanha chegar a uma reorientação política totalmente nova, que não contrarie mais os interesses marítimos e comerciais da Inglaterra, mas que se esgote em objetivos continentais, então um motivo lógico para a inimizade inglesa [...] deixará de existir", Hitler escreveu em 1928,[8] adiando suas ambições coloniais, previstas para um futuro mais distante. Segundo sua concepção, foi a fracassada política marítima da Alemanha imperial que havia desafiado a Inglaterra e provocado a guerra entre os dois países.

Hitler usava outro argumento para a coalizão com a Inglaterra — onde a batalha racial, segundo sua opinião, ainda não estava decidida —, afirmando que o concorrente natural da Grã-Bretanha era a "União Americana" (como chamava os Estados Unidos). Entretanto, isso não levava em consideração que Londres ancorava sua tradicional política de equilíbrio essencialmente no continente europeu. O governo britânico continuava convencido, como antes, de que apenas assim garantiria uma política imperial. Uma superpotência continental alemã, como Hitler tinha em mente, representava uma ameaça à Inglaterra, e não uma concorrência, seja de que tipo for, com os Estados Unidos.

Ao mesmo tempo que Hitler começava a cortejar a Inglaterra, as atividades da política externa do novo chanceler alemão estiveram primeiro voltadas para a Polônia, que quase não foi mencionada em seus escritos programáticos. Entretanto, na sua agenda, o vizinho oriental era um Estado que tinha de sumir, a começar pelo fato de que sem uma anulação desse país seu objetivo central no Leste não poderia ser concretizado. No início de 1933, as tensões latentes entre a Alemanha e a Polônia tinham aumentado. Tratava-se principalmente da Cidade Livre de Danzig, administrada pela Liga das Nações desde Versalhes, e dos alemães que ali moravam. Nem mesmo uma intervenção militar das Forças Armadas polonesas, que transbordava confiança em sua própria pujança desde a vitória sobre o Exército Vermelho em 1920, parecia fora de questão. Consciente da fraqueza militar de seu Exército, Hitler mudou sua política em relação ao odiado país vizinho, na medida em que se disse disposto a reconhecer as fronteiras orientais da Alemanha — algo que nenhum político da República de Weimar havia admitido, visto que isso se igualava a uma "traição do interesse alemão". Mas Hitler assinou esse tratado com a intenção de quebrá-lo, motivo pelo qual pôde fazer concessões à vontade. Dessa maneira, ele explicou aos poloneses que a inimizade de ambos os países era uma construção proposital de Versalhes e que seu maior desejo era uma reaproximação com a Polônia. Em janeiro de 1934, num clima de assombro dentro e fora do país, foi assinado um pacto de não agressão e de amizade entre a Alemanha e a Polônia (considerada por Hitler como "racialmente inferior"). O empreendimento com o qual se contornou o pacto de auxílio mútuo franco-polonês, já minado pela aproximação de Paris com Moscou, foi uma manobra puramente tática, como mais tarde, em agosto de 1939, o pacto entre Hitler e Stálin. Tratava-se de ganhar tempo para o rearmamento da Wehrmacht, o decisivo pré-requisito para a concretização de seu grande objetivo.

A fim de facilitar esse rearmamento, a Alemanha deixou a Liga das Nações em outubro de 1933 e a Conferência sobre o Desarmamento a ela subordinada, reunida desde o ano anterior em Genebra. Hitler justificou a medida dizendo que os planos franceses e britânicos previam tratar os perdedores da guerra como Estados de direitos iguais apenas após determinados períodos de transição. Além disso, ele afirmou que somente a pacífica Alemanha havia se desarmado. Errado: na realidade, tanto as potências ocidentais quanto a Alemanha haviam se armado. Em 1933, foram criadas as bases organizacionais por meio da introdução de distritos militares e escritórios de alistamento militar. No outono de 1934, o Exército do Reich contava com cerca de 250 mil homens. Com a introdução do serviço militar obrigatório em março de 1935, o contingente da Wehrmacht deveria alcançar 580 mil homens. Dessa maneira, Hitler declarava nulas e inválidas as limitações de rearmamento impostas pelo Tratado de Versalhes, usando como justificativa o prolongamento tanto do serviço militar obrigatório na França quanto o de um tratado militar franco-belga.

Para contrapor algo à agressiva política alemã, os chefes de governo da Grã-Bretanha, da França e da Itália finalmente se reuniram em abril 1935 em Stresa, nas cercanias do lago Maggiore, reafirmando os termos do Tratado de Locarno, que Hitler tinha se recusado a estender. A veemente declaração formulada contra a política alemã caiu no vazio. Londres se mostrou tanto mais satisfeita com o acordo naval assinado em junho desse mesmo ano pelo ministro das Relações Exteriores britânico Samuel Hoare e o representante especial para questões de desarmamento de Hitler, Joachim von Ribbentrop. Nele, a Alemanha aceitava a dominância marítima mundial da Grã-Bretanha, fixando uma proporção de forças entre as Marinhas alemã e britânica de 35 para cem. O comando da Marinha alemã saudou esse significativo rearmamento de suas forças navais, que, entretanto, avançou lentamente.

Aquilo que para um satisfeito Hitler era um primeiro passo em direção a uma aliança abrangente com a Grã-Bretanha, baseada na divisão das esferas de interesse, para o governo de Londres representava o início exitoso de outros acordos armamentistas com a Alemanha. Pois a Grã-Bretanha tinha muita dificuldade em manter coeso seu império já entrado em anos, e um conflito na Europa central não lhe serviria de nada. Por essa razão, desconhecendo os verdadeiros objetivos de Hitler,

Referendo no Sarre e ocupação da Renânia

a quebra do Tratado de Versalhes e o protesto da França foram os riscos assumidos em consequência do acordo naval. Ficou patente que Londres se dispunha inclusive a fazer concessões em relação à política revisionista alemã — na medida em que esta pudesse ser vista como justificável do ponto de vista do direito à autodeterminação e que o princípio básico da doutrina do equilíbrio de forças não fosse eliminado.

A política de apaziguamento do primeiro-ministro Stanley Baldwin, que se baseava na autoavaliação objetiva das próprias possibilidades limitadas e na suposição de que Hitler era um ator racional da "política da força", oferecia uma configuração geral favorável ao intuito de Hitler. Mas não só a política de apaziguamento agia assim. Em consequência da crise econômica no curso do New Deal sob o presidente Franklin D. Roosevelt, os Estados Unidos tinham retornado ao isolamento após seu engajamento no Velho Mundo. E a França, destroçada internamente, ocupava-se consigo mesma e via sua necessidade de segurança em relação ao inimigo mortal alemão mais ou menos garantida pelas alianças militares com a Polônia e a Tchecoslováquia, bem como pela construção da Linha Maginot,* tida como intransponível.

O ataque da Itália, o segundo parceiro desejado de Hitler, contra a Abissínia (Etiópia) em outubro de 1935 e a consequente ameaça de crise na periferia sudoeste da Europa, que afetava os interesses básicos da Inglaterra, ofereceram áreas de atuação adicionais a Hitler. Elas possibilitaram não apenas o rearmamento, livre de interferências, de seu Exército e de sua Luftwaffe. O ditador alemão, fortalecido pelo referendo do Sarre em favor do Reich, permitiu-se assumir o risco de ocupar a Renânia desmilitarizada em março de 1936, quebrando

---

* Sequência de fortificações e de defesa ao longo da fronteira da França com a Alemanha e a Itália.

os Tratados de Versalhes e de Locarno. Afinal, as forças garantidoras deste último eram a Grã-Bretanha e Itália. O chanceler tinha sucessos consideráveis para apresentar. E quase ninguém, seja dentro ou fora do país, fazia ideia dos meios pelos quais foram adquiridos e onde sua política realmente mirava. No verão de 1936, a Alemanha regalava-se no reconhecimento mundial proporcionado por sediar os Jogos Olímpicos. Ela não estava mais apartada nessa Europa dos vários Estados totalitários e autoritários. E muitos visitantes tinham uma visão positiva do país. Depois de uma visita à Alemanha em setembro de 1936, o ex-primeiro-ministro britânico Lloyd George afirmou: "Acabei de voltar de uma visita à Alemanha [...]. Vi o famoso Führer alemão e também as grandes mudanças que ele causou. Independentemente do que se pense de seus métodos — que com certeza não são aqueles de um país parlamentar —, não pode haver dúvidas de que ele proporcionou uma mudança maravilhosa no espírito das pessoas, em seu comportamento umas com as outras, em sua autoimagem social e econômica [...]. É uma Alemanha feliz. Vi e conheci isso em todos os lugares".[9]

E o nacional-socialismo havia se tornado apresentável também. Depois da Primeira Guerra Mundial, com o surgimento da ideia comunista-internacionalista, inúmeras organizações foram formadas em toda a Europa, no sentido de um movimento contrário — não apenas na Alemanha de Hitler e na Itália de Mussolini. Muitas vezes tratava-se de imitações, como o Partido Rexista, do belga Léon Degrelles, ou o partido nacional-socialista dinamarquês, de Frits Clausen. Muitas vezes tinham raízes próprias, como a Guarda de Ferro, na Romênia, ou o Partido da Cruz Flechada, na Hungria. Os agrupamentos nacional-socialistas, ou melhor, fascistas, também estavam espalhados nas democracias ocidentais, como, por exemplo, na Grã-Bretanha, onde a União Britânica de Fascistas, de

Oswald Mosley, contava com mais de meio milhão de membros. Na França, o Partido Popular Francês (PPF) de Jacques Doriot havia se estabelecido, ao lado de outras organizações, como oposição à esquerda local, majoritária. Todos eles faziam mais ou menos frente ao "materialismo judaico", mas seus líderes não eram impulsionados por cenários de conspiração mundial. Esses grupos eram como teria sido um NSDAP sem Hitler. Em julho de 1936, porém, do ponto de vista de Hitler tudo havia mudado. O medo de um "cerco judaico" deixou-o em pânico. Na Espanha, a guerra civil entre a Frente Popular e os nacionalistas devido ao golpe do general Franco havia começado. Os acontecimentos na península Ibérica fizeram com que Hitler se lembrasse da época da revolução na Alemanha e confirmaram, para ele, o modo de agir conspiratório de seu inimigo judeu. Isso lhe pareceu ainda mais verdadeiro, visto que o Comintern começou a organizar o apoio mundial à Frente Popular espanhola e logo houve voluntários em brigadas internacionais lutando sob o céu espanhol, e que se viam como a vanguarda que libertaria a Europa do fascismo. Hitler disse em julho de 1936:

> Se uma Espanha comunista realmente for possível, então nas condições atuais a bolchevização da França é apenas uma questão de pouco tempo e daí a Alemanha pode "jogar a toalha". Imprensada entre o tremendo bloco soviético a leste e um bloco franco-espanhol comunista a oeste, quase não haveria o que fazer caso Moscou resolva avançar contra a Alemanha.[10]

O fato de que seu temor diante de um cerco não era totalmente infundado fica claro quando o governo da Frente Popular francesa sob o primeiro-ministro Léon Blum, que havia selado um pacto de ajuda mútua com a União Soviética, se mostrou

A Guerra Civil Espanhola

disposto a intervir abertamente a favor do governo em Madri, sem se importar com o conflito com a Alemanha. Diante de um comitê parlamentar depois do final da Segunda Guerra, o socialista admitiu que o perigo do conflito, devido a sugestões próprias, esteve duas vezes entre 1936 e 1937 "num ponto absolutamente crítico". O ministro da Defesa de Blum, Édouard Daladier, desenvolveu propostas concretas para a distribuição de armas à Frente Popular espanhola, principalmente de aviões e tripulação. Como houve resistência por parte de Londres, que queria garantias, Paris deixou seus planos de lado e contrariou Stálin, que tinha apostado numa guerra franco-alemã. A fim de ajudar a vitória da Frente Popular, o ditador soviético tinha enviado à Espanha aviões e tanques, como também guias de tropas e instrutores, o que fez com que os temores de Hitler — depois de ele ter sido informado a esse respeito, em novembro de 1936 — chegassem a um patamar maníaco.

Isso fez com que o chanceler alemão despachasse a Legião Condor, uma unidade da Luftwaffe, e ordenasse a rápida organização de um estado de prontidão para sua grande batalha. Dessa maneira, o serviço militar obrigatório aumentou para dois anos em todas as três armas. Seu memorando de agosto de 1936 sobre as tarefas do plano quadrienal exigia que o Exército alemão estivesse, em quatro anos, "pronto para a guerra". Ao lado do aumento da eficiência da economia, foram pensados outros programas de rearmamento. O Exército a ser montado deveria ser composto de 102 divisões, com uma força total de 3,6 milhões de soldados. Se isso ainda estava no campo do possível, o rearmamento da Marinha ainda não tinha chegado (devido à falta de aço e à capacidade insuficiente dos estaleiros) ao tamanho que lhe fora estipulado pelo Acordo Naval Anglo-Alemão. No final de 1937 a frota da Alemanha nacional-socialista era composta de três encouraçados, seis cruzadores leves, sete contratorpedeiros e doze barcos torpedeiros. Mas

A construção da nova Luftwaffe

para que Hitler precisava de uma esquadra se queria ser parceiro da Grã-Bretanha? As coisas se comportaram de outro modo na nova Luftwaffe, cuja reconstrução já tinha sido iniciada secretamente na República de Weimar. Por meio da proximidade do ministro da Luftwaffe Hermann Göring com Hitler, ela pôde aumentar generosamente seu efetivo de 2500 aviões (em março de 1935), em sua maioria antigos, por meio da construção de modernos caças e bombardeiros. Já que o desenvolvimento de um bombardeiro estratégico era considerado secundário para o novo chefe do departamento técnico da Luftwaffe — e seu futuro diretor de pesquisa e desenvolvimento — Ernst Udet, colega de aviação de Göring dos tempos de guerra, as empresas Junkers, Dornier e Heinkel forneceram aeronaves para o apoio tático às tropas em solo. De acordo com Udet, essas aeronaves tinham de ser capazes de mergulhar e soltar as bombas. Dessa maneira, a Espanha serviria como campo de testes da nova tática de ataque da Luftwaffe; Guernica, a cidade basca destruída pelo Stuka alemão, se tornou um prenúncio. Pois o mundo — assim Hitler repetia em seu memorando político-econômico (!) — estava avançando "numa velocidade cada vez maior" rumo a um novo conflito, "cujo desfecho mais extremo se chama bolchevismo, do qual conteúdo e objetivo são apenas o afastamento e a substituição das camadas sociais da humanidade dominantes até então pelo judaísmo internacional".[11]

Em meio a todo o medo de perder a corrida contra o tempo, a Guerra Civil Espanhola também oferecia, na visão de Hitler, possibilidades de se aproximar de alianças políticas que lhe eram caras. Pois uma Espanha vermelha, aliada a Moscou, e o consequente e ameaçador controle sobre o canal de Gibraltar afetavam os interesses mediterrâneos da Grã-Bretanha — algo que, por sua vez, nutria a expectativa de Hitler por um entendimento com o país insular, em sua opinião enfraquecido

A construção da nova Luftwaffe

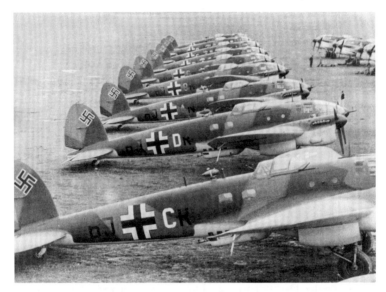

O Heinkel He III, bombardeiro-padrão da nova Luftwaffe. Por não se tratar de uma aeronave de mergulho, não foi usado na Guerra Civil Espanhola.

devido à inatividade. Além disso, os acontecimentos na Espanha ofereciam a chance de uma aproximação da Alemanha com a Itália de Mussolini, que em maio de 1936 havia anexado violentamente a Abissínia (Etiópia) a seu império colonial. A Guerra da Abissínia só foi vitoriosa graças ao emprego generalizado de gás mostarda pelas Forças Armadas italianas.

No que dizia respeito à relação de Hitler com a Itália, a aproximação era mais enfatizada por Roma, que também tinha enviado tropas à Espanha; abençoadas pelo papa Pio XI, elas lutaram ao lado da Legião Condor contra os "ímpios comunistas". Visto que Mussolini, por conta de suas ambições mediterrâneas — ele sonhava com um novo Imperium Romanum, que dominaria a área do mar Mediterrâneo —, havia angariado inimizades (além da Grã-Bretanha, também a França

O "eixo" Berlim-Roma-Tóquio

e alguns vizinhos a leste do mar Mediterrâneo), ele se esforçou visivelmente para estabelecer uma relação melhor com a Alemanha. Mussolini temia que Londres pudesse atrair esta última ao campo anti-italiano, isolando seu país. Em relação à Áustria, zona de conflito germano-italiana, durante uma visita do ministro das Relações Exteriores italiano, conde Galeazzo Ciano, a Berghof — casa-refúgio de Hitler nos Alpes bávaros — em 1936, determinou-se que as relações bilaterais de ambos os países estariam normalizadas com o acordo entre a Alemanha e a Áustria de julho do mesmo ano. No tratado, Hitler reconhecia a soberania austríaca, mas, calculando com precisão o que estava por vir, ele havia conseguido por meio de uma cláusula extra que a oposição nacionalista da República alpina devesse retomar sua participação na condução política. Os objetivos de Ciano eram tão evidentes que o lado alemão se esforçou para minimizar o evento, tendo em vista os esforços de Ribbentrop para chegar a um entendimento com a Inglaterra. Entretanto, isso não impediu que Mussolini, pouco depois de selado um acordo de amizade secreto em Milão, alardeasse uma nova época das relações germano-italianas e proclamasse o "eixo Roma-Berlim".

Nessa situação, o Japão se tornou mais importante para Hitler, que considerava o país asiático um contrapeso estratégico da União Soviética e, portanto, um bem-vindo aliado, pelo menos durante uma fase de transição — apesar de seu ressentimento racista em relação "aos amarelos". Hitler estava impressionado com a determinação com a qual o pequeno Japão ampliava suas zonas de influência, desafiando a Liga das Nações (que ele havia deixado em março de 1933), ao entrar com a bandeira do sol nascente na China enfraquecida pela guerra civil entre o movimento Kuomintang [Partido Nacionalista do Povo] de Chiang Kai-shek e os comunistas de Mao Tsé-tung. Depois de terem ocupado a Manchúria em 1931 e criado o Estado-fantoche Manchukuo, em 1936 os japoneses ocuparam parte da Mongólia Interior.

Enquanto as tradicionais elites alemãs, principalmente o Ministério das Relações Exteriores, de tintas fortemente guilherminas, continuavam apostando na China, já em 1939 Hitler havia promovido contatos com o Japão, que do seu ponto de vista era muito mais dinâmico. Mas sua corte não era correspondida à altura em Tóquio. Os japoneses se mostraram muito desconfiados, o que também se explica pelos seus ressentimentos contra "os brancos" — que, por um lado, eram admirados por suas conquistas e, por outro, desdenhados. Pertencentes à etnia Yamato, descendente das divindades, as elites japonesas reivindicavam a primazia intelectual e cultural na Ásia Oriental, o que implicava uma animosidade em relação à União Soviética e principalmente às potências coloniais, com seu odiado materialismo. Tóquio se considerava designado a reordenar com a espada todo o espaço do Extremo Oriente e a organizar para si uma "esfera de coprosperidade da Grande Ásia Oriental". Tudo isso encontrava paralelos na política do espaço vital dos nacional-socialistas e na "raça superior germânica", por eles alardeada.

Apenas depois dos confrontos entre japoneses e russos na Mongólia Interior e no Norte da Manchúria e da acusação do Comintern de o Japão ser, ao lado da Alemanha, o poder fascista mais agressivo, o governo japonês se mostrou mais aberto quanto à aproximação alemã, que vinha sendo tentada desde a Guerra Civil Espanhola. Em novembro de 1936, a Alemanha e o Japão assinaram o Pacto Anticomintern. Mas o ingresso da Inglaterra nessa liga, pretendido por Hitler, não aconteceu. O governo londrino do primeiro-ministro Baldwin recusou-se a isso, embora Berlim tenha tentado de tudo para minimizar o conflito de interesses do Japão com a Grã-Bretanha relativos ao Extremo Oriente e, em contrapartida, fazer crer numa ameaça soviética à Índia, como o geopolítico e general Karl Haushofer delineara em seus escritos. A fim de exercer mais pressão, em janeiro de 1937 Hitler tinha levado a público inclusive sua demanda colonial, até então mantida em segundo plano.

A Grã-Bretanha era problema de Hitler e deveria permanecer assim, pois também os esforços de Ribbentrop, que foi enviado para Londres em 1936 como embaixador alemão, a fim de encaminhar a desejada aliança, foram em vão. Visto que o "Führer" e chanceler imaginava estar sob crescente pressão do tempo, foi ganhando corpo a ideia de atacar os próximos objetivos sem (não contra) a Grã-Bretanha. Nesse sentido, para Hitler era importante que o Japão e a Itália, que ingressou no Pacto Anticomintern em novembro de 1937, ameaçassem a posição imperial britânica tanto na área do mar Mediterrâneo quanto também no Extremo Oriente. Segundo os cálculos de Hitler, isso haveria de diminuir ainda mais as possibilidades da Grã-Bretanha na Europa e possibilitaria à Alemanha o esperado espaço de manobra para sua expansão rumo ao Leste.

Em 5 de novembro de 1937, no transcorrer de uma reunião com o ministro da Guerra Walter von Blomberg, os comandantes-chefes das Forças Armadas Werner von Fritsch (Exército), Erich Raeder (Marinha) e Hermann Göring (Luftwaffe), bem como o ministro das Relações Exteriores, Konstantin von Neurath, Hitler explicou que pensava em resolver a "questão alemã do espaço" — ele não se referia ao ímpeto ideológico--racista, mais importante para ele — no mais tardar entre 1943 e 1945. Depois de discorrer sobre o significado do espaço vital para a Alemanha, sem se referir ao seu objetivo propriamente dito, a derrota da União Soviética, ele anunciou abertamente que "uma solução da questão alemã [...] só poderia existir pelo caminho da violência" e que isso era um risco.[12]

De acordo com as anotações do coronel Hoßbach, presente à reunião, Hitler discorreu principalmente sobre as possibilidades de uma "derrota militar da Tchecoslováquia", bem como

Resistência contra o plano de guerra de Hitler

sobre a ocupação militar da Áustria. Tratava-se de um teste, porque Hitler já havia se decidido, fazia tempo, realizar os dois planos, como discutido em agosto com Goebbels. Hitler tinha se mostrado convencido de que chegaria a um ajuste das esferas de interesse com a Grã-Bretanha, o que afastaria a entrada da França na guerra. Exatamente nesse ponto houve controvérsia, pois Blomberg e Fritsch duvidavam disso. "A discussão teve momentos muito contundentes por vezes",[13] visto que também o ministro das Relações Exteriores Neurath manifestou suas considerações. De acordo com sua opinião, a Alemanha não dispunha de recursos para uma nova guerra.

Nesse momento, Hitler deve ter percebido que, com esses homens, ele não conseguiria implantar seus objetivos sem resistência. Em fevereiro de 1938, Blomberg e Fritsch foram vítimas de uma intriga suja. Göring teve participação, afinal ele almejava o posto de ministro da Defesa. O papel de Hitler em si não está esclarecido. Entretanto, o caso lhe rendeu a possibilidade de promover uma renovação nos quadros e na organização das altas esferas da Wehrmacht, eliminando o que lhe restava de autonomia. Hitler simplesmente assumiu a função de ministro da Defesa e de comandante supremo da Wehrmacht. O Ministério da Defesa, tornado Alto-Comando da Wehrmacht (OKW), virou seu staff pessoal. No alto estaria, como chefe do OKW, Wilhelm Keitel — logo chamado de "Lakeitel"* devido ao seu devotado comportamento em relação a Hitler — e, como chefe de operações da Wehrmacht, Alfred Jodl. Tratava-se de homens que recebiam ordens sem qualquer ímpeto particular. Entretanto, Walther von Brauchitsch, na chefia do Exército, tinha uma relação de dependência absoluta de Hitler, que o livrara das suas vultosas preocupações financeiras. Hitler também procedeu a uma troca de comando no Ministério das Relações Exteriores.

---

* Trocadilho com *"Lakai"*, "lacaio".

A "anexação" da Áustria

No lugar de Neurath, oriundo da "velha escola", foi indicado Von Ribbentrop, melífluo especialista em Inglaterra.

Os novatos experimentaram de pronto não a guerra, mas uma grande operação militar e política. No comando de suas Forças Armadas e após os preparativos correspondentes, Hitler invadiu a Áustria em março de 1938. Não foi nenhuma conquista, mas antes um cortejo triunfal. Centenas de milhares estavam nas ruas quando ele atravessou a fronteira ao cruzar o rio Inn, em Braunau, sua cidade natal, e passou por Linz a caminho de Viena. E ali ele viu confirmada sua avaliação da situação política: Londres e Paris limitaram-se a algumas notas de protesto. Ao menos do ponto de vista britânico, isso talvez se explique pelo fato de os vencedores em Versalhes terem negado a associação da Alemanha com a Áustria Alemã, desejada majoritariamente pelos governos social-democráticos de Berlim/ Weimar e de Viena. Ou seja, do ponto de vista britânico havia certa autorização histórica quando, em 14 de março de 1938, na Praça dos Heróis, em Viena, Hitler anunciou, de modo grandiloquente "diante da história" e de 1 milhão de pessoas exultantes, o retorno de sua pátria ao Império Alemão.

Por volta do final do discurso realizado no dia anterior, em Linz, em que discorreu longamente sobre a "Providência", ficou patente que Hitler ainda tinha em mira seu grande objetivo, quando disse: "Não sei em que dia vocês serão chamados. Espero que não esteja distante. Daí vocês terão de lutar com suas próprias crenças e acredito que poderei apontar com orgulho, diante de todo o povo alemão, para minha terra natal".[14] Certamente a massa não compreendeu que ele estava se referindo à sua guerra contra o "bolchevismo judaico". E também não compreendeu que havia uma relação com aquilo que acontecia à margem do grande júbilo na Ostmark (como a Áustria era chamada) em termos de violência e excessos, principalmente contra os judeus. Mais de 60 mil deles haveriam de ser assassinados por essas pessoas.

A "anexação" da Áustria

A tranquila "anexação" da Áustria, que granjeou a Hitler uma aceitação máxima em ambos os países, permitiu que ele se voltasse — como anunciado em novembro — à odiada Tchecoslováquia, o "posto avançado mais perigoso da força soviética vermelha no centro da Europa".[15] O pretexto para sua destruição seria a situação da oprimida população de sudetos,* que apostava totalmente em Hitler e cujo clamor pelo "retorno à casa no Reich", evidentemente apoiado por Berlim, tinha se tornado cada vez mais alto depois da anexação da Áustria. Pois também eles se consideravam vítimas da organização pós-guerra decidida por Versalhes, segundo a qual a Boêmia e a Morávia, territórios periféricos de língua alemã e que faziam parte da monarquia do Danúbio, tinham sido entregues à recém-criada Tchecoslováquia.

Hitler acreditava poder apostar novamente numa única cartada. Por meio de uma rápida operação militar, ele queria mais uma vez colocar Londres e Paris diante de um fato consumado. As precondições estratégicas para tanto eram boas; afinal, depois da anexação da Áustria, o país estava rodeado por território alemão em três lados. A União Soviética não dispunha de nenhuma ligação por terra com a Tchecoslováquia, e um direito de passagem para o Exército Vermelho através da Polônia, Romênia ou Hungria estava fora de cogitação. Além disso, expurgos de dimensões inauditas varriam a União Soviética e entrariam na história como o "Grande Terror". Milhões de pessoas se tornaram vítimas do medo maníaco do ditador soviético com relação a traidores trotskistas e a agentes capitalistas, entre eles proeminentes revolucionários da primeira hora, como Bukhárin, Zinóviev e Kámenev. Apesar de ficar muito irritado pelo fato de haver inúmeros judeus entre eles, Hitler se acalmava ao saber que os expurgos no Exército Vermelho tinham custado a vida de quase todos os seus dirigentes e

---

* Minoria étnica de alemães que vivem na Boêmia, Morávia e Silésia Oriental.

O Tratado de Munique

que — segundo a avaliação do estrangeiro — era quase impossível acionar as tropas.

A percepção de que Hitler estava praticamente evocando uma nova guerra com a Inglaterra e a França por meio de seu arriscado jogo envolvendo a "Tchéquia" chamou a atenção de militares, como o recém-reformado chefe do Estado-Maior Ludwig Beck, Erwin von Witzleben — que já tinha exigido uma investigação por ocasião do assassinato de Kurt von Schleicher,* em 1934 — e o oficial da inteligência Hans Oster. Eles e outros começaram a tramar contra Hitler, fizeram contatos no exterior ocidental, consideraram um golpe de Estado. Mas a chamada "Conspiração Oster" acabou sendo minada pelo curso dos eventos. No último segundo, por assim dizer — o ataque alemão tinha sido marcado para 28 de setembro de 1938 —, a guerra foi evitada pela inusual intervenção do novo primeiro-ministro britânico, Neville Chamberlain. Ele foi duas vezes até Hitler. Ignorando o primeiro-ministro tchecoslovaco Edvard Beneš, o britânico expressou sua disposição em aceitar uma cessão dos territórios dos Sudetos alemães sob determinadas condições. Portanto, Hitler não teve alternativa senão dissimular que estava disposto a negociar. O resultado foi a Conferência de Munique, da qual participaram, além de Chamberlain, o primeiro-ministro francês Daladier e Mussolini, que havia se oferecido para atuar como mediador. Passando por cima da Tchecoslováquia, os quatro chefes de governo decidiram que os Sudetos seriam anexados ao Reich alemão.

Em 30 de setembro de 1938, ao voltar de Munique e anunciar que tinha assegurado a "paz para o nosso tempo", Chamberlain foi festejado como herói.[16] Ele ainda não sabia que o papel com a assinatura de Hitler, tão orgulhosamente exibido já

---

* Kurt von Schleicher foi chanceler da República de Weimar de 3 dez. 1932 a 3 jan. 1933. Morreu na Noite das Facas Longas (de 30 jun. a 2 jul. 1934), quando os principais rivais políticos de Hitler foram eliminados.

O Tratado de Munique

no aeroporto de Londres, não valia nada. E como haveria de saber? Sob as premissas da política tradicional, o Tratado de Munique afastou uma guerra europeia. Muitas vezes o Tratado de Munique foi interpretado como sinal de fraqueza, e a política do apaziguamento preconizada por Chamberlain, considerada fracassada. Essas são as opiniões usuais que surgem quando se conhece o que virá a seguir. No final do verão de 1938, entretanto, nenhuma outra política era possível senão aquela de Downing Street n. 10.

Pois também Chamberlain considerava seu adversário alemão um revisionista, que, apesar de todo o comportamento marcial, exercia racionalmente uma "política do poder". Se fosse assim, o Tratado de Munique teria sido um sucesso estrondoso para o britânico. Mas a política de Hitler seguia outras leis. Tratava-se, para ele — cuja Wehrmacht adentrou os arredores dos Sudetos alemães em 1º de outubro de 1938, sob o júbilo da população —, do realinhamento dos limites de sua esfera de influência como precondição para a expansão rumo ao Leste. Por esse motivo, ele considerou o tratado simplesmente como um perigoso adiamento dos seus planos. E sua irritação a respeito dele aumentou também porque as negociações de Munique mostraram que outro avanço alemão para o Leste em conjunto com a Grã-Bretanha dificilmente iria se concretizar. Mesmo assim, Hitler estava animado pelo inquebrantável desejo de prosseguir em seu caminho. Nisso ele foi ajudado pelo fato de, preso em seu mundo ideológico-programático, continuar apostando no seu parceiro preferido, como se o papel da Grã-Bretanha ao lado da Alemanha em sua grande batalha estivesse predestinado, apesar de todas as tempestades.

Hitler respondeu ao revés "Munique" com uma escalada de sua política em relação aos judeus, visto que esse tratado fazia parte de sua batalha contra a conspiração judaica mundial. Para ele, os 750 mil judeus alemães eram algo como uma

Mussolini, Hitler, Daladier e Chamberlain em Munique (da esq. para a dir.). Considerado pela opinião pública como um sucesso devido principalmente a Chamberlain, o Tratado de Munique significou um revés na política expansionista de Hitler.

"quinta-coluna". Segundo a visão de mundo de Hitler, somente um povo de "raça pura" suportaria o porvir. Por essa razão, já em setembro de 1935 foram promulgadas a Lei da Cidadania do Reich e a Lei para a Proteção da Honra e do Sangue Alemão. Com a irrupção da Guerra Civil Espanhola, ele intensificou sua batalha contra o judaísmo de expressão alemã.

O homem escolhido por Hitler para essa tarefa foi seu antigo companheiro dos dias de Munique, Heinrich Himmler. Este, oriundo da classe média intelectualizada da Baviera, assumiu como Hitler uma posição polarizada na questão ideológico-racista no início dos anos 1920. Ele era um dos poucos no aparelho de liderança nazista que compreendiam o mundo de Hitler. Himmler também pensava segundo as categorias de uma eterna luta racial entre arianos e judeus e do grande curso dos germanos contra os "sub-humanos asiáticos" do Leste,

O homem de Hitler para a política racial: Himmler

o que se refletia em sua admiração pelo imperador medieval Henrique I — que, para a história da época, era considerado o iniciador da colonização germânica no Leste. Por todos esses motivos, Hitler havia retirado do "Reichsführer SS" a subordinação à SA,* possibilitando a ele assumir cada vez mais tarefas policiais. Em junho de 1937 esse departamento do partido foi unido — institucionalmente e no que se referia a recursos humanos — ao recém-criado cargo de chefe da polícia alemã no Ministério do Interior. Dessa maneira, Hitler dispunha internamente de um instrumento muito ágil para o controle total e o exercício do poder, pois ao seu acólito estavam subordinados os aparatos policiais e de repressão, constituídos pela polícia uniformizada, a Gestapo [polícia secreta do Estado] e o Reichskriminalamt [Departamento Central de Investigação Criminal], bem como o Serviço de Segurança (SD) da SS.

Na primavera de 1937, passaram a circular nessas instâncias reflexões sobre a deportação dos judeus para além-mar. Colômbia, Equador e Venezuela foram locais citados. No ano seguinte, a colônia francesa Madagascar entrou no radar da SS. Tirar os judeus do país, instalando-os em Madagascar, também foi uma ideia acalentada na Polônia. Dessa maneira, em 1937, uma comissão governamental de Varsóvia viajou, com permissão da França, à ilha no oceano Índico para prospectar áreas para assentamentos. No ano seguinte, o ministro das Relações Exteriores polonês negociou com seu colega francês o arrendamento de regiões em Madagascar, a fim de assentar anualmente ali 30 mil famílias judias. O total deveria chegar a cerca de meio milhão de pessoas.

---

* A SA (abreviação de Sturmabteilung, "divisões de assalto") foi a primeira organização paramilitar nazista, que ameaçava inimigos ideológicos. Foi aos poucos sendo substituída pela SS (Schutzstaffel, "tropa de proteção"), composta de um grupo de elite de homens mais alinhados a Hitler. Depois de junho de 1936, Himmler se tornou *"Reichsführer der SS und Chef der deutschen Polizei"* [líder da SS e chefe da polícia alemã].

A restritiva postura do exterior frente aos judeus alemães

Ao lado da "solução da questão judaica pelas relações exteriores", a Alemanha praticava uma "emigração judaica", que desde o verão de 1938 era organizada por uma "agência central" do escritório principal do SD, sediada em Viena e chefiada por Adolf Eichmann. Os judeus passaram a ser literalmente expulsos do país, como os 17 mil descendentes de poloneses que foram levados de trem até a fronteira germano-polonesa e enxotados para a terra de ninguém. Entre eles estava também os pais de Herszel Grynszpan, que, poucos dias depois da ação, assassinou em Paris o diplomata alemão Ernst vom Rath. Hitler usou o incidente para encenar aquilo que passou a ser chamado popularmente de "Noite dos Cristais". As sinagogas em chamas do 9 de novembro de 1938, seguidas de imediato pela expropriação judicialmente ordenada dos judeus por meio da arianização de suas posses, deveriam tornar mais próxima uma "Alemanha sem judeus" e sinalizar ao exterior que o "Führer" e chanceler do Reich não retrocederia ante nada se os outros não modificassem sua restritiva política de aceitação dos judeus alemães.

Ao lado da aceitação da política racista de Hitler por uma parte da população alemã não judaica e de um "olhar para o lado" por outra parte, a história prévia do genocídio também registra a baixa propensão dos países ocidentais em proteger os judeus alemães. Visto que a emigração à Palestina, organizada pelo Judenreferat [Departamento para Assuntos Judaicos da Gestapo], encontrava a oposição dos árabes, o poder protetor britânico limitou esse fluxo. Outros Estados reduziram seu contingente. O governo americano convocou para julho de 1938 uma conferência sobre refugiados em Evian, no lago Léman — de pouco efeito. Mesmo os Estados Unidos não afrouxaram suas rígidas normas de imigração. Golda Meir, futura primeira-ministra israelense, que à época participava de organizações sionistas e que esteve presente em Evian, escreveu em suas memórias:

A restritiva postura do exterior frente aos judeus alemães

Foi uma experiência terrível observar ali [...] como as delegações se levantavam, uma após a outra, e explicavam que gostariam de ter aceitado um número considerável de refugiados, mas que infelizmente não eram capazes disso. Só quem passou por algo semelhante pode compreender o que senti em Evian — uma mistura de preocupação, raiva, frustração e horror.[17]

Entretanto, o conhecimento da situação em retrospectiva e o ponto de vista da época são duas coisas distintas. Certamente os participantes da conferência não conseguiam imaginar do que Hitler ainda seria capaz em seu fanatismo racista. E, naquele tempo, havia racismo em todos os lugares do mundo, principalmente no país que havia sediado a Conferência de Evian.

Dessa maneira, exceto pelas organizações judaicas, quase ninguém parecia se interessar pelo destino dos judeus alemães. Esse quadro também não mudou muito depois de Hitler ter aventado, em janeiro de 1939, durante seu discurso no sexto aniversário da tomada de poder, uma nova opção para solucionar a questão judaica. Com rara clareza, ele explicou: "Se o judaísmo financeiro mundial, dentro e fora da Europa, conseguir empurrar novamente os povos a uma guerra mundial, o resultado não será a bolchevização do mundo e a consequente vitória dos judeus, mas o extermínio da raça judaica".[18] Em outras palavras: Hitler anunciou o genocídio dos judeus europeus no caso do fracasso de seu plano de realinhamento gradual das fronteiras da esfera de influência alemã por meio de guerras limitadas como condição para seu avanço ao Leste.

Hitler percebia-se cada vez mais como o escolhido pela "Providência". Em 10 de fevereiro, afirmou diante de comandantes de tropas que havia percorrido "o caminho mais íngreme e vertiginoso que um ser humano jamais teve de percorrer. Acredito também que seja inédito na história do mundo o fato de

A ocupação das "terras tchecas"

um homem, em 1919, quer dizer, há vinte anos, assumir uma atividade política, na minha situação e com minhas condições, e chegar ao resultado vinte anos depois".[19] Ele estendia os superlativos autoconcedidos também ao povo alemão. Em 11 de maio de 1939, Hitler anunciou para os formandos da Academia de Guerra que o alemão era "o povo mais forte não apenas da Europa, mas [...] praticamente do mundo" por causa do "valor da sua raça", não sem acrescentar que o povo alemão estava qualificado para "realizar uma missão decisiva nesta terra".[20] Logo após sua fala diante dos jovens oficiais da Wehrmacht, foi dado um primeiro passo crítico para concretizar essa missão. Pois ele avançou pela primeira vez sobre uma região não colonizada por alemães — Resttschechei [as terras tchecas], que não tinham sido ocupadas no ano anterior. O plano — que na visão do exterior não tinha mais relação com a política revisionista — foi facilitado pelo fato de que o "Estado mosaico de Praga", criado em Versalhes, já estava em derrocada desde a separação das áreas dos Sudetos alemães. Pois também a Polônia e a Hungria reivindicavam áreas tchecoslovacas ocupadas por seus conterrâneos, que eram inclusive objeto de batalhas. Além disso, a Eslováquia aspirava à independência, e em 14 de março, Hitler ajudou-a nesse sentido. No dia seguinte, ele ordenou a invasão das "terras tchecas" pelas Forças Armadas. Não houve combates, pois seu deplorável primeiro-ministro Emil Hacha (sucessor de Beneš), tinha se submetido à "decisão irrevogável" de Hitler de que dali em diante não haveria nem mesmo um Estado tcheco desmembrado, que passou a reinar também sobre um Protetorado da Boêmia e Morávia.

A princípio, o plano de Hitler deu certo. Choveram notas de protesto de Moscou e das capitais ocidentais. Chamberlain, que, tendo em vista a derrocada da Tchecoslováquia, havia cancelado o termo de garantia da Grã-Bretanha, alertou o ditador alemão em seu conhecido discurso de Birmingham. Mas

A ocupação das "terras tchecas"

apesar do tom enérgico, o primeiro-ministro britânico manteve, inicialmente, a linha do apaziguamento, pois continuava acreditando ser essa a única possibilidade de se evitar a guerra na Europa, tão ameaçadora ao Império Britânico. Chamberlain acreditava que deveria haver algum tipo de compensação de interesses entre as forças europeias, baseada num equilíbrio razoavelmente estável. Ele não era o único a não compreender que Hitler não seria contido por meio de concessões. Pois como saberia? Afinal, ele não fazia a menor ideia dos verdadeiros motivos e objetivos do ditador alemão.

Da mesma maneira que a imagem ambivalente do NSDAP e de seu "Führer" durante o período de ascensão do partido, entre 1919 e janeiro de 1933, havia resultado em sua classificação altamente variável no espectro político, também as tradições ainda vivas da política externa do Império Alemão disfarçavam os verdadeiros objetivos de Hitler. Olhando de fora, a Alemanha era conduzida por uma mistura de políticas de orientação continental e política guilhermina tradicional, articulada especialmente pelas ambições coloniais do Ministério das Relações Exteriores, da cúpula da Marinha e também da economia. O erro de avaliação britânico, de que seria possível limitar Hitler a partir de compensações coloniais ou outras compensações parciais quaisquer, foi em parte consequência disso. Ainda mais quando Hitler anunciou em alto e bom som suas exigências ultramarinas, que ele compreendia principalmente como meio de pressão para talvez ainda conseguir de Londres liberdade para seus objetivos no Leste.

Entretanto, a partir da ocupação das "terras tchecas", o governo britânico — que desde 1936 armava o país — passou a querer impor limites a Hitler e estava relativamente seguro de possuir os instrumentos e parceiros certos para isso. Duas semanas após a entrada em Praga, Londres garantiu a independência da Polônia (declarações semelhantes foram feitas logo

Roosevelt como amigo da Grã-Bretanha

em seguida também para a Romênia e a Grécia). A partir daí, e com a França como aliada no Oeste, Chamberlain acreditava que conseguiria manter o equilíbrio europeu, pois, nessa época, a Polônia (e não a União Soviética) era considerada a mais forte força militar na Europa oriental. E ele sabia que tinha o apoio dos Estados Unidos, mais precisamente de seu presidente, que desde 1937 haviam começado a deixar de lado sua política de *"splendid isolation"*.

Em outubro de 1937, durante seu famoso "discurso da quarentena" em Chicago, Roosevelt expressou sua antipatia pelos regimes totalitários e autoritários na Ásia e na Europa. Ele estava influenciado pela expansão japonesa na China. No final do ano, caíram Xangai e Nanjing, sede do movimento Kuomintang, depois de este se recusar a se tornar vassalo de Tóquio. A guerra foi acompanhada por bombardeios e massacres da população chinesa que chocaram o mundo. A postura de Roosevelt em relação à Alemanha era claramente negativa. Ele não gostava dos alemães com seu militarismo, seu sistema autoritário e seu antissemitismo, sem falar no seu "Führer". Historiadores descobriram também que o milionário na cadeira presidencial sabia pouco sobre a Alemanha e que algumas decisões que tomou podem ser explicadas pelo fato de que era facilmente influenciável.

As relações do presidente com o establishment político britânico eram bem diferentes. Falava-se uma língua comum, em todos os sentidos. Assim, as forças anglo-saxãs uniram-se cada vez mais. Isso se deu principalmente também no campo econômico, pois o New Deal de Roosevelt não tinha conseguido resolver totalmente a crise econômica, de caráter estrutural, nos Estados Unidos. Em 1938, Washington e Londres selaram um abrangente acordo comercial. O mundo sabia desde cedo que, no caso de uma guerra, a Grã-Bretanha não seria abandonada pelo grande irmão do outro lado do Atlântico, ainda que lá a maioria da população não estivesse disposta a sacrificar novamente seus pais, filhos e irmãos nos campos de batalha europeus. Essa postura era compartilhada por americanos famosos como Henry Ford, antissemita e pioneiro da indústria automobilística; Charles Lindbergh, a primeira pessoa a cruzar o Atlântico numa aeronave; ou Joseph Kennedy, o embaixador americano em Londres e pai de um futuro presidente, que simpatizavam abertamente com Hitler. Este último até mesmo considerava Roosevelt um incitador da guerra.

Portanto, o ditador alemão reagiu como alguém encurralado. Seguindo o lema "Vocês não perdem por esperar", em 3 de abril de 1939, três dias após a declaração britânica de garantia em relação à Polônia, ele ordenou o início dos preparativos para o ataque contra a Polônia, o "Caso Branco". Aliás, a relação com o vizinho oriental — que se mostrava absolutamente autoconfiante e a quem o ministro das Relações Exteriores Ribbentrop tentou em vão empurrar o papel de parceiro menor antissoviético — já tinha chegado a seu ponto mais baixo devido à invasão de Praga e às disputas por Danzig. No final de abril, Hitler anunciou aos quatro ventos sua deliberação para a guerra ao romper (provavelmente como um sinal de ameaça) tanto o Pacto de Não Agressão Alemão-Polonês quanto o Acordo Naval Anglo-Alemão. Antes, durante um discurso, ele já havia recusado um apelo à paz feito por Roosevelt, dizendo que o povo alemão já baixara as armas uma vez acreditando na promessa de outro presidente americano, para ser tratado na Conferência de Paz subsequente de maneira mais desonrosa do que os índios sioux no passado.

Em agosto de 1939, Roosevelt, tendo em vista a escalada da situação na Europa, e apesar de todos os antagonismos, procurou contato com a União Soviética a fim de inseri-la numa frente contra Hitler. Um pacto com o poder comunista favorecia o Partido Trabalhista na Grã-Bretanha, mas também aquela parte dos conservadores ao redor de Churchill que combatia

A estratégia de Stálin

tenazmente a política de apaziguamento de Chamberlain. Devido a seu compromisso com a Polônia, este último considerava a parceria russo-britânica apenas uma construção auxiliar, motivo pelo qual as negociações específicas foram retardadas; quando iniciadas em meados de agosto em Moscou, acabaram sendo conduzidas de modo vacilante.

Do lado de Stálin, o motivo de sua reserva era uma profunda desconfiança em relação aos britânicos e o fato de reconhecer, na política de apaziguamento, uma tentativa de redirecionar a expansão de Hitler para o Leste. O centro da estratégia de Stálin era impedir o cerco da União Soviética e uma guerra de dois fronts. E do ponto de vista do Kremlin, a situação era tudo menos cor-de-rosa: desde maio de 1939, as tropas japonesas combatiam ferozmente o Exército soviético do Extremo Oriente na região de fronteira entre a Manchúria e a Mongólia. No Ocidente, a Alemanha — o parceiro anticomintern do Japão — tentava colocar a Polônia contra a União Soviética. Um front alemão-polonês-japonês era o pesadelo de Stálin. Como o Kremlin também não havia conseguido aprofundar a oposição entre as forças ocidentais e a Alemanha nacional-socialista, as negociações se tornaram imprescindíveis. Ainda em setembro de 1938, Moscou tentou em vão pressionar Paris, na esperança de convencer a França a se engajar publicamente no lado dos já desesperançados combatentes "espanhóis vermelhos". Ao mesmo tempo, Stálin exortou as forças ocidentais a serem firmes na questão dos Sudetos. Tendo em vista todos esses fatores, deu-se uma reviravolta na política externa soviética: desde abril de 1939, Stálin procurou aliar-se ao seu declarado inimigo mortal Hitler — logrou sucesso, para horror do restante do mundo.

Em 23 de agosto, o ministro das Relações Exteriores Joachim von Ribbentrop e Viatcheslav Mólotov, comissário do povo para o Exterior, assinaram na presença de Stálin um pacto de não agressão, que assegurava também que um lado

77

O Pacto de Não Agressão Germano-Soviético

não se meteria nas disputas militares em que o outro lado estivesse envolvido. Além disso, um protocolo extra, cuja existência o Kremlin negou por décadas após o fim da Segunda Guerra Mundial, delimitava a esfera de influência de ambas as potências na Europa central. A Letônia, a Estônia e a Finlândia, partes da Romênia e da Bessarábia deveriam pertencer à zona de poder soviético. O mesmo valia para o Leste do Estado polonês a ser liquidado. A linha de separação seria formada pelos rios Pissa, Narew, Vístula e San. Isso correspondia mais ou menos à Linha Curzon, a fronteira oriental definida em Versalhes do Estado polonês restaurado, que em 1920 havia sido empurrada por cerca de duzentos quilômetros para leste como resultado da Guerra Polaco-Soviética.

Para Hitler, o pacto — celebrado vivamente pelos generais, pelo Ministério das Relações Exteriores e por outras instâncias — significava a saída do impasse estratégico. Ele ainda esperava chegar a um acordo com a Inglaterra. O "pacto com os russos", que para Hitler não passava de uma manobra tática para criar as condições de destruir o parceiro do acordo, oferecia ao mesmo tempo mais uma opção para o caso de Londres continuar resistindo aos seus acenos. Em agosto de 1939, ele supostamente disse a Carl Jacob Burckhardt, comissário da Liga das Nações para Danzig: "Tudo o que faço é direcionado contra a Rússia; se o Ocidente é burro e cego demais para compreender isso, serei obrigado a entrar em acordo com os russos, bater o Ocidente e, depois de sua derrota, me voltar contra a União Soviética com todas as minhas forças reunidas".[21]

Para Stálin, o pacto com Hitler trouxe um butim vultoso. Ele pôde expandir consideravelmente sua esfera de influência para o Oeste. Mas não só isso: o acordo iria — assim esperava Stálin — finalmente levar à guerra entre a Alemanha nacional-socialista e as forças ocidentais e, ainda por cima, oferecer à Rússia a chance de se expandir ainda mais na direção da

O Pacto de Não Agressão Germano-Soviético

Ribbentrop, Stálin e Mólotov (na frente, da esq. para a dir.) após a assinatura do Pacto de Não Agressão em Moscou. Ambos os lados dividiram entre si a Europa central.

Europa central. Stálin estava consciente de que seu oponente nacional-socialista iria atacar a União Soviética depois de ter garantida sua liberdade de ação no Ocidente. A diferença entre os dois estava na percepção temporal. Hitler jogava com o perigo — impulsionado por sua alucinação e pelo temor de não ter tempo suficiente para realizá-la. Stálin agia segundo um cálculo frio, no estilo de um cuidadoso operador da "política da força", pois nesse pacto só haveria um vencedor.

O Pacto de Não Agressão Germano-Soviético, sensação mundial e cujo choque imobilizou Londres e Paris, causou a Hitler (e não apenas entre seus seguidores) uma grave crise de credibilidade. Pois desde seu início político, em meio ao caos do período pós-guerra em Munique, uma boa parte de sua agitação era dirigida contra o "bolchevismo judaico". Contra este ele havia iniciado um Pacto Anticomintern não havia

A decisão de atacar a Polônia

tanto tempo assim. No Japão, as reações foram correspondentes, visto que o curso da política de relações exteriores de Tóquio — apostar na Alemanha — tinha fracassado com o arranjo germano-soviético. O atônito primeiro-ministro Kiichirō Hiranuma demitiu-se dizendo que o mundo europeu era "complexo e estranho". O governo seguinte, liderado por Nobuyuki Abe e com Kichisaburō Nomura como ministro das Relações Exteriores, estava empenhado, a partir da manutenção de uma neutralidade estrita, em alcançar uma melhoria nas relações com as potências ocidentais e uma conciliação com os Estados Unidos.

E até Mussolini, parceiro no Pacto Anticomintern, cujo país havia selado o "Pacto de Aço" em maio de 1939 com a Alemanha, espantou-se quando Hitler, após anos das mais violentas agitações contra a União Soviética, justificou a mudança de posição dizendo que "o princípio bolchevista havia se modificado em direção a uma forma de vida nacional-russa".[22] Logo ele acusaria o alemão de trair seus objetivos antibolchevistas. Para Mussolini, esse pacto com Stálin também era uma afronta porque ele temia que a Itália fosse envolvida numa grande guerra europeia pela Alemanha devido ao aguardado ataque contra a Polônia. Por esse motivo, o "Duce" havia tornado o papel da Itália dependente da posição da Inglaterra. Só para o caso em que "o conflito permaneça localizado é que a Itália vai garantir à Alemanha toda forma de ajuda política e econômica que seja solicitada".[23] De outro modo, a Itália se manteria de fora porque não estava pronta para a guerra, escreveu ele a Hitler.

Isso custou o triunfo de Hitler sobre o Ocidente. Como que tomado por uma compulsão, Hitler estava decidido a enfrentar a Polônia sem delongas. Sua superestimação egomaníaca ficou patente quando, em 22 de agosto de 1939, ele explicou seus motivos em relação à guerra para a cúpula da Wehrmacht e para os comandantes envolvidos na campanha: "Essencialmente depende de mim, da minha existência, por

80

A decisão de atacar a Polônia

causa das minhas capacidades políticas [...]. Desse modo, minha existência é um fator de grande valor. Mas posso ser eliminado a qualquer hora por um criminoso, por um demente".

Mais uma vez a ideia maníaca de que a Alemanha só conseguiria aguentar mais alguns poucos anos num mundo de inimigos foi expressa em meio às suas exposições: "Não temos nada a perder, apenas a ganhar", ele disse. E prosseguiu: "Agora a probabilidade ainda é grande de o Ocidente não se meter. Temos de assumir, com absoluta determinação, o risco de atacar ou sermos exterminados, cedo ou tarde". Hitler disse ainda que "haverá um motivo propagandístico para o início da guerra, crível ou não. Posteriormente, o vencedor não será questionado sobre haver falado ou não a verdade", pois, segundo ele, a razão pertence aos mais fortes.[24]

Tendo em vista o pacto entre Hitler e Stálin e a escalada do conflito envolvendo Danzig, as capitais europeias sabiam que podiam esperar em breve um ataque alemão à Polônia. Nem um pouco abalada pela associação germano-soviética ou pelas ameaças de Hitler de não querer mais aceitar "usurpações" contra as parcelas alemãs da população, Varsóvia foi tomada por mensagens nacionalistas e, no caso de uma guerra, acreditava num rápido avanço do Exército polonês sobre Berlim. Nesse sentido, o governo polonês confiava nas garantias de Londres e, portanto, no apoio militar da Grã-Bretanha e da França. Entretanto, ninguém por ali mostrava grande disposição de morrer por Danzig, motivo pelo qual Daladier tentava refrear Varsóvia e Berlim. Assim como Chamberlain e também Mussolini, que havia aventado uma nova conferência de paz, o francês apostava num resto de razão em Hitler. O desiludido governo inglês estava decidido a invocá-la implacavelmente e talvez assim conseguir manter a paz.

Enquanto isso, o ditador alemão fechava mais uma vez compromissos dos mais abrangentes com a Grã-Bretanha, contanto que ela não atrapalhasse uma regulamentação da "questão polonesa". (A "regulamentação da questão polonesa" não era outra coisa senão a extinção do Estado polonês e a criação de uma área de concentração para a verdadeira guerra de Hitler contra a Rússia judaico-bolchevista.) Ele prometeu ao embaixador britânico Nevile Henderson que, nesse caso, faria acordos com o governo londrino que garantiriam a manutenção do Império, chegando a acenar com apoio efetivo para isso. Prometeu também um "limite razoável" para o rearmamento, além de reconhecer a fronteira ocidental alemã como definitiva.

Entretanto, o governo britânico — que sabia que era apoiado por Roosevelt — recusou; ainda assim Hitler não quis acreditar que a Grã-Bretanha estivesse falando sério; afinal, ela tinha aceitado o rearmamento da Alemanha, a ocupação da Renânia, a anexação da Áustria e o ataque a Praga. Ele não queria enxergar que a política de apaziguamento se devia aos princípios da política de equilíbrio de forças de Londres, cuja infração duradoura viria a ser o verdadeiro motivo da guerra para a Grã-Bretanha. Ao considerar que os Estados Unidos se preparavam para ser o rival natural da Grã-Bretanha, Hitler estava profundamente convencido de que a autoafirmação da Europa só poderia ser alcançada por meio de uma coalizão, a partir de um equilíbrio de interesses, da Alemanha com a "racialmente aparentada" Grã-Bretanha. Hitler supunha haver aí algo como uma legitimidade histórica. Por essa razão, ele acreditava que conseguiria se safar também dessa vez sem uma declaração de guerra por parte da Grã-Bretanha e da França. Para Göring, que o desaconselhou tendo em vista os riscos envolvidos, Hitler disse: "Na minha vida, sempre estive metido em jogos perigosos".[25] No fim das contas, devido ao seu cenário de batalha mundial e à pressão do tempo, ele acreditou que já não tinha mais alternativa.

3.
Guerras-relâmpago contra
a Polônia e a França

Setembro de 1939 a julho de 1940

*Poloneses e judeus fazem trabalho escravo
[...]. Aqui é quase como na Antiguidade,
quando os romanos derrotavam um povo.*

Gotthard Heinrici, primavera de 1941

A Segunda Guerra Mundial começou em 1º de setembro de 1939 com o ataque do encouraçado alemão *Schleswig-Holstein* contra um posto militar em Danzig, na península de Westerplatte. Ao mesmo tempo, unidades das Forças Armadas alemãs ultrapassavam em sete pontos a fronteira alemã-polonesa. Em seu pronunciamento aos alemães no meio da manhã, Hitler anunciou que desde as 5h45 acontecia o "revide". Quando mencionava um "revide" na Ópera Kroll, em Berlim, estava então se referindo ao "ataque polonês" encenado pela SS contra a emissora alemã Gleiwitz, e ao suposto terrorismo que, desse modo, os poloneses haviam praticado na região alemã. Hitler continuou dizendo que prosseguiria com a luta "até que a segurança do Reich e seus direitos estejam garantidos".[1]

O que Hitler estava querendo vender à nação como sendo sua autoafirmação era uma guerra preparatória à batalha contra o "bolchevismo judaico". Para os militares e para as antigas elites do Império Alemão, tratava-se de um passo na direção da hegemonia alemã na Europa e do reconhecimento mundial da Alemanha. Assim telegrafou o marechal de campo prussiano August von Mackensen, que considerava os 21 anos passados desde o final da Primeira Guerra Mundial como um mero "cessar-fogo", ao comandante-chefe do Exército Von Brauchitsch: "A Guerra Mundial segue seu curso [...]. Que Deus esteja com você e com nosso povo!".[2] Esse povo sentia-se muito inseguro, mesmo que confiantemente submisso a seu "Führer". Torcia-se para que as potências ocidentais mantivessem distância e, portanto, por uma guerra limitada, não muito longa.

Os acontecimentos das horas seguintes, que acabaram com essas esperanças, marcaram para Hitler o deplorável fracasso do plano de guerra como um todo, de sua estratégia imaginada nos anos 1920 e rigorosamente seguida. Pois na manhã de 2 de setembro de 1939 e depois de um estressante vaivém, o embaixador britânico Nevile Henderson entregou o ultimato de seu governo: o Império Britânico entraria em estado de guerra contra o Império Alemão caso este não providenciasse a imediata retirada de suas tropas da Polônia. Segundo relatos, Hitler ficou sentado "totalmente calmo e impassível" e, depois de algum tempo, se dirigiu a Ribbentrop, dizendo: "E agora?".[3] A consternada reação do ditador não se devia apenas ao ultimato britânico, seguido por um francês, mas também ao fato de, no momento decisivo, ele se sentir abandonado pela tão decantada "Providência" — que, de acordo com sua crença, o havia escolhido para sua grande tarefa.

Hitler estava não numa guerra limitada, regional, com a Polônia (como esperava), mas numa grande guerra invertida contra seu parceiro dos sonhos, a Grã-Bretanha, bem como com a Austrália, a Nova Zelândia, a Índia e os outros Estados do Império Britânico. E ele estava em guerra com a França. A aura de infalibilidade de Hitler, a aura do homem que parecia dominar qualquer risco com a precisão de um relógio, tinha recebido um duro golpe. A guerra de duas fronteiras, que as experiências históricas aconselhavam evitar a qualquer custo, tinha se tornado realidade.

E o que não era menos importante: quase não haviam sido tomadas medidas para esse caso. A direção do Exército — que,

O colapso do poder militar polonês

assim como o OKW, estava certa de que as potências ocidentais acabariam por aceitar de alguma maneira a guerra contra a Polônia — tinha mobilizado quase todas as tropas alemãs contra o Exército do vizinho oriental. Enquanto isso, a defesa do Ocidente estava parada. Apenas 23 divisões alemãs, mal equipadas e quase incapazes de entrar em combate, encontravam-se entre a fronteira holandesa e a Basileia, diante de 110 divisões francesas e britânicas. Apesar disso, não houve uma ofensiva das potências ocidentais durante a campanha da Polônia nem logo depois. Em Nuremberg, Keitel afirmou que um ataque francês tinha atingido somente um "anteparo militar", mas "não a resistência".[4] E isso, apesar do fato de que ninguém no comando alemão pudesse prever o desenrolar da campanha da Polônia nem sua duração.

A velocidade espantosa imposta pela máquina de guerra alemã — ela era composta de 61 divisões alemãs e três eslovacas — aliviou a situação para Hitler. As divisões de tanques e atiradores, apoiadas por bombardeiros, literalmente atropelaram as forças de combate polonesas, que em parte eram formadas por regimentos de cavalaria. Em 5 de setembro, seu comandante-chefe Edward Rydz-Smigly ordenou a retirada para trás do rio Vístula. Três dias depois, os tanques alemães estavam diante de Varsóvia, enquanto ao sul, na confluência dos rios Vístula e San, Kielce, Cracóvia e Sandomierz eram tomadas. Em poucos dias, todo o Exército de campo polonês foi cercado a oeste do rio Bug.

Nesse meio-tempo, a capital polonesa estava em uma situação desesperadora. Visto que seus defensores se recusavam a capitular, os ataques aéreos foram intensificados. Varsóvia devia ser bombardeada até o ponto em que uma invasão se tornasse possível. Em cerca de 2 mil missões, as esquadrilhas de Göring lançaram quase mil toneladas de explosivos e bombas incendiárias. Foram atacados não somente alvos militares e de

O colapso do poder militar polonês

infraestrutura, mas também áreas residenciais. Nessa hora, o governo polonês e o Alto-Comando das suas Forças Armadas, que esperaram em vão pelo apoio das potências ocidentais, já tinham deixado a capital polonesa rumo ao sul. Por fim, eles se salvaram na aliada Romênia, declarada neutra; os poloneses, que logo formaram um governo no exílio sob Władysław Sikorski, ficaram, a princípio, confinados no país. Em 27 de setembro, Varsóvia finalmente capitulou e, em 6 de outubro, foi a vez das últimas tropas polonesas em Kock e Lublin. Mais de 60 mil poloneses morreram. Do lado alemão, foram 16 mil dos 1,6 milhão de soldados mobilizados. O número de mortos foi incomparavelmente menor do que a previsão do comando da Wehrmacht.

Em Moscou, o governo acompanhou a princípio com satisfação o desenrolar da situação geral na Europa. Sobre as observações do "grande líder" Stálin feitas para um grupo pequeno em 7 de setembro, no Kremlin, Gueórgui Dimitrov, secretário-geral do Comintern, anotou que dois grupos de Estados imperialistas, "pobres e ricos em relação a colônias, matérias-primas etc." lutavam entre si.

> Não temos nada contra que eles lutem entre si e se enfraqueçam. Nada mau se a Alemanha fragilizar a situação dos países capitalistas mais ricos (principalmente a da Inglaterra) [...]. Podemos manobrar, jogar um lado contra o outro, para que se engalfinhem ainda mais.[5]

Stálin tinha possibilidades para tanto, pois havia colocado Hitler num dramático relacionamento de dependência com a União Soviética — que garantia não apenas uma cobertura estratégica para a guerra da Alemanha contra o Ocidente como também fornecia uma parte considerável das matérias-primas necessárias ao confronto. No outono de 1939, mais de um

A invasão do Exército Vermelho

quarto do óleo mineral usado pelos alemães vinha da União Soviética. Três quartos do látex eram importados da Ásia e chegavam à Alemanha principalmente através da Rússia, visto que o bloqueio naval britânico não permitia outro caminho. Em 17 de setembro de 1939, Stálin ordenou a entrada no Leste da Polônia de dois grupos do Exército soviético com 450 mil soldados e quase 3800 tanques sob a proteção de 2 mil aviões para assegurar sua parte do butim, combinada no pacto com Hitler. À exceção de alguns grupos de defesa de fronteira, os defensores poloneses não tinham quase nada com que opor resistência, pois suas tropas regulares haviam sido deslocadas para o Oeste a fim de lutar contra a Alemanha. O governo polonês não contava com um ataque soviético, visto que Stálin tinha acabado de assegurar a Varsóvia que o Pacto de Não Agressão Soviético-Polonês mantinha sua validade. No dia do ataque, Moscou avisou que os tratados bilaterais tinham caducado, já que o governo polonês não existia mais.

Stálin, à maneira de sua política, e sem levar em conta toda a cumplicidade com Hitler — por exemplo, a Luftwaffe recebeu ajuda de navegação da estação Minsk de rádio para suas missões sobre a Polônia —, soltou um comunicado relativo à invasão em que unicamente a Alemanha aparecia como agressora. O texto dizia que era preciso vir em auxílio dos ameaçados ucranianos e bielorrussos. Sob protesto do conde Friedrich-Werner von der Schulenburg, embaixador alemão em Moscou, ambos os ditadores chegaram finalmente a uma nova redação, de cinismo quase insuperável: no novo texto, condições insustentáveis tinham levado à invasão. O comunicado explicava ainda que a intenção era auxiliar a população e dava a entender que o Estado polonês continuaria a existir.

E o que fizeram as potências ocidentais? Limitaram-se a convocar os embaixadores em Moscou e a protestar oficialmente contra a invasão soviética na Polônia. Stálin permaneceu impassível. Ele havia calculado friamente: se britânicos e franceses não intervieram após o ataque alemão contra a Polônia, por que o fariam depois do soviético, ainda mais se não eram obrigados a tanto? Pois agentes soviéticos haviam descoberto que o acordo de assistência mútua anglo-polonês de 25 de agosto de 1939 só valia no caso de uma intervenção alemã. Depois de cinco dias, as operações de seu Exército Vermelho na Polônia tinham sido encerradas, e a linha demarcatória combinada no pacto de Hitler e Stálin, ao longo da antiga Linha Curzon, alcançada. Em Brest-Litovsk, onde em 1918 os representantes de Lênin encerraram a guerra com a Alemanha, os liquidantes da Polônia desfilaram em conjunto suas tropas; o lado alemão contou com a participação de Heinz Guderian, o mesmo Guderian cujos tanques haveriam de rolar contra Moscou dois anos mais tarde. Em 28 de setembro de 1939, com a assinatura do Tratado de Fronteira e de Amizade Germano-Soviético, a linha demarcatória foi deslocada para o Leste, na direção do rio Bug. Em contrapartida, a maior parte da Lituânia acabou inserida na esfera de interesse soviética.

Iniciou-se então a "sovietização" na nova zona de poder de Stálin. Os territórios conquistados foram incorporados às repúblicas soviéticas ucraniana ou bielorrussa. Expurgos em larga escala já haviam sido iniciados com a invasão do Exército Vermelho. Principalmente na Galícia e em Lemberg e arredores — onde Nikita Khruschóv, designado por Stálin, atuava como comissário regional —, milhares de pessoas das fileiras da elite polonesa, das Forças Armadas e do clero foram liquidadas, presas ou levadas à União Soviética pelo temido Serviço Secreto. Mais de 4 mil oficiais poloneses foram assassinados na remota área da floresta de Katyn, próximo a Smolensk, por ordem de Stálin, que havia atuado na Guerra Polaco-Soviética de 1919-20 como comissário político.

O realinhamento das "relações étnicas"

Soldados do Exército alemão e do Exército Vermelho em conversa amistosa junto à linha demarcatória germano-soviética através da Polônia. Logo eles se tornariam inimigos ferrenhos.

Em paralelo, os Estados bálticos largamente indefesos eram obrigados a organizar pontos de apoio para a Marinha, a Força Aérea e o Exército moscovita. Gradualmente eles foram também "sovietizados" e incorporados ao império vermelho. Da vizinha Finlândia, Stálin exigiu concessões e correções na fronteira do istmo da Carélia. Os finlandeses, entretanto, se opuseram; consequentemente, no final de novembro de 1939, o líder soviético ordenou o início das hostilidades de seu Exército Vermelho ao longo de toda a fronteira oriental finlandesa. A Alemanha, cujas simpatias estavam do lado dos países escandinavos, manteve-se neutra, seguindo os acordos entre Hitler e Stálin.

Do outro lado da linha demarcatória, as regiões perdidas em Versalhes — Prússia Ocidental, Posen e Alta Silésia — foram integradas, juntamente com as províncias ocidentais da Polônia (o futuro Wartheland), ao Grande Reich Alemão.

O realinhamento das "relações étnicas"

Lá foram instalados os alemães étnicos do Báltico, da Bessarábia, da Bucovina e de outras regiões do Leste e do Sudeste da Europa. No decorrer desse realinhamento das "relações étnicas", mais de 750 mil poloneses foram expulsos para o Governo Geral* alemão — que se estendia a oeste da nova fronteira do Reich até a Linha Curzon, ou realocados compulsoriamente em seu interior.

O extermínio racial dos conquistadores já havia feito sua estreia sangrenta durante a campanha da Polônia. Praticado por unidades das polícias investigativa e uniformizada da SS, aceito com complacência e muitas vezes também apoiado pelo comando do Exército, de início os assassinatos eram perpetrados contra a elite dos poloneses envolvidos no governo, considerados "racialmente inferiores". De acordo com o desejo de Hitler, ela deveria ser exterminada. O restante da população seria mantida como hilotas. Gotthard Heinrici, general do Exército estacionado no Governo Geral, também era da opinião de que "poloneses e judeus fazem trabalho escravo. Nessa terra, eles não são levados em consideração". "Aqui é quase como na Antiguidade, quando os romanos dominavam um povo."[6]

Para os judeus poloneses que não foram assassinados por pertencer à elite, teve início um martírio ao qual 3 milhões não sobreviveram. No outono de 1939, eles foram reunidos em guetos urbanos, principalmente em Varsóvia, Cracóvia, Lublin, Radom e Łódź. Hitler queria controlar o "inimigo racial", considerado perigoso, e se preciso utilizá-lo como caução. E ele acreditava que a concentração em guetos era sua melhor garantia. O projeto Nisko exemplifica o risco que ele

---

* "Governo Geral" foi o nome dado ao território polonês militarmente ocupado pelos alemães entre 1939 e 1945, mas não imediatamente anexado ao território do Reich. O termo também é usado para designar as estruturas administrativas chefiadas pelo governador-geral e funcionário do NSDAP Hans Frank, sediado em Cracóvia.

O realinhamento das "relações étnicas"

imaginava emanar dos judeus. Uma espécie de "reserva agrícola" seria montada numa área ampla ao sul de Lublin, a fim de abrigar várias centenas de milhares de judeus. No fim, Hitler desistiu do plano com a justificativa de que era preciso assegurar que a área ocupada "tenha importância militar para nós como *glacis* avançado e que possa ser usada para uma concentração".[7] Ele estava se referindo à concentração para a campanha contra o bolchevismo judaico, que não poderia acontecer numa "área judaica".

Na Polônia, a política dos nacional-socialistas para os judeus encontrou solo fértil, apesar de toda a inimizade contra os alemães; o antissemitismo estava largamente espalhado pelo país, bem como em outras partes da Europa central. O mesmo antissemitismo estava igualmente presente na Igreja católica polonesa. Numa carta pastoral de 1936, por exemplo, seu primaz, o cardeal August Hlond, acusou os judeus de serem "a vanguarda da impiedade, do governo bolchevista e de agitações revolucionárias".[8] A rejeição ao judaísmo também era violenta na política polonesa.

Enquanto milhões de pessoas eram deslocadas para a Europa central segundo critérios étnicos e os incêndios criminosos da SS e da GPU [polícia secreta soviética] prosseguiam inalterados, seus principais responsáveis falavam em restabelecer rapidamente a paz. No final de outubro, Viatcheslav Mólotov acusou a Inglaterra e a França de agressão. Enquanto a União Soviética posava de potência pacífica, de um lado, e o Kremlin fortalecia a retaguarda de Hitler para a guerra contra as potências ocidentais, de outro, o ditador alemão nutria esperanças de que Londres ainda fosse ceder. A reticência militar da Inglaterra e da França havia lhe dado motivo para pensar assim. Em Nuremberg, Keitel afirmou que esse comportamento reforçava a "percepção sobre a provável futura conduta das forças ocidentais".[9]

A oferta de paz de Hitler à Inglaterra

Em seu discurso de 6 de outubro diante do Reichstag, em que fez um balanço da campanha da Polônia, Hitler apresentou uma oferta de paz a Londres, acompanhada por explicações gerais sobre a necessidade de um futuro trabalho conjunto e pacífico dos povos da Europa. Dirigindo-se aos britânicos, ele disse que considerava "um objetivo de minha vida [...] aproximar os dois povos não apenas do ponto de vista da razão, mas também dos sentimentos". Mais adiante, perguntou: "Será que a Alemanha impôs à Inglaterra alguma exigência que ameace o Império Britânico ou questione sua existência?", para finalmente concluir que não havia nenhum motivo para prosseguir com a guerra.[10] Entretanto, Londres e Paris recusaram peremptoriamente a oferta de paz de Hitler. Uma guerra contra a Alemanha *e* contra a União Soviética — que em dezembro de 1939 foi expulsa da Liga das Nações como agressora — não estava mais fora dos seus horizontes.

Impulsionado pela ideia de que o tempo trabalhava contra ele e encorajado pela guerra-relâmpago e a vitória sobre a Polônia, pouco antes do fracasso de sua oferta de paz Hitler já havia se decidido a colocar novamente o destino da Alemanha nas mãos de sua Wehrmacht. Visto que não confiava no inimigo mortal bolchevista nem contava com um afastamento duradouro dos Estados Unidos da guerra, a França — seu inimigo jurado no Ocidente — deveria ser atacada ainda em 1939. Isso não significava que Hitler desistira de tentar um compromisso com a Inglaterra. Um registro no diário de Alfred Rosenberg, de 1º de novembro de 1939, mostra o quanto ele estava dogmaticamente fixado nisso. O ideólogo-chefe do regime escreveu:

O Führer falou várias vezes que ainda considera certo um entendimento anglo-alemão, principalmente se visto à distância [...]. Ele afirmou que havíamos feito de tudo, mas quem governava era uma minoria insana, liderada por judeus.

A oferta de paz de Hitler à Inglaterra

Segundo ele, Chamberlain é um velho abúlico. E que parecia que os ingleses não enxergariam as coisas enquanto não levassem um tremendo golpe. Hitler disse ainda não entender o que eles querem. Mesmo com uma vitória inglesa, na realidade os vencedores seriam os Estados Unidos, o Japão e a Rússia. Segundo ele, a Inglaterra sairia muito machucada de uma guerra.[11]

A decisão de Hitler por uma ofensiva ocidental ainda em 1939 — o início do ataque foi marcado para 12 de novembro — encontrou a mais enérgica resistência do comando do Exército. Até generais considerados nacional-socialistas fanáticos, como Reichenau, se opuseram enfaticamente à intenção do "Führer". Eles justificavam sua posição alegando principalmente a insuficiência da força combativa das tropas. Na realidade, porém, era a experiência da Primeira Guerra Mundial que pesava sobre os generais. Naquela época, a ofensiva do Exército imperial, no qual a maioria havia servido como jovens oficiais, ficou presa no Marne depois de poucas semanas. Seguiram-se quatro anos de uma guerra de posições marcada por baixas, que ecoava feito um trauma e fazia os militares responsáveis hesitar. A culpa pelos 29 adiamentos da data do ataque não pode ser imputada unicamente às condições climáticas, que dificultariam o abastecimento, mas sobretudo ao aspecto psicológico.

A *drôle de guerre* [guerra de mentira], como na França foi chamado esse intervalo da Segunda Guerra Mundial, foi também o tempo das atividades de paz. Os planos de Hitler de levar a guerra apressadamente ao Ocidente e a consequente inquietação no generalato foram usados pelos seus poucos opositores restantes na política e na diplomacia não apenas para fazer contatos com a direção do Exército, mais precisamente com Franz Halder, comandante do Alto-Comando do Exército, como também para enviar emissários aos Estados Unidos e à

Inglaterra. Eles queriam sondar as condições dos governos ocidentais para o término da guerra contra a Alemanha e, com isso, criar uma base para uma intervenção contra Hitler. A tentativa de Adam von Trott zu Solz de apresentar o assunto da resistência alemã na virada dos anos 1939-40 na Casa Branca foi bruscamente repudiada pelo presidente Roosevelt. E Londres reagiu com muita reserva à desilusão dos opositores de Hitler. Na perspectiva britânica, aqueles que sondavam não eram menos representantes de um expansionismo alemão. Devido à ausência do apoio britânico e à inconstância de líderes militares alemães, como Franz Halder, por exemplo, tudo fracassou. Os esforços de paz de Leopoldo III, rei da Bélgica, e de Guilhermina, rainha da Holanda, também não deram em nada — ambos temiam, justificadamente, que, no caso de uma guerra, seus países se tornassem campos de batalha.

A princípio, esses campos de batalha se deram na periferia setentrional da Europa. Pois o Conselho Superior de Guerra Aliado de britânicos e de franceses — criado para supervisionar a estratégia militar — decidiu, por insistência do primeiro lorde do Almirantado, Winston Churchill, enviar um corpo de expedicionários para a Escandinávia em dezembro de 1939. Estava previsto o desembarque no Norte da Noruega e a ocupação das minas de minério de ferro suecas. De um lado, a fonte que servia a Alemanha com a vital matéria-prima bélica seria fechada; de outro, os finlandeses — que, sob o comando de seu marechal Mannerheim, haviam resistido aos soviéticos na guerra de inverno — ganhariam uma base para o suprimento de bens de guerra. Visto que os governos em Estocolmo e Oslo rejeitavam um desembarque em seus países e, portanto, um apoio nesse sentido ao comando de guerra finlandês não era mais possível, Helsinki decidiu aceitar a paz oferecida por Moscou. Se naquele momento Stálin se mostrava satisfeito com algumas conquistas de território, entre elas no istmo da Carélia, isso se devia não apenas à resistência ferrenha das tropas finlandesas, mas também ao fato de que um engajamento aliado na Escandinávia não ocorrera, o que de outro modo traria insegurança ao seu país.

Apesar disso tudo, Londres e Paris (onde Daladier foi substituído como primeiro-ministro por Paul Renaud) não abriram mão dos seus planos em relação à Escandinávia. O Norte da Noruega continuava no foco de uma solução em pequena escala, principalmente os portos Narvik e Bergen. Em mãos britânicas, eles facilitavam não somente a interdição do mar do Norte ao Atlântico, como também possibilitavam um bloqueio das remessas de ferro vindas da neutra Suécia, vitais à economia de guerra da Alemanha. Com o congelamento das águas do Norte da Suécia nas estações frias, o minério de ferro tinha de chegar a Narvik pelos trilhos e de lá navegar ao longo das costas norueguesas e dinamarquesas até os portos alemães.

Em outubro e mais outra vez em dezembro de 1939, Hitler voltou a mirar a Noruega, pois o comandante-chefe da Marinha de Guerra tinha alertado para uma ocupação da costa do país pelos britânicos. Para Erich Raeder e para todos os oficiais da Marinha sob influência da tradição imperial alemã do almirante Tirpitz, a Grã-Bretanha era o principal inimigo da Alemanha. Desse modo, para eles a Guerra Mundial tinha começado nos fronts corretos. Todos ainda carregavam a humilhação de Versalhes. E havia também a mácula de a revolução de novembro de 1918 ter começado pelos navios da Marinha de Guerra. Isso fez com que a obediência da Marinha frente a Hitler fosse a mais irrestrita — e o papel que ela queria desempenhar nas Forças Armadas, o mais ambicioso. Seu planejamento dos anos 1930 previa que a guerra seguinte seria travada na água. Eis o dogma da Marinha: as guerras passariam a ser decididas nos mares, nos quais corriam as artérias do abastecimento das potências. Em total erro de avaliação da realidade,

A estratégia do comando da Marinha de Guerra alemã

ela acreditava que Hitler era da mesma opinião e que ele também estava convencido da necessidade de concentrar todo o poder da Alemanha na esquadra, tão logo a esfera de influência alemã no continente tivesse sido realinhada pelo armamento compulsório do Exército e da Luftwaffe. Para os oficiais da Marinha alemã, entretanto, o realinhamento da esfera de influência no continente não contemplava os objetivos de Hitler no Leste.

O início da guerra, inesperadamente precoce do ponto de vista do comando da Marinha, obrigou o armamento alemão a suspender o desenvolvimento da esquadra, que desde 1938 estava acelerado. O chamado Plano Z previa a construção, até meados dos anos 1940, de dez encouraçados, doze navios blindados, quatro porta-aviões, cinco cruzadores pesados e 249 submarinos. De acordo com cálculos da Divisão de Economia de Guerra no Ministério da Marinha, o problema da esquadra Z era sua demanda de 6 milhões de toneladas de óleo de aquecimento e 2 milhões de toneladas de diesel, superando a demanda total de óleo mineral da Alemanha, de 6,15 milhões de toneladas. O início da guerra significou o final do Plano Z. Apenas os encouraçados já em fase adiantada de construção, como o *Tirpitz* e o *Bismarck*, assim como o cruzador pesado *Prinz Eugen*, foram concluídos. Novas construções limitaram-se, via de regra, a embarcações para margear as costas e submarinos.

Dessa maneira, quando a Segunda Guerra Mundial começou, nada havia mudado na superioridade britânica nos mares. Desde o começo, havia uma grande distância entre os objetivos do comando da Marinha alemã e suas possibilidades. "O objetivo da condução militar e econômica da guerra contra a Inglaterra deve ser a liquidação total de todo o comércio", disse Raeder no final de setembro de 1939. Mas como não havia força suficiente para uma ampla guerra de bloqueio, era preciso combater "as ligações marítimas da Inglaterra, sem qualquer escrúpulo", ao menos no mar do Norte.[12] Além disso,

96

A estratégia do comando da Marinha de Guerra alemã

estavam previstos deslocamentos limitados da esquadra em direção aos portões do Atlântico Norte. Em relação a esses deslocamentos, o comando de guerra da Marinha prometeu o mesmo efeito diversionista daquele ocorrido no começo da guerra, que empregou embarcações espalhadas na amplidão do Atlântico Sul contra as ligações comerciais dos Aliados ocidentais. A discrepância entre planejamento e realidade deixou claro o destino do navio blindado *Admiral Graf Spee*. Perseguido e alvejado por uma flotilha de cruzadores britânicos bastante superior, a embarcação aportou em Montevidéu em dezembro de 1939. Visto que não havia como fazer os reparos necessários no prazo concedido pelo governo neutro do Uruguai, seu comandante Hans Langsdorff afundou o navio, sob as vistas dos próprios adversários, que se escondiam no estuário de La Plata. A tragédia do *Graf Spee* mostra que a guerra marítima das grandes embarcações, preferida por Raeder, não teria futuro devido à superioridade dos britânicos. Algum sucesso estaria reservado somente aos submarinos comandados por Karl Dönitz, que havia muito advogava pela ampliação da frota — no início da guerra, a Marinha dispunha de mais de 57 submarinos. O torpedeamento do navio de combate britânico *Royal Oak* pelo submarino U47, comandado pelo capitão-tenente Günter Prien, em outubro de 1939, foi simbólico também por ter ocorrido na baía de Scapa Flow, onde a Marinha da Alemanha imperial havia vivido sua hora sombria.

Independentemente dos meios e de como a guerra marítima contra a "inimiga mortal" Inglaterra seria conduzida, a Marinha tinha várias possibilidades de operação na Noruega. E o mais importante para os seus oficiais: o interesse recém-despertado de Hitler pela Noruega nutria neles a convicção de que o ditador e o Alto-Comando das Forças Armadas tinham compreendido o caráter básico, marítimo, da guerra. Os estrategistas da Marinha não tinham se dado conta de que ao "Führer" importava apenas assegurar o flanco setentrional da Europa e o suprimento de matérias-primas, vital para a Alemanha. E, como antes, o pessoal da Marinha não levava em conta a definição de seus objetivos no Leste, que estavam acima de tudo, nem seu ímpeto ideológico-racista.

Em 9 de novembro de 1939, um dia depois de escapar como por milagre do atentado à bomba realizado pelo marceneiro Georg Elser no Bürgerbäukeller em Munique, Hitler disse que "a Providência quer que eu alcance meu objetivo",[13] voltando a acreditar piamente nisso. E após a intervenção de Raeder em dezembro, ele ordenou ao Alto-Comando da Wehrmacht (OKW) que fizesse um estudo para a ocupação da Noruega. Pela primeira vez uma operação de grande porte era planejada sem a participação do Alto-Comando do Exército (OKH), provavelmente também por consequência do relacionamento abalado entre, de um lado, Hitler e, de outro, o comandante-chefe do Exército Von Brauchitsch e o chefe do seu Estado-Maior Halder. Em relação ao componente político de uma operação contra a Noruega, Hitler apostava no líder do Nasjonal Samling [Partido da União Nacional] local, Vidkun Quisling, que se reuniu em meados de dezembro de 1939 com Hitler em Berlim e se ofereceu para ser remetente de um "chamado de socorro", que depois deveria legitimar um ataque militar das Forças Armadas alemãs contra o país escandinavo.

Foi justamente o comando da Marinha que, em fevereiro de 1940, manifestou suas dúvidas. Raeder agora dizia que, sem dispor do domínio marítimo, uma operação dessas contrariava todas as premissas básicas da guerra no mar. Ao contrário de sua posição inicial, os oficiais da Marinha passaram a acreditar que a manutenção da neutralidade da Noruega era uma solução melhor. Parte do generalato compartilhava dessa mesma opinião. Só que Hitler, apoiado por Jodl, chefe de operações do Alto-Comando da Wehrmacht, permaneceu firme.

98

A ocupação da Noruega e da Dinamarca

Em 1º de março de 1940, ele assinou a instrução para a Operação Exercício Weser, codinome da ocupação da Noruega e da Dinamarca. O texto dizia que a operação-surpresa deveria manter o caráter de ocupação pacífica a fim de proteger a neutralidade dos Estados escandinavos. Dinamarqueses e noruegueses eram considerados "arianos", motivo pelo qual Hitler esperava que não houvesse confrontos. Apesar disso, a instrução ressaltava que a resistência militar deveria ser quebrada com o uso de todos os meios militares.

A Operação Exercício Weser, que começou em 9 de abril de 1940, antecedeu em apenas algumas horas a chegada de uma divisão franco-britânica na costa da Noruega. Enquanto o rei Christian X da Dinamarca ordenou, sob protestos, que se evitassem quaisquer tipos de resistência, o rei Haakon VII da Noruega recusou-se a reconhecer o governo de Quisling formado em Oslo e determinou que as forças de combate de seu país iniciassem a luta contra os ocupantes alemães. A batalha marítima e naval que se desenrolava no mar do Norte contra as potências ocidentais e suas operações de desembarque ameaçavam anular o sucesso do empreendimento alemão. Um cruzador foi perdido ainda na entrada da esquadra no fiorde de Oslo, em Kristiansund; em Narvik e Bergen, as unidades de Raeder, apoiadas pela Luftwaffe, entraram em lutas pesadas e de muitas baixas contra a superior Marinha britânica. Logo a situação em Narvik se mostrou difícil, quase desesperançada, quando as tropas de montanha do general Eduard Dietl se depararam com britânicos, franceses e poloneses, que, recém-desembarcados, estavam em maior número. Apenas no final de abril — depois de semanas de batalhas, depois de crises nervosas de Hitler, que distribuía precipitadamente ordens contraditórias aos generais responsáveis no Alto-Comando das Forças Armadas — a situação na Noruega pôde ser consolidada, embora em Narvik os combates continuassem ferrenhos.

Hitler tinha ganhado duas experiências: as pesadas perdas da Marinha alemã e os problemas no transporte de suprimentos haviam deixado muito claro para ele o alto risco envolvido numa operação pelo mar. Além disso, ele viu confirmada sua avaliação da Marinha de Guerra, que julgava não muito eficiente e à qual já mantinha certa distância interior devido ao papel dessa força na revolução de 1918. Entretanto, ele não precisaria mais dessa Marinha de Guerra pelo menos nos próximos tempos. O flanco setentrional da Europa estava protegido dos britânicos; a Suécia precisava mostrar uma neutralidade favorável e, em conjunto com a Noruega — que, depois do fracasso da experiência de Quisling, em breve seria chefiada por um comissário alemão —, assegurar o tão importante suprimento de matérias-primas para a Alemanha.

A data para a ofensiva ocidental, o Caso Amarelo, foi definida para o maio próximo. Apesar da tão alardeada certeza da vitória, Hitler não estava imune à carga psicológica da experiência de uma guerra mundial. Pessoas a seu redor disseram que ele se sentia mais nervoso do que nunca. O fato de Hitler falar da "destruição da França" como um "ato de justiça histórica",[14] ao mesmo tempo que se comportava como se a campanha já tivesse sido concluída de maneira exitosa antes de ter começado, trazia insegurança às pessoas ao seu redor, intensificada ainda mais pelas controvérsias em relação ao plano de guerra. A maioria dos generais queria uma nova edição do Plano Schlieffen,* que previa o ataque principal no segmento norte do front. Só que Hitler seguia mais ou menos intuitivamente o plano audacioso de Erich von Manstein, considerado por muitos como irrealizável. Seu "corte de foice" previa que

---

* O Plano Schlieffen, delineado num memorando de 1905, previa, no caso de uma guerra em dois fronts, deslocar primeiro a massa do Exército alemão no Oeste contra a França e, depois da vitória em algumas semanas, deslocar as tropas para o Leste contra a Rússia.

O início da ofensiva ocidental

a principal divisão alemã de combate, com suas unidades rápidas e motorizadas e divisões de tanques, atacasse pelo difícil terreno das Ardenas e penetrasse até o canal da Mancha para dividir as forças inimigas e, por fim, aniquilá-las.

Hitler estava decepcionado com a Itália, que mais uma vez ficou de fora. Certamente Mussolini pesou as experiências históricas para tomar a decisão. Além disso, seu comando militar — o Commando Supremo — era contrário à participação da Itália contra o irmão de armas da Primeira Guerra Mundial. O argumento italiano dos preparativos insuficientes à guerra foi considerado por Hitler como mera desculpa. Mesmo assim, a não entrada em guerra do "parceiro do Eixo" significou (do ponto de vista militar) uma considerável simplificação da situação operacional no Oeste e no Sul; pois a incerteza sobre se e quando a Itália entraria no conflito ao lado da Alemanha reteve fortes unidades francesas e britânicas na área do mar Mediterrâneo. As potências ocidentais também superestimavam as possibilidades militares das forças de combate fascistas.

Em 10 de maio de 1940 — quase 22 anos após o cessar-fogo humilhante de Compiègne —, 141 divisões atacaram o Oeste com 1,5 milhão de soldados, entre eles cerca de 50 mil homens da recém-reorganizada Waffen-SS, com cerca de 2500 tanques e 4 mil aviões. Enquanto comandos alemães, na manhã do primeiro dia, tomavam de surpresa pontes, pontos de interseção de linhas férreas, centros de trânsito e o estrategicamente importante forte belga Eben Emalel, em Lüttich, considerado inconquistável, Goebbels lia na rádio memorandos dirigidos à Bélgica, à Holanda e a Luxemburgo, nos quais acusava os países de "desvio flagrante das mais primitivas regras de neutralidade", numa tosca inversão. Não se sabe ao certo o quanto a propaganda alemã era bem-sucedida nesse sentido. Entretanto, era indubitável que, apesar de toda a preocupação com o futuro, amplos setores da população alemã eram da opinião

O início da ofensiva ocidental

de que a guerra de Hitler contra a França era uma coisa justa. Para eles, tratava-se da grande revanche contra Versalhes.

Mas para Hitler era muito mais — um passo decisivo no caminho para a realização de seu grande objetivo no Leste. Pois ele estava seguro de que uma vitória sobre a França finalmente faria com que a Grã-Bretanha se voltasse em sua direção. Já durante a campanha ele pretendia investigar a disposição da Inglaterra com relação à paz. Segundo ele, o Império Britânico e sua força naval deveriam se manter intactos. E de acordo com a concepção de Hitler, uma França derrotada no campo militar e tornada neutra deveria continuar com seu status de Estado. O ditador alemão prometia repercussões no futuro papel dos Estados Unidos, que embora fossem formalmente neutros, inclinavam-se mais e mais para o lado da Grã-Bretanha. Com a reorganização política da Europa, Hitler esperava também fortalecer aquelas forças na "união americana" que, no curso da Doutrina Monroe, se manifestavam por um engajamento de Washington nas Américas, e não na Europa.

O cálculo estratégico de Hitler para a campanha francesa deu totalmente certo. Pois o comandante supremo das Forças Armadas francesas, Maurice Gustave Gamelin, tinha orientado toda sua estratégia de defesa prevendo uma reedição do Plano Schlieffen em direção à Bélgica, onde também a Força Expedicionária Britânica deveria atuar. Pois mais ao sul havia a Linha Maginot e o terreno considerado insuperável. Um jovem oficial da tropa de tanques francesa chamado Charles de Gaulle expressou críticas a respeito, chamando a atitude de "mentalidade Maginot", e defendeu a disponibilização de uma força móvel de tanques — na época, os mais modernos da Europa — não apenas no norte. Mas, como coronel, ele não conseguiu fazer valer sua opinião.

Dessa maneira, as coisas tomaram um rumo desastroso para os líderes militares franceses. Em 12 de maio de 1940 — dois dias após o início da campanha —, o Exército alemão tinha conseguido capturar a cidade de Sedan, em uma ação decisiva para seu sucesso. Logo em seguida, o front francês atrás do rio Maas foi derrotado. Em 19 de maio, o Grupo A do Exército, comandado por Rundstedt, alcançou o canal próximo à foz do rio Somme. À frente seguia um comandante de divisão chamado Erwin Rommel. Depois, os alemães se dirigiram ao norte. De acordo com o plano de guerra alemão, todas as forças de combate belgas, francesas e britânicas ao norte do "corte de foice" — no total, mais de 400 mil homens — estavam encravadas entre os grupos A e B do Exército alemão, este último comandado por Fedor von Bock, que havia chegado pelo norte através da Bélgica.

Logo ficou em aberto apenas o trecho de costa ao redor do porto de Dunquerque, ao qual os Aliados, entre eles toda a Força Expedicionária Britânica, havia se retirado em pânico. A cidade estava como que desprotegida frente aos tanques, com os quais Halder (nas suas palavras) queria "limpar" o "grande curral".

Keitel, Jodl, Hitler e Halder (da esq. para a dir.) curvados sobre a mesa de mapas. A condução geral da ofensiva ocidental estava nas mãos dos comandantes-chefes do Exército.

O "milagre de Dunquerque"

Os homens cercados estavam separados da morte e da prisão por dezoito quilômetros quando, por volta do meio-dia de 24 de maio de 1940, Hitler interrompeu o avanço de maneira totalmente inesperada. Desde então, há muitas explicações para o fato: ou ele havia perdido a confiança no rápido avanço ou se preocupava o tempo todo com os flancos das divisões de tanques à frente e com as perdas, que não eram pequenas. Ou, ainda, temia que as unidades rápidas não teriam mais força suficiente para a segunda fase da ofensiva ocidental. Nesse caso, porém, era preciso primeiro encerrar com sucesso a primeira fase. A Luftwaffe também foi considerada um motivo para a ordem de parada proferida por Hitler. Segundo a vontade do ditador, apenas ela teria de obrigar os ingleses cercados à capitulação. Mas todo mundo na época sabia que as aeronaves de Göring não conseguiriam dar conta do recado, tendo em vista o tempo ruim e a presença constante da Royal Air Force [Força Aérea Real]. Em outras palavras: não havia um motivo militar para parar os tanques diante de Dunquerque.

Nenhum militar entre os responsáveis pela ofensiva ocidental conseguia compreender o "desejo expresso" de Hitler. Halder, que comandava a campanha, estava "colérico", "como nunca o vi, antes ou depois. O generalato alemão não tem culpa pela decisão que foi tomada lá no alto, essas foram suas palavras".[15] O Alto-Comando da Wehrmacht — à exceção de Jodl, o paladino de Hitler — levou como que "uma paulada na cabeça" com a decisão de Hitler, escreveu em suas memórias Walter Warlimont, o chefe interino de operações no Alto-Comando das Forças Armadas.[16] Na verdade, não perseguir imediatamente um inimigo combalido, em processo de retirada, contradiz todo e qualquer princípio militar. No Alto-Comando do Exército corria até mesmo a opinião de que a vitória na ofensiva ocidental tinha sido "estragada" pela parada dos tanques por dois dias, ordenada por Hitler, e pelo posterior

O "milagre de Dunquerque"

avanço em direção a Dunquerque com divisões fracas, consequentemente lentas, contra a resistência dos britânicos.

Eis um exemplo de quão pouco os militares alemães, totalmente fixados em sua arte de guerra, conseguiam entrar no mundo de Hitler. Eles não haviam compreendido que o ditador não deixaria passar nenhuma possibilidade de trazer a Grã-Bretanha para o seu lado. Essa incompreensão devia-se principalmente ao fato de que Hitler não lhes revelava suas ideias políticas. No caso de Dunquerque, o resultado foi bizarro. Enquanto o comandante supremo, contrariando o costume, transmitia a ordem de parada sem cifrá-la — dando conscientemente aos britânicos a chance de evacuar seu Exército Expedicionário pelo canal da Mancha —, a Luftwaffe e a Marinha alemãs faziam de tudo o que estava a seu alcance para gorar essa fuga. Visto que britânicos e franceses tinham enviado todas as esquadras disponíveis para proteger a evacuação já iniciada no canal da Mancha (a Operação Dínamo), as possibilidades de ação da Marinha eram muito reduzidas. As da Luftwaffe só melhoraram depois de o céu se abrir por volta do fim da evacuação, na qual oitocentos navios e barcos tomaram parte. Os Aliados perderam nove contratorpedeiros, via de regra por bombardeios aéreos, e um número ainda maior de embarcações de menor porte. Mesmo assim, conseguiram salvar 338 228 homens, entre eles 85% do Exército Expedicionário britânico e 123 mil franceses.

Certamente para minorar um pouco a irritação do seu generalato, pouco tempo depois Hitler explicou seus motivos durante uma visita ao quartel-general do Grupo A do Exército. Rundstedt, que havia obedecido à ordem de parada a contragosto, recordou-se numa carta a Warlimont, na primavera de 1949, que na época Hitler afirmara que "esperava chegar mais rapidamente a um acordo com a Inglaterra se permitisse à Força Expedicionária Britânica escapar".[17] Logo em seguida,

O "milagre de Dunquerque"

Soldados britânicos reunidos no deque de um navio de guerra. A ordem de parada de Hitler diante de Dunquerque possibilitou a evacuação do Exército Expedicionário britânico através do canal da Mancha.

Hitler explicou o contexto maior para um grupo seleto, ao dizer: "O Exército é a coluna vertebral da Inglaterra e do *Empire*. Se destruirmos a Brigada de Invasão, o Império acaba. Visto que não podemos nem queremos assumir sua herança, temos de lhe oferecer a chance. Meus generais não compreenderam isso!".[18] Desse modo, Hitler havia preservado o núcleo das tropas terrestres da Grã-Bretanha. Quatro anos mais tarde, elas voltariam à França no curso das invasões aliadas.

"O milagre de Dunquerque" teve um efeito psicológico enorme sobre a ilha. Mesmo com o novo primeiro-ministro Churchill — que desde 10 de maio de 1940 estava à frente de um governo de coalizão nacional — dizendo que ações de evacuação não ganham guerras, a situação foi interpretada do lado britânico como uma vitória, o que não apenas fortaleceu

Triunfo sobre o "inimigo mortal"

a capacidade de resistência dos ingleses como também presenteou o novo dignitário no número 10 da Downing Street com um bom início em seu difícil cargo. Em seu primeiro discurso como primeiro-ministro na Câmara dos Comuns, Churchill anunciou que não tinha nada a oferecer além de "sangue, sofrimento, suor e lágrimas".[19] Um novo vento soprava também na política interna britânica. Em 23 de maio, uma lei especial deteve Oswald Mosley e os ativistas da União Britânica de Fascistas e Nacional-Socialistas e, em seguida, a organização foi proibida.

Depois de a Bélgica ter capitulado diante da Alemanha em 28 de maio, em 5 de junho iniciou-se a verdadeira batalha pela França. A ofensiva foi aberta entre Laon e o mar. Quatro dias depois, divisões alemãs atravessaram o rio Sena, em 11 de junho atravessaram o Marne — o "rio do destino" da Primeira Guerra Mundial — e seguiram em direção à fronteira suíça, encerrando as forças combatentes francesas na Linha Maginot. Depois de ter sido provisoriamente interrompido diante de Compiègne, o ataque foi realizado de modo ainda mais exitoso em Champagne. Em 15 de junho, caiu Verdun, amargamente disputado na Primeira Guerra Mundial e tão importante para o desejo de autoafirmação da *Grande Nation*. No dia anterior, o Exército alemão tinha invadido Paris. O governo francês, que havia fugido para Bordeaux — à sua frente, o lendário defensor de Verdun em 1916, marechal Philippe Pétain —, clamou por um cessar-fogo. O apelo de resistência de Churchill e um pedido semelhante de Roosevelt, aliado ao anúncio de que entregaria à França um vultoso apoio material, não foram ouvidos. A França, que contava com cerca de 92 mil mortos, estava batida; 1,8 milhão de soldados se tornaram prisioneiros de guerra da Alemanha.

O Exército imperial alemão tinha lutado intensamente no Oeste por quatro anos, sem vencer. As Forças Armadas, com

Triunfo sobre o "inimigo mortal"

seus equipamentos modernos, haviam curvado o inimigo em apenas cinco semanas. A responsabilidade pela vitória foi imputada tão somente a Hitler. Bastante emocionado pela hora histórica, Keitel chamou-o de "o maior comandante de todos os tempos", pois tinha, pela primeira vez na história, libertado o país de sua desfavorável localização estratégica. Também no Alto-Comando do Exército, que até o momento tivera reservas quanto às capacidades do ditador como líder do Exército, o "Führer" e seu gênio estratégico passaram a ser festejados. E os alemães em seu país natal não viam de outro modo. Na capital, as pessoas que recepcionaram Hitler voltando da campanha como um verdadeiro deus estavam num autêntico estado de graça. Nunca antes o "Führer" tinha sido tão admirado pelos alemães, apesar de a ofensiva ocidental ter custado a vida de 49 mil dos seus soldados.

O próprio Hitler estava em transe. Mesmo se tratando de apenas uma etapa em sua luta mundial das raças, ele havia alcançado os píncaros da força e da glória. A ignomínia de Compiègne e Versalhes tinha sido apagada. Há tempos ele decidira que o perdedor haveria de assinar o armistício no mesmo lugar e no mesmo vagão que Erzberger, no passado. A direção da cerimônia de 21 de junho de 1940, que foi especialmente humilhante para a delegação francesa liderada pelo general Charles Huntziger, também se assemelhou àquela de 11 de novembro de 1918. Keitel leu as condições do cessar-fogo, que era uma capitulação. Em seguida, Hitler se levantou em silêncio e saiu do vagão.

De acordo com as ideias de Hitler, a França como Estado e suas colônias deveriam se manter basicamente intactas. Exigiram que as tropas francesas fossem reduzidas a 100 mil homens, mas não que a esquadra se rendesse. Isso deveria impedir que a Marinha francesa, a ser desarmada, se voltasse para o lado dos britânicos, já que o acesso aos portos de Toulon e de Mers-el-Kébir, em Orã, na Argélia — onde estava fundeada

Hitler e seus paladinos Ribbentrop, Keitel, Göring, Hess e Jodl (da esq. para a dir.) em Compiègne. Em 11 de novembro de 1918, Erzberger assinara o cessar-fogo no vagão ao fundo.

a maior parte dos navios de guerra —, estava fora das possibilidades alemãs. Para completar o front continental da Europa ocidental contra a Inglaterra, toda a costa francesa até a fronteira espanhola devia ser ocupada pelas Forças Armadas alemãs. O cessar-fogo, que também incluía a anexação de facto da Alsácia-Lorena, só deveria entrar em vigor depois da assinatura do cessar-fogo entre a Itália e a França.

Isso porque em 11 de junho a Itália fascista havia declarado guerra à já derrotada França e à Grã-Bretanha. Mussolini, que em paralelo aos êxitos das Forças Armadas alemãs foi se aproximando retoricamente e cada vez mais de Hitler, queria participar do triunfo deste último. Sua vontade era chegar logo ao butim, e não conduzir seriamente uma guerra, enquanto também contava com a adesão da Grã-Bretanha. Para ele, até setembro tudo estaria terminado. Em resposta a seu chefe de Estado-Maior Pietro Badoglio, que alertou para a insuficiência

A guerra de Mussolini contra a França

de armamentos no caso da entrada do país na guerra, Mussolini argumentou que precisava de "alguns milhares de mortos" para se "sentar à mesa de paz como estrategista".[20]

O "Duce" também sabia que a Itália, devido à sua fraqueza econômica e à sua posição estratégica desfavorável, era limitada quanto a uma ampliação de força na área do mar Mediterrâneo. No início da Segunda Guerra Mundial, mais de 84% de suas importações eram trazidas pelo mar; 54% passavam pelo estreito de Gibraltar e 5% pelo canal de Suez. Só que essas posições-chave se encontravam em mãos britânicas. Além disso, havia o "insubmergível porta-aviões" *Malta*, bem como os pontos de apoio britânicos no leste do mar Mediterrâneo. Visto que Roma depositava pouca confiança em suas próprias forças de combate, temia-se que a Marinha britânica interrompesse o abastecimento de matérias-primas para a Itália e, além disso, ameaçasse as extensas costas da península Itálica.

Para Mussolini, o Pacto de Aço com a Alemanha nacional-socialista de maio de 1939 tinha melhorado as condições para a construção de um império italiano no Mediterrâneo. Visto que a França estava como que fora do jogo e a Grã-Bretanha tinha absoluta necessidade de dominar a ameaça alemã, o "Duce" — convencido de que a guerra teria um fim rápido — havia se decidido a tomar a iniciativa, a fim de se aproximar um pouco mais de seus ambiciosos objetivos. Em fevereiro de 1939 ele tinha esboçado tais objetivos diante do Grande Conselho Fascista ao explicar que as "travas da prisão italiana" — Córsega, Malta, Chipre e Tunísia — precisavam ser quebradas para marchar "ou em direção ao oceano Índico através do Sudão, que liga a Líbia à Abissínia, ou ao oceano Atlântico, através do Norte da África francesa".[21]

A declaração de guerra já não convinha mais ao plano de Hitler, que temia exigências desmedidas por parte de Roma em relação a cessões de territórios franceses no Norte da

O plano Madagascar para a "solução da questão judaica"

África — anulando suas ideias sobre a futura França. Mas ele conseguiu adiar as exigências do "Duce" com todo tipo de promessas. Em consequência, Mussolini — após Pétain ter pedido um cessar-fogo — enviou dois regimentos italianos comandados pelo príncipe Humberto contra o fraco front francês nos Alpes. Depois de alguns quilômetros, porém, a ofensiva italiana deixou de avançar devido a suas pesadas perdas. Os ganhos territoriais mínimos tornaram-se o magro butim de guerra com o qual Mussolini teve de se contentar depois do armistício com a França, assinado em Roma em 24 de junho de 1940.

Com sua inesperada vitória no Oeste, onde no dia seguinte entrou em vigor o cessar-fogo franco-alemão, Hitler passou a dominar a Europa continental. A Holanda e a Noruega eram governadas por um comissário civil da Alemanha. A Bélgica e as áreas ocupadas da França estavam sob administração militar alemã. O restante da França, com sua capital Vichy, orientava-se compulsoriamente também por Berlim. Mesmo assim, era reconhecido pela maioria dos países — entre eles a União Soviética e os Estados Unidos — como o governo legal francês. A Espanha de Franco exercia uma benevolente neutralidade em relação à Alemanha. A Itália era uma irmã em armas, embora questionável, mas logo ficou claro que o mar Mediterrâneo era o calcanhar de aquiles do "Eixo".

No que se refere à "solução da questão judaica", um plano reativado por Himmler, que já havia sido discutido após da Conferência de Evian, ganhava atualidade: a deportação dos judeus europeus para a ilha francesa de Madagascar. Em 29 de maio de 1940, o comandante militar da SS tinha defendido a proposta diante de seu "Führer", caso "se rejeitasse por convicção íntima o método bolchevista da exterminação física de um povo como algo não germânico e impossível".[22] Hitler concordou; e Goebbels, que tinha uma subserviência canina ao chefe, afirmou depois de uma reunião com ele: "Mais tarde,

O plano Madagascar para a "solução da questão judaica"

despacharemos os judeus para Madagascar. Lá eles poderão construir seu próprio Estado".[23]

Sob a responsabilidade de Reinhard Heydrich em sua posição como lugar-tenente de Himmler, o Gabinete Central de Segurança do Reich passou a trabalhar nesse plano em cooperação com o Ministério das Relações Exteriores. Os protagonistas eram Adolf Eichmann e o chefe do Departamento para Assuntos Judaicos no ministério de Ribbentrop, Franz Rademacher. Em 2 de julho de 1940, este último apresentou um documento segundo o qual Madagascar, que Vichy deveria entregar à Alemanha, deveria se tornar a futura "área de moradia judaica" sob suserania alemã, controlada por um governador policial da SS. A ideia era a de um grande gueto para cerca de 4 milhões de europeus de fé judaica, exceto os poloneses. Assim como o título do documento — "A questão judaica e o tratado de paz" — e seu conteúdo revelavam, partia-se do pressuposto de que depois da vitória sobre a França haveria um acordo com a Grã-Bretanha, pois apenas assim seria possível concretizar o plano de Madagascar.

Mas como Londres reagiria à nova realidade da Europa continental? No verão de 1940, tanto a Grã-Bretanha quanto os Estados Unidos abrigavam tendências que se arranjavam com os fatos que Hitler havia criado. Mas as forças contrárias eram mais fortes. Churchill, que dispunha do apoio necessário no Parlamento e entre a população, estava firmemente decidido a levar a guerra contra a Alemanha até o fim. O primeiro-ministro havia anunciado que dali a mil anos o Império Britânico (caso ainda existisse) haveria de repetir: essa tinha sido sua grande hora. E, para tanto, todos os aliados lhe eram válidos, até mesmo o agora general De Gaulle, que em 25 de junho de 1940 havia criado em Londres o Comitê França Livre e se nomeara comandante supremo das Forças Francesas Livres e de um comitê de defesa nacional. Churchill havia assegurado aos condenados à morte in absentia em agosto, por Vichy, que garantiria a continuação da França bem como de todas as suas possessões, além de pagar pelos custos do movimento francês de libertação.

Infinitamente mais importantes para Churchill eram suas relações especiais com Roosevelt. Só que a trajetória bélica do presidente americano ao lado de Londres não era incontroversa. As vitórias alemãs haviam amplificado vozes no comando americano que davam a Grã-Bretanha por perdida. Dessa maneira, o chefe do Estado-Maior do Exército americano, George C. Marshall, incitou o presidente a limitar os esforços militares dos Estados Unidos à proteção do hemisfério ocidental e de partes da extensão do Pacífico. Isso era justificável, visto que os Estados Unidos, nos quais não havia obrigatoriedade de voto, dispunham de apenas cinco divisões aptas a ser acionadas. Roosevelt, entretanto, fez valer sua posição. Em meados de junho ele

Himmler na companhia de Wolff (à esq.) e Heydrich (à dir.). Eles eram os homens mais poderosos da SS.

apresentou ao Congresso um projeto de lei para um programa de constituição de esquadra. A Marinha de Guerra americana devia se tornar forte o suficiente para operar no Pacífico e no Atlântico. Os Estados-Maiores da Grã-Bretanha e dos Estados Unidos iniciaram reuniões secretas para a elaboração de uma estratégia conjunta, e a primeira medida de auxílio aos britânicos foi o envio de cinquenta antigos contratorpedeiros americanos. Em contrapartida, Londres cedeu aos americanos pontos de apoio à esquadra no Caribe e nas Ilhas Britânicas.

A fim de sinalizar sua determinação para Washington, que ainda era neutra apenas no papel, Churchill anunciou o bloqueio da Europa, do Cabo Norte, na Noruega, até a Espanha; além disso, intensificou a ofensiva britânica contra a Marinha italiana no mar Mediterrâneo. No início de julho de 1940, uma forte formação britânica destruiu partes da esquadra francesa ancorada no porto de Mers-el-Kébir. Mais de 1100 marinheiros franceses foram mortos no ataque-surpresa. Do ponto de vista inglês, mais importante foi a apropriação simultânea e violenta de mais de 150 navios de guerra franceses que ainda estavam parados nos portos ingleses de Portsmouth, Plymouth, Coucy, Falmouth e Dundy. Por conta disso, a França de Vichy encerrou as relações diplomáticas com Londres.

O apelo à paz de Hitler durante sua fala em 19 de julho de 1940 — na qual ele promoveu Göring a marechal do Reich e uma dúzia de generais a marechais de campo — não foi dirigido ao primeiro-ministro britânico, mas aos seus antagonistas políticos e, principalmente, ao povo. Goebbels escreveu: "Ele quer [...] dar à Inglaterra uma última chance".[24] Hitler o fez com um "apelo à razão". Ele disse que Churchill deveria acreditar que um grande império mundial seria destruído. "Destruir ou apenas danificar um império mundial nunca foi minha intenção."[25] E que naquela hora ele se sentia compelido pela sua consciência a apelar novamente à Inglaterra,

A perseverança de Churchill

pois não via motivo que obrigasse à continuidade daquela guerra. As palavras de Hitler expressavam sua mais profunda convicção. O ditador alemão realmente não queria a derrocada do Império Britânico, algo que ele considerava inevitável no caso de uma continuação da guerra. Seu objetivo bélico estava no Leste.

Do ponto de vista de Churchill no verão de 1940, as coisas estavam postas de maneira bem diferente. Ele estava absolutamente convencido de que um arranjo com a Alemanha significaria o fim da posição inglesa como potência mundial. A recusa da corte de Hitler não tinha relação com a pessoa do ditador ou com a ditadura na Alemanha, que ele abominou apenas posteriormente. Num artigo de jornal no outono de 1937, ele escreveu: "Pode-se não gostar do sistema de Hitler e, apesar disso, admirar seus feitos patrióticos. Caso nosso país seja um dia vencido, espero que encontremos um campeão igualmente invencível que nos restabeleça a coragem e nos conduza novamente ao lugar que nos cabe entre as nações".[26] Também não foi a política racial de Hitler que predispôs o primeiro-ministro britânico — que há tempos havia demandado a cooperação com Stálin — à luta obstinada contra a Alemanha, mas principalmente o conceito básico da política britânica de "equilíbrio de poder". Robert Vansittart, conselheiro-chefe diplomático do ministro britânico das Relações Exteriores, chegou ao extremo ao escrever:

> Mas o Reich alemão e a ideia do Reich são há 75 anos a maldição do mundo, e se não os eliminarmos desta vez, nunca o faremos e eles vão nos eliminar. O inimigo é o Reich alemão, e não apenas o nazismo [...]. Qualquer possibilidade de um compromisso é passado; agora é preciso lutar pelo fim, um verdadeiro fim.[27]

O governo de Sua Majestade declinou categoricamente a oferta alemã de paz de 19 de julho de 1940. Hitler não quis aceitar. Mais uma vez sua expectativa em relação a um entendimento com a Inglaterra não foi concretizada. Assim, todos ao seu redor esperavam que "o maior comandante de todos os tempos" resolvesse "punir" a Grã-Bretanha. Esbanjando determinação, Hitler, três dias antes de seu discurso no Reichstag, tinha dado as instruções para a Operação Leão-Marinho — o desembarque na ilha britânica. Na realidade, porém, tudo nele era contrário à realização da empreitada, pois afinal — de acordo com suas ideias — eram os maçons e judeus que verdadeiramente estragavam o povo "saudável". Além disso, havia sua relutância geral contra operações pelo mar, que o combate na Noruega com suas enormes baixas só fez aumentar. E, por fim, enquanto os britânicos mantivessem o domínio marítimo no canal da Mancha e no mar do Norte, faltariam as precondições. Mas principalmente: para ele, teria sido a guerra errada.

Hitler não sabia o que fazer. Segundo sua perspectiva ideológico-racista da luta mundial, embora ele tivesse saído exitoso do nível intermediário europeu, a esfera de influência alemã estava cercada pelos seus inimigos de liderança judaica, e as precondições para mudar tal cenário pioravam dia após dia. Enquanto os Estados Unidos, aproveitando-se de seu vigoroso desempenho econômico, se armavam e armavam a Grã-Bretanha, a ameaça da União Soviética, tão rica em matérias-primas, aumentava gradualmente. Stálin, que por conta das experiências da Primeira Guerra Mundial contava com um combate longo que esgotasse as potências capitalistas, estava desapontado com a rápida vitória alemã sobre a França. Em suas memórias, Khruschóv disse que Stálin ficou furibundo quando soube da capitulação da França. Ele temia que a aristocracia britânica se compusesse com Hitler, apoiando-o e permitindo que ele dirigisse todo seu aparato de guerra contra a

União Soviética. Ele precisava de tempo para conseguir vencer a luta contra a Alemanha, pois seu país ainda não estava pronto para a guerra.

Fiel ao seu lema de incentivar e prolongar a guerra entre os países capitalistas, Stálin — depois de felicitar Hitler pela vitória sobre a França — mostrou-se mais receptivo em relação à corte de Churchill. À parte do interesse da opinião pública mundial, que estava totalmente fixada na campanha francesa de Hitler, o Exército Vermelho já havia ocupado a Letônia e a Estônia, mais a faixa de fronteira da Lituânia, que, segundo o tratado alemão-soviético de setembro de 1939, seria, na verdade, área de interesse alemão. No Sul, Moscou tinha abocanhado áreas a oeste da Romênia, a Bessarábia e o Norte da Bucovina, aproximando-se assim da área petrolífera romena ao redor de Ploieşti, vital para a guerra alemã. Mas não só: Stálin apresentou novas exigências à Finlândia e ordenou uma alta concentração de tropas junto à fronteira ocidental de sua área de influência.

Hitler ficou ainda mais inseguro com essas medidas, visto que não era mais possível excluir a probabilidade do acesso soviético à área petrolífera romena nem de um ataque contra a Alemanha. Por essa razão, desde junho ele transferia unidades do Exército para o Leste e o Sudeste. No mês seguinte, a partir de negociações com os governos da Hungria, Romênia e Bulgária, ele tentou suavizar os interesses antagônicos locais, que eram quase um chamado à intervenção do Kremlin.

Ainda em julho de 1940, impulsionado pela ideia de que logo seria tarde demais para sua luta mortal contra a União Soviética, Hitler decidiu-se por um jogo muitíssimo arriscado. Se um acordo com a Inglaterra tinha sido até então a condição para a realização de sua verdadeira guerra contra a União Soviética, ele passou a querer o oposto ao conceber uma nova guerra de dois fronts, a fim de obrigar Moscou a não ser mais a

A decisão de fazer campanha contra a União Soviética

garantia continental* de seu parceiro de sonhos, fazendo com que este aceitasse o desejado arranjo. Em 31 de julho de 1940, surpreendendo o generalato, Hitler explicou suas reflexões a esse respeito:

A esperança da Inglaterra é a União Soviética e os Estados Unidos. Se não houver mais esperança em relação à União Soviética, o mesmo acontecerá em relação aos Estados Unidos, porque com a saída da União Soviética, o Japão será valorizado enormemente na Ásia Oriental [...]. Mas se a Rússia estiver vencida, a última esperança da Inglaterra terá sido extinta. E a Alemanha passa a reinar sobre a Europa e os Bálcãs. Decisão: em consequência dessa análise, a Rússia tem de ser derrotada.[28]

Para Hitler, não havia alternativas à sua determinação. Ele se convenceu de que as forças de combate russas de pouco serviam. Na Primeira Guerra Mundial, as unidades do tsar tinham sido vencidas por fracas tropas parciais do Exército imperial; Tannenberg** havia se tornado um mito. Na Guerra Polaco-Soviética de 1919-20, o Exército Vermelho foi batido pelas tropas do comandante Piłsudski, depois de muitas reviravoltas. E na Guerra de Inverno soviético-finlandesa de 1939-40, esse mesmo exército fracassou frente ao comandante Mannerheim e seus soldados. Em outras palavras, a União Soviética não estava em condições de vencer o pequeno país escandinavo. Desse modo, Hitler sabia: depois de sua vitória histórica no Oeste, as Forças Armadas

---

* *"Festlandsdegen"*: literalmente, "espada continental". Termo usado para designar o defensor principal dos interesses da política da força do Império Britânico no continente europeu.   ** Durante a Primeira Guerra Mundial, entre 26 a 30 de agosto de 1914, 150 mil combatentes alemães e 230 mil russos enfrentaram-se na Prússia Oriental na batalha de Tannenberg. Mesmo em menor número, os alemães saíram vencedores.

A decisão de fazer campanha contra a União Soviética

alemãs iriam simplesmente esmagar os exércitos dos "eslavos sub-humanos" com seus comissários judeus-bolcheviques.

Inebriados pela vitória histórica sobre a França, a maioria de seus generais e marechais de campo dividia essa opinião. A partir de então, não havia mais nada grandioso o suficiente para que eles se negassem a seguir Hitler. Dessa maneira, o Alto-Comando do Exército começou a se ocupar do Projeto Otto — sob esse codinome iniciaram-se os planos para uma campanha na Rússia, a maior campanha de toda a história mundial. Os generais obedeciam à ordem de Hitler, tido por eles desde a vitoriosa campanha na França como comandante e estrategista genial. E o audaz jogador, teórico da conspiração mundial, recebeu uma inédita carta branca na iminente fase decisiva da Segunda Guerra Mundial.

De acordo com suas percepções, a realização exitosa das operações no Leste dependiam unicamente do fator tempo — e sob dois aspectos. Primeiro, apesar dos enormes espaços que tinham de ser transpostos, a batalha não poderia se estender muito. Pois o Reich e sua Wehrmacht não dispunham das condições para sustentar uma guerra de exaustão tanto no Leste quanto no Oeste. O "inimigo mortal judeu-bolchevista" tinha de ser derrotado, à exemplo da Polônia e da França, em mais uma guerra-relâmpago de apenas poucos meses. Segundo, a campanha contra a União Soviética tinha de ser realizada o quanto antes; quer dizer, antes que os Estados Unidos entrassem ativamente na guerra ao lado da Inglaterra. A princípio, Hitler queria tê-la começado ainda em 1940. Muito rapidamente, porém, ele decidiu em consenso com seus generais que a magnitude do evento impunha um prazo maior para os preparativos. A data escolhida para o ataque contra o império de Stálin foi maio de 1941, também devido ao rigoroso inverno russo. Até então, porém, muita coisa haveria de acontecer. Tanto o Alto-Comando da Wehrmacht quanto o do Exército torciam para que fosse possível encerrar a guerra no Oeste ainda antes da campanha na Rússia.

4.
A luta pela Inglaterra

Julho de 1940 a junho de 1941

A Grécia logo estará vencida. E então
será possível me enviar mais ajuda aqui.
A batalha pelo Egito começa apenas agora.

Erwin Rommel, 22 abr. 1941

A época da virada de Hitler para o Leste até o início da campanha da Rússia foi caracterizada, do lado alemão, por uma fase de improvisação estratégica. Como antes, tudo o que era empreendido girava ao redor da Inglaterra. Enquanto Hitler, dogmaticamente preso às suas ideias programáticas, ainda apostava na ideia de um acordo com a Grã-Bretanha e se mantinha aberto a tudo que podia contribuir nesse sentido antes do início da campanha da Rússia, o comando de guerra da Marinha e o Alto-Comando do Exército concentravam-se na luta e na vitória contra o inimigo encarniçado. A liderança do Exército exigiu o desembarque na Inglaterra, havia muito planejado (Operação Leão-Marinho). Isso deveria se dar num front amplo, ao longo de toda a costa Sul inglesa, de Dover até Lyme Regis. Entretanto, a Marinha de Guerra não se via em condições de assegurar tal operação contra os ingleses, muito superiores no mar, e postulou um desembarque no ponto mais estreito do canal da Mancha, em Dover. Tendo em vista as características topográficas do local, Halder, chefe do Estado-Maior do Exército, comentou sarcasticamente, por sua vez, que era mais fácil então passar as tropas "pelo moedor de carne".[1]

O pré-requisito para a Leão-Marinho era basicamente o domínio aéreo sobre a área de operação no Sul da Inglaterra.

A Batalha da Grã-Bretanha

Göring prometeu-o com grandiloquência. Embora não pensasse em iniciar uma invasão da Inglaterra, Hitler se mostrava aberto à ideia de conduzir uma guerra aérea e marítima reforçada contra a Inglaterra. Em 1º de agosto de 1940, ele decretou a instrução n. 17, que previa a destruição da defesa antiaérea britânica, de sua organização em solo e logística, bem como da indústria de armamentos. Depois de conquistado o domínio aéreo, deveriam ser bombardeados portos e principalmente depósitos de alimentos. Não deveria haver ataques contra zonas residenciais. Entretanto, a instrução de Hitler enfatizava que poderia haver "ataques terroristas como represália".

Nesse meio-tempo, três frotas com 2300 aviões foram reunidas em bases aéreas militares no Noroeste da França e na Bélgica. Em 12 de agosto de 1940 foi iniciada a ofensiva aérea. Mas a Royal Air Force enfrentou os atacantes. Em 20 de agosto, Churchill falou à Câmara dos Comuns que nunca antes na história da guerra "tantos deveram tanto a tão poucos".[2] Ele estava honrando a coragem dos pilotos de sua Força Aérea. Mas seu triunfo contava também com fatores muito racionais: as aeronaves alemãs não eram adequadas a uma guerra aérea estratégica, como mais tarde os Aliados a conduziriam contra a Alemanha. A Força Aérea alemã não dispunha nem de um bombardeiro pesado de quatro motores nem de um caça de longa distância que pudesse proteger as aeronaves na área de combate. Os bombardeiros leves Heinkel e Junker, de um e dois motores, foram presas fáceis para a defesa antiaérea britânica, com seus mais de oitocentos Spitfires, Hurricans e Defiantes, e apoiada por um operacional sistema de radares. As perdas alemãs foram altas. Apesar do grande espírito de sacrifício, os aviadores de Göring não conseguiram nocautear a defesa antiaérea britânica. E o tempo trabalhava contra a Luftwaffe. Embora ela dispusesse, a princípio, de superioridade numérica, a relação de forças mudava a cada dia de luta no céu

A estratégia de Churchill para o Mediterrâneo

da Inglaterra e do canal. Contava ainda a maior eficácia do setor armamentista aéreo britânico. Durante a época da batalha no ar, as fábricas inglesas produziram duas vezes mais aviões do que a Alemanha.

Ou seja, a guerra aérea contra a Inglaterra não criou nem as precondições teóricas para uma invasão nem incentivou Londres a fazer um acordo com a Alemanha. Na verdade, aconteceu o contrário. Para tanto houve também a contribuição de algumas bombas lançadas por engano sobre Londres; Churchill aproveitou o ensejo para ordenar ataques aéreos sobre Berlim. Desde 25 de agosto de 1940 a Royal Air Force atacou várias vezes a capital da Alemanha. A princípio, a reação de Hitler foi contida. Mas em 6 de setembro ele anunciou querer "apagar" as cidades inglesas. Por quase dez semanas, sucederam-se ataques noturnos sobre Londres, logo em seguida sobre outras cidades como Coventry, Sheffield ou Southampton, antes de essa ofensiva ser encerrada devido às grandes perdas, e os ataques, conduzidos por pequenos grupos de aeronaves, passaram a mirar a alvos isolados.

Enquanto Hitler, decepcionado com Göring, ordenava adiar "até segunda ordem" a Operação Leão-Marinho, nunca levada a sério, Churchill promoveu enfaticamente a construção de estratégicas esquadras de bombardeiros. Ele anunciou o desejo de transformar a Alemanha num deserto. Dessa maneira, a guerra aérea contra as cidades se voltou para a Alemanha. Visto que Londres não contava mais com a invasão das Ilhas Britânicas devido à vitória na batalha aérea, o Gabinete de Guerra decidiu lançar sua ofensiva na periferia meridional da Europa — como já anunciado. O foco estava na Itália. Já a primeira batalha naval entre unidades da Armada britânica do Mediterrâneo e as forças marítimas italianas em Punta Stilo, no início de julho de 1940, proporcionou a Londres a esperança de conseguir um front de exaustão no mar Mediterrâneo, que

123

Churchill assiste à passagem de um bombardeiro britânico. A divulgação dessa fotografia fez com que o primeiro-ministro fosse estilizado como um solitário contendor da luta contra a Alemanha de Hitler.

cedo ou tarde atrairia também potentes formações alemãs, levando a uma mudança de direção de suas forças. Essa ação, que correspondia totalmente ao espírito da tradição marítima imperial da Grã-Bretanha, determinaria a estratégia de Churchill para os anos seguintes.

Se Hitler também se voltou no final de agosto de 1940 à periferia meridional da Europa, isso aconteceu no curso de sua busca por possibilidades de conduzir o desejado parceiro "à razão" por meio de ataques bem delimitados. Enquanto tinha esperança de bombardear a Inglaterra até esta se "dispor à paz", ele não deu prosseguimento à ideia de atuar militarmente no mar Mediterrâneo. Até mesmo por consideração às questões sensíveis a Mussolini, mas principalmente para continuar assegurando o status de neutralidade das ocupações da França de Vichy no Norte e no Oeste da África, valia o lema: "Os Alpes dividem os cenários de guerra".[3] Em 30 de agosto, Hitler constatou que o envio de duas divisões de tanques para apoiar o planejado ataque italiano no Egito, em associação com uma operação contra Gibraltar, era adequado "para arrancar totalmente a Inglaterra da sua posição de poder no mar Mediterrâneo".[4]

Hitler era apoiado pelas reflexões estratégicas de Jodl, que este realizava provavelmente preocupado com uma guerra de dois fronts — a qual o comandante supremo estava disposto a enfrentar devido à sua fixação pela campanha da Rússia. O chefe de operações do Alto-Comando da Wehrmacht sugeriu transferir a guerra alemã para a periferia meridional como alternativa à Operação Leão-Marinho. Ele pensava conduzir a luta contra o Império Britânico "apenas através ou sobre países que estão interessados no declínio do Império inglês e que esperam uma herança polpuda".[5] A partir da colocação de minas no canal de Suez e da conquista de Gibraltar, Jodl apostava — de modo análogo aos desejos de seu "Führer" — que conseguiria obrigar os britânicos a se render ainda antes da primavera de 1941.

No início de setembro de 1940, Jodl entregou ao adido militar italiano, a mando de Hitler, uma oferta de apoio na forma de um agrupamento de tanques para a futura ofensiva italiana no Norte da África. Entretanto, Mussolini queria prosseguir com sua guerra paralela, cujo caráter era mais simbólico-propagandístico. Dessa maneira, o ataque contra o Egito, que começou finalmente em 13 de setembro de 1940, foi encerrado cinco dias depois, sem uma resistência clara dos britânicos, a noventa quilômetros a leste da fronteira entre o Líbano e o Egito. O "Duce" não imaginava que precisaria fazer mais, apostando na certeza do "Führer" de que a Grã-Bretanha logo seria derrotada. Assim, às custas do Império Britânico, a Itália fascista poderia se manter intacta no mar Mediterrâneo.

Propostas alternativas da direção da Marinha

O apoio à guerra italiana deliberado no Alto-Comando da Wehrmacht colocou em cena a liderança da Marinha em sua luta contra a Inglaterra. Partindo de premissas completamente falsas, ela concebeu no final do verão uma nova manobra marítima. A ideia básica era o estratégico mecanismo de alternância entre o mar Mediterrâneo e o Atlântico. Em outras palavras: a guerra no mar Mediterrâneo deveria reunir fortes unidades navais britânicas e melhorar as condições para a luta no Atlântico. A batalha naval contra a Inglaterra previa envolver não apenas a Itália como também a França de Vichy. O golpe decisivo da guerra contra as ligações atlânticas da Grã-Bretanha, a fim de quebrar sua resistência, deveria partir finalmente de Gibraltar, ocupada pelos alemães, de Dacar e Casablanca (posições francesas de Vichy) e das Ilhas Canárias (que deveriam ser usadas como ponto de apoio às esquadras). O plano dos chefes das forças navais era uma alternativa ao "planejamento leste" — os líderes da Marinha não enxergavam que o verdadeiro objetivo de Hitler era a guerra contra a União Soviética.

Raeder também saudou efusivamente a retomada do interesse de Hitler pelo Japão, que desde o fim do pacto entre Hitler e Stálin tinha se retirado do teatro europeu no geral e da Alemanha em particular. Mas isso mudou desde que Fuminaro Konoe assumiu o governo em meados de julho de 1940, nomeando Yosuke Matsuoka seu ministro das Relações Exteriores. Tóquio passou a demonstrar interesse em uma aliança com a Alemanha. Pois com a vitória alemã sobre a França e a batalha contra a Grã-Bretanha, os japoneses reconheceram condições favoráveis para continuar trilhando seu "caminho imperial", acreditando conseguir tomar para si a Indochina francesa e as Índias holandesas e herdar ainda o Império Britânico.

Para o racista Hitler, a possibilidade de o Império Britânico — mais especificamente Malásia, Bornéu, Birmânia, Austrália,

O *bloco continental de Ribbentrop*

Nova Zelândia e Índia — se tornar butim dos "amarelos" era um escândalo. Mesmo assim, o Pacto Tripartite assinado em 27 de setembro de 1940 entre a Alemanha, a Itália e o Japão tinha extrema importância para o ditador alemão. Pois o Japão manteria a Grã-Bretanha sob pressão na Ásia Oriental e, além disso, faria um contrapeso em relação aos Estados Unidos. Na opinião de Hitler, em uníssono com a liderança da Marinha, isso fixaria as unidades navais americanas em dois oceanos, no Atlântico e no Pacífico, exaurindo-as. Enquanto Raeder e a liderança da Marinha consideravam uma melhoria significativa das condições para a guerra naval, Hitler achava que estava ganhando tempo para encerrar a campanha russa em 1941, antes de os Estados Unidos conseguirem entrar no cenário de guerra europeu. Caso tivesse eliminado a última garantia continental da Inglaterra (ele continuava convencido disso), muito provavelmente seu acordo com a Grã-Bretanha, panaceia para todos os seus problemas, estaria assegurado.

Para Ribbentrop, que odiava os ingleses, o pacto das três potências, Alemanha, Itália e Japão — cujas obrigações de filiação se tornaram tão rarefeitas que sua maior importância era propagandística —, fazia parte de uma ideia maior. Ao contrário de Hitler, que estava fixado de maneira dogmática em seu programa ideológico-racista, o ministro das Relações Exteriores havia percebido, depois do fracasso de sua missão inglesa, que os interesses de Berlim e de Londres eram incompatíveis. Baseando-se em reflexões unicamente do campo da política da força, ele tinha a intenção de fomentar uma coalização "de todas as forças continentais que em algum momento entraram em conflito com a talassocracia britânica [...] contra a ilha".[6] Deveria ser criado um bloco continental de Madri até Yokohama, formando um contrapeso político para as potências navais anglo-saxônicas.

Desde agosto de 1939 Ribbentrop se empenhava para que o núcleo desse bloco continental fosse um pacto entre

O bloco continental de Ribbentrop

a Alemanha, o Japão, a Itália e a União Soviética. Embora o cessar-fogo nipônico-soviético tivesse encerrado a guerra de fronteiras por Nomonhan, ambos os países nutriam interesses antagônicos em relação à China, motivo pelo qual a União Soviética até então não havia ingressado no pacto. Visto que Hitler se mostrava favorável ao bloco continental, o ministro das Relações Exteriores fez de tudo para conseguir seu objetivo, que era o ingresso de Moscou no front contra a Inglaterra. Para tanto, tentou disseminar novamente o temor do isolamento, reacendido com o Pacto Tripartite, e redirecionar para a Índia a expansão soviética prevista para o Sul, a fim de eliminar os interesses divergentes entre a União Soviética e o Japão no Extremo Oriente. Ribbentrop se prontificou a atuar como mediador com Tóquio e convidou Mólotov a Berlim; para Mólotov, o alemão assegurou expressamente, em 2 de outubro de 1940, que nada iria mudar nas relações germano-soviéticas.

Em meio a tudo isso, Ribbentrop não reconheceu a tenacidade com a qual Hitler estava aferrado ao seu plano de guerra. Ele acreditava que poderia convencer o ditador de seu projeto de bloco continental com a inclusão duradoura da União Soviética, caso conseguisse, como ministro das Relações Exteriores, lograr as condições necessárias. Hitler, entretanto, considerava essa apenas uma solução intermediária, que deveria acalmar a União Soviética até a campanha russa, decisiva para a guerra mundial, e compor um contexto de pressão contra a Inglaterra.

No que se refere à pedra angular ocidental do bloco continental, era preciso conseguir um equilíbrio de interesses entre a Itália, a França de Vichy e a Espanha. Hitler sabia que esse equilíbrio só se daria por meio de um "ardil grandioso", quer dizer, de promessas feitas a cada um às custas do seu respectivo vizinho no Mediterrâneo. Ele se encontrou com os líderes dos três países em rápida sucessão. As conversas foram

O bloco continental de Ribbentrop

iniciadas em 4 de outubro de 1940 no Passo de Brenner, onde ele se reuniu com Mussolini. Este último renovou — como era esperado — suas exigências territoriais em relação à França. Embora a demanda atrapalhasse um alinhamento total de Vichy com a Alemanha nacional-socialista, Hitler se mostrou receptivo. Em 22 de outubro, ao se reunir em Montoire-sur--le-Loir com Pierre Laval, o vice-presidente do conselho ministerial da França de Vichy e principal defensor de uma colaboração com a Alemanha, Hitler passou a impressão de que, caso a França ingressasse na guerra, suas possessões coloniais permaneceriam intactas.

Eram exatamente essas possessões coloniais que Franco queria saquear; o espanhol foi ter com Hitler no dia seguinte, na cidade fronteiriça franco-espanhola de Hendaye. O caudilho exigia, além da "Catalunha francesa" (Roussillon) e a correção da fronteira nos Pirineus, Orã (ex-província espanhola então parte da Argélia francesa), o Marrocos francês e territórios franceses além-mar. Apesar de toda a disposição fingida de Hitler às concessões, estava claro que — assim como na reunião anterior com o ministro das Relações Exteriores espanhol, Serrano Suñer — o lado espanhol, embora mais aberto às "grandes concepções de futuro do Führer, que eram uma espécie de Doutrina Monroe para o bloco europeu-africano",[7] se recusava a colaborar concretamente com as "potências do Eixo". Dessa maneira, Franco declinou da sugestão de Hitler de ingressar no Pacto Tripartite e no Pacto de Aço e não aceitou que a Espanha participasse ativamente da guerra contra a Inglaterra com a conquista de Gibraltar. O caudilho preferia esperar até o fim da guerra entre as "forças do Eixo" e a Inglaterra para então tomar o partido do vencedor.

Decepcionado e irritado com as negociações com Franco, Hitler apostou tudo na sua conversa com o marechal Pétain, que aconteceu em Montoire, em 24 de outubro. Por um lado,

O fracasso do bloco continental

ele mostrou certo respeito frente ao defensor de Verdun. Por outro, achava que a relação de Vichy com Londres tinha chegado a um novo anticlímax, depois de as tropas navais britânicas terem atacado o ponto de apoio das esquadras da França de Vichy em Dacar a fim de preparar uma invasão de tropas da França "Livre", que acabou fracassada. Ou seja, as condições pareciam favoráveis a um acordo em Montoire. Só que também Pétain se declarou apenas em princípio favorável a um trabalho conjunto. Ele reiterou sua impossibilidade de "fazer alianças". Laval, que estava presente, acrescentou que havia "outras possibilidades de organizar de maneira efetiva o trabalho conjunto com a Alemanha", possibilidades essas que "no fim das contas podem chegar aos mesmos resultados daqueles de um trabalho conjunto concreto".[8] Hitler, entretanto, não compreendeu a profunda diferença entre os pontos de vista de ambos os franceses em relação à entrada na guerra da França de Vichy do lado do "Eixo". Sua conclusão da conversa foi que Pétain "a princípio" estava disposto a pensar num trabalho em conjunto com a Alemanha na luta contra a Inglaterra. Na verdade, porém, o marechal estava envolvido, como antes, em manobras com Franco. Enquanto se reunia com Hitler, seus subordinados mantinham conversações com o governo britânico.

A ressonância positiva alemã em relação ao encontro de Montoire, embalada sobretudo por ilusões, imediatamente alertou Mussolini, que temia ficar para trás no caso de um acordo entre a Alemanha e a França de Vichy. Ainda antes de Hitler conseguir dissipar as suspeitas do "Duce", ele recebeu a notícia de que as tropas italianas haviam atacado a Grécia em 28 de outubro de 1940. Por trás da decisão de Mussolini ocultava-se a ideia de que não era possível conduzir até o fim, de maneira vitoriosa, uma grande "guerra paralela" contra a Grã-Bretanha. Mas para mesmo assim reforçar sua importância como líder da Itália fascista e futuro comandante de um

A visita de Mólotov a Berlim

novo Imperium Romanum, ele desviou seu ataque à pequena Grécia, preparado desde agosto, para apostar na aventura de uma limitada guerra independente.

Irritado com a decisão unilateral de Mussolini, Hitler tentou incorporar a guerra independente da Itália no contexto maior de uma guerra germano-italiana contra as posições britânicas no Leste do Mediterrâneo. Ele apressou-se em encontrar seu parceiro em Florença e ofereceu disponibilizar tropas alemãs aerotransportadas para que posições de importância estratégica no Sul da Grécia, principalmente a ilha de Creta — próxima aos campos de petróleo da Romênia, de grande relevância militar para a Alemanha —, fossem rapidamente subjugadas em conjunto, adiantando-se ao domínio britânico. Na expectativa de uma vitória rápida sobre a Grécia, que pudesse ser explorada propagandisticamente, Mussolini ignorou a oferta de Hitler — com certeza esforçando-se para refrear a influência da Alemanha ao sul dos Alpes.

A estratégia independente de Mussolini, a postura ambivalente e expectante de Franco e as esperanças não concretizadas em relação a Pétain mostraram para Hitler que não era possível alcançar o grande pacto de interesses. A visita de Mólotov em meados de novembro de 1940 a Berlim foi a gota d'água. Em vez de tratar do desvio da expansão soviética em direção ao subcontinente indiano, às custas da Grã-Bretanha, o comissário das Relações Exteriores demandou enfaticamente frente a Ribbentrop e a Hitler a expansão da área de interesse soviética Europa central adentro. Stálin não se satisfazia mais com sua exigência pela Finlândia, pela Romênia, pela Bulgária e pelos estreitos turcos, passando a expressar sua pretensão sobre a Hungria, a Iugoslávia, a parte oeste da Polônia e as saídas do mar Báltico.

Bem de acordo com sua estratégia, segundo a qual as forças capitalistas deveriam se desgastar numa longa guerra de

A visita de Mólotov a Berlim

exaustão, Stálin não queria enviar ao mundo ocidental sinais que sugerissem uma maior aproximação da União Soviética com a Alemanha nacional-socialista. Ele apostava na rápida entrada dos Estados Unidos na guerra, que parecia mais próxima com a reeleição de Roosevelt em 5 de novembro de 1940. E ambas as potências anglo-saxãs, unidas ombro a ombro na luta contra a Alemanha, acabariam fazendo com que Berlim se tornasse ainda mais dependente da União Soviética. A presença de Mólotov na capital da Alemanha e sua exigência por uma ampliação da área de influência soviética haviam repercutido em toda a Europa central.

O ditador no Kremlin excluía, como antes, a possibilidade de seu oponente alemão assumir o risco de uma guerra de dois fronts, embora o considerasse um político frio e calculista, de seu próprio quilate. Ao modernizar o Exército Vermelho e reunir uma armada enorme junto às fronteiras oeste e sudoeste de seus domínios, Stálin mirava o futuro, pois para ele estava claro que a grande batalha das ideologias haveria de acontecer — mas não enquanto a guerra entre a Alemanha e as forças anglo-saxãs estivesse em ação. Ele só daria sinal verde para seu Exército Vermelho avançar rumo ao coração da Europa quando o império de Hitler estivesse significativamente enfraquecido. Porém a campanha russa conduzida pela Alemanha certamente não era uma guerra profilática, pois estava gravada desde os anos 1920 na consciência ideológico-racista de Hitler.

Já antes da visita de Mólotov a Berlim, Hitler havia explicado a seus generais que a Rússia se mantinha como "todo o problema da Europa" e que era preciso fazer de tudo "para estarmos prontos ao grande ajuste de contas".[9] Depois que a delegação soviética partiu, ele falou para seu ajudante de ordens no Exército, Gerhard Engel, que não tinha alimentado nenhuma expectativa em relação ao encontro com Mólotov. Hitler falou do "fim da Europa central",[10] caso fosse permitida a

Especulações no Alto-Comando do Exército

entrada deles (os soviéticos) na Europa. Suas palavras vocalizavam aqueles medos maníacos do "inimigo mortal judeu-bolchevista" que o dominavam nos seus primeiros anos na política. Em 18 de dezembro de 1940 ele assinou a Instrução n. 21, a Operação Barbarossa, codinome dado havia algumas semanas à campanha russa. As Forças Armadas alemãs deviam estar preparadas, lia-se no documento, a "subjugar a Rússia soviética numa campanha rápida",[11] mesmo antes do término da guerra contra a Inglaterra.

Por outro lado, a União Soviética não era considerada um inimigo propriamente dito pelo Alto-Comando do Exército. Afinal, na campanha da Polônia os dois países tinham cooperado. Além disso, a sensação de que tudo — mesmo uma campanha contra a União Soviética — era possível (igual àquela nascida no entusiasmo da vitória sobre a França) não seguia o senso de prudência esperado em uma situação difícil. Do ponto de vista da maioria dos membros dos Altos-Comandos, o estabelecimento de um enorme front novo no Leste — mesmo que os generais considerassem esse adversário como sendo "de menor valor" — contradizia todos os princípios da condução da guerra. Brauchitsch até mesmo julgou as intenções de Hitler tão absurdas que ordenou Engel a "investigar se o F(ührer) realmente quer um confronto armado (contra a União Soviética) ou só está blefando".[12] O comandante-chefe do Exército foi informado de que Hitler reservava para si todas as decisões, visto que nunca tinha levado muito a sério o pacto com a União Soviética, "pois os abismos da ideologia são profundos o suficiente".[13]

O Alto-Comando do Exército procurava compreender aonde Hitler queria chegar com a campanha da Rússia. "Barbarossa: sentido não está claro. Não vamos atacar os ingleses. Nossa base econômica não vai melhorar significativamente. Risco no Oeste (!) não pode ser subestimado", anotou Halder.[14]

Especulações no Alto-Comando do Exército

Mas as objeções contra o empreendimento ficaram sem eco, visto que os generais tinham se tornado excessivamente cautelosos e não queriam excluir um novo lance de gênio de Hitler como aquele contra a França. Dessa maneira, eles se curvaram, como meros escudeiros, diante do homem de conhecimento técnico-militar superficial. E, ao contrário, nas suas declarações pós-guerra, os generais não apenas tinham apoiado os planos para a guerra como também os incentivado energicamente. Nessa hora, inexistiram reservas morais de sua parte. O desenrolar da situação na periferia sul da Europa fez com que Halder, em dezembro de 1940, se aproximasse de Hitler com a proposta de manter a campanha da Rússia como planejada e transferir a ênfase da condução da guerra para lá. Ele foi grosseiramente repelido por Hitler, embora sua intervenção fosse bem razoável do ponto de vista objetivo da estratégia geral. A guerra da Itália contra a Grécia ameaçava se transformar numa catástrofe. As tropas de Roma tinham de assumir uma derrota após a outra no árduo cenário montanhoso da região fronteiriça entre a Albânia e a Grécia. Mussolini queria dar a campanha por fracassada e pedir apoio para Hitler quando o front, depois da perda de um terço da Albânia (que desde 1939 estava em situação de união pessoal com o reino italiano), chegou a uma relativa estabilidade mais uma vez.

Nesse meio-tempo, a esquadra mediterrânea britânica, numericamente inferior, operava a seu bel-prazer contra a força naval italiana, em parte envelhecida. Depois do raid britânico contra a base naval de Taranto, no qual três dos seis encouraçados italianos foram tirados de combate em meados de novembro, a direção da Marinha em Roma entregou o mar Mediterrâneo central inteiro aos britânicos. Visto que esses já controlavam o Leste mediterrâneo a partir de Creta, sua área de atuação marítima abrangia desde a Sicília até a Tunísia e a

Especulações no Alto-Comando do Exército

Tripolitânia,* a partir de Malta. O ponto de apoio a meio caminho entre Gibraltar e Suez passou a desempenhar, a partir de então, um papel decisivo para a condução britânica da guerra contra as linhas de abastecimento italianas para o Norte da África.

Mussolini, que estava sujeito ao apoio alemão, teve de abrir mão de sua "guerra independente" e se submeter necessariamente às estratégias de Hitler, em cujo centro estava a campanha pela Rússia, cada vez mais próxima. Hitler decidiu enviar formações aéreas ao leste do mar Mediterrâneo, que — no contexto de um limitado ataque diversionário alemão a favor da condução italiana da guerra contra a Grécia, bem como do constante reforço do engajamento da Força Aérea alemã na Romênia — deveriam impedir um salto britânico à costa da Trácia. Como no passado, ele temia pelos campos de petróleo em Ploieşti, pois "sem [...] ao menos 4 a 5 milhões de toneladas do petróleo romeno não conseguiremos fazer a guerra".[15]

O limitado engajamento alemão no mar Mediterrâneo, porém, continha um componente ofensivo que colocava em foco novamente o desejado alinhamento de interesses entre a Espanha, a França de Vichy e a Itália. Realizou-se nova tentativa de fazer com que Madri se envolvesse numa ação conjunta contra Gibraltar. Além disso, foi aventada a possibilidade do bloqueio do canal de Suez por ataques aéreos. Com o fechamento de seus dois acessos, o mar Mediterrâneo deveria — como Hitler afirmou a Mussolini — se transformar, "em três a quatro meses", ou seja, ainda antes do início da campanha da Rússia, "num túmulo da esquadra inglesa".[16] Caso a disposição à paz da Inglaterra não pudesse ser conquistada assim, então que ao menos se

---

* Região histórica, antiga província tanto do Império Romano quanto do moderno estado da Líbia. Entre 1927 e 1934, foi colônia da Itália.

Especulações no Alto-Comando do Exército

fizesse a limpeza duradoura do flanco europeu meridional como condição estratégica para a verdadeira guerra de Hitler no Leste. Mussolini teve de se mostrar aberto às ideias de Hitler numa intensidade inversamente proporcional à distância imposta por Madri e Vichy frente ao ditador. A aguardada entrada em guerra dos Estados Unidos ao lado da Grã-Bretanha e sua crescente dominância no mar Mediterrâneo haviam tornado claro para espanhóis e franceses que, naquele começo, não era possível contar com uma vitória das "forças do Eixo". No início de dezembro de 1940, a agência de inteligência e contraespionagem alemã avisou que a Espanha não entraria na guerra. Isso eliminava não apenas a condição para a conquista de Gibraltar como também para a utilização da base de operações no Marrocos espanhol. O delegado-geral de Vichy na África do Norte francesa, general Maxime Weygand (visto com desconfiança pelo lado alemão), pôde então seguir as próprias intenções. Sua troca de fronts, assim se calculava no quartel-general alemão, acabaria cedo ou tarde atraindo Vichy para si. Para não estar despreparado frente a tudo isso, em 10 de dezembro de 1940 Hitler ordenou que se iniciassem os preparativos para um rápido ataque sobre a França desocupada. O ditador alemão teve sua decisão confirmada quando, três dias mais tarde, o expoente da colaboração foi preso juntamente com Laval e a "política de Montoire" chegou ao fim. Enquanto isso, Pétain e o governo britânico tinham firmado um acordo secreto, segundo o qual Vichy se comprometia com a neutralidade e, em contrapartida, ficavam asseguradas à França suas possessões coloniais.

Em menos de poucos dias, a parte ofensiva dos planos estratégicos de Hitler para a periferia meridional da Europa não deu em nada. A decepção entre a liderança alemã foi grande. Numa análise da situação feita pela Marinha, dizia-se que "a grande esperança da condução da guerra naval, assim como da

O *Afrika-Korps* alemão

condução política, de expulsar os ingleses no decorrer deste inverno do mar Mediterrâneo como um todo e, com isso, dar o passo decisivo ao encerramento vitorioso da guerra, e em breve, [...] deve ser definitivamente enterrado".[17] Em seu memorando para Hitler em dezembro, Raeder exigiu desencadear a guerra de suprimentos atlântica "com o adiamento de todas as demandas não imprescindíveis para a condução da guerra contra a Inglaterra", pois era a "mais imperiosa ordem do dia" numa "dimensão definidora da guerra".

Nesse meio-tempo, a condução italiana da guerra também havia encontrado grandes dificuldades no Norte da África. Pois em 9 de dezembro de 1940, os britânicos iniciaram sua ofensiva e em três dias tinham feito quatro divisões italianas se entregar na área de Sidi Barrani. E alguns dias mais tarde, Bardia caiu. A perda de toda a Tripolitânia estava no horizonte e, consequentemente, a posição italiana no Norte da África. Hitler temia que isso ameaçaria a continuidade do "Eixo". Caso ele se rompesse, todo o flanco sul europeu estaria descoberto e à mercê do ataque dos britânicos. Isso, por sua vez, colocaria em questão a verdadeira guerra de Hitler no Leste, em 1941. No início de janeiro, esse cenário fez com que ele enviasse não apenas um corpo de aviadores para o Sul, como também uma unidade antitanques para a Tripolitânia. Essa foi a hora do nascimento do Deutsches Afrika-Korps [Corporação Africana da Alemanha].

A fim de levar em consideração a sensibilidade de Mussolini, ele manteve — durante o encontro dos dois ditadores em 18 de janeiro de 1941, em Berghof — a aparência de que a guerra estava sendo conduzida de maneira autônoma pela Itália. Hitler rechaçou as sugestões do Ministério das Relações Exteriores e também do comando da Marinha para transferir toda a condução da guerra na área do mar Mediterrâneo para mãos alemãs, objetando que nesse caso Mussolini iria desistir. Ele disse que não faria nada "que machucasse o Duce e que pudesse contribuir para a perda do mais valioso elo do Eixo, ou seja, a confiança mútua dos chefes de Estado".[18] Apesar de toda a decepção com a força militar italiana, que também registrou derrotas na Abissínia e no Sudão, Hitler se mantinha fiel ao parceiro escolhido desde os anos 1920.

O envio da unidade antitanques alemã para o Norte da África foi uma corrida contra o tempo, pois em janeiro os britânicos tomaram Tobruk e Benghazi. Rapidamente cem quilômetros separariam as tropas britânicas — que haviam avançado até El Agheila, no golfo de Sidra — de Trípoli, a capital da colônia italiana. E as tropas italianas pareciam estar prestes a se desfazer. Dez divisões italianas não existiam mais. Mais de 130 mil homens, entre eles dezenove generais, se entregaram. Os Altos-Comandos alemães falavam da "sabotagem" dos Aliados. Em 5 de fevereiro, Hitler se dirigiu por carta a Mussolini, apelando mais uma vez para que a Tripolitânia não fosse perdida de modo algum. A fim de encorajar o italiano, ele anunciou Rommel, "o general de tanques mais audacioso das Forças Armadas alemãs".[19] Quando Rommel chegou a Trípoli em meados de fevereiro com as primeiras forças avançadas de sua divisão leve, reforçada com alguns tanques, o comandante supremo das tropas britânicas no Oriente Próximo, Archibald Wavell, já tinha abortado a ofensiva a fim de deslocar partes das tropas para a Grécia.

Nos Bálcãs, Londres aguardava um ataque diversionário alemão em prol da condução italiana da guerra. Hitler o planejou originalmente como uma operação mais restrita possível em termos geográficos. E havia conseguido arranjar as condições políticas e logísticas para isso. Hungria, Romênia, Bulgária e Iugoslávia foram forçadas a ingressar no Pacto Tripartite. Além disso, Budapeste, Bucareste e Sofia garantiram ao lado alemão o direito de estacionar tropas e de atravessar seus territórios. A Iugoslávia, porém, se retirou. Em 27 de março de

A campanha dos Bálcãs

1941, o chefe do Estado-Maior Dušan Simović chegou ao poder através de um golpe, formando um novo governo e substituindo o príncipe regente Paulo por Pedro II. Os novos dirigentes, que ordenaram a mobilização das tropas, contataram imediatamente o grande irmão eslavo em Moscou e o governo de Londres, aos quais pediram apoio militar.

Hitler enxergou nisso, uma vez mais, a ação de seu inimigo mortal judeu-bolchevista. E sentiu que estava certo quando o embaixador alemão em Moscou, o conde Friedrich-Werner von der Schulenburg, foi chamado ao comissariado das Relações Exteriores soviético. Mólotov, invocando a obrigação de consultas acordada entre os dois países, informou ao alemão que o governo Simović havia apresentado à União Soviética um acordo de amizade e de não agressão. A assinatura do contrato aconteceria sem demora, explicou Mólotov, ainda usando de todas as fórmulas diplomáticas. A reação de Hitler à aliança que se iniciava foi proporcional. Sem qualquer consideração pelo Kremlin, ele ordenou que a Iugoslávia — a odiada criação artificial de Versalhes — fosse destruída militarmente e como Estado no decorrer da operação de apoio para a guerra de Mussolini contra a Grécia.

Nesse momento, Churchill estava ocupado em preparar a construção de um front conjunto da Iugoslávia, Grécia e Turquia. Além disso, juntaram-se aí também unidades do deserto da Tripolitânia e as divisões da reserva estratégica do Oriente Próximo estacionadas no delta do Nilo, vindas pelo mar Mediterrâneo — mais de 50 mil homens. Os comboios saíam de Alexandria, no Egito, com intervalos de três dias. Pressionada pela Alemanha, a condução de guerra da Marinha italiana iniciou um assalto contra as escoltas britânicas. Em 28 de março, o cabo Matapan, no Sul do Peloponeso grego, foi palco de uma batalha com a esquadra mediterrânea britânica. O fim foi uma tragédia para os italianos, que não dispunham de radar e,

A campanha dos Bálcãs

portanto, operavam "às cegas". Eles perderam vários cruzadores e contratorpedeiros, além de ficar com um saldo de 2400 marinheiros mortos. Por muito tempo, Matapan foi a última operação ofensiva da esquadra italiana.

Entretanto, a transferência de tropas britânicas para o continente europeu não conseguiu parar a campanha das Forças Armadas alemãs. Em 10 de abril, seguindo a Operação Marita, suas tropas entraram em Agram (Zagreb); ato contínuo, o general Slavko Kvaternik anunciou o "Estado independente e autônomo da Croácia". Apenas três dias depois — nesse meio-tempo, a Hungria, sob seu regente Miklós Horthy havia ingressado na guerra do lado da Alemanha —, Belgrado caiu. Enquanto o Exército iugoslavo se encontrava em processo de dissolução, as unidades das Forças Armadas alemãs seguiam em direção à Grécia. Visto que os defensores, com o grosso de suas tropas, estavam atados ao front italiano na Albânia, sua resistência logo foi quebrada. Depois de Salônica ter caído em 19 de abril, três dias mais tarde as unidades alemãs chegaram a Atenas. A Grécia capitulou. Ao mesmo tempo, os paraquedistas de Göring tinham fechado o caminho de volta dos britânicos derrotados ao Peloponeso quando tomaram para si, numa operação audaciosa por terra e ar, a única ponte sobre o istmo de Corinto. Embora a Royal Navy tenha conseguido evacuar a maioria das tropas do Império Britânico do continente grego para Creta e, principalmente, para o Egito (Operação Demon), mais de 200 mil gregos e quase 22 mil britânicos se tornaram prisioneiros de guerra da Alemanha.

Do outro lado do mar Mediterrâneo, Rommel estava avançando desde 22 de março, embora sua tarefa fosse defensiva e Hitler houvesse lhe explicado no "quartel-general do Führer", de maneira inequívoca, que até o outono de 1941 não poderia ser realizada nenhuma operação de maior vulto no Norte da África nem enviados mais reforços. Hitler, entretanto, não se referiu à iminente campanha da Rússia nenhuma vez. Rommel, que não sabia da operação, achava, portanto, que se encontrava num ponto importante em meio à batalha contra o único inimigo ainda restante. Convencido de que receberia reforços suficientes e, principalmente, mais divisões, partiu para o Leste. No início de abril de 1941, Rommel escreveu à Alemanha dizendo que tinha atacado "com notável sucesso". "Os comandantes em Trípoli, Roma e possivelmente em Berlim vão ficar espantados. Ousei avançar me adiantando a ordens e orientações porque vi uma chance. No final, o senhor há de endossar a ação."[20]

Só que os esforços de Rommel colocaram-no em conflito com o Alto-Comando italiano — um conflito animado pelo fato não menos importante de que o general de tanques alemão

Rommel e o chefe do Estado-Maior das tropas italianas, Cavalero (de óculos), no Norte da África. A relação entre esses aliados era difícil.

não gostava muito dos italianos e desdenhava do desempenho de suas tropas. As origens disso remontavam ao tempo da Primeira Guerra Mundial. Naquela época, Rommel era chefe de companhia no Deutsches Alpenkorps [Corporação Alpina da Alemanha], que havia lutado no front de Isonzo contra os italianos. Como comandante do Deutsches Afrika-Korps (que ele quis batizar assim em memória do passado), Rommel era subordinado ao Alto-Comando italiano, que por sua vez nutria um enorme ressentimento contra o alemão. E tendo em vista as experiências de meses anteriores, o Commando Supremo estava pouquíssimo disposto a entrar em operações ofensivas audazes. Rommel, entretanto, sempre apresentava fatos consumados ao aliado.

Em meados de abril, o general de blindados estava diante de Tobruk. Enquanto uma parte de sua tropa atacava continuamente a fortaleza defendida com tenacidade pelos soldados britânicos, outra parte avançava em direção à fronteira egípcia, envolvendo-se em lutas encarniçadas. Logo, porém, os reforços cessaram, pois a esquadra mediterrânea britânica e a Royal Air Force operavam de maneira exitosa a partir de Malta contra os comboios das "forças do Eixo". Depois da transferência dos corpos aéreos alemães estacionados no Sul da Itália e na Sicília para a região oriental do mar Mediterrâneo, esses comboios se tornaram verdadeiras operações suicidas.

Desse modo, a situação do Afrika-Korps estava cada vez mais ameaçada, principalmente diante de Tobruk. Pela primeira vez nessa guerra, uma unidade das Forças Armadas alemãs encontrava-se em situação quase desesperançada. Para Halder, isso queria dizer que Rommel — protegido de Hitler que não era bem-visto no Alto-Comando do Exército — não estava de modo nenhum à altura de suas tarefas de liderança. O fato de Rommel partir de premissas estratégicas gerais bem diferentes não foi, deliberadamente, levado em conta no

Alto-Comando das Forças Armadas. É que Rommel ansiava pelo final da campanha dos Bálcãs. Em 22 de abril, ele escreveu para casa acreditando que a condução da guerra como um todo no Mediterrâneo oriental se direcionava à destruição da posição britânica em Suez: "A Grécia logo estará vencida. E então será possível me enviar mais ajuda aqui. A batalha pelo Egito começa apenas agora".[21] A impressão de Rommel intensificou-se ainda mais com o desembarque de tropas alemãs em Creta em 20 de maio. Paraquedistas haviam conquistado cabeças de ponte em três localidades. Tropas de montanha foram trazidas com várias dezenas de motoplanadores, que haviam infligido duras perdas. Somente depois de dias críticos e batalhas sangrentas as tropas invasoras conseguiram, aos poucos, dominar a ilha. Em 27 de maio, os britânicos, apoiados por unidades gregas e comandados pelo general neozelandês Bernard Freyberg, começaram com a evacuação de Creta. Eles tiveram de arcar com pesadas perdas humanas e materiais. Dos quatro encouraçados empregados, três foram severamente danificados por bombas. Nove navios de guerra foram perdidos. As perdas humanas foram piores. Mais de 17 mil soldados caíram, se feriram ou foram feitos prisioneiros dos alemães.

Mesmo que tenha sido possível salvar um montante igual a esse através do mar Mediterrâneo, após a operação na Grécia, Creta se tornou mais um fracasso para Churchill, que em julho transferiu Wavell para a Índia e nomeou Claude Auchinleck como novo comandante-chefe para o Oriente Próximo. No contexto estratégico geral, entretanto, o desmembramento das forças alemãs tinha sido alcançado, mesmo que à época ainda não fosse previsível. Se os britânicos soubessem que Hitler estava fixado em sua "operação gigantesca contra a Rússia", Churchill escreveu em suas memórias, diriam que ele se arriscava a cair entre duas cadeiras e que estava comprometendo demais sua operação principal em favor de um preâmbulo báltico. E foi isso o que aconteceu, embora naquela época não tivéssemos como saber. Um ou outro pode afirmar que agimos corretamente; de todo modo, agimos melhor do que imaginávamos.[22]

Na verdade, o ditador alemão — que após os 3800 mortos da Operação Mercúrio* não tinha mais nenhuma propensão a realizar outra invasão aerotransportada — perdeu semanas importantes para sua campanha russa, que assim se tornou ainda mais arriscada. Mas com a invasão de Creta, efetivada em 1º de junho, garantia-se ao menos o flanco sudeste. Os tão importantes campos petrolíferos romenos, que poderiam ser atacados a partir dos aeroportos britânicos em Creta, estavam protegidos. Mais: no Norte da África, Rommel tinha consolidado a situação com as duas exitosas batalhas solo, de maio e junho. E era isso que Hitler queria alcançar, tendo em vista a iminente campanha da Rússia.

A intervenção do comando naval de guerra não mudou nada nesse sentido. Visto que com a perda do *Birmarck* — que em 24 de maio vitimou 2100 marinheiros, entre eles todo o comando da esquadra — o tempo dos encouraçados alemães no Atlântico tinha passado definitivamente, o almirantado alemão enxergou no leste do mar Mediterrâneo o único ponto de partida restante para uma guerra contra a Inglaterra. De acordo com os planos da chefia da Marinha, ela deveria ser iniciada simultaneamente à campanha da Rússia.

Depois de todos os desvios e operações interpostas nos dezoito meses anteriores, o ditador estava ansioso para iniciar finalmente sua guerra contra o "bolchevismo judaico".

---

* Outro nome para a Batalha de Creta, iniciada em 20 de maio de 1941.

Contragolpes britânicos na Grécia e em Creta

Afinal, ele queria acreditar que ela conseguiria resolver também o problema da Inglaterra. Entretanto, suas esperanças a esse respeito já tinham sido nutridas pelo engajamento alemão temporário a leste do mar Mediterrâneo. Pois o desenrolar da situação local, que, observada externamente, sugeria um ataque alemão contra as posições britânicas no Egito, teve um efeito psicológico enorme sobre todo o mundo árabe. Em 14 de abril, o rei Farouk mandou uma mensagem a Hitler, na qual exprimia sua admiração pelo "Führer" e o desejo por vitória das tropas alemãs, que deveriam libertar os egípcios do "jugo britânico" o mais rapidamente possível. Em abril, no Iraque, nacionalistas árabes próximos a Rashid Ali al-Gailani tentaram assumir o poder e expulsar os britânicos. No início de maio foram registradas hostilidades. Bagdá acabou pedindo apoio militar a Berlim, e Hitler enviou 24 aviões militares. Em meados de maio, chegaram os primeiros bombardeiros Heinkel a Mossul, seguidos por uma missão militar alemã sob o comando do general Felmy.

Do ponto de vista de Berlim, o domínio britânico no Oriente Próximo parecia se desintegrar. A postura novamente mais aberta de Vichy em relação à Alemanha também foi vista como um indício disso. O almirante Darlan, primeiro-ministro interino de Pétain, tinha concedido não apenas o direito à escala na Síria dos aviões alemães destinados ao Iraque, como também acertado a transferência dos armamentos franceses ali armazenados às tropas de Gailani. Tudo isso alimentava a esperança de Hitler em relação à mudança de rumo da Inglaterra. Ele não queria imaginar nada diferente. Se as potências da antiga Europa perdessem suas colônias em razão dessa guerra — como ele explicou a Darlan durante a visita deste último a Berchtesgaden, em 11 de maio —, ninguém ficaria contente, pois "estaria nascendo um imperialismo americano".[23] Já durante seu discurso no Reichstag, uma semana antes, Hitler havia reforçado uma vez mais que ele não tinha desejado a guerra contra

O voo do representante de Hitler para a Escócia

a Inglaterra e que atacava aquele "pequeno grupo" (em volta de Churchill) que, animado por "ódio e rapacidade",[24] tinha recusado seus esforços por um acordo. Ele evidentemente não endereçou uma oferta de paz a Londres, visto que seria tida como uma fraqueza de sua parte.

É nesse contexto que se deve analisar a ação que fez o mundo perder o fôlego ao ser divulgada: o voo do representante de Hitler para a Escócia. Desde o ano anterior, Rudolf Heβ amadurecia o plano de usar seus contatos para mover Londres a um acordo com a Alemanha ainda antes da campanha da Rússia. Heβ conhecia as ideias relativas à política externa de Hitler, desenvolvidas a partir de sua superestrutura ideológico-racista, desde quando estiveram presos juntos em Landsberg. Nascido em Alexandria, no Egito, Rudolf Heβ tinha profunda simpatia pela Grã-Bretanha. À semelhança de Hitler, esse homem com uma curiosa inclinação ao ocultismo enxergava a guerra contra a "grande potência ariana", que fora afrontada por "judeus e maçons", como tragédia. Seu voo era um sacrifício para o "Führer" que ele quase endeusava e para a causa da Alemanha nacional-socialista. Há muitos indícios de que Hitler soubesse da missão de seu representante, mas, mesmo se for verdade, não lhe era possível confirmá-la em público.

O contato mais importante de Heβ na Inglaterra era Albrecht Haushofer, filho do geopolítico Karl Haushofer. A figura multifacetada do Serviço Secreto tinha armado o encontro com Angus Douglas-Hamilton, duque de Hamilton, que Heβ também conhecia. Por meio de Hamilton, o representante do "Führer" queria chegar àquele círculo que se predispunha à paz com a Alemanha. Tratava-se dos opositores de Churchill no establishment conservador e liberal. Entre essas pessoas estava o antigo premiê da Primeira Guerra, Lloyd George; o lorde do selo privado de Chamberlain, Samuel Hoare, que fora despachado para a embaixada em Lisboa por Churchill; e o ex-ministro das

O voo do representante de Hitler para a Escócia

Relações Exteriores Frederick Lindley Wood, visconde de Halifax, que a Casa Real britânica, especialmente simpática a Hitler, gostaria de ter visto como primeiro-ministro. Em abril de 1941, quando as lideranças alemãs consideravam, de modo otimista e irreal, que o tempo da Grã-Bretanha no Oriente Próximo estava por terminar, Heβ concluiu que o momento havia chegado. Depois de três tentativas que tiveram de ser abortadas por problemas técnicos e pelo mau tempo, era preciso se apressar, pois o início da campanha da Rússia estava cada vez mais próximo. Em 10 de maio, o aficionado aviador decolou de Augsburgo-Haustetten em direção à Escócia em um Me 110 de dois motores. Seu voo gerou muitas especulações, pois a aeronave — embora tenha sido vista pelo radar britânico sobre o mar do Norte — não foi atacada pelos interceptadores britânicos. É possível que Heβ estivesse sendo aguardado não apenas por Hamilton, mas também por aqueles que estavam dispostos a prosseguir a guerra contra a Alemanha de Hitler até sua derrocada e usar o voo do tolo para esse fim.

Ainda hoje não está claro o que aconteceu depois de Heβ ter pulado de paraquedas em Dungavel House, a sudeste de Glasgow, pois uma parte dos documentos britânicos continua, como antes, inacessível à pesquisa. Isso foi motivo de todo tipo de teorias conspiratórias, como, por exemplo, aquela segundo a qual o representante de Hitler tinha sido atraído para a Inglaterra pelo Serviço Secreto. Até sua morte — quatro décadas e meia depois, na prisão de guerra de Spandau — foi relacionada a isso. Boatos dão conta de que não se tratou de suicídio, mas de assassinato; e de que Heβ, se fosse solto por Gorbatchóv (havia boatos nesse sentido), poderia explicar as "verdadeiras" circunstâncias do voo à opinião pública mundial.

O fato é que Churchill, que tratava de manipular no seu país a facção que defendia a paz, fez um hábil uso político da

O voo do representante de Hitler para a Escócia

chegada de Rudolf Heβ. Depois de dois dias, Londres se limitou a emitir o breve comunicado de que o representante de Hitler havia saltado de paraquedas sobre a Escócia. Ao lado alemão não restou alternativa senão divulgar que Heβ, tomado por alucinações, tinha partido para a Inglaterra para, por fim, selar um acordo entre os dois países. Pareceu evidente que a posição da Alemanha era uma confirmação. Entretanto, o comunicado britânico se restringiu ao anúncio da chegada de Heβ, sem mencionar as intenções da missão. Dessa maneira, estavam escancaradas as portas para a especulação.

Em Washington, o episódio gerou uma irritação passageira. Churchill, porém, assegurou a Roosevelt sua determinação à guerra, mas não se esqueceu de lembrar que na Grã-Bretanha havia substrato para um acordo que pudesse encerrar a guerra e evitar sofrimentos desnecessários. Dessa maneira, o primeiro-ministro britânico, que se destacava como fiador da cooperação anglo-americana, pressionou o presidente americano a intensificar o trabalho em conjunto dos dois países. No final de março de 1941, o futuro comando de guerra de coalizão entre os Altos-Comandos britânico e americano tinha sido definido. A derrocada da Alemanha seria o primeiro objetivo comum; a situação na área da Ásia Oriental e do oceano Pacífico, onde se contava com uma guerra contra o Japão, seria consolidada apenas mais tarde. Visto que as ligações marítimas no Atlântico Norte eram tidas como imprescindíveis para a Grã-Bretanha, as forças americanas deveriam atuar ali o mais rapidamente possível, protegendo os comboios militares do parceiro, enquanto a esquadra britânica manteria o mar Mediterrâneo como sua principal área de atuação.

No discurso de Roosevelt de 27 de maio de 1941, que marcou a parceria definitiva entre os Estados Unidos com a Grã-Bretanha, o americano anunciou que seu país iria rechaçar com toda força qualquer tentativa de domínio dos mares. Assim

Antes da campanha contra a União Soviética

sendo, faltava apenas um pequeno passo até a Carta do Atlântico, que em agosto revelaria o que os governos haviam discutido já em março. Churchill tinha alcançado seu objetivo. A entrada dos Estados Unidos na guerra era apenas uma questão de tempo, pois estavam previstos confrontos entre a Marinha de Guerra alemã e as forças americanas, que asseguravam os comboios militares, visto que em relação à batalha contra a Grã-Bretanha, a aposta da Marinha alemã era a interrupção das rotas atlânticas pelos submarinos militares, cada vez mais importantes.

A União Soviética não foi incluída nos planejamentos conjuntos das forças navais anglo-saxãs. Londres e Washington tinham informações detalhadas sobre uma campanha russa a ser realizada pela Alemanha — sabiam até mesmo a orientação específica de Hitler a respeito e a data do início do ataque, 22 de junho — e as passaram integralmente ao lado soviético. Stálin, entretanto, não viu nisso nada além da tentativa de jogar a União Soviética contra a Alemanha; certamente seu agente especial em Londres, Philby, o havia informado sobre o fracasso da missão de Heβ. E como comprovam várias de suas declarações dessas semanas, Stálin continuava descartando categoricamente que Hitler arriscaria uma guerra de dois fronts, isto é, um ataque contra seu país sem antes terminar a guerra contra a Grã-Bretanha.

Desde abril de 1941, Moscou tinha passado a moderar sua política mais agressiva com relação a Berlim, como comprova a visita de Mólotov à capital alemã em novembro do ano anterior. Com certeza foi a exitosa campanha dos Bálcãs que fez com que Stálin parecesse tatear cuidadosamente a fim de não provocar a Alemanha nacional-socialista, embora ele visse a União Soviética num bom caminho no que dizia respeito ao seu preparo para a guerra. Em 5 de maio, ele falou para os formandos da Academia Militar moscovita: "A política pacifista assegurou a paz para nosso país. A política pacifista é uma boa

A *confiança de Stálin na racionalidade de Hitler*

coisa. Sustentamos a linha da defesa por determinado tempo, enquanto não equipamos as Forças Armadas com modernos meios de batalha".[25]

Na realidade, com seus 2,78 milhões de soldados, o Exército Vermelho dispunha de mais de 11 mil tanques. Isso era quase três vezes mais do que a Alemanha possuía. A União Soviética contava com 43 mil peças de artilharia (as Forças Armadas alemãs, cerca de 13 mil). Na Força Aérea, eram 10 mil aeronaves russas — um número considerável em comparação com as quase 5 mil alemãs. Se a técnica armamentista russa era similar à alemã — no caso dos tanques, era inclusive superior —, o Exército Vermelho ficava atrás no seu nível de formação e na liderança operacional. O que ele era capaz de realizar nesse departamento devia-se ao trabalho militar conjunto germano-soviético dos anos 1920 e início da década seguinte.

Naquele 5 de maio, Stálin estava preparando os formandos da Academia Militar para a guerra em 1942, ao dizer: "Mas agora que reorganizamos nossas Forças Armadas, equipando-as com muitos recursos técnicos para a guerra moderna, agora que nos tornamos fortes o suficiente, temos de passar da defesa para o ataque".[26] O ministro da Defesa Semion K. Timochenko e o chefe do Estado-Maior Gueórgui K. Júkov usaram as explicações do ditador como ponto de partida para desenvolver um plano de concentração de tropas. De acordo com seu raciocínio, a União Soviética deveria planejar uma guerra contra a Alemanha para frustrar um ataque-surpresa alemão.

Stálin, entretanto, manteve seu cronograma e esforçou-se por uma melhoria das relações com Berlim. Dessa maneira, assinou um acordo de neutralidade com o Império do Japão — um acordo pelo qual Ribbentrop havia trabalhado em vão durante muito tempo no decorrer do seu projeto do bloco continental. Além disso, mandou cumprir da maneira mais rigorosa possível o Acordo Comercial Germano-Soviético assinado em

A confiança de Stálin na racionalidade de Hitler

janeiro de 1941. A partir de abril, depois do corpo mole dos primeiros meses, as mercadorias acordadas passaram a chegar pontualmente na Alemanha (o último trem com mil toneladas de trigo atravessou a fronteira ocidental soviética na noite de 21 de junho). Em paralelo, o ditador soviético, que em 6 de maio havia assumido formalmente os negócios do governo — entre eles, a interrupção das relações diplomáticas com o governo iugoslavo no exílio —, assumia a imagem de uma postura simpática em relação à Alemanha.

Ou seja, Stálin queria ganhar tempo — um tempo de que ele acreditava dispor, tendo em vista que Hitler não havia alcançado o acordo com a Inglaterra e que as duas grandes potências navais anglo-saxônicas haviam se unido. Embora ele tenha tomado conhecimento do comunicado de Hitler sobre a gigante concentração de tropas alemãs junto à linha demarcatória germano-soviética, não lhe deu muita importância. Os boatos de um ataque iminente, que circulavam por toda a Europa, também foram menosprezados por ele como mera desinformação. E Stálin ainda ignorou a intervenção de Churchill, que pela primeira vez havia se dirigido pessoalmente a ele.

Em 13 de junho de 1941, o ministro das Relações Exteriores britânico Eden alertou mais uma vez o embaixador de Moscou em Londres, Ivan M. Máiski, dizendo que "a concentração das tropas alemãs ao longo da fronteira soviética [...] continuou aumentando, mais especificamente nas últimas 48 horas".[27] O comentário de Máiski: "Um ataque?... Não acredito! Seria um absurdo".[28] Stálin era da mesma opinião. Uma semana antes do início da campanha da Rússia, ele havia divulgado, por intermédio da agência de notícias TASS, que avisos sobre um ataque alemão contra a União Soviética não tinham nenhum fundamento.

Para Hitler, o front inimigo da conspiração mundial, liderado pelos judeus (assim como na Primeira Guerra Mundial)

A confiança de Stálin na racionalidade de Hitler

havia se ampliado nos meses anteriores. Para ele, tratava-se da confirmação de sua ideologia racial e sua consequente derivativa, a grande conspiração contra a Alemanha. Mas a vitória das "forças do Eixo" nos Bálcãs (foi assim que ele se dirigiu ao povo alemão por ocasião do ataque contra a União Soviética)

primeiro frustrou o plano de enredar a Alemanha nesse verão em batalhas de meses no Sudeste e, enquanto isso, completar a concentração de tropas soviéticas, fortalecer sua capacidade de guerra, para então juntamente com a Inglaterra e com o apoio das aguardadas remessas americanas, sufocar e esmagar o Reich alemão e a Itália [...] chegou então a hora em que é necessário confrontar esse complô dos fomentadores da guerra judeus anglo-saxões e dos dirigentes judeus da central bolchevista de Moscou.[29]

A proclamação do "Führer" foi lida na rádio por Goebbels por volta das 5h30 de 22 de junho de 1941. Duas horas antes, por volta das 3h15, as Forças Armadas de Hitler haviam transposto a fronteira ocidental soviética. No chamado aos soldados do front oriental, dizia-se que a concentração, na qual finlandeses e romenos tomavam parte, "é a maior, em extensão e tamanho, que o mundo já viu".[30] Para a derrubada do império colossal de Stálin tinham sido mobilizados, num front de 1500 quilômetros de extensão, além dos 690 mil soldados dos aliados, 150 divisões alemãs com mais de 3 milhões de homens e 3500 tanques e armas de artilharia — divididos em três grupos — sob a proteção de três esquadrilhas com quase 2 mil aviões.

5.
A guerra de extermínio contra a União Soviética

Junho a dezembro de 1941

No Leste, os judeus têm de pagar a conta.

Joseph Goebbels, 18 ago. 1941

A campanha russa foi a verdadeira guerra de Hitler. A história recente não tinha presenciado um conflito desses. Ela fazia lembrar mais as fanáticas guerras santas da Idade Média e do início da Era Moderna, quando os opositores eram mortos apenas devido à religião que professavam. No século XX, isso aconteceu com o objetivo de conquistar mais espaço vital, por motivos racistas. A camada dominante "judaico-bolchevista", incluindo suas raízes biológicas no judaísmo da Europa central e do Leste, havia de ser eliminada. Pois — como disse Rosenberg, o ideólogo-chefe de Hitler, em 1936 — não era possível "combater o marxismo e o bolchevismo com sucesso se excluirmos o judaísmo".[1] Ao mesmo tempo, os "sub-humanos" eslavos deveriam ser dizimados e depois servir como massa estúpida, escravizada, aos ocupantes e posteriormente aos colonizadores, os novos senhores arianos. A enorme área oriental, a Índia de Hitler, com a riqueza de suas matérias-primas, deveria fortalecer o Império Alemão continental como espaço complementar e, dessa maneira, criar as condições para a guerra contra os inimigos restantes.

Assim como a Alemanha imperial queria sair de sua posição estratégica desfavorável no centro da Europa, o ditador alemão acreditava que quebraria definitivamente o cerco da Alemanha

O comando do Exército e a Ordem dos Comissários

pelo "judaísmo conspiratório mundial". Ao contrário de seu generalato, que desdenhava do inimigo, Hitler o levava muito a sério. Quando ele falava da "decisão mais difícil da sua vida", isso também era porque o bolchevismo deveria ser derrotado numa guerra-relâmpago. Até o início do inverno, as operações dos três grupos ofensivos precisariam ter destruído a União Soviética e avançado até a linha Cáucaso-Volga-Arkhangelsk. Não havia plano B, pois a Alemanha não contava com recursos suficientes para uma longa guerra de exaustão em paralelo com a que estava em curso contra a Inglaterra.

Hitler arriscou tudo e, de acordo com sua lógica, teve de agir dessa maneira porque o tempo (assim pensava) trabalhava contra ele. Mais tarde, no outono de 1941, à mesa de refeições no seu quartel-general, ele haveria de falar para o secretário Martin Bormann que o extermínio dos judeus realizado por eles era um "ato para a humanidade", "de cuja importância nossos homens lá fora não conseguem fazer ideia".[2] Certamente os soldados e os generais alemães não se ocupavam com ideologia nem com as últimas verdades de Hitler; este último não se importava com isso, pois, em sua opinião, as correlações lhes seriam ininteligíveis. Mas os generais sabiam muito bem, desde o início, que a campanha da Rússia não seria uma guerra normal. Em março de 1941, o chefe do Estado-Maior do Exército, Halder, registrou em seu diário as explicações do seu comandante supremo a respeito: "Luta entre duas ideologias. Julgamento arrasador sobre o bolchevismo, que se iguala à criminalidade antissocial. O comunismo é um perigo tremendo para o futuro [...]. Trata-se de uma guerra de extermínio [...]".[3]

Esse argumento bastou para o generalato alemão concretizar as ordens criminosas de Hitler. Anteriormente à campanha da Rússia, os militares elaboraram alguns estatutos regulatórios, como o decreto "que se refere à jurisdição militar na guerra contra a União Soviética", a fim de impedir qualquer

154

O comando do Exército e a Ordem dos Comissários

"notificação compulsória" em relação a membros da Wehrmacht que cometessem atos até então tidos como criminosos. Desse modo, dava-se livre curso aos instintos humanos mais baixos. Segundo a Ordem dos Comissários de 6 de junho, após serem identificados, todos os comissários políticos soviéticos presos deveriam ser sumariamente "liquidados", visto que, "como os verdadeiros portadores da resistência, deles podemos esperar um tratamento cheio de ódio, cruel e desumano de nossos presos".[4] Para Hitler, todas essas ações que ele ordenou no âmbito de sua guerra de extermínio ideológico-racista não eram apenas legítimas, mas também legais. Pois os bolchevistas haviam rescindido todos os contratos tsaristas de direito internacional. E a Convenção de Genebra de 1929, que regulamentava o tratamento humanitário de prisioneiros de guerra, nunca tinha sido ratificada por Stálin. Ao chamar a atenção do seu generalato para o caráter especial dessa guerra, Hitler disse que se tratava de uma "batalha russa" e que prisioneiros de guerra russos não deviam ser tratados de acordo com tal convenção.

De modo submisso, o comando do Exército aceitou também o massacre perpetrado pelas forças-tarefas de Himmler (Einsatzgruppen A-D), que reuniam forças de investigação criminal e de inteligência e seus dezoito subgrupos na área posterior do front. Usando de jargão, dizia-se que o Reichsführer-SS iria conduzir "tarefas especiais do Führer" na área operacional do Exército "de maneira autônoma e sendo pessoalmente responsável por elas". Sim, a Wehrmacht tinha de oferecer, desde o início, apoio logístico à execução de judeus, ciganos e outros suspeitos, também organizada pela Waffen-SS. Tal complacência era facilitada pela arrogância em relação aos russos, amplamente disseminada no comando militar e ecoando entre os nacional-socialistas, que classificavam aqueles como "sub-humanos eslavos". Ou seja, a Wehrmacht decente não existia no Leste, mas certamente existiam milhões de soldados que queriam se manter decentes.

Esperanças ucranianas

Naquele 22 de junho de 1941, as pessoas na Alemanha se perguntavam que necessidade havia para justificar uma campanha contra a Rússia, sobretudo porque a guerra contra a Inglaterra ainda não estava terminada e unidades do Exército alemão combatiam em toda a Europa e também no Norte da África. A lembrança ainda onipresente da guerra perdida de múltiplos fronts, entre 1914 e 1918, também alimentava dúvidas quanto ao sentido da campanha da Rússia. A princípio, quase ninguém reconheceu o verdadeiro sentido da guerra de Hitler contra a União Soviética — nem mesmo os funcionários da elite do nacional-socialismo, como Alfred Rosenberg, ideólogo-chefe de Hitler e desde abril encarregado da administração central das questões do espaço da Europa oriental. Num discurso de 20 de junho, ele delineou os requisitos políticos para a guerra iminente contra a União Soviética dizendo que, em relação às ambições de liberdade de todos os povos do Leste, seria preciso "retomá-las de uma maneira inteligente e deliberada, ajustando-as numa forma estatal muito precisa". De acordo com Rosenberg, era necessário desmembrar o território gigante da União Soviética em Estados e dispô-los contra Moscou, "a fim de libertar a Alemanha do pesadelo oriental pelos próximos séculos".[5]

Depois que os exércitos de Hitler ultrapassaram as linhas demarcatórias germano-soviéticas, também os povos no Oeste da União Soviética, subjugados pelo poder central comunista em Moscou, imaginaram que a hora da liberdade havia chegado. Por essa razão, os soldados invasores alemães foram saudados pela população em muitas cidades bálticas. Não foi diferente na Ucrânia. A fim de colocar os alemães diante do fato consumado, os nacionalistas ucranianos partidários de Iaroslav Stetskó e Stepan Bandera haviam declarado um Estado em 30 de junho de 1941. Mas o Serviço de Inteligência de Himmler prendeu seus líderes, sem deixar dúvidas de que uma

Esperanças ucranianas

Ucrânia independente não estava na agenda de Berlim. Os ucranianos, porém, não desistiram. Semanas mais tarde, um membro do Conselho Nacional de Kiev declarou:

> O povo ucraniano está consciente de que a vitória da Grande Alemanha é também a vitória do povo ucraniano, que, graças ao líder e chanceler da Grande Alemanha Adolf Hitler, assumirá seu lugar justo e merecido na reconstrução da Europa e na sua reorganização, lugar pelo qual ela lutou durante tanto tempo e continua lutando [...].[6]

Houve muitas declarações desse tipo. Milhões queriam participar da guerra contra a odiada União Soviética a fim de conquistar liberdade e um futuro melhor. Entretanto, na guerra de Hitler, esses "eslavos inferiores" não haviam sido previstos como parceiros.

Depois de receber a notícia do ataque alemão à União Soviética, Londres e Washington partiram do pressuposto de que o ditador alemão iria instrumentalizar os movimentos de libertação no Leste e realizar uma política do tipo *Divide et Impera*. Apesar de saber da concentração de tropas, o espanto pela manobra foi geral na União Soviética, que também não conseguia compreender direito os motivos de Hitler. Por que ele, sem ter feito nenhuma declaração prévia de guerra, protagonizou a invasão e encerrou o pacto com a União Soviética, embora a batalha no Oeste ainda não tivesse chegado ao fim? Pois mesmo que a capacidade de resistência da União Soviética não fosse considerada muito grande por conta da fragilidade da "prisão de nações"* soviética (a união dos Estados multinacionais), que se refletia no

---

* *"Völkergefängniss"*: termo usado, a princípio, para se referir à monarquia dos Habsburgo; mais tarde, Lênin e os bolcheviques chamaram assim o império tsarista. Por fim, foi epíteto da União Soviética.

estado do Exército Vermelho, a campanha russa de Hitler significava mais uma fragmentação das forças alemãs. Fato era que, devido a esse passo, a Grã-Bretanha ganharia ao menos um refresco — do qual precisaria fazer uso. De repente, Churchill tinha o aliado pelo qual, no passado, havia se empenhado em vão. Já que se estava do mesmo lado da União Soviética, o relacionamento entre Londres e Moscou necessitava de novas bases, algo nada fácil. No Kremlin, persistia a ideia de que o ataque de Hitler seria um tipo qualquer de arranjo britânico-alemão. O ex-ministro das Relações Exteriores de Stálin, Maksim Litvínov, lembrou-se de que lá "todos estavam convencidos de que a esquadra britânica iria atravessar o mar do Norte para realizar um ataque contra Leningrado e Kronstadt, combinado com Hitler".[7] O fato de isso não ser verdade foi recebido quase com incredulidade em Moscou. No Foreign Office em Londres, onde desde o Pacto de Não Agressão Germano-Soviético se apostava num arranjo de longo prazo entre ambos os ditadores, o clima a princípio era de certa reserva em relação à União Soviética. Para não cair no turbilhão de uma aguardada derrota russa, o ministro das Relações Exteriores Eden referiu-se simplesmente a uma "aproximação". Churchill, pressionado pelos reveses na periferia sudeste da Europa, foi menos reservado nesse sentido. Ao menos retoricamente apoiou de imediato os russos e atacou os agressores. Ele havia assegurado ajuda a Moscou nesse caso ainda antes do ataque alemão à União Soviética. Em maio de 1941, quando perguntado por um funcionário da embaixada de Londres em Moscou sobre se a União Soviética se tornaria automaticamente aliada da Inglaterra no caso de um conflito com a Alemanha, o primeiro-ministro respondeu: "A fim de destruir a Alemanha, estou disposto me aliar com quem quer que seja, até com o diabo".[8]

A princípio, tudo indicava que, como previsto, o Exército Vermelho seria rapidamente derrotado. Parecia que a guerra

A vitória alemã dada como certa

tinha sido ganha pela Wehrmacht a oeste dos rios Duína Ocidental e Dniepr. A superioridade operacional das Forças Armadas alemãs era flagrante. As companhias do Exército Vermelho, despreparadas e tomadas de surpresa, acabaram dispersadas. Suas aeronaves tinham sido em grande medida destruídas nas primeiras horas da campanha. O moral baixo em relação à guerra fez sua parte. Os soldados soviéticos entregavam-se em massa aos alemães. Contou-se mais de 1 milhão de presos e mortos nas primeiras semanas da campanha; foram confiscadas quantidades enormes de equipamentos de guerra. Em 3 de julho, Halder anotou, satisfeito, que acreditava não ser exagero dizer que "a campanha contra a Rússia será ganha dentro de catorze dias".[9] E Hitler, não menos seguro da vitória, entregava-se a fantasias de extermínio; ele queria deitar por terra Leningrado e Moscou, enquanto as forças-tarefas de Himmler cometiam suas barbaridades contra os judeus nas áreas conquistadas.

E isso, por sua vez, desencadeou o ódio aos judeus na população local. Foram contabilizados mais de cinquenta pogroms no Báltico, na Bielorrússia e, principalmente, na Ucrânia. Isso se deveu sobretudo ao fato de que, desde os dias da guerra civil russa, o bolchevismo e o judaísmo foram equiparados. Dessa maneira, milhares de judeus acabaram literalmente abatidos. Foi o que aconteceu, por exemplo, em Lemberg, na Galícia, sob os olhares benevolentes dos integrantes das forças-tarefas do Serviço de Inteligência alemão. Seus comandantes foram orientados por Reinhard Heydrich "a não colocar nenhum obstáculo frente aos esforços de autolimpeza de círculos anticomunistas e antijudaicos nos novos territórios a ser ocupados. Ao contrário, eles devem ser eliminados, mas sem deixar rastros, incentivados se necessário e conduzidos aos trilhos corretos [...]".[10]

O Plano Geral Leste

Tropas alemãs na Rússia. No início da Operação Barbarossa, o Exército Vermelho foi literalmente atropelado.

Como a situação parecia definida militarmente no Leste, o olhar da liderança alemã recaiu sobre a organização futura do espaço conquistado. Essa deveria ser entregue a Himmler, "inabalável" do ponto de vista ideológico-racista. Em seu posto de comissário do Reich para a consolidação do caráter nacional alemão, ao qual foi nomeado por Hitler em outubro de 1939, o Reichsführer-SS entregou em 15 de julho de 1941 o esboço de um Plano Geral Leste. Este previa um povoamento alemão na enorme área da "Rutênia Branca" (Bielorrússia) até a área de São Petersburgo ("Ingermanland") e a maior parte da Ucrânia ("Gotengau"). A população local deveria ser classificada de acordo com critérios raciais, dizimada e expulsa maciçamente para além do rio Ural. O lugar amplo deveria não apenas oferecer espaço vital aos novos colonizadores, mas também gerar a futura base alimentar para o império continental dominado

O Plano Geral Leste

por Hitler a partir de "Germania" (Berlim). O "celeiro de grãos Ucrânia", assim se dizia, eliminaria para sempre as insuficiências de suprimentos na esfera de influência alemã. Além da espoliação agrícola, havia interesse em matérias-primas escassas, como platina, magnésio e látex. O planejamento da ss foi criticado pelo Ministério das Relações Exteriores e pelo Ministério das Finanças da Alemanha, mas não por motivos morais. Ambos diziam que as matérias-primas da União Soviética não estariam à disposição com a rapidez necessária devido à resistência passiva da população e aos longos trajetos a ser percorridos. A objeção era digna de consideração para o prosseguimento da guerra no tempo após Barbarossa. Embora Hitler enxergasse na campanha vitoriosa contra a União Soviética a solução do problema da Inglaterra e, com isso, a solução de todos os problemas, ele solicitou planejamentos prévios para o prosseguimento da condução da guerra pela Alemanha. Enquanto o tamanho do Exército, à exceção das forças blindadas e motorizadas, deveria ser significativamente diminuído, a intenção era deslocar a ênfase do armamento futuro para a Luftwaffe, "que deve ser reforçada em grande medida". No caso da Marinha, a orientação 32b de 14 de julho de 1941 dizia que essa força "era para ser limitada às ações que servem à guerra contra a Inglaterra e, se necessário, contra os Estados Unidos".[11]

Nesse mesmo dia, Hitler sugeriu ao embaixador japonês em Berlim, Hiroshi Ōshima, uma aliança ofensiva orientada contra os Estados Unidos. No momento em que a decisão da campanha contra a União Soviética parecia ter sido tomada, a "União Americana" (como Hitler chamava o país americano) era para ele o mais forte bastião remanescente do "judaísmo internacional". Se seu desejo era atrair o Japão para que este também entrasse na guerra contra a União Soviética — as tropas de ambos os países iriam se encontrar em algum lugar ao longo da ferrovia transiberiana, em Omsk, antes do início do inverno —, ele via aí a possibilidade de ligar o Japão à Alemanha como irmão de armas. Além do mais, poderia encerrar a campanha contra o bolchevismo de maneira ainda mais rápida, para em seguida se voltar, juntamente com o império do Extremo Oriente, contra os Estados Unidos. Para o governo de Tóquio, essas mudanças de direção do lado alemão não despertavam necessariamente muita confiança. (Ribbentrop havia pouco ainda tentava promover um pacto entre a Alemanha, a Itália, o Japão e a Rússia.) Mas não foi por isso que o governo japonês, sob o primeiro-ministro Konoi, havia descartado uma entrada na guerra contra a União Soviética antes de Ōshima se encontrar com Hitler. Do ponto de vista japonês, o passo era proibitivo também porque o conflito com os Estados Unidos se agudizava. No decorrer das negociações secretas com Tóquio, em 21 de junho de 1941 Washington havia exigido do Japão a retirada total da China. Para o governo japonês, tratava-se de medidas inexequíveis, que deixavam muito claro que um acordo com os americanos não seria mais possível. Por esse motivo, Tóquio decidiu aproveitar a liberdade de ação no Oeste, resultante da campanha russa de Hitler, para avançar significativamente para o Sul, assumindo inclusive a possibilidade de uma guerra com os Estados Unidos e, consequentemente, com o Império Britânico. O governo japonês calculava que Hitler dirigiria todo seu maquinário de guerra contra a Grã-Bretanha após a vitória sobre a União Soviética, o que com certeza aceleraria a entrada dos Estados Unidos ao lado da Inglaterra na guerra europeia. Tudo isso enfraqueceria as forças anglo-saxãs na Ásia Oriental.

A ocupação da Indochina, tolerada pela potência colonial fiel a Vichy e concluída até o final de julho, marcou o início da expansão rumo ao Sul do Japão, que resultou num conflito mais rápido que o esperado com as forças navais anglo-saxãs. Decididos a entrar na guerra contra o Japão, Roosevelt e Churchill anunciaram um embargo das exportações e congelaram os recursos financeiros japoneses nos dois países. Mas não só. Foi iniciado também um bloqueio marítimo contra o Japão, interrompendo o abastecimento de matérias-primas de primeira necessidade ao país, principalmente de petróleo. Depois do fracasso da tentativa de Tóquio de suspender o bloqueio por vias diplomáticas, em meados de 1941 os responsáveis no Japão ordenaram uma mobilização geral. A guerra tinha se tornado quase incontornável. Tratava-se de uma guerra assumida por Roosevelt para a conquista da hegemonia americana na área do Pacífico.

O consequente tolhimento da Commonwealth britânica pelos Estados Unidos, por conta da força econômica superior deste país, refletiu-se também na Carta do Atlântico de 14 de agosto de 1941, proclamada após o encontro entre Roosevelt e Churchill no cruzador americano *Augusta* e no encouraçado britânico *Prince of Wales*, diante de Terra Nova. As negociações prévias haviam mostrado que à Grã-Bretanha tinha sido destinado o posto de parceiro júnior, visto que os americanos insistiam na sua ideia de uma futura ordem mundial com um comércio mundial livre e ilimitado, contrariando as regulamentações da Commonwealth. Os americanos se impuseram, mesmo que Churchill tenha feito valer suas ressalvas. O preço que Londres pagou pelo apoio recebido na guerra contra a Alemanha foi o da subordinação aos interesses americanos.

Além do livre-comércio mundial, a Carta do Atlântico sacramentava, entre outros pontos, a liberdade dos mares, o direito à autodeterminação dos povos e a intenção de se organizar um sistema de segurança coletiva "após a destruição definitiva da tirania nazista".[12] A União Soviética não entrou nas reflexões globais anglo-saxãs sobre o futuro, inspiradas pelo espírito do Plano de Catorze Pontos de Wilson, visto que, segundo a impressão das primeiras vitórias alemãs no Leste, em breve ela não mais existiria. Antes ainda de a Carta do Atlântico ser anunciada em meados de agosto, após semanas de discussões, ficou claro que

O fim da ilusão da guerra-relâmpago

o colosso soviético não desmoronaria tão rápido — como era esperado por Washington e Londres — sob os ataques da máquina de guerra alemã.

Em meados de julho de 1941, o Exército Vermelho tinha iniciado uma contraofensiva na região de Smolensk, de modo que Hitler ordenou, no final do mês, o início das manobras defensivas. O Alto-Comando alemão, paparicado com vitórias, levou um choque. Como a campanha tinha de estar encerrada necessariamente até a chegada do inverno, pois os exércitos de intervenção não estavam preparados para uma guerra mais longa, iniciou-se uma corrida contra o tempo. Wilhelm Keitel, chefe do Alto-Comando da Wehrmacht, registrou em 25 de julho de 1941 que o "Führer" se perguntou, preocupado: "Quanto tempo ainda tenho para terminar com a Rússia e de quanto tempo ainda preciso?".[13]

O pânico crescente pelo fracasso da guerra-relâmpago gerou discussões sobre as futuras operações no Leste. Halder e Von Brauchitsch queriam que o golpe decisivo fosse desferido sobre Moscou, na condição de principal centro militar, político e industrial da Rússia. Eles defendiam que apenas através de uma tal concentração das forças — e não de sua dispersão — seria possível decidir a campanha até setembro, com a conquista da capital soviética. Entretanto, Hitler ordenou que se enfatizasse, ao norte, a conquista de Leningrado; ao sul, a bacia do rio Donets, industrializada, e a Crimeia, com a perspectiva de se chegar até as reservas de petróleo do Cáucaso.

No início de agosto, o Heeresgruppe Mitte [Grupo de Exércitos Centro] encerrou de maneira exitosa a batalha de Smolensk. No Norte, a Wehrmacht ficou a cem quilômetros de distância de Leningrado. E, no Sul, ela chegou a Kiev. Apesar das vitórias alemãs contínuas, tudo se desenrolava de maneira mais árdua e, portanto, mais lenta do que o esperado. A causa principal era a catastrófica subestimação da força das tropas do Exército Vermelho. Suas reservas simplesmente pareciam não querer se esgotar. Em

O fim da ilusão da guerra-relâmpago

meados de agosto, Halder anotou em seu diário que no início da campanha os alemães contavam com duzentas divisões inimigas, mas essas já tinham chegado a 360. Além disso, os tanques T-34 do Exército Vermelho eram eficientes e não podiam ser combatidos com os alemães PIII e PIV, mas apenas com canhões de 88 mm. Os trajetos das reposições, cada vez mais longos através de uma Rússia de pouca infraestrutura, também contribuíam para esse cenário. Não foi possível incorporar as linhas férreas soviéticas rapidamente, porque as bitolas eram de tamanho diferente. E depois de reinstalados os dormentes, eles eram danificados pelos partisans. Além disso, as atividades cada vez mais frequentes dos partisans atrás dos fronts e seu combate também tornavam a campanha da Rússia ainda mais terrível do que já era em si. Desde o primeiro dia da guerra no Leste, as tropas regulares de ambos os lados se envolveram em pesados ataques e crimes de guerra. Do lado alemão, havia relatos constantes de fuzilamentos de feridos e de prisioneiros de guerra, mas também de mutilações. Numa ordem à corporação do início de julho, lia-se: "Aquilo que o folheto 'Tenha cuidado' divulgou à tropa antes do início das operações se tornou a verdade cruel: o russo seduzido e influenciado pelos donos judeus-bolchevistas do poder maltrata e assassina o prisioneiro alemão".[14] O cotidiano da guerra no Leste levou rapidamente a que tanto de um lado quanto de outro não fizessem prisioneiros.

Uma ordem de Walter von Reichenau, comandante-chefe do 6º Exército, dizia que o soldado "não é apenas um combatente segundo as regras da arte da guerra, mas também portador de uma implacável ideia nacional [*völkisch*] e o vingador de todas as bestialidades às quais o povo alemão e outros aparentados" foram submetidos.

Por essa razão, o soldado deve ter total compreensão da necessária expiação dura, porém justa, pelo povo judeu inferior.

Os pedidos de ajuda de Stálin às potências ocidentais

Ela tem um objetivo maior de sufocar, na raiz, levantes tramados às costas da Wehrmacht, que notoriamente são sempre instigados por judeus. [...] Pérfidos e cruéis partisans e mulheres degeneradas ainda são tornados prisioneiros de guerra [...].[15]

A ordem assassina foi considerada exemplar por Hitler e copiada por inúmeros comandantes. Por sua vez, o ditador soviético não esperava nada essencialmente diferente de seus soldados. A capitulação era vista como um ato de traição à pátria. A fim de enfatizar isso, ele ordenou a deportação das famílias dos soldados do Exército Vermelho prisioneiros de guerra. As ações especificadas na diretiva 246 da NKGB arruinaram milhões de pessoas inocentes e não pouparam nem a própria família de Stálin. Quando Iákov, filho do primeiro casamento do ditador, primeiro-tenente e comandante de um regimento de obuses, se tornou prisioneiro de guerra alemão em meados de julho de 1941, seu pai afirmou: "O palhaço não conseguiu nem se matar!".[16] Logo em seguida, a mulher de Iákov, na condição de companheira de um traidor, foi presa e deportada. Stálin, autoproclamado comandante-chefe das Forças Armadas em 7 de agosto, tinha introduzido um rígido regime de punições que levou quase 1 milhão de soldados para tribunais de guerra: mais de 157 mil foram condenados à morte em processos sumários — algo como dez divisões.

E o mesmo Stálin, que no fim de agosto transferiu 900 mil alemães do Volga para a Sibéria, numa ação preparada com grande antecedência, lutava nessas semanas pela existência da União Soviética. Já em 18 de julho ele havia se dirigido às potências ocidentais — ou seja, aos inimigos de classe — com um pedido de ajuda. A Churchill, solicitou o estabelecimento de um segundo front no Norte da Noruega ou na França. A Roosevelt, a entrega de variados equipamentos bélicos, entre eles 3 mil

Os pedidos de ajuda de Stálin às potências ocidentais

aviões de caça e bombardeiros. Se Stálin se dirigiu aos líderes ocidentais, então o fez para testá-los sobre seu posicionamento frente à União Soviética. Pois sua desconfiança em relação a eles era, como antes, enorme, motivo pelo qual continuava imaginando haver aí um arranjo com Hitler; afinal, na teoria pura do comunismo, o fascismo é a ponta de lança do capitalismo. Entretanto, Churchill e Roosevelt se mostraram mais que receptivos em relação ao pedido de Stálin. Apesar de todas as reservas frente à União Soviética — tratada até então como pária, principalmente pelos Estados Unidos —, apesar de todo ressentimento antibolchevista, os governos anglo-saxões se pautaram pelo pragmatismo. O conhecimento sobre o governo brutal de Stálin, que tinha custado a vida de milhões de russos (por exemplo, Washington estava muitíssimo bem informado sobre o sistema de campos de trabalhos forçados), foi varrido para debaixo do tapete. Todos imaginavam que a ameaça do mundo ocidental vinha da Alemanha, e não da União Soviética, atrasada e ideologicamente tortuosa. E como Stálin, depois do pacto com Hitler, tinha apostado que as potências ocidentais iriam se unir na guerra contra a Alemanha e ele poderia se aproveitar da situação, Churchill e Roosevelt passaram a especular que a guerra da União Soviética contra a Alemanha ajudaria a poupar o próprio sangue. E, portanto, eles se sentiam à vontade para garantir uma ajuda abrangente ao novo parceiro e transfigurar pateticamente a guerra de Stálin, quando o primeiro-ministro declarou numa transmissão radiofônica: "A causa de qualquer russo que batalha pelo seu lar e pela sua terra é a causa dos homens livres e dos povos livres em qualquer parte do mundo".[17]

No final de julho, Roosevelt enviou seu homem de confiança Harry Hopkins para Moscou. Ele deveria explorar as possibilidades de uma parceria com os soviéticos, além de negociar o envio de ajuda americana para o regime linha-dura. Um acordo secreto selou a entrega de duzentos aviões e 250 tanques por

O moral crescente do Exército Vermelho

mês. Embora Churchill tivesse recusado uma invasão, a imediata ajuda militar estava confirmada. "Desde o início cheguei ao extremo a fim de auxiliar a Rússia com material e matérias-primas, na medida em que concordei tanto com consideráveis divergências dos Estados Unidos quanto com sacrifícios britânicos diretos", escreveu Churchill,[18] que logo assinaria um tratado com Stálin que previa o envio de ajuda, além de excluir qualquer paz em separado ou armistício. Do lado britânico, isso deixava claro, uma vez mais, em que medida a estratégia ideológico-racista de Hitler tinha sido mal compreendida, pois, de acordo com essa estratégia, uma guerra em separado com o bolchevismo judaico estava totalmente fora de questão.

Em meados de agosto, o primeiro comboio britânico — tratava-se de um teste — composto de sete cargueiros e alguns navios de guerra chegou a Arkhangelsk. No mês seguinte, iniciaram-se gradualmente os transportes dos britânicos em apoio à condução de guerra soviética até os portos de Murmansk e Arkhangelsk, que, a despeito das condições climáticas, operavam o ano inteiro sem interrupções. Mas logo o material de guerra passou a chegar também através do Irã, que tinha acabado de ser ocupado pelos soviéticos e pelos britânicos. Para Roosevelt, decidido a trabalhar em prol da entrada de seu país na guerra, colocar a ajuda americana em ação tinha se tornado difícil. Ele encontrou resistência no Congresso americano; meses se passaram até que o presidente conseguisse, após cansativas negociações, incluir a União Soviética de Stálin no grande Lend-Lease Act [Programa de Empréstimo e Arrendamento], através do qual os Estados Unidos forneceriam armas e suprimentos às nações aliadas entre 1941 e 1945.

Nada disso tinha mais relação com o desenrolar das lutas cruéis na vastidão da Rússia em 1941. O Exército Vermelho ainda dependia de si mesmo na batalha contra os conquistadores, que deixavam um rastro terrível de sangue pela Rússia. Do

O moral crescente do Exército Vermelho

ponto de vista da população, os alemães — cuja Wehrmacht fora saudada no início da campanha como libertadora — tinham se transformado em ocupantes que traziam consigo a morte e a destruição. O número dos soldados soviéticos desertados, que nas primeiras três semanas da campanha era por volta de 70 mil, diminuiu rapidamente, pois logo ficou claro o que significava estar nas mãos da Wehrmacht. Dos 5,75 milhões de prisioneiros de guerra soviéticos, mais de 3,3 milhões morreram. Visto que não havia alternativa à resistência cruenta, forças extraordinárias foram liberadas do lado soviético. O moral de luta do Exército Vermelho melhorou e o chamado de Stálin para a guerra de partisans era cada vez mais ouvido. Desse modo, a desesperada luta defensiva contra um regime odiado se tornou pouco a pouco uma verdadeira "guerra patriótica" — epíteto publicitário que o Comitê Central do Partido Comunista da União Soviética havia proclamado no final de junho.

"As últimas semanas foram muito duras para ele", registrou Goebbels ao visitar Hitler em meados de agosto de 1941 em seu quartel-general na Prússia Oriental. Ainda segundo Goebbels, Hitler teve de admitir que "por vezes a situação tinha ficado muito crítica". Hitler teria dito ainda que era preciso concentrar todo o esforço para fazer com que a campanha do Leste "chegasse a um resultado satisfatório" pelo menos até o início do inverno, que supostamente começaria em meados de outubro.[19] As explicações de Hitler coincidiam com aquelas do "Memorando do Alto-Comando da Wehrmacht sobre a situação estratégica no final do verão de 1941", por ele aprovado em agosto. Nesse relatório, os generais escreveram que não era possível que a campanha contra a União Soviética chegasse a um fim vitorioso ainda naquele ano. Embora o texto festejasse os triunfos conquistados até então pelas armas alemãs, era evidente que seu conteúdo anunciava o fracasso como um todo do plano de guerra de Hitler, imaginado como uma guerra-relâmpago. Oscilando

A escalada da guerra racial

Assassinato realizado por membro da SS. Na guerra de extermínio ideológico-racista, comissários do Exército Vermelho, partisans e judeus eram imediatamente "erradicados".

entre o desespero e a esperança de que as coisas ainda pudessem melhorar no fim, o ditador aferrou-se à sua posição obsessivamente defendida do acordo com a Grã-Bretanha. Em suas palavras, seria possível "que, de repente, a paz surgisse".[20]

Tendo em vista seu fracasso militar, Hitler intensificou sua batalha no front racial. Para ele, ambos os aspectos estavam interligados e, em sua concepção, um civil judeu era tão inimigo quanto um soldado do Exército Vermelho. Quanto mais exitosas fossem as operações da Wehrmacht no front oriental, menos

A escalada da guerra racial

imperiosas se tornavam para ele as ações contra os judeus. E vice-versa: quanto menos exitosa fosse a sua guerra, mais importante e imperiosa era a aniquilação dos judeus. Desse modo, certamente não foi por acaso que em 31 de julho de 1941, um dia depois de Hitler ordenar que o Grupo de Exércitos Centro passasse à defesa, Heydrich fosse orientado por Himmler "a realizar todos os preparativos organizacionais, técnicos e materiais para uma solução global da questão judaica na área de influência alemã na Europa". Além disso, o chefe do Gabinete Central de Segurança do Reich recebeu a incumbência de "apresentar em breve um esboço geral [...] para a realização da pretendida solução final".[21]

Isso significava também mais um impulso aos assassinatos da população judia atrás dos fronts da guerra da Rússia. Em 14 de agosto, quando Himmler e o chefe de seu staff pessoal Karl Wolff se encontraram em Minsk com várias lideranças da Brigada de Cavalaria da SS, ele explicou que os judeus seriam exterminados. "Não se quer cometer mais uma vez o mesmo erro como na Polônia, reunindo os judeus em guetos. Esses são apenas incubadoras para pestes e doenças."[22] Concretamente, isso significava que as "limpezas" se tornariam mais extensas outra vez, com o assassinato de mulheres e crianças judias. No que dizia respeito à Brigada de Cavalaria sob o comando de Hermann Fegelein, Himmler não precisava incentivá-la. Seus esquadrões de cavaleiros, que tinham como tarefa o combate de soldados do Exército Vermelho dispersos, mataram entre meados de julho e meados de agosto cerca de 25 mil pessoas na área pantanosa de Pripiat. Os assassinos, atiçados por um forte desejo de sangue e um ódio racial indistinto que lhes fora impingido, eram apoiados o tempo todo em suas ações de extermínio pela população não judia.

Himmler supervisionava o trabalho de seus capangas como se fosse um contador. Mas nas visitas às tropas, como por exemplo em Minsk, ficou claro que justamente ele, o burocrata frágil que sempre parecia um pouco esquisito em seu uniforme preto, carecia da dureza que tanto propagava. Depois da guerra, Wolff relatou que em 14 de agosto, durante um fuzilamento "arranjado" para ele de cerca de cem pessoas, Himmler começou a cambalear e quase desmaiou. Mesmo assim — como se sabe a partir de outra fonte — ele "manteve a calma" e falou algumas palavras aos atiradores junto à vala, palavras sobre a tarefa difícil, mas necessária. Himmler acreditava estar agindo a serviço de uma causa superior. Mais tarde — no decorrer de seu infame discurso em Posen [Poznań], no começo de outubro de 1943 — ele falaria diante de líderes distritais:

> A maioria de vocês deve saber o que significa estar diante de cem, quinhentos, mil cadáveres. Ter suportado isso e ainda assim manter a decência — à exceção de fraquezas excepcionais, humanas —, nos fortaleceu e é um capítulo glorioso de nossa história, que nunca foi escrito nem nunca o será [...].[23]

No decorrer da "guerra racial" forçada, em agosto de 1941, Hitler quis marcar os judeus alemães com uma estrela amarela. O objetivo era evitar que os judeus estragassem a atmosfera reinante, disse Goebbels. Seu "Führer" também desistiu do plano original de deportar os judeus da Alemanha e do Protetorado da Boêmia e Morávia apenas depois da guerra. Seu desejo expresso passou a ser "que a Alemanha e o Protetorado sejam esvaziados e libertados de judeus, de oeste a leste, o mais rapidamente possível".[24] Depois da deportação de 750 mil poloneses, judeus e não judeus, dos territórios orientais anexados ao Governo Geral, até o final de 1941 cerca de 60 mil judeus alemães deveriam ser despachados a Wartheland,* mais especificamente ao

---

* O território polonês foi repartido entre a Alemanha e a União Soviética; o Leste do país ficou com os soviéticos. O Oeste foi incorporado ao Reich e batizado de Wartheland. O Centro-Sul, apenas ocupado pelos alemães, passou a ser chamado de Governo Geral.

A escalada da guerra racial

grande gueto de Litzmannstadt [Łódź], para de lá serem levados sem demora para o Leste. A maioria dos judeus da Boêmia logo foi deportada para o gueto de Theresienstadt, que também tinha sido criado como campo de transição. A decisão de deportar deve ter sido forçada pela parceria cada vez mais escancarada entre americanos e britânicos, como manifestada na Carta do Atlântico para todo o mundo. Para Hitler, o fato de que a Marinha americana se incumbiria de proteger os transportes no Atlântico Norte para a Grã-Bretanha era uma declaração indireta de guerra contra a Alemanha. Pois com isso o conflito estava anunciado, e o início dos embates entre os submarinos alemães e os navios de guerra americanos era apenas uma questão de tempo. Em setembro, quando um dos submarinos de Dönitz atacou por engano um contratorpedeiro americano, Roosevelt soltou uma ordem de tiro contra todos os navios das "forças do Eixo" na área das rotas de transporte do Atlântico Norte.

Depois de uma visita a Hitler, Goebbels repetiu essas palavras do ditador: "Stálin [...], Churchill e Roosevelt são, no momento, os três maiores [...] opositores da revolução nacional--socialista [...]. Roosevelt é o mais cínico" entre os "cabeças da maior conspiração mundial contra a Alemanha".[25] E o ministro da Propaganda também registrou em seu diário a conclusão a que Hitler chegou a partir dessa conspiração mundial: o ditador estava convencido de que "sua profecia anterior no *Reichstag*, de que se o judaísmo conseguisse provocar uma guerra mundial, esta levaria ao extermínio dos judeus, se concretizava". No Leste, assim escreveu Goebbels, "os judeus têm de pagar a conta; na Alemanha, já a pagaram em parte e no futuro terão de pagar mais ainda".[26]

Mais ou menos ao mesmo tempo que os trens iam da Alemanha em direção ao gueto de Litzmannstadt, Heydrich soltou uma proibição de viagem não apenas para os judeus alemães, mas para todos os judeus nos territórios alemães ocupados. A intenção era retê-los para então encaminhá-los à "solução final". Desse modo, a ordem para a segunda fase da "solução final", a fase da Europa central e ocidental, que deveria "limpar" sistematicamente essas partes do continente, deve ter sido expedida nessa época. Isso corrobora também o testemunho de Eichmann durante seu processo de Jerusalém, segundo o qual ele foi convocado por Heydrich "dois ou três meses" depois do início da campanha da Rússia. O chefe do Gabinete Central de Segurança do Reich afirmou a respeito: "'O Führer ordenou o extermínio físico dos judeus.' Ele me disse essa frase. E como se quisesse testar o efeito de suas palavras, fez uma pausa longa, totalmente contrária ao seu hábito".[27] A afirmação de Eichmann foi confirmada por Streckenbach, o representante do comandante da SS na sua condição de autoridade judicial do Gabinete Central de Segurança do Reich. Depois da guerra, este também relatou que Himmler e Heydrich haviam falado, por essa época, sobre uma ordem assim de Hitler, sem especificar se ela tinha vindo por escrito ou verbalmente.

A decisão pelo genocídio dos judeus europeus acabou sendo tomada em algum momento entre o final de agosto e o início de setembro. Hitler não os queria mais como reféns ou como um tipo de massa de manobra qualquer. Depois que passou a enxergar as animosidades da guerra transformadas na "conspiração mundial judaica contra os alemães" pela união de seus opositores, definitivamente manifesta, Hitler achou que precisava exterminar a população judaica da Europa a fim de enfraquecer seu inimigo mundial por meio da extinção de sua base biológica. Dessa maneira, estava aberto o caminho para o assassinato em escala industrial dos judeus do Velho Continente. A matança dos judeus por diversas forças-tarefas prosseguia em paralelo a isso, seja em Kamianets-Podilski, Jitómir ou Kiev, onde 35 mil judeus foram fuzilados na ravina de Babi

A grande ofensiva contra Moscou

Yar em três dias de setembro. Até o final do ano, o número de mortos teria alcançado meio milhão.

Enquanto isso, a luta contra o Exército Vermelho era celebrada pela propaganda de Goebbels como uma "cruzada europeia contra o bolchevismo" — uma ideia que contabilizava simpatizantes em todos os cantos do continente. Ao lado das forças de combate da Finlândia e da Romênia, programadas de antemão, ao lado de uma "tropa expedicionária italiana", das unidades da Croácia, Hungria e da Eslováquia, voluntários de toda a Europa apareceram no front oriental ou estavam se preparando para isso. Franco enviou a Divisão Azul; a Légion des Volontaires Français contre le Bolchevisme veio da França de Vichy; rapazes da Dinamarca e da Noruega também engrossavam o front. No total, o terceiro mês da campanha contava com mais de 700 mil soldados não alemães, na sua maioria finlandeses e romenos, ao lado dos camaradas da Wehrmacht. Embora sua força de luta fosse em geral baixa e eles não estivessem à altura das exigências dessa guerra — que superou em dureza e horror de todas as outras —, sua presença no Leste sugeria a autoafirmação da Europa, sobrepondo-se ao verdadeiro objetivo da guerra de Hitler contra a União Soviética.

Em setembro de 1941, havia a impressão de que a tenacidade com que a ofensiva alemã era conduzida acabaria valendo a pena para desmontar o colosso soviético. Vitória após vitória, o desfecho exitoso da Barbarossa estava muito próximo, antes do início do inverno. Na batalha de Kiev, que ocorreu em 29 de setembro, cinco exércitos soviéticos com 1 milhão de soldados foram batidos. No início do mês, a Estônia foi ocupada, e Leningrado, cercada. Goebbels falava do iminente "mais terrível drama urbano que a história jamais viu".[28] E ele estava certo, mesmo tendo imaginado o desfecho desse "terrível drama urbano" de uma maneira bem diferente.

A grande ofensiva contra Moscou

A população de Leningrado na construção de trincheiras. A cidade foi cercada por quase novecentos dias, mas não conquistada.

De acordo com a vontade de Hitler, o último combate da campanha da Rússia aconteceria através da grande ofensiva contra Moscou, como Halder havia exigido semanas antes. Setenta e oito divisões com 2 milhões de soldados e 2 mil tanques foram reunidos no Grupo de Exércitos Centro para a Operação Tufão. Em 2 de outubro de 1941 teve início, sob o comando de Fedor von Bock, a ofensiva a partir do nordeste de Smolensk até Orel, que estava flanqueada por um grande ataque do Grupo de Exércitos Sul na direção de Donets, bem como de Carcóvia e Kursk. Cinco dias mais tarde, setenta divisões russas foram

A *grande ofensiva contra Moscou*

destruídas na batalha de Viazma e Briansk. Seiscentos e setenta mil soldados do Exército Vermelho acabaram presos. Mais de 1200 tanques e 5400 armas foram saqueados ou destruídos. Moscou, que estava a apenas 150 quilômetros de distância dos tanques alemães, foi tomada pelo pânico, depois de Stálin ter evacuado o partido e o Estado-Maior para Kúibychev, junto ao rio Volga, e o Comintern para Ufa, ao sul dos montes Urais. Dizem que até o corpo embalsamado de Lênin foi retirado do mausoléu da Praça Vermelha.

Jodl falou do "dia mais decisivo da guerra da Rússia" e comparou a vitória da Viazma e Briansk com Königgrätz,[29] onde em 1866 a Prússia derrotou fragorosamente os austríacos e os saxões, passando a líder da Alemanha. Antes, Hitler havia anunciado no Palácio dos Esportes, em Berlim, que o inimigo estava batido. Sua fé tinha renascido, a fé na Providência que o havia tirado do albergue para indigentes de Viena, permitido que ele sobrevivesse à Guerra Mundial, que havia lhe revelado as últimas verdades em Munique e que o havia conduzido pelo seu longo caminho. Nesse momento, ele se imaginava alcançando o primeiro grande objetivo. Hitler, mergulhado em fantasias de vitória, explicou aos presentes que não tinha a intenção de aceitar uma capitulação de Moscou. Na expectativa de ter garantido as condições para a guerra final entre seu império nacional-socialista e o judaísmo internacional, ele disse: "Sendo os donos da Europa, dominaremos o mundo".[30] Em seu otimismo, até o acordo com a Inglaterra, tão desejado, perdeu a importância, mesmo ele imaginando que os britânicos seriam espertos o suficiente e se debandariam "para nosso lado". "Hoje não me interessa mais a Inglaterra, mas apenas quem está por trás", disse Hitler, referindo-se aos "judeus da América".

Na visão de Hitler e de seus generais, para a tomada de Moscou era preciso superar apenas a lama do outono russo. As estradas para o Léste tinham se transformado rapidamente em traçados pantanosos, inseguros. Não era mais possível pensar num avanço ou numa moderna guerra de manobras. Para Halder, tratava-se de apenas uma interrupção no caminho para a vitória, que "nesta guerra, potência nenhuma da Terra conseguirá tirar de nós".[31] Ou seja, aguardava-se o frio para colher os frutos das vitórias passadas. Apesar de toda a exaustão das tropas alemãs e dos trajetos de reabastecimento cada vez mais longos, os exércitos de Stálin (ou o que parecia ter sobrado deles) eram vistos como incapazes de oferecer uma resistência digna de nota. Em 19 de novembro, depois do término do período de lama, quando do início da segunda fase da batalha de Moscou, o departamento Exércitos Estrangeiros Leste, devido à limitação de equipamentos de reconhecimento e inteligência, não dispunha de informações sobre o que estava sendo preparado do lado soviético.

Visto que as forças não eram suficientes para uma operação de cerco tático, Hitler e seus generais decidiram que as tropas avançariam em direção a Moscou frontalmente. Apesar das expectativas contrárias, a resistência foi ferrenha. A chegada do inverno tornou-se aliada dos soviéticos, pois o Exército Leste alemão não estava equipado a contento. O avanço alemão era interrompido o tempo todo. Hitler enxergava a vitória que até há pouco era tida como certa derreter tal qual neve nas mãos. Além disso, em 18 de novembro os britânicos lançaram uma ofensiva no Norte da África contra unidades alemãs e italianas no front de Sollum; a situação se tornava crítica também ali devido ao catastrófico reabastecimento. Assim como no outono de 1918, quando o Terceiro Alto-Comando do Exército alemão perdeu a cabeça com a falta de perspectiva na guerra e exigiu da política uma paz negociada, nos momentos de desespero o ditador passou a mencionar uma paz negociada. Essa paz viria a partir da certeza de que nenhum dos lados — britânicos e soviéticos de um lado e alemães e seus parceiros do outro — tinham condições de "derrotar de maneira fulminante ou sobrepor-se de maneira decisiva" um ao outro.[32]

Virada da guerra ante Moscou

Em 1º de dezembro de 1941, Von Bock avisou que se aproximava o momento "em que a força da tropa estará totalmente exaurida".[33] Quatro dias mais tarde, depois de se aconselhar com o "quartel-general do Führer", ele ordenou a interrupção do avanço e a retirada para uma linha de Istra até o leste de Klin, distante cerca de cinquenta quilômetros a oeste da capital soviética. Em 6 de dezembro, a catástrofe foi anunciada com o início da grande contraofensiva soviética sob o comando de Júkov. Tratava--se de divisões da Sibéria, muito bem equipadas para a guerra no inverno. Stálin pôde enviá-las ao front porque um agente chamado Richard Sorge tinha avisado de Tóquio que a expansão japonesa iria mirar a área do Pacífico e, portanto, a União Soviética não corria mais o risco de ter de lidar com um segundo front.

Concebida como uma guerra-relâmpago, a campanha alemã fracassou definitivamente diante dos portões de Moscou. As cúpulas douradas do Kremlin já podiam ser avistadas pelas unidades mais avançadas. A culpa não foi do "general inverno", com seus 42 graus negativos, como a propaganda nacional-socialista queria fazer acreditar. O motivo mais forte foi a subestimação catastrófica, por parte de Hitler e do comando do Exército alemão, da força e do poder de combate do Exército Vermelho. Ironia da história, tal poder de combate foi gerado pelo caráter da guerra que Hitler trouxera para a Rússia.

Segundo a perspectiva ideológico-racista de Hitler, a virada da guerra ante Moscou foi uma vitória do judaísmo. Ele acreditava poder lhe infligir uma grande derrota em seu outro campo de batalha, algo abertamente comunicado a seus paladinos. Assim, em 18 de novembro de 1941, Rosenberg — depois de uma reunião com Hitler — explicou para representantes selecionados do aparato que os territórios soviéticos ocupados estavam "predestinados a solucionar uma questão posta aos povos da Europa: a questão judaica". E essa "só poderia ser solucionada com uma liquidação biológica de todo o judaísmo na Europa".[34]

Burocracia e genocídio

Nesse sentido, Goebbels publicou uma matéria na revista *Das Reich*, em que dizia que o judaísmo estava cumprindo um destino "duro, porém mais do que merecido".[35] Dessa maneira, ele queria criar certa aceitação entre os alemães de que, de acordo com sua propaganda, eles estavam numa luta entre ser e não ser. Pois a deportação dos judeus não lhes foi ocultada. Para os judeus da Alemanha, as condições legais para isso tinham sido instituídas. A partir do 11º Decreto da Cidadania, eles foram simplesmente transformados em "inimigos do povo e do Estado", cujo patrimônio — de acordo com uma orientação do Ministério das Finanças — podia ser confiscado. Esse decreto foi promulgado em 25 de novembro de 1941. Pouco antes, os primeiros trens com judeus saíram da Alemanha, da Ostmark [Áustria anexada] e do Protetorado da Boêmia e Morávia em direção a Riga, Kaunas e Minsk, onde os recém-chegados perdiam sua cidadania (caso fossem alemães) por terem deixado o território alemão e eram sistematicamente assassinados pelas forças-tarefas da SS. Foram muitas dezenas de milhares de pessoas.

A fim de agilizar a deportação e o extermínio dos judeus europeus, no mesmo mês de novembro o chefe do departamento que coordenava administrativamente e organizava a "solução final da questão judaica", Eichmann, foi encarregado de preparar uma conferência interministerial. O evento foi marcado para 9 de dezembro de 1941. Mas a Conferência de Wannsee, como ficou conhecida na história a reunião de todos os ministérios e autoridades participantes do genocídio, foi adiada para janeiro não porque tivesse havido alguma mudança na postura de Hitler quanto à "solução final". É que os eventos no Pacífico exigiam toda a atenção do ditador alemão e de seus auxiliares. Pois Hitler enxergou subitamente mais uma chance de mudar o destino tantas vezes evocado.

6.
A ampliação da guerra à Guerra Mundial

Dezembro de 1941 a janeiro de 1943

*Está claro que a operação de 1942
tem de nos levar até o petróleo.*

Wilhelm Keitel, primavera de 1942

Com o ataque japonês a Pearl Harbor em 7 de dezembro de 1941 e a subsequente declaração de guerra alemã aos Estados Unidos, a guerra europeia se tornou mundial. Hitler tinha sido surpreendido por essa operação da Marinha imperial, ainda que, havia semanas, ele contasse com escaramuças bélicas entre o Japão e os Estados Unidos, inclusive desejando-as. Quando estas se tornaram realidade, ele enxergou aí um sinal da "Providência" para conseguir, por fim, levar a cabo sua missão ideológico-racista. Acreditava que estava ganhando tempo para vencer o colosso soviético num segundo ataque em 1942. Pois com uma guerra no Pacífico e o consequente desmembramento da força militar americana em dois oceanos, sua atuação na Europa seria adiada ou cancelada. Talvez as possibilidades militares da Grã-Bretanha já teriam se esgotado antes, obrigando ao encerramento da luta contra a Alemanha.

O caminho para a saída da difícil situação em que estava metido pela catástrofe diante de Moscou havia se insinuado para Hitler em meados de novembro. O ditador alemão fora informado de que era preciso contar com um ataque japonês às Filipinas e, consequentemente, aos Estados Unidos. Em seguida, Ribbentrop encorajou o embaixador japonês Ōshima a entrar na guerra, anunciando que a Alemanha estaria do lado do Japão de maneira irrestrita. Tóquio, por sua vez, dirigiu-se a Berlim e Roma e incentivou uma aliança militar nipo-alemão-italiana contra as forças navais anglo-saxãs, o que reforçava a decisão dos japoneses pela guerra. O fato é que Roosevelt — incentivado pelo desenvolvimento do front alemão-russo — havia transmitido ao governo japonês uma "Nota de dez pontos" absolutamente inaceitável, na qual uma vez mais a entrega da China era requisito para um acordo entre Washington e Tóquio. Após as medidas de boicote dos meses anteriores, o Conselho da Coroa japonês considerou-a como uma cessação das conversas bilaterais e, em 1º de dezembro de 1941, decidiu-se definitivamente pela guerra contra os Estados Unidos.

O governo japonês do primeiro-ministro Hideki Tōjō tinha consciência de que não seria possível alcançar uma vitória absoluta sobre os Estados Unidos devido à força econômica dos americanos. Por essa razão, Tóquio queria, em paralelo à guerra na China, que mobilizava a maior parte do Exército, ganhar posições importantes no Pacífico por meio de limitadas forças terrestres e do uso da esquadra com seus porta-aviões, a fim de assegurá-las diante dos americanos. Após a conquista de Hong Kong e da Indochina francesa, os objetivos seriam a península britânica de Malaia e Singapura, as Filipinas e algumas outras ilhas do Pacífico. Também estava prevista, numa segunda fase, a ocupação das Índias Orientais holandesas e da Birmânia, esta última tanto pelas suas matérias-primas quanto pelo petróleo. Além disso, o reabastecimento britânico para as tropas nacionalistas chinesas de Chiang Kai-shek, que devia ser derrotado, usava a rota marítima da Birmânia.

Por mais paradoxal que possa soar, o ataque ao principal ponto de apoio da frota americana no Pacífico, no Havaí, não foi pensado como o início de um grande combate contra os Estados Unidos, aos quais o Japão imediatamente declarou guerra. O comandante supremo da Marinha imperial japonesa, o almirante Isoroku Yamamoto, que chefiava a

Peal Harbor na estratégia japonesa

operação, pretendia golpear pesadamente o odiado inimigo a fim de sinalizar que o melhor que este tinha a fazer seria evitar um confronto bélico com o Japão no Pacífico. Entretanto, o ataque a Pearl Harbor provocou o efeito exatamente oposto, mesmo que os japoneses tenham conseguido, após anular toda a defesa aérea americana, afundar cinco encouraçados americanos e danificar outros três. Além disso, foram destruídos alguns cruzadores leves, contratorpedeiros e outras embarcações de guerra. Dois mil quatrocentos e quatro americanos, a maioria a bordo do *Arizona*, morreram no ataque, enquanto os japoneses perderam apenas 55 homens.

O sucesso militar do golpe contra Pearl Harbor fez com que Tóquio não percebesse que seu efeito em relação à guerra que estava começando no Pacífico era bem menor do que o imaginado. De um lado, os japoneses não conseguiram destruir nenhum porta-aviões americano, pois eles tinham deixado o Havaí algumas semanas antes do ataque. Do outro, a maioria dos navios de guerra danificados foi içada e consertada, retornando ao combate. Nesse contexto, o fato de o vice-almirante Chūichi Nagumo, que coordenava a operação, ter aberto mão de destruir os estaleiros de Pearl Harbor numa terceira onda de ataques teve sérias consequências. O motivo: ele temia que os bombardeiros não voltassem para seus porta-aviões antes de escurecer. Uma aterrissagem noturna desse tipo trazia um risco incalculável e teria custado a vida de inúmeros soldados a bordo, que eram indispensáveis à continuidade da guerra pela Marinha japonesa.

Apesar disso, o ataque a Pearl Harbor foi um feito militar considerável — a esquadra de Nagumo, composta de seis porta-aviões, percorreu mais de 6 mil quilômetros atravessando metade do Pacífico, e permaneceu incógnita. Certamente a Marinha imperial manteve durante seu avanço de onze dias uma estrita disciplina em relação ao uso do rádio.

Navios de guerra americanos destruídos pelas forças navais e aéreas do Japão em Pearl Harbor. Tóquio superestimou o sucesso do ataque-surpresa.

Mas nas fases preliminares da ação, a inteligência americana dispunha de indicações esparsas a respeito. Visto que havia mais transmissões radiofônicas decifradas que apontavam para uma invasão japonesa das Filipinas, os americanos apostavam nisso. Entretanto, até hoje não se sabe o motivo de as ilhas havaianas estarem totalmente despreparadas, embora várias comissões americanas tenham se ocupado dessa questão.

Roosevelt e o ataque a Pearl Harbor

É certo que Roosevelt contava com um ataque japonês, mesmo sem saber onde ocorreria. E essa seria uma ocasião favorável para mudar a opinião dos americanos, que majoritariamente eram contrários à entrada do país na guerra. O cálculo do presidente foi certeiro. Em 8 de dezembro de 1941, quando os Estados Unidos declararam guerra ao Império do Japão — a Grã-Bretanha e uma série de outros países se juntaram ao passo de Washington —, o homem na Casa Branca sabia que a nação o apoiava. O Congresso aprovou um orçamento vultoso e, a partir de uma reorganização da economia para atender as necessidades do confronto, os Estados Unidos se armaram em pouco tempo. Nunca antes na história um Estado havia dispendido tanto dinheiro para esse fim.

Roosevelt não precisou procurar por motivos para declarar guerra contra a Alemanha, pois Hitler, satisfeito com o sucesso da Marinha japonesa, em 11 de dezembro declarou, de seu lado, guerra contra os Estados Unidos. Cinco dias antes, as condições para esse passo tinham sido alcançadas quando o governo de Tōjō se declarou disposto a incorporar uma cláusula na pretendida aliança militar que excluía qualquer paz em separado de um parceiro. Hitler também se sentiu fortalecido em sua decisão porque, nesse instante, a América de Roosevelt estava de fato em guerra com a Alemanha. Em 23 de outubro o Congresso americano tinha dado sinal verde para incorporar a União Soviética — que nesse meio-tempo já participava da Carta do Atlântico — no grande Lend-Lease Act. Hitler, por sua vez, atiçou Roosevelt mais uma vez, chamando-o de instrumento a serviço dos "judeus avaros", como Wilson tinha sido, aquele que possibilitou o Tratado de Versalhes que "rasgou Estados, destruiu culturas e a economia de todos". Atendendo ao chamado inescapável que lhe tinha sido imposto de conduzir a batalha contra o "Mamon judaico", em seu discurso na Ópera Kroll, em Berlim — no qual ele anunciou ao povo

Hitler espera ganhar tempo

alemão a guerra contra os Estados Unidos —, Hitler se referiu mais uma vez à Providência que o havia chamado a conduzir a guerra que haveria de moldar a história do mundo inteiro "de maneira decisiva para os próximos quinhentos ou mil anos".[1]

A declaração de guerra alemã aos Estados Unidos foi, segundo a visão de mundo de Hitler, nada mais do que um registro das animosidades ideológico-racistas já existentes. Para ele, essas eram as mesmas de 1917, quando os Estados Unidos entraram na Primeira Guerra Mundial, ao lado da Grã-Bretanha, da França e da Rússia. De acordo com seu ponto de vista, pela segunda vez em poucas décadas a falange composta do "judaísmo mundial" tinha se reunido a fim de destruir a Alemanha. A população da Alemanha, entretanto, não partilhava desse mesmo ponto de vista. Uma minoria conseguia compreender o motivo de Hitler estar declarando guerra aos Estados Unidos. Seu efeito foi criar uma atmosfera de sobressalto e abalar de vez a confiança, visto que também não era mais possível ocultar a catastrófica situação no front oriental.

Nas esferas de comando alemãs, a decisão de Hitler foi apoiada, querendo-se ou não. Os oficiais estavam perdidos, não ousavam contradizê-lo e fecharam os olhos para o fato de o "Führer" ter expandido a guerra cada vez mais sem ter consolidado a situação em nenhum dos fronts. Assim como começara a campanha contra a Rússia sem ter chegado a um acordo com a Grã-Bretanha e, portanto, sem estar livre de impedimentos, ele declarou guerra aos Estados Unidos sem ter encerrado a campanha da Rússia. Embora o fator tempo entrasse nessa conta, ou seja, havia a esperança de que talvez ainda fosse possível derrotar a União Soviética em 1942, no final de 1941 essa esperança era mais uma ilusão do que uma perspectiva realista.

O Exército Leste estava à beira de uma catástrofe no front russo. As notícias eram dramáticas: em 9 de dezembro, o

Hitler espera ganhar tempo

16º Exército teve de abandonar Tíkhvin e bater em retirada atravessando o rio Vólkhov. No dia seguinte, os soviéticos atravessaram a linha do front do 2º Exército em Livny. Em 13 de dezembro, o 2º agrupamento de tanques precisou desistir do cerco ao redor de Tula; em 14 de dezembro foi a vez de o 9º Exército deixar Kalínin, e em 20 de dezembro tanto o 2º agrupamento de tanques quanto o 2º Exército voltaram à linha a oeste de Tim e Mtsensk. Uma ofensiva russa ocorrida em 9 de janeiro em Ostáchkov levou, no final do mês, ao cerco de um agrupamento alemão em Kholm. A sudoeste do lago Ilmen, na área de Demiansk, quase 100 mil homens foram interceptados. Hitler enxergou na inesperada expansão das forças soviéticas o medo que o perseguia havia anos, e ainda mais justificado, de que sua mobilização contra o inimigo mundial chegaria tarde demais. Pois ele acreditava saber: "Se não tivéssemos chegado ao poder em 1933, então isso [ele se refere ao bolchevismo] teria assolado a Europa feito uma tempestade de hunos [...], pois não teríamos podido fazer nada. Passamos por um abismo que nenhum ser humano jamais conheceu".[2]

Sua crença nessa inevitabilidade histórica da luta racial pelo ser ou não ser fez com que ele rejeitasse de antemão qualquer ideia de uma retirada ampla como a única solução militar racional à debacle. Em vez disso, Hitler incentivava os soldados no front oriental à "resistência fanática". No fim de dezembro, depois ter assumido o comando supremo no Exército no lugar do cardiopata Brauchitsch e transferido todos os locais de combate (à exceção do Leste decisivo) ao Alto-Comando da Wehrmacht, Hitler mais uma vez ordenou à tropa que retrocedia a manter a posição a qualquer custo e a partir de então "batalhar por cada palmo de chão com empenho máximo".[3] Alguns de seus generais — 35 deles foram afastados ou trocados — estavam à beira de um colapso nervoso. No final, eles acreditaram (pois haviam se autoconvencido disso) outra vez no Hitler

187

Planejamento para 1942

como "gênio" estrategista. Pois parecia que, bem ou mal, o front leste se mantinha e que a sina de Napoleão, que o tinha assolado e também a sua *grande armée* em 1812, estava afastada. Nem Hitler nem seus generais faziam ideia de como a Wehrmacht, irremediavelmente esgotada no Leste, conseguiria vencer também os Estados Unidos. Do ponto de vista militar, as possibilidades da condução de guerra alemã tinham sido consumidas havia tempo. Qualquer integrante do Alto-Comando da Wehrmacht ou do Exército deveria saber que essa guerra não podia mais ser ganha e que a dimensão da catástrofe só faria aumentar. Entretanto, uma mistura de lealdade erroneamente compreendida, oportunismo, arrivismo e a aposta em Hitler fizera com que os generais continuassem, esperançosos, a planejar o futuro e a aceitar os crimes indescritíveis no Leste, que acabariam tomando uma nova dimensão com a Conferência de Wannsee de 20 de janeiro de 1942, sob a direção de Heydrich — na qual o genocídio sistemático foi organizado.

No que diz respeito às considerações levantadas no comando alemão para a "segunda investida" contra a União Soviética, elas eram desmedidas. Distâncias enormes eram superadas com traços de lápis. Mobilizavam-se forças que só existiam no papel. O foco estava dirigido ao Cáucaso no longínquo Sul do território gigante de Stálin. A tomada das fontes de petróleo locais — assim acreditava Hitler e, logo em seguida, seus generais — teria consequências fatais para a condução de guerra soviética e, ao mesmo tempo, resolveria um problema central para os alemães: a escassez de petróleo. "É evidente que as operações de 1942 têm de nos levar ao petróleo. Caso contrário, não conseguiremos nos mexer no próximo ano", disse Keitel.[4]

O Alto-Comando da Wehrmacht imaginava que a guerra contra a União Soviética seria encerrada ainda em 1942, mas devido ao nível de armamentos do oponente e ao estacionamento das forças anglo-americanas em dois cenários de guerra,

Planejamento para 1942

o segundo front na Europa era aguardado apenas para 1943. Os alemães acreditavam que em 1942 o inimigo iria apenas organizar "espaços para a chegada de paraquedistas" na Inglaterra, na Noruega, no Norte da África e no Oriente Próximo, para dali invadir o continente. A fim de avaliar a situação, os alemães dispunham de informações do Serviço Secreto a respeito da Conferência de Arcadia, que havia juntado Roosevelt e Churchill em Washington no início de janeiro.

Nesse encontro, os dois líderes ocidentais tinham reforçado seu plano de guerra, que previa, ao lado da defesa do Pacífico, a concentração máxima no cenário europeu. O lema era "*Germany first*". O recém-criado Combined Chiefs of Staff-Committee [Comitê Conjunto dos chefes do Estado-Maior norte-americano e britânico] ocupava-se de planejamentos concretos. O Estado-Maior conjunto anglo-americano, composto dos comandantes supremos de cada uma das armas, transformava as orientações estratégicas de Roosevelt e Churchill — como, por exemplo, a preferência deste último, que era o desembarque no Nordeste da África — em planos concretos. Desse modo, a condução de guerra dos Aliados ocidentais, a despeito de divergências de opiniões políticas, era sintônica — uma vantagem decisiva em relação à das "forças do Eixo".

A maior efetividade da condução de guerra anglo-americana ficou evidente com os acordos militares entre a Alemanha, a Itália e o Japão, de 18 de janeiro de 1942, ou seja, num momento em que a expansão japonesa no Sul estava a pleno vapor. Unidades japonesas tinham desembarcado na parte norte da Malaia britânica, em Hong Kong, nas Filipinas, em Guam e Wake. A partir da Tailândia, elas avançaram para o Sul da Birmânia, onde, pelo Victoria Point, tomaram com rapidez o único aeroporto completamente equipado entre a Índia e Singapura. Elas se movimentaram em direção às Índias holandesas, à medida que ocuparam partes de Bornéu. Tratava-se de um percurso

Estratégia mundial da Marinha alemã

vitorioso, cujo início espetacular foi marcado, em 8 de dezembro, pelo torpedeamento dos encouraçados britânicos *Prince of Wales* e do cruzador de batalha *Repulse*. Os japoneses mostravam-se muito autoconfiantes.

Sob a determinante participação do comando da Marinha alemã, os adidos dessa arma iriam desenvolver uma estratégia conjunta para a batalha contra os anglo-saxões. Os participantes dividiram o mundo com traços intrépidos em zonas de operações de ambos os lados do meridiano 70 leste e asseguraram-se mutuamente que iriam acertar entre si a condução da guerra naval. "Se a esquadra bélica norte-americana e inglesa se concentra majoritariamente no Atlântico, o Japão fortalecerá em todo o Pacífico sua guerra comercial e, além disso, enviará parte de sua força naval ao Atlântico para trabalhar em conjunto com as Marinhas alemã e italiana", dizia-se. Estas últimas afirmavam que estava previsto atacar e ocupar "importantes pontos de apoio da Inglaterra e dos Estados Unidos no Oriente Próximo e no Oriente Médio, no mar Mediterrâneo e no Atlântico", além de enviar navios de guerra ao Pacífico, à medida que os anglo-saxões transferissem a ênfase de sua guerra naval para lá.[5]

Entretanto, esse estratégico trabalho conjunto global das três Marinhas nunca saiu do papel. Por um lado, havia a desconfiança latente entre os parceiros, que eram movidos única e exclusivamente por interesses próprios e não estavam realmente pensando em enviar seus navios de guerra para o outro lado do mundo. Por outro, os objetivos estratégicos não eram compatíveis. A condução da guerra naval alemã apostava na estratégia de seus submarinos destruírem mais navios mercantes do que os Aliados pudessem construir; os japoneses, na neutralização das esquadras militares adversárias. Além disso, faltavam os requisitos logísticos para um trabalho conjunto mundial. Os oficiais da Marinha sonhavam nos continentes, Halder disse certa vez; a Marinha alemã se sentia valorizada desde a

Estratégia mundial da Marinha alemã

ampliação da guerra a uma Guerra Mundial — que, para ela, era naval. Entretanto, o planejamento de abrangência global dessa força estava numa relação inversamente proporcional a suas reais possibilidades.

A única arma poderosa da Marinha de Guerra eram os submarinos comandados por Karl Dönitz. Suas "alcateias", como se chamavam os submarinos empregados em grupo no Atlântico, tinham ampliado sua área de atuação até a costa norte-americana. No contexto da Operação Rufar dos Tambores, em janeiro os modernos submarinos do tipo IX C começaram um exitoso ataque contra os navios mercantes, que se dirigiam aos pontos de reunião diante dos grandes portos como Nova York e Norfolk, antes de tomarem o rumo da Europa em comboios. Na passagem do Atlântico Norte, as operações dos submarinos alemães concentravam-se especialmente na área que a defesa aérea americana e britânica não conseguia mais proteger.

Desde a perda do *Bismarck*, não tinha havido uma guerra naval alemã sobre a água. A esquadra com o *Gneisenau*, o *Scharnhorst* e o *Prinz Eugen* estava presa em Brest e, portanto, à mercê de ataques aéreos britânicos. Apesar da resistência do comando de guerra da Marinha, Hitler ordenou a quebra do bloqueio britânico no canal da Mancha, a fim de que sua frota de cruzadores pudesse ser empregada na Noruega, fora da área de atuação da Royal Air Force, juntamente com o *Tirpitz*, que já se encontrava por lá, em tarefas de defesa costeira. Desde a operação aliada contra as ilhas Lofoten, em dezembro de 1941, ele temia um desembarque dos anglo-saxões no local.

No caso das forças militares italianas, a situação era ainda mais desoladora. Seus navios de guerra estavam em seus portos locais e evitavam qualquer tipo de encontro com os temidos britânicos. À medida que o mar Mediterrâneo era entregue ao inimigo sem qualquer combate, o reabastecimento para as "tropas do Eixo" no Norte da África ficava cada vez mais

O *Norte da África e o avanço japonês no Extremo Oriente*

prejudicado. No intuito de desafogar a situação, no mês anterior, um Fliegerkorps* alemão foi transferido do segmento médio do front leste para Sicília e Creta, e alguns submarinos do Atlântico se deslocaram para o mar Mediterrâneo. Apesar de todo o alívio resultante do reabastecimento, Rommel foi obrigado a evacuar o front que cercava Tobruk, Benghazi, El Agheila e, com isso, toda a Cirenaica. Até 12 de janeiro de 1942, após quatro semanas de recuos e batalhas defensivas conduzidas com habilidade, a maior parte das unidades alemãs e italianas encontrava-se novamente nas posições de saída, no golfo de Sidra, de onde Rommel havia partido em março do ano anterior para conquistar o Egito. A "Raposa do Deserto" responsabilizou unicamente os companheiros italianos, fazendo com que o relacionamento já tenso dos líderes da coalizão chegasse a um novo anticlímax. Isso não mudou quando Rommel voltou à ofensiva no final de janeiro de 1942, de maneira totalmente inesperada. O efeito-surpresa permitiu que ele avançasse com rapidez para o Leste. Sua marcha não estava assegurada por uma logística correspondente, motivo pelo qual os poucos tanques alemães ficavam parados no deserto por pane seca.

Apesar da absoluta falta de conhecimento da situação de abastecimento, na virada de janeiro para fevereiro de 1942, Göring "trabalhava" Mussolini para que a tropa de Rommel, agora um exército de tanques, recebesse sua ordem de atacar Tobruk. As garantias generosas do marechal do Reich, de entregar por via aérea os suprimentos necessários à tropa em marcha, e a informação da reconquista de Benghazi, fizeram com que Mussolini aceitasse as sugestões de Göring. O "Duce" encontrava-se em ascensão frente ao alemão quase sempre superior,

---

* Um "corpo de aéreo" típico possuía de trezentas a setecentas aeronaves de todos os tipos.

O Norte da África e o avanço japonês no Extremo Oriente

visto que a Marinha italiana tinha alcançado um sucesso espetacular. Antes do Natal, homens-rãs montados em pequenos submarinos avariaram seriamente os encouraçados britânicos *Queen Elizabeth* e *Valiant*, no porto de Alexandria. Era o tempo das esperanças e dos desejos. Dada a difícil situação do Exército Oriental alemão, o avanço japonês era muito inspirador, parecendo um maremoto a atingir todo o Sudeste da Ásia. Em meados de fevereiro, os britânicos capitularam em Singapura com 70 mil homens. E no mesmo mês o general Douglas McArthur precisou sair com suas tropas das Filipinas. Em março, os holandeses se renderam em Java e bombardeiros japoneses atacaram Port Darwin, na Austrália. O triunfo japonês, apresentado pela propaganda como guerra de libertação do "salvador, do líder e da luz da Ásia" contra os imperialistas brancos, parecia impossível de ser detido de alguma maneira.

Enquanto isso, no outro lado do mundo, em seu posto de comando na desoladora Cirenaica, Rommel sonhava com o grande efeito diversionário que possibilitaria um avanço em direção ao Egito e a conquista do canal de Suez, de grande importância estratégica. E ele já sonhava com o que viria depois. Seu desejo era o de adentrar o espaço persa e iraquiano a fim de "tirar os russos de Basra, conquistar os campos de petróleo e dispor de uma base de ataque contra o império russo". "Como último objetivo estratégico", ele escreveu posteriormente, "teríamos de ter iniciado um ataque contra o front sul do Cáucaso, para conquistar Baku e os campos petrolíferos. [...] Assim as condições estratégicas estariam dadas para bater o colosso russo com golpes concentrados."[6] Não se sabe se o ambicioso general tinha ideia dos espaços a serem transpostos.

As análises do contexto feitas pelo comando da Marinha alemã descreviam um front britânico no Norte da África que estava se dissolvendo e uma "ordem mundial britânica a desmoronar no faixa leste do oceano Índico".[7] O comando da Marinha estava em total acordo com os japoneses quando o almirante Nomura defendeu que "a derrota da Inglaterra [...] é mais importante do que a derrota da Rússia soviética, pois será possível voltar a ela num trabalho conjunto com o Japão quando a vitória sobre a Inglaterra estiver sacramentada", durante a comissão do pacto das três potências.[8] Em 13 de fevereiro de 1942, Raeder abordou Hitler sobre esse assunto mais uma vez. "Suez e a posição de Basra são os pilares ocidentais do domínio britânico no espaço índico; conseguindo derrubar essas posições por meio de pressão conjunta das forças do Eixo, as consequências estratégicas para o Império Britânico deverão ser devastadoras", explicou o comandante-chefe da Marinha de Guerra. "Um ataque próximo germano-italiano (a partir da Líbia) contra a posição-chave britânica em Suez teria importância crucial do ponto de vista estratégico (limpeza total da situação do Mediterrâneo, fontes de petróleo de Mossul, repercussão na postura da Turquia, Oriente Próximo, movimento árabe e indiano, repercussão no front oriental, Cáucaso)."[9] A ênfase do comando de guerra alemão deveria, pois, ser deslocada do Leste para a periferia sudeste da Europa, Raeder dizia.

O comandante-chefe da Marinha ainda não havia compreendido que Hitler não estava interessado no desmonte do império mundial britânico, mas, no melhor dos casos, em cenários de pressão ou em ataques limitados que deveriam levar os britânicos "à razão" e, com isso, à deposição de Churchill. Numa reunião em janeiro de 1942, Hitler disse acreditar que "se os ingleses soubessem hoje que conseguiriam escapar com um olho roxo, então prefeririam acabar com isso hoje e não amanhã".[10] Ele comentou o caso de Singapura como "notícia alegre — talvez até triste".[11] Num círculo mais íntimo, Hitler parece ter dito que "preferiria [...] enviar vinte divisões aos ingleses para expulsar os amarelos novamente".[12]

Mostrando-se interessado pelas ideias estratégicas de Raeder, mas totalmente fixado em sua verdadeira guerra no Leste, em 13 de fevereiro ele reforçou que a "solução da questão russa por meio do reinício da campanha na Rússia" era urgente.[13] No caso do comando da Marinha, isso fez com que integrassem a campanha russa à sua estratégia marítima global, modificando-a para que se tornasse útil a seus planos. Além de assegurar o "espaço vital da grande Europa" na linha lago Ladoga-rio Don-rio Volga, o assalto a Leningrado deveria garantir o domínio naval no mar do Norte, e a captura de Murmansk deveria interromper o abastecimento anglo-americano à União Soviética. Uma operação de desembarque da Wehrmacht concentrada no Cáucaso e Suez, que seguiria em direção às terras baixas do Irã-Iraque, tinha o objetivo de assegurar o tão importante petróleo ao comando de guerra alemão.

Aquilo que o comando da Marinha registrou num memorando em 25 de fevereiro de 1942 e foi saudado pelo Ministério das Relações Exteriores não tinha nada em comum com as verdadeiras possibilidades do comando de guerra alemão. A periferia sul no final do inverno de 1941-2 exemplifica isso. Embora tivesse sido possível garantir o suprimento contínuo do exército de tanques de Rommel, não dava para pensar num estoque de suprimentos necessário para uma ofensiva, tendo em vista a situação do transporte no mar Mediterrâneo, que continuava tão tensa quanto antes — como o setor de operações do Alto-Comando do Exército anotou de maneira objetiva. Apesar de toda a abertura em relação a um ataque limitado de Rommel contra a posição britânica no Egito, Hitler descartou esse plano quando a flotilha alemã — que havia neutralizado Malta, o "porta-aviões insubmergível", e garantido razoavelmente bem aos comboios — teve de ser deslocada de volta para o Leste. Igualmente decepcionado pela ausência de reação política em relação a Singapura, no final de março de 1942

O vacilante domínio colonial britânico na Índia

o ditador alemão concentrou-se totalmente nos preparativos da ofensiva de verão no Leste. Uma vitória sobre a União Soviética de Stálin resolveria o problema inglês. Hitler continuava convencido disso, mesmo que não quisesse descartar a hipótese (afinal, ele a considerava absolutamente possível) de que a força de resistência da Grã-Bretanha iria se exaurir antes no caso de uma expansão japonesa contínua, visto que esta não arrefecia. Yamamoto queria inclusive ampliar a área de influência do Japão no Pacífico. No Sul, deveriam ser conquistadas Nova Guiné e Austrália, ou ao menos sua costa Norte. No Oeste, a intenção era dominar o arquipélago do Havaí, tornando-o bastião avançado do espaço ampliado japonês no Pacífico. E, no Leste, o olhar dos conquistadores se dirigiam mais intensamente à Índia. Se já em março os japoneses haviam desembarcado nas ilhas Andamão, no início de abril de 1942 sua esquadra avançou até o Ceilão. Mas o objetivo ligado a esse movimento, o de neutralizar a Eastern Fleet dos britânicos, fracassou. Essa formação da Marinha Real Britânica havia escapado para a costa Leste da África. E após a batalha com uma unidade naval americana no mar de Coral, no início de maio — a primeira batalha de porta-aviões da história —, os japoneses, apesar de seu sucesso tático, descartaram o planejado desembarque em Port Moresby, na Nova Guiné.

A expansão japonesa para o Oeste teve consequências para o domínio colonial britânico na Índia, angariando centenas de milhares de voluntários para a guerra do Império. O clamor por independência ficou cada vez mais forte no subcontinente. Gandhi e Nehru, líderes do Partido do Congresso, tornaram-na requisito de sua lealdade para com a coalizão anti-Hitler. Após Londres ter negado seu pedido, adiando a independência para depois do fim da Guerra Mundial, e do fracasso, em abril, da missão de Sir Stafford Cripps (que, como membro do gabinete de coalizão da guerra de Churchill, fora à

O vacilante domínio colonial britânico na Índia

Índia tentar assegurar a cooperação e o apoio do país na guerra), o movimento independentista indiano se radicalizou. Gente como o líder nacionalista Chandra Bose, que tinha sido recebido por Hitler, ganhou influência. Em agosto de 1942, a situação se agudizou. Gandhi exigiu o fim da escravidão, como ele a chamava, assim como a imediata independência do seu país. O poder colonial reagiu prendendo Gandhi e Nehru. A consequência foi uma agitação nacional, combatida sangrentamente — ou melhor, que os britânicos combateram (ou refrearam) sangrentamente. A dimensão do estrago no relacionamento entre os senhores coloniais e seus súditos indianos fica patente na grande fome do verão e do outono de 1943, que vitimou 3 milhões de pessoas. Dizem que ao saber da situação, Churchill apenas perguntou, imperturbável, se Gandhi já tinha morrido de fome. Ofertas americanas, australianas e canadenses de envio de víveres foram rejeitadas por ele. E Delhi não teve autorização para usar suas reservas financeiras para comprar grãos. Wavell, que, como comandante-chefe do Oriente Próximo, tinha sido enviado à Índia por Churchill, alcançando o posto de vice-rei, qualificou a postura do primeiro-ministro como "repugnante, hostil e desumana".[14]

Sabendo da fragilidade do domínio colonial britânico no subcontinente, no início de 1942 o governo japonês fez pressão para que as potências do Pacto Tripartite emitissem uma proclamação conjunta apoiando o movimento independentista indiano — e não só o dos indianos, mas de todos os povos oprimidos pelos britânicos. Um procedimento semelhante tinha sido ventilado pelo Ministério das Relações Exteriores de Ribbentrop, mas logo abandonado ao se levar em consideração as suscetibilidades de Tóquio — a Índia estava a leste do paralelo 70 e, portanto, dentro da área de influência japonesa. Uma segunda tentativa de proclamação também falhou. De um lado, o Pacto Tripartite não conseguiu achar um denominador

O *mundo islâmico em foco*

comum, pois a parte japonesa era muito propensa a não pôr as cartas na mesa. A postura de Hitler, porém, foi o fator decisivo. Ele tinha a maior relutância em dar quaisquer passos que contribuíssem para encerrar a dominância do "homem branco" no subcontinente. Além disso, não queria impedir um possível acordo com a Inglaterra ao aparecer como o coveiro do Império Britânico.

Pelos mesmos motivos, o ditador alemão levantou objeções — para o grande desprazer de Ribbentrop — quanto à declaração sobre a Arábia pedida especialmente por Roma. Em relação ao islã, o Ministério das Relações Exteriores alemão praticava uma política que tinha por objetivo fomentar a inquietação no mundo árabe. E esse ministério também achava que a situação no Oriente Próximo necessitava de tal declaração. Amin al-Husayni, o grão-mufti de Jerusalém, vivendo no exílio na Itália e na Alemanha, era da mesma opinião. O religioso esforçava-se incansavelmente por um trabalho conjunto com as "forças do Eixo" na luta contra os inimigos "judeus britânicos". Husayni escreveu que a Alemanha era a única potência que tentava solucionar completamente o "problema judaico". Por sua iniciativa, desde março de 1943, foi criada em colaboração com Himmler uma divisão islâmica da Waffen-SS, a Handschar [Sabre], composta de muçulmanos bósnios.

Churchill estava cada vez mais preocupado com o crescente anti-imperialismo dos muçulmanos. No início de 1942, ele enfatizou que a Grã-Bretanha não deveria de modo algum "perder a simpatia dos muçulmanos".[15] Por essa razão, já no início da guerra, Londres havia tomado medidas abrangentes, entre elas a construção de mesquitas na capital britânica e o acolhimento das necessidades religiosas de soldados de fé islâmica a serviço do Império. Apesar disso, em 1942 estava cada vez mais difícil manter unido o mundo britânico-árabe. No Iraque, o domínio britânico estava fragilizado desde o levante de Gailani,

O mundo islâmico em foco

que foi derrotado. O ex-primeiro-ministro iraquiano, fugido para a Itália, foi atrás do apoio alemão e italiano a fim de retomar a luta contra os britânicos. Na Palestina, espalhava-se um nacionalismo antibritânico/antijudeu. No efervescente Egito, os ingleses destituíram em fevereiro de 1942 o rei Farouk, admirador de Hitler, que mantinha contatos secretos com Berlim, e conduziram ao poder Nahas Pasha, um títere pró-britânico. Na sequência, a maioria dos oficiais egípcios revelou seu desgosto em relação aos britânicos de modo tão franco que esses homens só podiam ser empregados em serviços auxiliares no Exército do Império — exército esse que já havia tinha precisado retirar unidades fortes do Nilo, deslocando-as para o Leste.

Fossem nacionalistas árabes, fossem senhores coloniais britânicos, todos eles partiam do pressuposto de que Hitler faria de tudo para se aproveitar dessa fase frágil dos britânicos. Ninguém podia imaginar que o ditador alemão, que estava em seu terceiro ano de guerra contra a Inglaterra, não tinha nenhuma intenção de destruir o império mundial britânico. Dessa maneira, eles não conseguiam compreender que, na realidade, ele queria ser parceiro dessa potência naval e colonial. Isso vale também para Churchill. Desse modo, o primeiro-ministro da Guerra e seus generais enxergavam de maneira crítica a situação no Norte da África. Eles apostavam numa ofensiva germano-italiana de grandes proporções a ser realizada em breve na direção do canal de Suez e, portanto, era premente organizar a defesa do Egito, também porque se contava com uma rebelião local contra os colonizadores britânicos.

Por fim, Rommel, com seu impetuoso espírito ofensivo, logo haveria de sugerir mais uma vez relações estratégicas que não estavam previstas no plano de guerra de Hitler. Apesar de toda a abertura em relação a um avanço audacioso em direção ao Egito, que faria com que os britânicos (como uma espécie de último aviso) "voltassem à razão", para Hitler o cenário de

Planejamentos de guerra germano-italianos na periferia sudeste da Europa

guerra secundário na periferia sul continuava tendo um aspecto defensivo. Nesse sentido, a preocupação pela França de Vichy ocupava um papel central, pois Hitler supunha que no caso de um desembarque dos Aliados, o país se voltaria para o lado dos anglo-saxões. A posição do "Eixo" no Norte da África estaria seriamente ameaçada com um segundo front terrestre em jogo.

O Alto-Comando italiano continuava sem mostrar qualquer ambição frente a operações ofensivas contra o Egito. O Commando Supremo, cujas ideias estratégicas o fraco Mussolini tinha de seguir, insistia na conquista de Malta como requisito básico à estabilização da posição no Norte da África e a qualquer ofensiva limitada na Cirenaica. Só que Hitler não estava propenso a um desembarque anfíbio. As experiências com a tomada de Creta, que resultou em muitas baixas, foram decisivas. Portanto, protelava o caso de Malta com o parceiro. Após longas querelas, ambos os lados concordaram finalmente que Rommel, num primeiro passo, deveria tomar a fortificação de Tobruk, sitiada no início do ano; o segundo passo seria o "ataque surpresa" contra a ilha (Operação Hércules). Isso é o que foi garantido ao "Duce" no encontro de abril entre Hitler e Mussolini no castelo Kleβheim, em Salzburgo. Entretanto, para o Alto-Comando de Hitler, a conquista de Malta não fazia sentido, visto o alto risco do empreendimento e sua pouca confiança na capacidade de luta dos italianos.

Hitler — totalmente envolvido nos preparativos de sua ofensiva de verão na Rússia — via sua relutância em relação à Operação Hércules validada também pelo comando de guerra naval, mas não porque a Marinha considerava o domínio do "porta-aviões insubmergível" desnecessário. Seus almirantes já haviam ressaltado por diversas vezes a importância de Malta e a necessidade de conquistá-la. Mas a catastrófica escassez de combustível das marinhas de guerra das "forças do Eixo", que havia pouco ainda faziam planos de dimensões globais com os japoneses, forçava — apesar de todas as teorias — o estabelecimento de prioridades. Ao lado da imprescindível cota de óleo para assegurar o trânsito dos trens de reabastecimento rumo ao Norte da África, o Alto-Comando da Marinha alemã preferia enviar o combustível às pesadas unidades alemãs na Noruega e não o disponibilizar à Operação Hércules.

Esse posicionamento era também uma reação do comandante-chefe da Marinha de Guerra frente à sua frustrada tentativa de convencer Hitler em deslocar o foco da guerra para o Leste do Mediterrâneo. Pois o trânsito mais intenso no Norte do continente europeu, desde o início do ano, de comboios de reabastecimento dos anglo-saxões para Murmansk e Arkhangelsk abriu a possibilidade de se levar adiante, enfim, a operação com os navios de guerra no Atlântico, que, desde a travessia do canal da Mancha em fevereiro, tinham sido destinados à proteção da costa. Desse modo, Raeder queria fazer um contraponto à guerra de submarinos cada vez mais exitosa de Dönitz, seu antagonista.

Até fevereiro de 1942, apenas um de 103 navios mercantes dos doze comboios anglo-americanos e um destróier foram perdidos no mar do Norte. Em meados de março, o *Tirpitz* entrou na água em Trondheim para atacar os comboios PQ.12 e QP.8. O encouraçado perdeu os comboios e escapou por um triz dos tiros do avião torpedeiro britânico que havia decolado de um porta-aviões. Por essa razão, em sua reunião com Hitler em 12 de março, Raeder pediu a "formação, o mais rápido possível, de um grupo de batalha Tirpitz/Scharnhorst com um porta-aviões, dois cruzadores pesados [e] 12-14 encouraçados".[16] Só que esses também eram apenas desejos, pois a construção do primeiro porta-aviões alemão, o *Graf Zeppelin*, tinha sido interrompida por escassez de aço. Além do mais, faltava o combustível necessário para a operação de um tal grupo de combate. Entretanto, nada disso fez com que Raeder abrisse

Batalhas de comboios no mar do Norte

mão da ideia de enfrentar os britânicos no mar do Norte em batalhas de comboios.

Hitler, mirando as futuras operações no Leste, também estava convencido da necessidade da defesa da costa da Noruega, bem como da interrupção do trânsito de comboios no mar do Norte. Por essa razão, ordenou a transferência de outras unidades de embarcações, submarinos e de unidades da Força Aérea, entre as quais também de aviões torpedeiros, para o Norte da Noruega. Desse modo, foi possível afundar um quarto dos navios mercantes do comboio PQ.13. O lado britânico ponderava em suspender os próximos comboios para Murmansk e Arkhangelsk até que houvesse uma diminuição do gelo — na primavera, a barreira de gelo estava a cem quilômetros de distância da costa Norte da Noruega, e circundá-la não era possível. O reabastecimento da União Soviética deveria se dar apenas através do chamado corredor persa; para Arkhangelsk, através da rota do Pacífico. Nesta última, foram empregados navios de carga russos, que não eram atacados pelas forças japonesas, visto que o país não estava em guerra com o Japão. Stálin, porém, interveio, pois a União Soviética sofria grandes problemas econômicos. As pessoas passavam fome, pois o "celeiro de grãos" Ucrânia estava em mãos alemãs, assim como a bacia do Donets, com sua indústria pesada. Embora fábricas importantes tivessem sido evacuadas para o Leste, o reinício da produção iria demorar. A fundição de aço e a mineração de carvão tinham diminuído em 75%, por exemplo. O avanço de Stálin encontrou eco principalmente em Roosevelt, de modo que os comboios continuaram passando pelo oceano Ártico.

Visto que, por um lado, Hitler considerava seu combate cada vez mais importante para o resultado da ofensiva de verão e, por outro, um significativo contingente naval e aéreo alemão tinha sido reunido, o mar do Norte seria cenário das batalhas dos comboios. Porém elas não foram lideradas pelas

A queda de Tobruk e o avanço sobre o Egito

unidades pesadas, como imaginou o comandante-chefe da Marinha, mas pelos submarinos e pelas formações aéreas. No fim de maio de 1942, eles tinham conseguido afundar 32 mil toneladas de carga (nessa conta entraram 147 tanques, 77 aviões e 770 caminhões) do comboio PQ.16.

Enquanto no Norte tudo se concentrava no comboio PQ.17, Rommel havia iniciado sua ofensiva no Norte da África, na Cirenaica. De antemão, aos olhos do restante do mundo, seu avanço — a Operação Teseu — não foi considerado um movimento limitado, mas inserido num contexto maior. A atenção que seu exército de tanques despertou foi proporcional. Quando o forte Bir Hakeim, o canto sul do front britânico, foi tomado depois de lutas ferrenhas, abriu-se o caminho para a tomada de Tobruk, cercado durante meses no início do ano. Mas foi então que aconteceu o inesperado: Rommel conquistou a fortaleza num único dia. Sob o espanto da opinião pública, em 21 de junho de 1942, o comandante sul-africano Hendrick Klopper capitulou com 32 mil homens. A conquista de Tobruk com seu porto, de importância superestimada, parecia o começo do fim para o domínio inglês sobre o Egito.

As coisas ganharam um impulso injustificável. Acreditando que até chegar ao rio Nilo encontraria apenas unidades britânicas à beira da dissolução, Rommel forçou uma continuação da ofensiva até o coração do Egito. Informações que davam conta de que partes da Armada da França de Vichy, paradas em Alexandria, seriam deslocadas, fizeram o resto. Sob esses aspectos, Malta e sua conquista não tinham mais importância. "Condição e moral da tropa, o nível atual de abastecimento devido aos estoques provenientes de saques, e a fraqueza atual do inimigo permitem o prosseguimento até a profundeza do espaço egípcio", Rommel informou ao Alto-Comando da Wehrmacht, solicitando que Hitler conseguisse junto ao "Duce" uma continuação da ofensiva.

A queda de Tobruk e o avanço sobre o Egito

Enquanto o comando da Marinha tinha voltado a "sonhar em continentes", um "Führer" satisfeito voltou-se ao "Duce" pedindo que também "os restos" do quase totalmente liquidado 8º Exército britânico fosse perseguido e anulado, pois a "deusa da sorte na batalha só aparece uma vez aos comandantes".[17] Mussolini, que necessitava urgentemente de um sucesso prestigioso, viajou até o Norte da África e esperou na cidade de Derna o momento em que pudesse entrar festivamente no Cairo montado num cavalo e empunhando a "Espada do Islã" de protetor do mundo muçulmano. Para Hitler, a queda de Tobruk e as perspectivas resultantes daí eram "desígnios da Providência para o povo alemão".[18] Confiando em seu general preferido, ele esperava (mais uma vez) que um avanço limitado em direção ao Egito fizesse com que a Grã-Bretanha se resignasse. Hitler, seguindo fixamente sua doutrina do parceiro eterno, esperava que os britânicos tomassem consciência de que estavam lutando contra os adversários errados.

Elevado ao posto de marechal de campo, Rommel não aguardou a concordância do aliado italiano. A "Raposa do Deserto" não deu ouvidos às objeções de que o nível de abastecimento não permitia uma operação no interior do Egito, manifestadas pelo Commando Supremo italiano, pelo Alto-Comando da Wehrmacht, pelos postos da Marinha locais e também pelo comandante-chefe do Sul Kesselring, que chefiava a aviação militar no mar Mediterrâneo. A consequência disso foi que, devido à falta de combustível, os equipamentos em solo para a defesa das aeronaves não eram municiados com a rapidez necessária. Em 24 de junho, ao chegarem a Sidi Barrani, os ponteiros do exército de tanques de Rommel, que dispunha então de apenas sessenta veículos aptos ao combate, foram violentamente atacados pela Royal Air Force, que atuava de maneira desimpedida, sofrendo pesadas perdas. Mesmo assim, em 27 de junho as unidades alemãs e italianas acabaram

Midway: reviravolta da guerra no Pacífico

entrando em Marsa Matruk, o primeiro povoado de maiores dimensões depois da fronteira egípcia. Três dias depois, elas se prepararam para atacar a posição de El-Alamein. Um cerco — que sempre foi a mãe dos sucessos de Rommel — não era possível devido à depressão de Qattara. Desse modo, o ataque tinha de ser realizado frontalmente, o que não foi considerado muito difícil, pois não se contava mais com uma resistência eficaz das tropas terrestres britânicas. Mas as unidades de Rommel foram surpreendidas amargamente. A partir de posições montadas como fortificações, sobre as quais nada se sabia do lado alemão, o 8º Exército britânico defendeu-se com gana. A batalha por El-Alamein durou dois dias e duas noites, até que finalmente, em 3 de julho de 1942, "a força do inimigo, pequena força própria de combate, e [a] situação de reabastecimento muito tensa", como Rommel teve de relatar ao Alto-Comando da Wehrmacht, obrigaram "à suspensão temporária do ataque".[19] A visão do ambicioso general de tanques, de tomar rapidamente o Egito, na realidade foi um fracasso lastimável.

E o sonho de Hitler de um acordo com a Inglaterra continuou sendo, mais uma vez, apenas um desejo. Na periferia sul da Europa, a página começava a ser virada. Os britânicos tinham superado as semanas de crise. Malta, seu ponto de apoio marítimo e aéreo, a posição-chave estratégica, recuperava-se gradualmente. A Índia também pôde ser mantida por meio de um rigoroso regimento colonial. E na área do Pacífico, já no início de junho de 1942, aconteceu a reviravolta da guerra com a batalha marítima e aérea das ilhas Midway. A Marinha imperial japonesa tinha perdido quatro de seus melhores porta--aviões nessa batalha considerada por ela mesma como decisiva; o lado americano contabilizava apenas uma baixa, o *Yorktown*. Seguiu-se então uma batalha defensiva encarniçada de três anos. A disputa pela ilha Guadalcanal, do arquipélago das ilhas Salomão, que perdurou por meses, foi o início sangrento daquilo que a história da Segunda Guerra Mundial chamou de "estratégia *island hopping*" (tomar uma a uma as ilhas de importância estratégica e isolar ou ignorar outras sem tanto significado tático).

Tendo em vista o desenrolar da situação no Extremo Oriente, indecifrável para Hitler, ele pressentia que a entrada americana na Europa aconteceria de forma mais rápida do que imaginado. Por esse motivo, as operações alemãs na Rússia, principalmente sua planejada ofensiva de verão pelo petróleo do Cáucaso, estavam pressionadas pelo tempo. Ainda mais porque, no início de maio, os soviéticos, em seu front sudoeste, partiram de uma cabeça de ponte no Donets para uma ofensiva de grandes proporções contra Carcóvia, sendo preciso quase o mês inteiro para serem parados ao sul da Carcóvia, depois de uma batalha extremamente letal. Mais um requisito para o avanço na direção do Cáucaso era a proteção do flanco pela tomada da cidade portuária de Sebastopol, na Crimeia, base naval de importância estratégica no mar Negro. As pesadas batalhas duraram todo o mês de junho.

A Operação Braunschweig, codinome da ofensiva de verão alemã de 1942, começou finalmente em 28 de junho de 1942 com o ataque de mais de três armadas da área de Kursk contra o front de Briansk do Exército Vermelho. A força do Exército Leste alemão não estava nem perto daquela necessária para seu objetivo. Dos 3,2 milhões de soldados que haviam começado a campanha em junho de 1941, 1 milhão tinham morrido, estavam desaparecidos, feridos ou em prisões soviéticas. Depois da crise do inverno, das 162 divisões sobraram doze aptas a serem empregadas totalmente. Por isso, Hitler tinha feito com que o contingente dos postos de serviço atrás das linhas passasse por um processo de seleção para escolher aqueles que poderiam atuar ativamente, o que não modificou em nada o

A ofensiva alemã de verão no Leste

fato de que a maioria do Exército Leste estava apta apenas para tarefas de defesa, também porque a perda de material bélico tinha sido vultosa e não podia ser compensada. Por essa razão, Hitler se via obrigado a aumentar a aposta em unidades recém-enviadas da Itália, da Romênia e da Hungria. Esses três Estados compunham a maior parte do milhão de soldados não alemães no Leste em 1942. As divisões da Waffen-SS, que contaram com milhares de assim chamados "voluntários germânicos" dos países do Norte e do Oeste da Europa, tiveram um papel supervalorizado. No outono de 1942, a tropa contava com apenas 142 mil homens (no final de 1943, eram 257 mil). Na ofensiva de verão de 1942, as divisões de infantaria da SS Großdeutschland e a divisão de infantaria motorizada SS Wiking eram as maiores unidades conexas da SS. Visto que esses grupos da Waffen-SS — a tropa mais ideológica de Hitler, que carregava a aura propagandística de invencibilidade — eram mais bem equipados do que os do Exército, eles acabavam frequentemente sendo enviados aos locais de conflagração.

Em 8 de julho, as armadas de Hitler chegaram ao rio Don. Até o final do mês, toda a área a oeste do curso inferior do rio estava em mãos alemãs. Mas o extermínio de grande parte das tropas inimigas não aconteceu, pois o Alto-Comando soviético tinha se decidido pela retirada para o Volga e o Cáucaso. A partir de cálculos certeiros — ao contrário do ano anterior —, a manobra deixou em aberto territórios vastos e obrigou os alemães a expandir ainda mais sua campanha já excessivamente alastrada. Todos os esforços para interromper o recuo do Exército Vermelho fracassaram, pois o reabastecimento para as tropas que avançavam não conseguia progredir com a rapidez necessária. O tempo foi passando sem que fosse dado o golpe decisivo contra a União Soviética.

A ofensiva alemã de verão no Leste

Presos de guerra soviéticos depois da segunda batalha de Carcóvia. Via de regra, cair nas mãos do Exército alemão era terrível.

Para Hitler, a consequência do desenvolvimento desfavorável da situação foi igual à do ano anterior: ele procurou por um responsável e o encontrou em Fedor von Bock, que em janeiro de 1942 havia assumido o Grupo de Exércitos Sul. Ele foi substituído então por Maximilien von Weichs. Como no avanço do ano anterior rumo a Moscou, o quartel-general alemão estava imerso em ilusões alimentadas especialmente por Halder. O comandante-chefe do Exército enxergou na retirada dos soviéticos um sinal inequívoco de sua fraqueza. Dessa maneira, a diretriz n. 44 de Hitler, de 21 de julho, dizia "que as operações surpreendentemente rápidas e de transcurso favorável" ensejavam a esperança de "cortar a ligação da Rússia soviética com o Cáucaso, ou seja, de sua principal fonte de petróleo".[20] O olhar dirigia-se cada vez mais para uma cidade no Volga batizada com o nome do líder soviético: Stalingrado.

A diretriz ainda dizia que Küchler, o comandante-chefe do Norte, deveria tomar Leningrado até setembro no máximo e, em seguida, avançar rumo à estrada de ferro de Murmansk, na cidade de Kandalakcha, a fim de também cortar a linha norte

A desconfiança de Stálin em relação a Roosevelt e Churchill

de abastecimento aos portos não congelados. O comboio PQ.17 era aguardado em junho em Murmansk, ponto-final da estrada de ferro de Murmansk, que deveria ser alvo do conjunto das forças da Marinha de Guerra reunidas na região Norte: entre elas, o encouraçado *Tirpitz*, cruzadores, contratorpedeiros e submarinos. A operação seria flanqueada por fortes unidades aéreas. A Operação Rösselsprung [Movimento do Cavalo] deveria finalmente concretizar as ideias de Raeder da guerra naval de suas pesadas unidades contra o trânsito de comboios dos anglo-saxões no mar do Norte. E, a princípio, tudo indicava que suas contas estavam corretas. Quando observadores britânicos afirmaram que unidades alemãs pesadas estavam no mar e que seria preciso contar com o emprego do *Tirpitz*, o almirantado inglês, sob Dudley Pound, ordenou que o forte grupo de cobertura e segurança mudasse de rumo. O comboio PQ.17, que se dissolveu, ficou à mercê das forças navais e aéreas alemãs. Mas tendo em vista a situação incerta e o aviso da presença de submarinos britânicos, Raeder passou a temer por seus navios e interrompeu a operação da esquadra. Foram os submarinos alemães, bem como os bombardeiros, que afundaram 22 dos 34 navios mercantes. A bordo havia 3250 veículos, 430 tanques, 210 aeronaves e cerca de 100 mil toneladas de bens de reposição. Até dezembro de 1942, não houve nenhum reabastecimento pelo mar do Norte para Murmansk.

Isso fez com que o notório desconfiado Stálin reforçasse suas restrições frente às forças capitalistas. Mas para o ditador soviético o pior foram suas promessas vazias em relação ao segundo front. Tendo em vista a aguardada ofensiva de verão de Hitler, no início de 1942 Stálin apostava na grande ação diversionária. Porém os reveses e as crises da guerra britânica, que trouxeram dificuldades para Churchill no âmbito da política interna, fizeram com que este se opusesse a um desembarque anglo-saxão no continente em 1942. Roosevelt

A desconfiança de Stálin em relação a Roosevelt e Churchill

o tinha pressionado em vão para que o segundo front fosse criado ainda no verão desse ano. "Nada seria pior do que um colapso dos russos [...]. Eu preferiria perder a Nova Zelândia, a Austrália ou seja o que for do que ver os russos desmoronar", ele escreveu aos Aliados.[21]

E Stálin topou com um comportamento contraditório do líder anglo-saxão também na questão das concessões territoriais. Embora durante as negociações para um acordo de aliança britânico-soviético Churchill estivesse disposto a fazer concessões generosas às custas da Polônia e dos Estados Bálticos — por assim dizer como uma compensação pela não existência do segundo front —, foi impedido de realizá-las pela intervenção de Roosevelt. Para não ameaçar a coalizão anti-Hitler, a União Soviética assinou por fim, em 26 de maio de 1942, na pessoa de Mólotov, um contrato que Stálin nunca pensou em cumprir. Nele, ambos os lados se comprometiam a "nem ambicionar ampliações territoriais para si mesmos nem se imiscuir nos assuntos internos de outros Estados".[22]

Em sua visita a Moscou em dezembro de 1941, o ministro britânico das Relações Exteriores Anthony Eden teve de ouvir as ideias que realmente moviam Stálin, aquilo que dizia respeito à futura área de controle soviético na Europa. De acordo com as explicações de Mólotov, Moscou exigia a fixação das regiões destinadas à União Soviética no pacto entre Hitler e Stálin. Mas isso não era tudo. O comissário das Relações Exteriores soviético repetiu as exigências feitas em sua última visita a Berlim, em novembro de 1940, relativas ao território norueguês no mar Polar, na região de Petsamo, bem como a pontos de apoio no Oeste da Romênia. No que se referia à Alemanha, o lado soviético exigia sua diminuição em Estado residual, sem Áustria, sem Baviera e sem a Renânia. A Prússia Oriental devia ser entregue à Polônia, e o território de Memel e Tilsit, à União Soviética.

A desconfiança de Stálin em relação a Roosevelt e Churchill

Em junho, durante suas conversas em Washington, Mólotov parecia ter alcançado a confirmação das potências anglo-saxônicas para um segundo front ainda em 1942. Entretanto, no final de julho, Roosevelt e Churchill tinham concordado apenas com um desembarque no Noroeste francês da África, a fim de iniciar a conquista da Europa a partir do flanco fraco das "forças do Eixo". Quando Churchill explicou esse passo, com o qual ele via asseguradas as ambições britânicas no mar Mediterrâneo, durante sua visita a Moscou em meados de agosto, o pressentimento de Stálin de que os anglo-saxões calculadamente iriam se abster de apoiar totalmente o lado do Exército Vermelho foi intensificado. A vacilante batalha de Dieppe, conduzida por soldados canadenses e britânicos na costa francesa do Atlântico, no porto de Dieppe, encerrada já no primeiro dia, em 19 de agosto de 1942, serviu como uma confirmação das suposições do homem do Kremlin.

Por sua vez, Hitler enxergou em Dieppe a prova de que o desembarque aliado na costa francesa do Atlântico não demoraria muito mais. O serviço de reconhecimento aéreo alemão já havia informado semanas antes sobre a concentração de tropas no Sul da Inglaterra, motivo pelo qual ele ordenara a saída de uma divisão da SS da Rússia e desistiu do deslocamento de unidades do oeste para o leste. Em 25 de agosto de 1942, Rundstedt recebeu de Hitler a ordem para iniciar a proteção da costa do Atlântico. Deveria ser criado um "muro Atlântico" insuperável. A fim de sanar a insuficiente força de trabalho, por iniciativa do Alto-Comando da Wehrmacht, trabalhadores forçados foram recrutados entre a população das regiões ocupadas. O planejamento e a construção de uma linha de defesa de cerca de 3 mil quilômetros, composta de bunkers e obstáculos em áreas avançadas, ficaram sob a responsabilidade da Organização Todt.

Nesse meio-tempo, o comandante da SS Himmler tinha colocado em marcha a "solução final". Tratava-se de 11 milhões de

Genocídio dos judeus europeus

pessoas, das quais cerca de 5,25 milhões viviam na antiga área da União Soviética, como Eichmann registrou na ata da Conferência de Wannsee. Depois de uma visita a Hitler, Goebbels escreveu no fim de março sobre o destino imaginado para os judeus:

A profecia que o Führer lhes anunciou, de causar uma nova Guerra Mundial, começa a se concretizar da maneira mais terrível. Nessas coisas, não podemos deixar prevalecer nenhum sentimentalismo. Se não lutássemos contra os judeus, eles nos exterminariam. Trata-se de uma luta de vida e morte entre a raça ariana e o bacilo judeu. Nenhum outro governo e nenhum outro regime poderia catalisar a força a fim de resolver essa questão como um todo. Também aqui o Führer é o protagonista impávido e porta-voz de uma solução radical que é necessária dada a situação e, portanto, parece inescapável. Graças a Deus temos agora, durante a guerra, toda uma série de possibilidades que em tempos de paz nos seria negada.[23]

Com "toda uma série de possibilidades" ele se referia ao fato de que a guerra monopolizaria de tal maneira a população mundial que ela mal vislumbraria o destino dos judeus. Além disso, o genocídio acontecia no Leste. Do ponto de vista dos alemães, Sobibor, Belzec e Treblinka eram outro mundo, distante. É para lá que, desde o verão de 1942, eram enviados os judeus e os ciganos do Governo Geral no âmbito da Ação Reinhardt. No início, os "reassentados" que chegavam aos campos de extermínio eram assassinados de maneira torturante em salas vedadas, com monóxido de carbono armazenado em cilindros de aço. Era desse modo que se matavam as "vidas inúteis" no curso das medidas de eutanásia. Mas a capacidade dessas câmaras de gás não correspondia à demanda, de modo que o processo letal logo foi organizado de maneira

Genocídio dos judeus europeus

mais eficiente pela utilização de gases de exaustão de motores a combustão.

Ainda antes de a Ação Reinhardt ter iniciado com a deportação em massa dos distritos do Governo Geral para os campos de extermínio, começou-se a "peneirar" a Europa, de leste a oeste, a fim de torná-la "livre de judeus". Com esse objetivo, o Ministério das Relações Exteriores aproximou-se dos governos na área dominada pela Alemanha. As deportações de judeus começaram na Bélgica, na Holanda e na França, onde os capangas da SS e da SD eram apoiados em suas buscas pelas polícias locais. Para compensar o fato de que cidadãos franceses se mantinham imunes à deportação, o primeiro-ministro Laval aceitou disponibilizar todos os judeus apátridas das zonas ocupadas e não ocupadas — tratava-se geralmente de famílias de emigrantes alemães — para a "evacuação".

Somente na Riviera ocupada pelos italianos é que as autoridades de ocupação de Mussolini impediram a prisão de judeus pela polícia de Laval. Na Grécia e na Iugoslávia, as autoridades de ocupação italianas agiam do mesmo modo. Pois em Roma — onde foram promulgadas algumas leis voltadas aos judeus devido à pressão alemã — as deportações não eram bem recebidas. O "Duce" não partilhava da política racial de Hitler. O mesmo valia para o regente húngaro Horthy, que, embora tenha promulgado a princípio algumas leis antissemitas, depois se recusou a entregar os 700 mil judeus húngaros à "solução final". Apenas os "judeus estranhos ao país", aqueles que tinham chegado à Hungria devido à entrada alemã na Galícia, foram entregues à força-tarefa alemã que operava no espaço posterior do Grupo de Exércitos Sul.

O rei Boris III da Bulgária comportou-se de maneira muito parecida. Seu país entregou 11 mil judeus das regiões recém-incorporadas da Macedônia e da Trácia, mas não aqueles da "base" do país.

Genocídio dos judeus europeus

Os governos da Eslováquia, Sérvia, Croácia e Romênia se mostraram mais abertos em relação à "solução final"; nesses países, havia um antissemitismo profundamente enraizado, que se dirigia principalmente contra os grupos judeus da população que não tinha se assimilado. A Romênia, que em 1940 já havia declarado apátridas os quase 600 mil judeus que viviam no país, registrou no ano seguinte massacres literais contra eles. Milhares foram expulsos das regiões reconquistadas da Bucovina e Bessarábia para a Transnístria, área controlada por forças militares romenas, onde passaram a vegetar em guetos. Os judeus também foram perseguidos pelos aliados na Ucrânia, onde se tornaram vítimas das forças-tarefas alemãs.

Vindos de toda a Europa, trens com os deportados logo começaram a chegar aos campos de Sobibor, Majdanek e, sobretudo, Auschwitz-Birkenau, que, como Kulmhof [Chełmno], desde 1939 estava anexado e era território do Império Alemão. Para a futura "grande ação", Himmler havia escolhido esse campo — originalmente pensado para os prisioneiros de guerra russos — devido à sua interligação com a rede ferroviária da Alta Silésia. Mas Auschwitz, que acabaria se tornando símbolo do genocídio nacional-socialista, era mais do que uma fábrica de mortos. Tratava-se também de uma reserva de trabalhadores. Pois em sua vizinhança próxima a SS e o conglomerado de companhias químicas IG-Farben construíram um grande centro para a produção de combustível sintético, urgentemente necessário para a condução de guerra alemã.

No momento da chegada, os médicos da SS avaliavam a aptidão ao trabalho e, em função disso, decidiam sobre a vida ou a morte. Velhos, fracos, doentes ou crianças eram levados imediatamente após a "seleção", sob o pretexto de serem desinfetados, às câmaras de gás disfarçadas de pequenas propriedades agrícolas, e eram assassinados com Zyklon-B, um

O avanço em direção ao Volga e ao Cáucaso

preparado à base de ácido cianídrico. No ano anterior, o comandante de Auschwitz, Rudolf Höss, havia testado a substância em prisioneiros de guerra soviéticos e considerou o produto da IG-Farben muito adequado. Em meados de julho de 1942, ao visitar Auschwitz a fim de vistoriar pessoalmente "o processo do extermínio como um todo", Himmler reclamou de os mortos serem jogados em valas comuns. Ele ordenou que essas valas fossem abertas e todos os cadáveres fossem incinerados. Ao mesmo tempo, ordenou a construção de crematórios. Cerca de 900 mil pessoas acabariam assassinadas em Auschwitz. Outras 200 mil morreram por doenças, maus-tratos ou experiências médicas.

Nesse meio-tempo, Hitler, que considerava o extermínio dos judeus europeus como ação de guerra, estava totalmente voltado ao planejamento das operações no Leste. Seu temor crescente de um desembarque próximo dos Aliados e a consequente pressão do tempo para o contra-ataque fizeram com que ele alterasse o plano de ataque no trecho sul. Até então o previsto era avançar a grande ofensiva sobre o arco do Don até o Volga, em Stalingrado, para lá destruir a principal força militar inimiga que se formava e bloquear o reabastecimento tanto no istmo entre o Don e o Volga quanto em seu fluxo. Na sequência, a ofensiva seria conduzida na direção da zona industrial e dos campos petrolíferos de Maikop, Grózni e Baku. De acordo com o novo planejamento, como registrado na diretriz de n. 45 para a Continuação da Operação Braunschweig de 23 de julho, ambos os objetivos — Stalingrado e o Cáucaso — deveriam ser atacados numa operação excêntrica simultânea. Essa foi uma decisão que, tendo em vista as forças alemãs já fracas, acabaria por acelerar ainda mais a catástrofe.

A princípio, o avanço alemão aconteceu de acordo com os planos. Em 15 de agosto, o 6º Exército alcançou o rio Don, em Kalatch, onde cercou dois exércitos soviéticos com 80 mil

O avanço em direção ao Volga e ao Cáucaso

homens e os destruiu. O portão de Stalingrado, que estava a apenas oitenta quilômetros dos primeiros tanques, parecia ter sido aberto. Ali, segundo o desejo de Hitler, seria preparado o fim do Exército Vermelho. Friedrich Paulus, o comandante-chefe do 6º Exército, mantinha-se mais reservado. Mas mesmo ele esperava que depois dos "golpes destruidores das semanas passadas, os russos não disponham da força para a decisiva resistência".[24] Cinco dias mais tarde, quando seu exército estava diante da metrópole do Volga pronto para o ataque, ele foi surpreendido. Unidades russas, superiores, sob o comando de Vassíli Tchuikov logo deixaram claro ao comandante-chefe do 6º Exército que aquilo acabaria numa batalha de exaustão, para a qual sua tropa não estava à altura. Mesmo assim, Paulus escreveu em 7 de outubro a Rudolf Schmundt, adjunto-chefe de Hitler no "quartel-general do Führer": "A batalha por Stalingrado transcorre muito determinada. Vai bem devagar, mas cada dia um pouco mais para a frente. Trata-se de uma questão de pessoas e de tempo. Mas vamos dar um jeito nos russos".[25] O pior é que Paulus via o perigo dos flancos ameaçados, ocupados por unidades italianas e romenas com limitada força bélica. Em outras palavras: tratava-se de apenas uma questão de tempo até que Tchuikov, favorecido pela topografia, iniciasse o cerco do 6º Exército.

O avanço na direção do Cáucaso foi mais ágil. Na primeira metade de agosto, Maikop tinha sido tomado; uma "divisão técnica do petróleo", criada especialmente e com 6 mil homens à disposição, tentava consertar os poços petrolíferos locais que haviam sido danificados pelos soviéticos. Em 21 de agosto, soldados das tropas de montanha fincaram a bandeira de guerra sobre o monte Elbrus, a montanha mais alta do Cáucaso. Logo em seguida, porém, o avanço alemão parou em Sukhúmi. A exaustão da tropa, o problema constante de o reabastecimento não chegar com a rapidez necessária através

Troca de comando no Alto-Comando da Wehrmacht

dessas grandes distâncias, bem como a resistência obstinada do Exército Vermelho, agudizavam mais e mais a situação dos conquistadores.

A ofensiva de verão de Hitler no front leste tinha fracassado, pois também no Norte não fora possível tomar Leningrado e alcançar a estrada de ferro de Murmansk. O fato de a guerra contra a União Soviética estar perdida, algo que em dezembro de 1941 os Altos-Comandos alemães diante de Moscou não quiseram aceitar, estava escancarado. A superioridade material do inimigo era grande demais e não podia ser compensada pela habilidade operacional do lado alemão. Em 8 de setembro, Engel, o adjunto de Hitler no Exército, anotou: "O F(ührer) não enxerga mais um fim na Rússia, depois de que nenhum dos objetivos de 1942 foram alcançados. Chega a mencionar o quão terrível é o medo do inverno que está diante da porta. Fora isso, ele não quer voltar para nenhum lugar".[26]

Hitler não deu ordens de retirada, visto que, de acordo com suas orientações ideológico-racistas, a luta contra o bolchevismo judaico era a luta entre ser ou não ser. O "salvador do mundo" à beira do fracasso não enxergava nada no meio. Para seu chefe do Estado-Maior (via de regra mais otimista) e para outros nos Altos-Comandos do Exército e da Wehrmacht, que se viam presos às leis do ofício soldadesco, isso não era compreensível. Racionalidade e dogmatismo ideológico eram incompatíveis. Halder, à beira de um ataque de nervos, gritou com Hitler e exigiu dele "a única decisão possível",[27] que era o recuo dos fronts. Em vez disso, Hitler demitiu seu planejador militar chefe. Em seu lugar, nomeou Kurt Zeitzler, de quem esperava ouvir avaliações menos devastadoras da situação.

Hitler afastava-se cada vez mais da realidade. Ele já "tinha" Stalingrado. O inimigo estava presente em "apenas uns lugarzinhos muito pequenos", ele afirmou num discurso obrigatório por ocasião do aniversário do "putsch da cervejaria", em

Troca de comando no Alto-Comando da Wehrmacht

9 de novembro de 1923,[28] enquanto a situação do 6º Exército só fazia piorar. Para o comandante supremo, a questão da vitória ou da derrota tinha se tornado uma mera questão de força de vontade. Transfigurada em categoria metafísica, Hitler elevou-a à característica distintiva do combatente ariano. E Goebbels, ministro da Propaganda, também invocou a perseverança. Assim como um dia levou ao poder o grupinho dos nacional-socialistas, a perseverança conduziria a tropa contra um inimigo numericamente superior.

Aplicada às ordens militares, isso significava "resistir a qualquer custo" — também no caso do Norte da África, onde, em 2 de novembro, o 8º Exército britânico, sob o comando de Bernard Montgomery (presente em Dunquerque) atacou o exército de tanques de Rommel em El-Alamein. Quando o alemão quis se retirar de maneira ordenada, Hitler lembrou a ele que não seria a primeira vez na história que a força de vontade triunfaria sobre batalhões mais fortes. Segundo o ditador, Rommel só poderia apontar um caminho à sua tropa, "aquele à vitória ou à morte".[29] A "Raposa do Deserto" ordenou a retirada mesmo assim, sem que seu ato gerasse maiores consequências, visto que por meio da propaganda de Goebbels ele era o líder de tropas mais popular da Alemanha nacional-socialista. A historiografia dos militares diz que o recuo de Rommel foi seu maior feito, pois ele conseguiu manter seu reduzido exército de tanques a salvo da destruição pelos britânicos, superiores. Em 13 de novembro estes últimos entravam novamente em Tobruk e, no dia 20 do mesmo mês, estavam em Benghazi. Os britânicos se aproximavam de Trípoli de maneira aparentemente irrefreável.

Nesse meio-tempo, acontecera aquilo que Hitler sempre temeu: também a posição ítalo-alemã no Norte da África foi ameaçada pelo oeste. Pois em 6 de novembro, 100 mil americanos e britânicos, sob o comando do general americano

O desembarque dos Aliados no Norte da África

Dwight D. Eisenhower, haviam desembarcado no Marrocos francês e na Argélia. Depois de Pétain ter ordenado a resistência, Casablanca e Orã foram palco de batalhas intensas, que terminaram com pesadas baixas para a Marinha francesa. Hitler aproveitou o momento, assim como na época do ataque da esquadra britânica a Mers-el-Kébir, em 1940, para uma nova tentativa de puxar o governo de Vichy para o lado das "forças do Eixo". Para tanto, convidou Laval até Munique. O francês, entretanto, não quis se comprometer, pois sabia dos problemas da condução alemã de guerra no Leste. Enquanto discorria sobre o desejo de um relacionamento amigável com a Alemanha nacional-socialista, Pétain — que havia acabado de interromper oficialmente as relações diplomáticas com Washington — autorizou seu representante, o almirante François Darlan, a selar um cessar-fogo secreto com os Aliados.

Em 11 de novembro de 1942, um desconfiado Hitler finalmente deu sinal verde para a Operação Anton — a ocupação da França, preparada havia tempo —, a princípio excetuando Vichy e o porto de guerra de Toulon. Ao mesmo tempo, unidades italianas tomaram posse da Riviera francesa e desembarcaram na Córsega, enquanto as tropas francesas encerravam ações de combate contra os Aliados. Eisenhower e Darlan assinaram um acordo no qual o último era reconhecido como chefe do Estado francês de Vichy no Norte da África. Desde meados de novembro, a maior parte das tropas francesas do Norte da África, sob o comando do general Henri Giraud, aliado de Darlan, passou a combater as tropas das "forças do Eixo". A fim de impedir que a esquadra francesa aportada em Toulon se bandeasse para o lado de Darlan, Hitler ordenou, no final do mês, a tomada do porto de guerra. Entretanto, a esquadra não foi capturada, pois o almirante francês no comando, Jean de Laborde, demandou a tempo que mais de sessenta embarcações fossem postas a pique.

Havia se iniciado uma verdadeira corrida pela Tunísia, à semelhança daquela ocorrida no passado pela Tripolitânia. Para se adiantar à tomada dos estratégicos aeroportos de Bizerta e Túnis pelos anglo-saxões, o comandante-chefe do Sul, marechal de campo Albert Kesselring, enviou paraquedistas sobre o mar Mediterrâneo. Em 17 de novembro aconteceram os primeiros embates entre alemães e americanos; os últimos não conseguiram conquistar rapidamente a Tunísia em operações-surpresa. A alocação de um exército alemão de tanques (que, entretanto, só dispunha da força de um exército no nome) contribuiu para isso. Sob seu comandante Hans-Jürgen von Arnim, ele entraria numa encarniçada batalha defensiva na cabeça de ponte tunisiana, para onde o restante do exército de tanques de Rommel também se retirou no final de janeiro de 1943, após a saída de Trípoli. Entretanto, devido à superioridade dos Aliados em terra, mar e ar, era apenas uma questão de tempo para as "forças do Eixo" perderem o Norte da África.

Enquanto isso, no inverno do front leste acontecia o que estava previsto havia semanas: a partir de suas cabeças de ponte no rio Don e ao sul de Stalingrado, em 19 de novembro de 1942 o Exército Vermelho iniciou uma grande ofensiva. As mal equipadas divisões romenas e húngaras estacionadas ali para proteger os flancos foram literalmente atropeladas. Em apenas três dias, os dois ataques soviéticos em pinça encontraram-se em Kalatch, onde as unidades alemãs e as dos seus parceiros, somando 250 mil homens, estavam cercadas. Paulus solicitou liberdade de ação para escapar, deixando para trás as armas pesadas, visto que munição e suprimentos estavam chegando ao fim. Hitler, porém, ordenou que a tropa deveria se posicionar de modo que a defesa fosse possível de todos os lados e aguardar ajuda. Esse planejamento ficou a cargo do conquistador de Sebastopol, general-marechal de campo Von Manstein. Até lá, Hitler anunciou aos sitiados assistência vinda pelo ar, prometida por Göring de modo grandiloquente.

Stalingrado

Foi Mussolini — cujo apoio na população italiana diminuía a olhos vistos devido à situação absolutamente desfavorável no Norte da África — que no início de dezembro tentou, por intermédio de Göring, convencer Hitler a "encerrar de uma maneira ou de outra" a campanha russa. Seguindo seu próprio interesse, ele exigia que, em vez disso, toda a força das "potências do Eixo" se concentrasse em defender a periferia sul da Europa dos anglo-saxões. O "Duce", incentivado pela avaliação sóbria da situação, falou de um cessar-fogo e da constituição de uma "linha defensiva" que acabasse com qualquer iniciativa inimiga. A intercessão do ministro das Relações Exteriores italiano, conde Galeazzo Ciano, junto a Hitler em Rastenburg tinha o mesmo objetivo. Sua visita estava marcada pela destruição do exército italiano diante de Stalingrado. Ele tinha sido vencido inapelavelmente na grande curva do rio Don, fechando cada vez mais o cerco. Por essa razão, o avanço do grupo de tanques Hoth, que vinha em seu auxílio, foi sendo cada vez mais dificultado, sendo finalmente interrompido a apenas 48 quilômetros dos sitiados.

O ministro das Relações Exteriores Ciano fracassou em seu pedido. Embora Hitler tenha assegurado o envio de mais tropas à Tunísia, em relação ao término da campanha da Rússia o visitante italiano ouviu o "Führer", inabalável, discorrer sobre o caráter da "ameaça mundial judaica": segundo ele, no caso de uma vitória sobre o Exército Leste, o bolchevismo iria "alastrar-se pela Europa central e engolir a Europa ocidental". Hitler prosseguiu: "Os elementos subversivos, principalmente na França, correriam para ajudá-lo, e elementos destrutivos acabariam tomando o poder para si em todos os lugares [...]. A vitória do bolchevismo significaria o extermínio da cultura europeia".[30] Hitler também se mostrou avesso em relação às ofertas de mediação feitas pelo governo japonês, que mantinha relações diplomáticas com a União Soviética e com a qual não se encontrava em guerra.

Desse modo, a catástrofe de Stalingrado tomou seu curso irrefreável. Em meados de janeiro 1943 ela havia entrado em sua última fase, quando Vassíli Tchuikov liderou suas armadas para a tomada do cerco cada vez mais estreito. Isso acabou por enterrar as esperanças irreais de Hitler de que o 6º Exército talvez ainda aguentasse por mais alguns meses e quem sabe ainda pudesse ser substituído, como acontecera em Kholm e em Demiansk. Logo o cerco tinha sido aberto, e a batalha se transformou num massacre horrível. O oficial do Estado-Maior Heinrich zu Dohna-Schlobitten relatou que a maioria dos soldados estava tão enfraquecida que eles "simplesmente ficavam deitados e congelavam". Mortos e moribundos por todos os lados, homens "sem armas, muitas vezes sem sapatos,

Soldados alemães diante de Stalingrado. Hitler havia proibido fuga ou capitulação do contingente cercado.

Stalingrado

pés enrolados em farrapos, rostos com crostas de gelo e emaciados". E ele tinha visto como rastejavam, pois seus pés estavam necrosados pelo frio. Quando Paulus pediu a Hitler permissão para capitular, este lhe mandou uma mensagem pelo rádio: "Capitulação impossível, tropa luta até o último cartucho".[31] Hitler simplesmente não podia deixar que seus combatentes capitulassem na cidade que levava o nome de seu inimigo mortal. O que estava em questão era, basicamente, o princípio; a estratégia operacional de segurar os soviéticos em Stalingrado, não permitindo que eles impedissem o recuo dos exércitos alemães do Cáucaso, não era prioritária. Hitler colocou a culpa da catástrofe nos seus companheiros. Suas tropas tinham fracassado porque não estavam decididas a combater. Ele também culpou em grande medida Göring, visto que sua garantia de conseguir abastecer o 6º Exército pelo ar se mostrou absolutamente equivocada. Hitler só não procurou a responsabilidade em si mesmo. Nesses dias, ele ficara literalmente entocado no "quartel-general do Führer" e, pela primeira vez, não falou à nação preocupada no dia do aniversário da "tomada de poder". Goebbels foi incumbido de ler uma proclamação do "Führer", na qual se falava muito de "batalha heroica", do "Todo-Poderoso" e da "fé" na vitória. Tratava-se de uma fuga da realidade. Paulus e seu 6º Exército, ou melhor, o que havia sobrado dele, capitularam logo em seguida. Hitler ficou possesso, pois um marechal de campo alemão não capitulava. Além disso, no intuito de empurrá-lo à morte heroica, ele tinha acabado de promovê-lo. "Que morrer o quê — eles eram muito covardes. Não tiveram coragem de morrer", relatou o major-general soviético[32] que prendeu Paulus e alguns outros generais. Mais de 90 mil homens, que de alguma maneira conseguiram sobreviver à batalha sanguinária no Volga, entraram nas prisões de guerra soviéticas; a grande maioria deles não saiu. Nunca antes um exército alemão tinha sofrido tamanho desastre.

Desse modo, é ainda mais surpreendente que, mesmo depois de Stalingrado — onde mais de meio milhão de soldados e civis soviéticos perderam a vida —, teria havido uma saída da ameaçadora derrota para o ditador alemão caso ele não fosse o fanático ideológico-racista da doutrina do "vencer ou perecer". Pois Stálin estava absolutamente disposto a encerrar a guerra contra a Alemanha. Tendo em vista o segundo front não existente, ele estava consciente da quantidade inimaginável de sacrifício humano e de recursos necessários para derrotar as Forças Armadas alemãs. Ele temia que, ao lutar contra a Alemanha, a União Soviética se exaurisse e no final pudesse ser tapeada em relação aos frutos de sua vitória por um inimigo de classe em posição superior.

General Tchuikov (em primeiro plano). O vencedor de Stalingrado tornou-se herói da União Soviética.

A rendição incondicional da Alemanha como objetivo da guerra

Os milhões de mortos que a guerra germano-soviética tinha cobrado até então e os horrores inimagináveis dos campos de extermínio de Hitler não impediram Stálin, político frio e calculista, de sondar cuidadosamente até que ponto Berlim estava disposta à paz. Isso tinha acontecido em novembro de 1942. O enviado finlandês em Berlim relatou ao Ministério das Relações Exteriores que a embaixada soviética em Estocolmo desejava sondar possibilidades de paz com a Alemanha baseando--se nas fronteiras anteriores à guerra. Em seguida, Ribbentrop enviou o diplomata Peter Kleist, que o tinha acompanhado a Moscou em agosto de 1939, para a capital sueca. Ao mesmo tempo, solicitou a Hitler autorização para iniciar negociações secretas com os soviéticos. Mas seu pedido foi rechaçado com indignação, da mesma maneira como Hitler havia feito (com um pouco mais de reserva) em relação a Ciano. Contatos entre alemães e soviéticos aconteceriam ainda no início do verão de 1943 e mesmo depois disso, visto que Moscou tinha por objetivo manter os inimigos de classe americanos e britânicos da coalizão anti-Hitler — os quais Stálin imaginava que podiam muito bem entrar em acordo com Hitler — sob pressão.

A *unconditional surrender* [rendição incondicional], que Roosevelt e Churchill anunciaram como objetivo de guerra durante a Conferência de Casablanca (14 a 24 de janeiro de 1943), foi também um sinal ao ditador soviético, que não estava presente. Essa deveria ser uma espécie de ação geradora de confiança, uma base comum para o trabalho conjunto, que certamente não impedia Stálin de continuar mantendo outras opções abertas. A partir da "rendição incondicional", os líderes anglo-saxões desejavam dispor também de um espaço de manobras ilimitado para a reconfiguração de uma Europa do pós-guerra. A Alemanha derrotada, de cuja futura formação ainda não se fazia ideia, não deveria recorrer, como fez em 1918-9, aos princípios de uma política americana como ancorados à época nos Catorze Pontos de Wilson e, por fim, na Carta do Atlântico. Ou seja, a fórmula da "rendição incondicional" extrapolava em muito o aspecto militar. Ela implicava também um fim da soberania estatal das potências do Pacto Tripartite, em especial a da Alemanha. Os motivos para a "rendição incondicional" — uma novidade no direito internacional — não estavam nos crimes dos nacional-socialistas, mas na pretensão de organizar o mundo segundo suas condições. De modo irônico, isso correspondia totalmente ao horizonte imaginado por Hitler da luta alemã por ser ou não ser. A "rendição incondicional" como objetivo, da qual Hitler foi informado apenas dias depois do término do encontro em Casablanca, significou para ele a confirmação final daquilo que sempre lhe era claro, ou seja, que o "judaísmo internacional" (que em sua opinião estava por trás das forças anglo-saxãs) iria combater seu principal inimigo, a Alemanha, até seu completo desaparecimento.

7.
As forças do Eixo na defensiva

Fevereiro de 1943 a junho de 1944

*As Forças Armadas soviéticas estão
sendo abandonadas na luta contra o
inimigo que ainda é forte e perigoso.*

Josef Stálin a Franklin D.
Roosevelt, 11 jun. 1943

Stalingrado é tido como o ponto de virada da Segunda Guerra Mundial. Mas a verdadeira inflexão tinha se dado um ano antes, com o fracasso do Exército Leste alemão diante de Moscou. A tragédia no Volga arrancou a iniciativa estratégica das mãos de Hitler e da liderança alemã. Chocados, eles e o país como um todo estavam mergulhados numa paralisia. Apesar de todos os bordões incitando à não rendição, nem os nacional-socialistas mais fanáticos conseguiam acreditar que a guerra ainda poderia ser ganha. Entretanto, a grande maioria dos alemães não culpava Hitler pelo desenrolar dramático da situação. Ao contrário, as pessoas continuavam estranhamente a isentá-lo de qualquer coisa ruim, monstruosidades até, que os soldados em férias relatavam do front leste. Responsabilizados eram, principalmente, Himmler e sua SS. Para os alemães, Hitler continuava sendo uma figura superior que havia unido a nação e que a levara à antiga grandeza. Por esse motivo, a massa — que permanecia ligada emocionalmente a ele — continuava a segui-lo, confiando em que ele acharia uma saída. Senão, quem mais?

Mesmo assim, a resistência começou a se fazer presente nos mais diversos grupos sociais do país. Tratava-se de círculos pequenos, cujo trabalho clandestino envolvia perigo de

A reivindicação pela "guerra total"

morte. A Gestapo, acrônimo da polícia secreta do Estado, não respeitava nem mais as portas de igrejas e conventos. Desse modo, a resistência oriunda tanto das fileiras de sociais-democratas quanto das dos comunistas tinha de se limitar a ações individuais de caráter simbólico: a distribuição de folhetos e a divulgação de slogans, como, por exemplo, o grupo de resistência estudantil Rosa Branca, do qual participaram os irmãos Scholl.* Ao Círculo de Kreisau do conde Helmuth James von Moltke, membro do Alto-Comando da Wehrmacht, afluíam opositores de Hitler dos mais diferentes estratos: o ex-deputado social-democrata Julius Leber, o padre jesuíta Alfred Delp, o sindicalista Adolf Reichwein e o jurista conde Peter Yorck von Wartenburg, herdeiro do marechal de campo prussiano.

Todos sabiam que seriam desdenhados na sociedade civil** — numa sociedade civil que se encontrava numa batalha diária pela sobrevivência e que se compactava devido aos pesados sacrifícios. Estes geravam um estado de espírito "agora é que são elas", que muitas vezes beirava o fatalismo: "Superaremos mais isso também". Nem os bombardeios aliados que logo se intensificariam levaram a uma rebelião da população maltratada. Pelo contrário, os ataques constantes vindos do céu chegavam a fortalecê-la. O medo da "besta bolchevista", como a propaganda de Goebbels não parava de chamar a União Soviética, tinha o mesmo efeito. Essa propaganda se dirigia cada vez mais furiosa contra o "judaísmo internacional", suposto causador da catástrofe mundial.

Goebbels era um mestre diabólico desse ofício. Em 18 de fevereiro de 1943, durante seu discurso no Sportpalast, ele de-

---

* Ativistas da resistência, os estudantes foram presos e executados em fevereiro de 1943. Hoje são símbolos da coragem civil. ** No original, *"Volksgemeinschaft"* [comunidade do povo]. O conceito carrega uma definição racial, tendo sido promovido pela Alemanha nazista, que defendia uma comunidade nacional de etnia alemã.

A reivindicação pela "guerra total"

Sportpalast de Berlim durante o discurso de Goebbels sobre a "guerra total". Em suas palavras, fanatismo e fé cega mudariam o rumo da guerra.

senhou o apocalipse ao explicar que por trás das "divisões soviéticas em impetuosa ofensiva" já era possível enxergar "os comandos de extermínio judeus". Goebbels prosseguiu:

> Mas atrás destes ergue-se o terror, o fantasma da fome de milhões e o fantasma da anarquia total: mais uma vez o judaísmo internacional se mostra como o fermento mais diabólico da decomposição, que sente uma satisfação cínica em lançar o mundo à sua mais profunda desordem e, desse modo, promover a ruína de culturas milenares.[1]

Stalingrado foi alçada por Goebbels a sacrifício nacional, e apenas então o caminho para a "vitória final" estava aberto. Segundo ele, uma vontade inabalável, que os alemães estavam em condições de demonstrar a partir daquele momento com a purificação de Stalingrado, deveria ajudar a superar a realidade

A reivindicação pela "guerra total"

e permitir ao povo se erguer para a "tempestade desabar". Essas eram as imagens de sempre sobre a convicção que poderia subjugar a realidade. E com suas encenações cuidadosamente elaboradas, Goebbels atingia de fato a nação, como atestam os relatórios secretos do Serviço de Segurança (SD) — talvez também porque a realidade era insuportável e a necessidade de se entregar à ilusão se tornava ainda maior.

Para Hitler, em função de sua ideologia de ser ou não ser, não havia alternativa senão sua ordem de sempre aos comandantes de seus exércitos: prosseguir com a batalha até o último cartucho e acreditar no "milagre do impossível". Se essa batalha acabou sendo radicalizada também no íntimo das pessoas, então isso se deveu menos a Hitler em si do que às fileiras de seus paladinos, em especial a Goebbels, que conclamou a "guerra total" no Sportpalast. Ele desenvolveu um ativismo frenético e exigia a mobilização incondicional no front interno. Entretanto, a burocracia dificultava quebrar estruturas já muito entranhadas. O fato de Albert Speer, sucessor de Todt como ministro de Armamentos e Munições, conseguir aumentar de maneira contínua a produção de guerra no Exército foi uma faísca de esperança. Se em 1942 as fábricas produziam 6200 tanques e veículos com lagartas, em 1943 esse número foi de 10,7 mil. Também a quantidade de aviões construídos, cuja produção ainda estava nas mãos da Luftwaffe, melhor dizendo, de Erhard Milch — encarregado do desenvolvimento e dos testes das aeronaves —, subiu de 11,6 mil para 19,3 mil em 1943.

Entretanto, os números da produção americana estavam em outro patamar. Em 1942, saíram das fábricas dos Estados Unidos 24,9 mil aviões de combate e 27 mil tanques e canhões autopropelidos (Inglaterra: 17,7 mil e 8600, respectivamente). No ano seguinte, eram 54,1 mil aviões e 38,5 mil tanques (Inglaterra: 21,2 mil e 7500, respectivamente). A situação não era outra na construção de navios — tanto no caso dos navios de guerra como no dos navios mercantes. Em 1943, um navio cargueiro da classe Liberty saía do estaleiro diariamente. As possibilidades econômicas dos Estados Unidos eram conhecidas na Alemanha, sendo inclusive supervalorizadas. Isso também contribuiu para a resignação que assolava Hitler cada vez mais frequentemente depois de Stalingrado e que ele costumava ocultar sob uma fingida certeza de vitória. Em fevereiro de 1943, Hitler disse a Goebbels que se um dia a Alemanha fosse derrotada, esse "seria o final de sua vida". Mas a atitude do povo alemão, "firme e decidida", garantiria por fim a vitória.[2]

Hitler simplesmente queria acreditar nessa vitória, mas com certeza sabia que ela não era mais possível. Assim, perseguia com ainda mais obstinação seu principal objetivo de guerra: a extinção dos judeus europeus. Só que os reveses sofridos pela condução de guerra alemã tornavam esse propósito mais difícil, visto que os governos dos países aliados mostravam cada vez menos intenção de aceitar a pressão de Berlim para entregar todos os judeus. Por outro lado, Himmler tinha carta branca no Governo Geral. Em janeiro de 1943, a Ação Reinhardt — protelada no ano anterior — foi retomada por ele de maneira acelerada, com deportações do gueto de Varsóvia. Essa operação vitimaria 2 milhões de poloneses e ucranianos. Depois da resistência judaica, o comandante da SS ordenou, em 16 de fevereiro, a total destruição do gueto, "visto que senão talvez nunca conseguiremos acalmar Varsóvia e a criminalidade não poderá ser exterminada".[3] Demorou um mês até que unidades da SS, da polícia e das Forças Armadas, sob comando de Jürgen Stroop, conseguissem reprimir a desesperada resistência promovida pelos judeus no mar de casas do gueto. Mais de 50 mil deles foram assassinados ou deportados. Com o fim do gueto de Varsóvia, o restante dos guetos no Governo Geral também foi dissolvido, e 250 mil pessoas foram deportadas aos campos de concentração e mortas ali.

A resistência contra Hitler

O genocídio sistemático se tornou para muitos do corpo de oficiais das Forças Armadas alemãs um problema cada vez maior. Pois os assassinatos no Leste contradiziam não apenas qualquer imagem de humanidade como também seu éthos de soldado. Uns reprimiam o monstruoso. A atrocidade da guerra e a morte onipresente facilitavam a manobra. Outros convenciam-se de que terceiros eram os responsáveis por aquilo tudo. Apenas alguns poucos decidiram agir, pois já não conseguiam mais suportar os trucidamentos. Axel von dem Bussche relatou que foram os assassinatos em massa em Dubno, na Ucrânia, por membros de forças-tarefas especiais que o levaram à resistência contra Hitler. O ex-opositor de Hitler, Henning von Tresckow, conspirou contra o ditador após testemunhar o massacre de judeus perpetrado por uma unidade letã da SS próximo a Boríssov. Logo em seguida, o primeiro-oficial do Estado-Maior no Grupo de Exércitos Centro, comandado por Kluge, entrou em contato com um grupo de opositores de Berlim liderado por Beck e Goerdeler, ao qual em breve um coronel chamado conde Claus Schenk von Stauffenberg iria se juntar.

Tresckow, que considerava a guerra de extermínio de Hitler uma "loucura", tentou de tudo para mobilizar os generais e marechais de campo de sua esfera de influência contra o ditador. Entretanto, fracassou. Muitos deles repudiavam os crimes, mas nem Kluge nem Manstein — que a partir de novembro de 1943 passou a comandar o recém-criado Grupo de Exércitos Don — quiseram se insurgir contra Hitler. O último disse o seguinte: "Marechais de campo prussianos não se amotinam". Depois da Segunda Guerra Mundial, eles acabariam se escudando em sua autoimagem como oficiais. Sim, eles realmente vinham de uma tradição que valorizava o juramento, a fidelidade e a obediência, na qual a rígida separação entre o político e o soldadesco era quase um dogma. Porém isso não os livrava de sua obrigação moral e patriótica de dar um fim em Hitler. Em vez disso,

A resistência contra Hitler

pusilânimes e covardes, eles aguardaram o transcorrer das coisas para, no fim, estar do "lado certo". Trata-se de uma nódoa tenebrosa e indelével que pairou sobre os homens com o galão vermelho, que continuavam a enviar centenas de milhares a uma guerra desesperançada e, consequentemente, à morte. Depois de consultar Beck e Goerdeler, que durante muito tempo rejeitaram assassinar Hitler, Tresckow, por sua vez, partiu para a ação. Em meados de março de 1943 ele fez com que seu primo, o tenente Fabian von Schlabrendorff, conseguisse contrabandear uma pasta com explosivos para dentro do avião de Hitler. A explosão estava programada para acontecer durante o voo de regresso do "Führer" sobre a vastidão da Rússia, mas não ocorreu porque o mecanismo de ignição tinha congelado no porão da aeronave. Esse foi um dos vários atentados frustrados da resistência militar. A fim de eliminar Hitler, esses oficiais — para além da sua aversão aos crimes — certamente também estavam conscientes de que a guerra levaria à catástrofe — não apenas à catástrofe nacional, como também à individual. Desde Stalingrado, isso estava claro para todos aqueles que haviam ocupado cargos de responsabilidade nos exércitos do Leste, mas também para o líder da companhia, a quem a superioridade do inimigo era mostrada insistentemente.

Por essa razão, a liderança militar da Alemanha recebeu com ainda mais incompreensão o fato de Hitler ter rechaçado medidas que poderiam ter aliviado de maneira decisiva a guerra no Leste. Desde setembro de 1942, Zeitzler, o novo chefe do Estado-Maior do Exército, e Reinhard Gehlen, chefe da divisão Exércitos Estrangeiros Leste no Alto-Comando do Exército, planejavam montar um exército russo de libertação nacional sob o comando do general Andrei A. Vlássov. Em dezembro de 1941, o oficial do Exército Vermelho tinha desempenhado um papel destacado na batalha pela capital soviética e foi chamado de "herói de Moscou". Em julho de 1942, Vlássov se tornou

O segundo front como campo de conflito da coalizão anti-Hitler

prisioneiro de guerra dos alemães e decidiu colaborar. Ele justificou seu passo dizendo que o povo russo não havia recebido nada daquilo que lhe havia sido prometido durante a revolução. Vlássov queria conduzir sua Rússia a um futuro mais iluminado. Ribbentrop apoiou a montagem de um exército russo de libertação por meio de diversas atividades, entre elas a convocação à fundação de um "comitê russo" em janeiro de 1943 e a resolução da I Conferência Antibolchevista de ex-comandantes e combatentes do Exército Vermelho em abril de 1943. Vlássov acreditava que ainda seria possível promover a queda do regime bolchevista com forças nacionais russas. Ele não estava pensando apenas nos milhões de prisioneiros de guerra russos, mas também nas centenas de milhares de voluntários russos desarmados que ocupavam postos menores nas Forças Armadas. Porém o general apostava ainda no movimento independentista ucraniano, que lutou na clandestinidade primeiro contra o Exército Vermelho e depois contra os ocupantes alemães, que lhes havia negado a independência de seu país.

Mas para conduzir os povos do Leste contra o regime de Moscou era preciso haver uma mudança radical na política alemã, algo que o Alto-Comando do Exército levou ao conhecimento de Hitler por meio de um memorando. Nele se explicitava, de maneira acertada, que a política de ocupação alemã tinha iniciado o desejo de resistência do Exército Vermelho e assegurado à "grande guerra patriótica" proclamada por Stálin uma aceitação cada vez maior. Inspirado por isso, Goebbels apresentou a Hitler algo parecido na forma de um esboço para uma "Proclamação Leste". Segundo o documento, era preciso convencer os povos do Leste de que a vitória das armas alemãs sobre a "besta Stálin" e a "bestialidade do sistema bolchevista" era do seu particularíssimo interesse. Goebbels escreveu que um "ser humano com um pensamento político claro" não poderia mais "se fechar às exigências óbvias"[4] de que algo deveria

O segundo front como campo de conflito da coalizão anti-Hitler

mudar na condução de guerra alemã no Leste a fim de tornar a batalha militar menos difícil e, ao mesmo tempo, combater o crescente perigo dos partisans. Hitler, entretanto, não se mostrava acessível a argumentos racionais. Entre seus inimigos, a relação de forças havia se deslocado desde Stalingrado. Os acontecimentos no Volga revelaram ao mundo a força da União Soviética. Isso fez com que Stálin, cada vez mais autoconfiante, ficasse muito irritado pela não existência de um "autêntico" segundo front. Ele já havia expressado isso e sua desconfiança em relação aos líderes ocidentais quando rejeitara o convite para um encontro secreto com Roosevelt e Churchill em Casablanca. Como desculpa, alegou a batalha de Stalingrado, havia muito já vencida. Seu discurso por ocasião do 24º aniversário de criação do Exército Vermelho, em 23 de fevereiro de 1943, ao dizer que "os Hitlers vão e vêm, mas o povo alemão, o Estado alemão permanece",[5] Stálin sinalizou de maneira inequívoca às potências ocidentais que ele mantinha outras opções em aberto além da rendição incondicional da Alemanha.

Do ponto de vista das potências ocidentais, essa postura devia ser impedida a qualquer custo, pois o Exército Vermelho, como antes, era quem carregava a maior carga da guerra contra a Alemanha de Hitler. Para não ameaçar a coalizão anti-Hitler, prioridade tanto de Roosevelt quanto de Churchill, Stálin não podia ser alienado de forma nenhuma. Por essa razão, as promessas relativas às suas exigências territoriais tendo em vista uma Europa pós-guerra permaneceram vagas. A consciência pesada de ter negado um segundo front à União Soviética na costa francesa do Atlântico fazia com que os Estados Unidos e a Grã-Bretanha como que andassem na corda bamba. Em Casablanca, para o desapontamento do Estado-Maior norte-americano, Roosevelt e Churchill acordaram, de maneira algo vaga, que a operação chamada Roundup, arquitetada pelo Estado--Maior conjunto, seria implantada apenas em 1944.

235

A guerra de tonelagem no Atlântico

Desse modo, Churchill tinha conseguido se impor mais uma vez frente aos aliados americanos. O fator decisivo aí foi a intenção de Washington, no caso da manutenção da estratégia *"Germany first"*, de empurrar de volta os japoneses do Pacífico Central e Sudoeste para as Filipinas. Isso era mais fácil de ser alinhado com a solução menor, preferida de Churchill, de manter a ênfase da luta aliada contra a Alemanha e a Itália no mar Mediterrâneo. O plano ali era conquistar a Tunísia até o verão de 1943. Na sequência, as tropas assim liberadas, americanas e britânicas, desembarcariam na Sicília e subiriam a "bota" italiana. Churchill, que nesse contexto falava de um avanço no "macio baixo-ventre da Europa", também se esforçou em convencer a Turquia a entrar na guerra do lado da coalizão anti-Hitler. Desse modo, ele imaginava continuar assegurando os interesses britânicos na periferia sudeste da Europa frente às ambições de poder soviéticas.

Em Casablanca, o primeiro-ministro e o presidente decidiram realizar, além do "bombardeio mais intenso possível" contra o território alemão e sua população, um combate mais acirrado aos submarinos alemães, tornados uma ameaça séria. Os "lobos cinzentos" tinham infligido perdas significativas aos anglo-saxões no Atlântico Norte. Essa foi a única vez, durante toda a guerra, que os Aliados foram substancialmente atingidos. Em 1942, os submarinos de Dönitz afundaram 1166 navios mercantes, com mais de 5,8 milhões de toneladas de arqueação bruta.* Isso correspondia a mais ou menos à tonelagem construída na época pelos Estados Unidos. Em 1943, os números dos afundamentos diminuíram continuamente, enquanto os americanos produziam navios mercantes com mais de 10 milhões de

---

* A tonelagem de arqueação bruta (TAB) representa o volume interior total de uma embarcação, sendo medida em toneladas de arqueação. 1 TAB = 100 pés cúbicos = 2,8316 m³.

A guerra de tonelagem no Atlântico

toneladas de arqueação bruta. E as perdas dos submarinos alemães aumentaram de maneira dramática, pois os britânicos haviam decifrado as transmissões radiofônicas alemãs e passaram a conhecer suas posições exatas. Em maio de 1943, quando Dönitz perdeu 43 submarinos, ele resolveu interromper temporariamente a batalha contra os comboios no Atlântico.

Já no final de 1943, Erich Raeder tinha sido dispensado por Hitler do cargo de comandante-chefe da Marinha e substituído por Dönitz, pois as estratégias de Raeder de uma guerra naval com embarcações pesadas não eram realizáveis nas áreas setentrionais. Visto que a Alemanha não dispunha de porta-aviões, os navios reunidos nesses locais não podiam ser suficientemente protegidos. Por esse motivo, operações tinham de ser abortadas devido aos riscos muito elevados e, quando não era o caso, terminavam com um saldo alto de perdas. Restavam os submarinos, cujo emprego desde o verão de 1943 também estava ligado a baixas significativas. Em 1943, foram perdidos 244 submarinos no total. O saldo ao final da guerra era terrível: dos mais de 40 mil tripulantes dos submarinos, morreram 30 mil.

Ao mesmo tempo, os americanos melhoravam exponencialmente seu serviço de transporte para a Inglaterra e a União Soviética. Em 1943, as operações auxiliares para a condução de guerra de Stálin (com uma pequena participação da Grã-Bretanha e do Canadá), no montante de cerca de 4,8 milhões de toneladas, foram quase o dobro do ano anterior. Até o final da guerra, passaram por Murmansk e Arkhangelsk, por Vladivostok e o corredor persa, mais de 7 mil tanques, 8200 canhões antitanque, mais de 400 mil veículos, 179 barcos torpedeiros e 1900 locomotivas rumo à União Soviética, mas também 30% de todos os pneus de borracha e explosivos, bem como 90% da gasolina de aviação de alta octanagem para as quase 15 mil aeronaves entregues, das quais mais de 8 mil entraram voando sobre o Cáucaso.

A retração do front leste alemão

Caminhões americanos Studebaker num pátio do Exército Vermelho. Lançadores múltiplos de foguetes Katiúcha ("órgãos de Stálin", para os alemães) eram montados sobre os veículos entregues às centenas de milhares à União Soviética.

O auxílio armamentista para o império de Stálin, avaliado entre 10 bilhões e 12 bilhões de dólares, tinha se tornado cada vez mais importante para a condução de guerra soviética. Nesse caso, era muito simbólico que os lançadores múltiplos de foguetes Katiúcha, empregados em números altíssimos nos campos russos de batalha, fossem montados sobre caminhões Studebaker americanos. Foram esses veículos de tração nas quatro rodas que deram aos "órgãos de Stálin", como eram chamados pelos alemães, a necessária mobilidade e os transformaram na arma mais temida do Exército Vermelho. Em 1942, foram construídos na União Soviética quase o dobro de aviões de combate e quatro vezes mais tanques e canhões autopropulsados do que na Alemanha. Nenhuma superioridade operacional e nenhuma determinação incondicional à "vitória final", como Goebbels vivia invocando, poderia equilibrar essa superioridade material.

A retração do front leste alemão

No front leste — onde desde o início de janeiro tropas alemãs e romenas poderiam ter saído do Cáucaso paulatinamente —, o Exército Vermelho, após sua vitória em Stalingrado, avançou com um ímpeto inacreditável para o Oeste. Ele tomou Kursk, Biélgorod, Demiansk, Carcóvia e Rostov. Apesar disso, a derrocada do front leste alemão, que tinha parado no Norte diante de Leningrado, pôde ser evitada. A defesa conseguiu se reorganizar. Áreas foram evacuadas para corrigir o front, exércitos exauridos foram reunidos em novas formações que, do mar de Azov até a área a oeste de Kursk, ficaram sob o comando do Grupo de Exércitos Sul, liderado por Von Manstein. Por meio dessa contraofensiva limitada em março de 1943, mas sobretudo pelo emprego das unidades de tanques da SS, o front defensivo alemão na bacia do rio Donets e na região ao norte de Carcóvia conseguiu ser estabilizado novamente, embora os romenos e outras unidades dos aliados tenham sido evacuados com várias centenas de milhares de homens. Apesar de todo o esforço, não era possível sustentar a longo prazo a investida do Exército Vermelho.

No outro cenário de guerra terrestre alemão, na cabeça de ponte tunisiana, a batalha cada vez mais desequilibrada chegou ao fim na primavera de 1943. Em novembro do ano anterior, depois do desembarque dos Aliados no Marrocos francês e na Argélia, Rommel tinha sugerido ao seu "Führer" evacuar a posição do "Eixo" no Norte da África. Entretanto, Hitler rechaçou a ideia, indignado. Desse modo, a situação do Grupo de Exércitos África, que lutava contra uma potência superior, se tornava insustentável. Depois de diversas intercessões no "quartel-general do Führer", a "Raposa do Deserto" — que tinha se tornado apenas uma sombra de si mesmo e com a terrível premonição de que mais de 70 mil soldados alemães e quase o dobro disso de italianos cairiam prisioneiros — dirigiu-se a Hitler uma última vez, em 4 de março. Durante uma conversa de rádio

Soldados alemães capturados na Tunísia. Eles se depararam com a superioridade de britânicos e americanos.

ele pediu permissão para ao menos encurtar fortemente a linha de frente e limitar o combate defensivo na área ao redor de Túnis. Em vão. Logo em seguida, Rommel viajou à Alemanha. Ele não pôde mais voltar ao Norte da África. Seu nome não deveria ser manchado com o fim das batalhas locais.

Em 7 de abril de 1943, o 8º Exército britânico, que desde novembro do ano anterior estava avançando ininterruptamente, e o agrupamento do Exército americano que vinha do Noroeste encontraram-se no Sul da Tunísia. Desse modo, parecia iminente que o "Eixo" perderia sua posição no Norte da África. Os efeitos sobre a política interna italiana não se fizeram esperar: greves massivas em Turim e Milão contra a guerra, oposição cada vez maior da Casa Real a Mussolini, sem falar nos militares monarquistas e, no fim das contas, antialemães. O fim político do "Duce" aproximava-se ameaçadoramente.

Tunísia e a ameaça do final político de Mussolini

A fim de evitar essa situação, Mussolini precisava de um sucesso militar na Tunísia — algo próximo a um milagre. Hitler lhe prometeu esse milagre quando os dois se encontraram no castelo Klessheim, em Salzburgo. A cabeça de ponte do Norte da África seria mantida "com todos os meios", ele assegurou. Mas os meios não existiam. Em 13 de maio de 1943, finalmente Von Arnim e o Grupo de Exércitos África capitularam. O comandante supremo não havia permitido nem a fuga dos oficiais mais capazes, como havia sido exigido de Rommel antes de sua despedida da Tunísia.

Hitler temia por consequências de longo alcance para o flanco sul da Europa. Ao seu generalato, ele explicou que agora havia a ameaça da "neutralização" de Mussolini "de uma forma qualquer". E depois, segundo ele, a Itália iria se bandear para o outro lado, voluntariamente ou sob pressão. Isso significaria um segundo front na Europa e acabaria por deixar descoberto o flanco ocidental dos Bálcãs. E que era preciso impedir esse cenário. "A Europa tem de ser defendida na dianteira — não deve existir um segundo front nas fronteiras do Reich."[6] Logo em seguida, ele afirmou que um desembarque dos Aliados nos Bálcãs "seria quase mais perigoso do que o problema da Itália, que no pior dos casos ainda podemos acabar bloqueando em algum lugar".[7] Depois, deu algumas diretivas para a segurança do espaço sudeste e disponibilizou divisões que, na realidade, eram imprescindíveis no Leste.

Em tudo isso, Hitler permaneceu fiel ao princípio de sua condução de guerra, que era o de dar prioridade máxima à luta contra o bolchevismo enquanto os Aliados não tivessem aberto um segundo front no Oeste. Embora não estivesse mais em condições de vencer o Exército Vermelho, ele planejou uma nova ofensiva no front leste. Esta deveria acontecer em Kursk, na interseção entre os Grupos de Exércitos Centro e Sul, onde o front fazia uma curva acentuada de 150 quilômetros para oeste.

Sondagens de paz germano-soviéticas

A ordem operacional de Hitler de 15 de abril de 1943 enfatizava a "importância decisiva" desse ataque. Na sua fantasia, a ação haveria de recuperar a iniciativa para a primavera e o verão. E a ofensiva seria "um sinal para o mundo".[8] Enquanto isso, Stálin estava consciente de que a luta contra a Wehrmacht demandaria um esforço maior ainda. E, portanto, o segundo front dos anglo-americanos na França, que ele aguardava desde antes, se tornava ainda mais imperativo. Na chamada Conferência Trident, em Washington, que se encerrou em 27 de maio, Churchill — fortalecido pela vitória no Norte da África — se impôs mais uma vez com sua sugestão de prosseguir a condução de guerra aliada no mar Mediterrâneo com a conquista da Sicília, como havia sido determinado em Casablanca. Enquanto Roosevelt era favorável a uma concentração das forças aliadas na invasão da costa francesa do Atlântico, marcada para 1º de maio de 1944, Churchill trabalhava em sua estratégia alternativa. No espírito da política britânica de equilíbrio para o continente, ele já tinha desenvolvido o plano de uma federação centro-oriental e sudeste europeia, pensada como amortecimento contra a União Soviética. Os governos no exílio da Grécia, Iugoslávia, Tchecoslováquia e Polônia já tinham concordado com o projeto.

Em 4 de junho, as potências ocidentais informaram Stálin de que a invasão não aconteceria mais em 1943. O ditador soviético, decepcionado e desprezado, lembrou a Roosevelt que um segundo front havia sido assegurado à União Soviética ainda em 1942, e depois foi adiado para 1943. E, naquele momento, falava-se na primavera de 1944. Ele reclamou dizendo que suas forças de combate contra o ainda "forte e perigoso inimigo seriam deixadas sozinhas" e observou que era preciso notar "que esse novo adiamento do segundo front iria gerar [...] uma impressão absolutamente negativa na União Soviética — tanto no povo quanto nas Forças Armadas [...]".[9]

Sondagens de paz germano-soviéticas

Visto que não havia nenhum apoio ocidental às demandas territoriais soviéticas na Europa do pós-guerra, renasceram num Stálin profundamente desconfiado antigos temores de que Churchill e Roosevelt estavam jogando sujo com ele. Em sua irritação, ele pareceu se mostrar aberto em relação à paz com a Alemanha. O encerramento das inimizades, calculava Stálin, iria empurrar consideravelmente a área de influência soviética para o Oeste, algo que não necessariamente excluía um prosseguimento futuro da luta contra o inimigo mortal. Mais uma vez Estocolmo estava no centro dos acontecimentos. Mais uma vez o assunto era conduzido, do lado alemão, pelo ministro das Relações Exteriores, que também nisso apostava no apoio de Himmler. Entretanto, devido a uma indiscrição, a imprensa sueca soube do caso, sendo desmentida pela agência soviética de notícias TASS; Kleist, o informante alemão, foi preso temporariamente quando de seu regresso a Berlim. Hitler não enxergava nisso nada além de uma "provocação judaica".

Sabendo que a guerra deveria ser mantida até a vitória sobre a Alemanha, Stálin tomou providências para sua remodelação social. A luta de classes como meio de amplificação do poder soviético retomou sua antiga importância, sendo disfarçada por uma manobra tosca. Stálin anunciou ao mundo a dissolução do Comintern, pois a União Soviética não queria "se meter na vida dos outros países". E afirmou que, além disso, os partidos comunistas eram independentes e não agiam "por comandos externos".[10]

O maioral do Kremlin aceitou a sugestão do Politburo do Comitê Central do KPD no exílio de nomear Walter Ulbricht e Wilhelm Pieck para a formação de um comitê alemão de combate à guerra de Hitler e à tirania nazista. Em meados de julho de 1943, sob coordenação soviética e controle do Serviço Secreto GPU, foi criado em Krasnogorsk, próximo a Moscou,

Planos de Washington para o pós-guerra

o Comitê Nacional por uma Alemanha Livre. Seus membros eram "trabalhadores e escritores, soldados e oficiais, operários e políticos", dizia o manifesto do comitê nacional. A fim de ocultar seu verdadeiro caráter, informava-se ainda que seus membros eram "pessoas de todas as orientações políticas e ideológicas, que há um ano não teriam considerado possível tal associação".[11]

Em setembro, houve o acréscimo de uma subseção do comitê nacional, a Liga dos Oficiais Alemães, também apoiada por Paulus, que por meio da distribuição de folhetos e de transmissões radiofônicas conclamava os soldados alemães para mudarem de lado e lutar contra a ditadura de Hitler. Os comunistas alemães exilados já tinham feito trabalho de propaganda na batalha por Stalingrado, como atestam fotos de Ulbricht e Erich Weinert. Seu seguimento deveria acontecer em grande estilo. A fundação do comitê nacional e da liga dos oficiais, com as cores preto-branco-vermelho do Império Alemão, nutria a visão de uma nova Convenção de Tauroggen. Nesse evento, o conde Ludwig Yorck von Wartenburg, como sátrapa de Napoleão, firmou — sem o conhecimento do rei prussiano — um armistício de suas tropas com os russos, dando o sinal para as guerras de libertação contra o domínio napoleônico sobre a Alemanha.

As iniciativas soviéticas tendo em vista uma Alemanha futura também foram registradas por Washington. Mas quase ninguém entendeu seu ímpeto revolucionário nem a política soviética correspondente. Se diversas instâncias americanas refletiam sobre o futuro da Alemanha, era porque elas até então não tinham lidado com o assunto. Ainda em março de 1943, ao questionar Roosevelt sobre o futuro da Alemanha depois da vitória da coalizão anti-Hitler, Eden, o ministro das Relações Exteriores britânico, recebeu menosprezo como resposta.

No verão, um grupo de estudiosos que se ocupou da pergunta se juntou no State Department, o Ministério das Relações

Planos de Washington para o pós-guerra

Exteriores americano. O artigo resultante preconizava que uma Alemanha de estatuto democrático deveria ser administrada pelos Estados Unidos, pela Grã-Bretanha e pela União Soviética. Além disso, sugeria a proibição do rearmamento do país, que deveria ter reduzida sua influência na Europa, e a penalização dos criminosos de guerra nacional-socialistas. Essas reflexões moderadas, aceitas pelo ministro das Relações Exteriores Cordell Hull, foram criticadas por seu interino Sumner Welles, que defendia a divisão da Alemanha em três Estados separados. O presidente acompanhou essa ideia e incumbiu Welles de sugerir a divisão da Alemanha aos parceiros na Conferência de Moscou dos ministros das Relações Exteriores da coalizão anti-Hitler, em outubro de 1943. Visto que não apenas Hull, como também o ministro das Relações Exteriores britânico Eden e mais Mólotov viam a proposta com ceticismo, ela foi tratada apenas "como um estudo". No encontro em Moscou ficou decidida a formação de uma Comissão de Assessoramento Europeu, na qual diplomatas dos três países deveriam discutir os inúmeros problemas e as questões relativas à Alemanha.

No que dizia respeito aos Estados europeus na (ainda) área de influência alemã, Washington partia do pressuposto de seu restabelecimento e da introdução de relações diplomáticas depois do fim da guerra. Isso também valia para a Polônia, apagada do mapa em consequência do pacto Hitler-Stálin, e cujo governo estava exilado em Londres, trabalhando de maneira muito engajada pelo reerguimento de um grande Estado nacional. Nesse sentido, o chefe de Estado Władysław Sikorski apostava tudo em Churchill. No início de 1943, o premiê britânico já lhe havia prometido a Prússia Oriental, pedida havia tempo. Embora Churchill estivesse pensando em primeira instância numa compensação pelos territórios poloneses exigidos pelos russos a leste da Linha Curzon, o governo polonês no exílio considerava que o primeiro-ministro britânico não

Katyn

permitiria que a futura fronteira leste da Polônia — à exceção da região de Białystok — fosse aquela definida pelo pacto Hitler-Stálin. Isso parecia ainda mais lógico visto que a Grã-Bretanha tinha declarado guerra à Alemanha em 1939 a fim de garantir, depois do ataque alemão, a integridade territorial do Estado polonês.

A já difícil relação diplomática entre o Kremlin e o governo polonês no exílio foi totalmente destruída por um evento que gerou manchetes em abril de 1943. Os alemães haviam encontrado as valas comuns de mais de 4,4 mil oficiais poloneses na floresta de Katyn, em Smolensk, assassinados com tiros na nuca. O aparato de propaganda de Goebbels logo alardeou o fato, a fim de revelar a "verdadeira essência" do bolchevismo. Moscou negou a autoria, falou de uma "difamação fascista" e colocou a responsabilidade do crime nas "autoridades fascistas-hitleristas".[12] Visto que tudo apontava para uma autoria soviética, o assunto também ecoou no Ocidente.

O governo polonês no exílio estava muito empenhado em esclarecer o caso. No final de 1941, Sikorski tinha se encontrado com Stálin em Moscou para discutir também sobre o destino dos poloneses ainda presos em campos de trabalho e prisões soviéticas. Ele havia entregado ao líder soviético uma lista com 4 mil nomes, dos quais nenhum havia retornado. Stálin tentou driblar o primeiro-ministro com todo tipo de desculpas, entre elas algumas que beiravam a absurda afirmação de que os poloneses em questão tinham fugido para a Manchúria. Apenas em 1992 o presidente russo Boris Iéltsin admitiu perante a opinião pública mundial que Stálin havia ordenado o assassinato dos 4 mil poloneses — depois de a União Soviética ter negado o crime por quase meio século.

Em abril de 1943 o governo polonês no exílio recebeu de Stálin a autorização para que a área em Katyn fosse investigada por uma comissão neutra sob responsabilidade da Cruz

Vermelha Internacional. Esta última, por sua vez, enviou uma mensagem a Churchill reclamando que o "governo de Sikorski, para benefício da tirania de Hitler, está conduzindo um golpe traiçoeiro contra a União Soviética", e isso num tempo em que os soviéticos estavam empenhando "todas as suas forças para o extermínio do inimigo comum dos países democráticos que vivem em liberdade".[13] Stálin avaliou isso como um rompimento de facto das relações de aliança do governo polonês no exílio com a União Soviética e, em seguida, rompeu unilateralmente as relações diplomáticas. No seu lugar, ele criou seu próprio governo polonês. No início, tratava-se da União dos Patriotas Poloneses. A organização comunista, que se ocupava da criação de unidades militares polonesas na União Soviética, deveria se unificar em 1944 com o Comitê Polonês de Libertação Nacional, que formava o núcleo do governo de marionetes moscovita, o Comitê Nacional Polonês ou Comitê de Lublin.

No verão de 1943, Hitler retomou mais uma vez, por alguns dias, as negociações junto ao front germano-soviético. Em 5 de julho de 1943 — no dia anterior, Sikorski havia morrido num misterioso acidente de avião em Gibraltar —, teve início no arco de Kursk a constantemente adiada Operação Cidadela. Um exército alemão veio do Norte sob o comando geral de Kluge; do Sul, um exército com unidades da Waffen-SS sob o comando de Manstein e uma divisão do Exército sob o comando de Werner Kempf. Entre os 3 mil tanques à disposição dos alemães, estreavam os modernos Tiger, claramente superiores aos russos T34 no que diz respeito à força de combate. O objetivo da operação, salvaguardada por duas esquadrilhas aéreas, era dizimar os soviéticos num cerco clássico. Visto que o transcorrer do front de Kursk era quase que predestinado para isso, não foi possível contar com o elemento surpresa. Este, o ponto fraco do plano desenhado por Zeitzler. Os defensores, bem preparados e numericamente superiores, com

A batalha de tanques de Kursk

cerca de 8 mil tanques, conseguiram segurar o ataque alemão no Norte e passaram à ofensiva. No Sul, depois de sucessos parciais das unidades da Waffen-SS, os embates se tornaram batalhas de exaustão. Em 13 de julho, Hitler ordenou que a última ofensiva alemã no Leste fosse interrompida, pois apesar de todo o discurso de empenho e resistência, o sucesso esperado não era mais possível.

A maior batalha de tanques da história mundial não estava destinada a ser vencida pela Alemanha, mesmo se Manstein e outros quisessem ter acreditado nisso depois do final da Segunda Guerra. Isso se deve também ao fato de que a capacidade operacional da condução de guerra dos soviéticos não podia mais ser comparada à da fase inicial do conflito. Mas o ponto decisivo foi sua superioridade material em tanques e artefatos de artilharia. O general Heinz Guderian, inspetor-geral das unidades blindadas, escreveu sobre as consequências da Operação Cidadela: "As unidades blindadas, renovadas com grande esforço, tinham ficado inoperantes durante muito tempo devido às pesadas perdas humanas e materiais. Sua recuperação a tempo para a defesa do front leste [...] foi questionada".[14]

A superioridade do inimigo se mostrou também na estratégica guerra aérea dos anglo-americanos contra a Alemanha, que desde junho de 1943 acontecia com força total, assim como combinado entre Churchill e Roosevelt em Casablanca. Enquanto a 8ª esquadra aérea americana, sob o comando de Carl A. Spaatz, operava principalmente durante o dia, atacando via de regra objetivos militares e infraestrutura, o comando de bombardeiros estratégicos da Royal Air Force, sob Arthur Harris, concentrava-se na destruição de cidades alemãs. O primeiro grande ataque sob sua responsabilidade tinha completado mais de um ano. No final de março de 1942, seus bombardeiros atacaram Lübeck; na noite de 30 para 31 de maio de 1942 foi a vez de Colônia. A Operação Milênio, que envolveu pela primeira vez

O desembarque dos Aliados na Sicília

mil bombardeiros, transformou partes da cidade da famosa catedral em entulho e cinzas. Agora Dortmund, Düsseldorf, Wuppertal, Remscheid, Essen e Nuremberg dividiam o mesmo destino. E a capital do país também era constantemente atacada. No início, a Luftwaffe, de orientação tática, pouco conseguia se impor, pois estava atuando principalmente nos fronts. Uma única formação de aeronaves de caça encontrava-se à disposição para a defesa do país. Seria imperiosa a construção de caças. Enquanto Göring, que havia perdido cartaz com Hitler após Stalingrado, lidava com dificuldades, em março de 1943 Milch solicitou que se enfatizasse a produção de aviões de caça e, consequentemente, a defesa da Alemanha. O general dos pilotos de caça, Adolf Galland, manifestou-se a favor de quadruplicar o número de caças. Mas Hitler, ainda dominado por suas ideias de atacar o inimigo ofensivamente e destruí-lo, falava de um aumento da produção dos bombardeiros.

Em todo caso, foi possível montar uma proteção aérea e fortalecer a defesa antiaérea, de modo que os bombardeiros aliados computaram perdas. Mas os ataques contra Hamburgo no final de julho e início de agosto de 1943 evidenciaram a desproteção das cidades alemãs frente às esquadrilhas de bombardeiros dos Aliados. No decorrer dessa operação, chamada de Gomorra, morreram 37 mil pessoas. Logo em seguida, a cúpula da Luftwaffe se reuniu em Rastenburg. Eles pediram a Göring que partilhasse da sua concepção de que, a partir de então, os caças precisavam ser absoluta prioridade. Porém, ao levar a demanda a Hitler, Göring recebeu uma aula sobre a importância da produção de bombas. Hitler ainda não queria saber de transferir a ênfase da missão da Luftwaffe à defesa da Alemanha. A proteção estratégica simplesmente não combinava com o que ele imaginava dessa guerra. Isso ficou evidente também no ano seguinte, quando o Messerschmitt Me 262 — o primeiro caça a jato do mundo apto ao uso operacional — estava à disposição,

O desembarque dos Aliados na Sicília

e Hitler, para decepção dos generais da Luftwaffe, ordenou que ele compusesse sua massa de bombardeiros.

Mesmo que a defesa aérea alemã fosse mais efetiva do que em geral se considera — em meados de agosto, foi possível desferir um pesado golpe nos Aliados ocidentais sobre Schweinfurt e Regensburg, com a interceptação de sessenta bombardeiros e um número ainda maior de aeronaves severamente avariadas —, os bombardeios anglo-saxões pouco a pouco transformavam a Alemanha num campo de ruínas. Se até então os incêndios haviam queimado ou sufocado as pessoas (porque o fogo consumia o oxigênio do ar), Churchill decidiu-se, mais para a frente, por fazer uso também de armas biológicas. O primeiro-ministro planejava empregar uma bomba americano-inglesa de antraz. Ele havia encomendado meio milhão delas aos Estados Unidos. Entretanto, não foram usadas porque a planejada conquista da Alemanha impossibilitava sua contaminação bacteriana.

As forças aéreas dos britânicos e dos americanos também haveriam de cumprir um papel importante na ofensiva contra a "Fortaleza Europa".* Ainda antes do cessamento da Operação Cidadela estar sob seu comando, uma força de combate de americanos e britânicos havia desembarcado na Sicília. A resistência local rapidamente se desfez. Portanto, unidades alemãs neutralizaram de maneira discreta os postos de comando italianos e assumiram a luta de defesa, conduzida temporariamente por Hitler a partir de seu quartel-general da Prússia Oriental. Em 19 de julho de 1943, ao se encontrar com Mussolini em

---

* Termo empregado pela propaganda nacional-socialista durante a Segunda Guerra para se referir aos países do Norte, do Oeste e do Centro da Europa como um "bastião contra o comunismo" e também à sua suposta invencibilidade sob o comando da Alemanha. A propaganda dos Aliados também fez uso da expressão, referindo-se ao território do continente dominado pelos nacional-socialistas.

O Estado marionete no Norte da Itália

Feltre (em Vêneto), Hitler tentou encorajá-lo com discursos efusivos. Ele disse ao "Duce" que a Sicília deveria se tornar uma "derrota catastrófica" aos anglo-americanos. Mas o líder italiano estava resignado e, em 25 de julho de 1943, entregou sua demissão ao rei Vittorio Emanuele III. Em seguida, o monarca prendeu o "Duce" e instruiu o marechal Pietro Badoglio a formar um novo governo. Pelo interesse de seu país, o novo homem em Roma jogava um jogo duplo: ele deixou os "parceiros do Eixo" acreditar que a aliança prosseguia. Na verdade, porém, mantinha negociações secretas com os anglo-americanos sobre um encerramento da guerra.

Quando soube dos acontecimentos na Itália, Hitler quis enviar uma divisão de infantaria para Roma e derrubar o governo. Queria inclusive ocupar o Vaticano e prender a "gentinha" ali presente (como ele se expressava). Ao ter conhecimento das informações do Serviço Secreto sobre as negociações de Badoglio com as potências ocidentais, também lançou mão de um jogo errado para ganhar tempo. Por um lado, Hitler não queria dar nenhum motivo para Roma desistir da "aliança do Eixo". Por outro, mandou efetivar os planos já prontos para o controle da Itália, que incluíam o fechamento dos passos alpinos — o caso "Eixo" —, na medida em que era possível manter essa movimentação despercebida. A defesa, que foi entregue a Rommel, deveria se limitar, a princípio, ao Norte da península Itálica. Em paralelo, Hitler se ocupava do reerguimento de um Estado fascista italiano sob o comando de Mussolini, a quem ele queria libertar das mãos dos traidores. Visto que as negociações secretas de Badoglio se estenderam, o lado alemão conseguiu preparar os planos relativos à fundação do Estado, desarmamento e tomada de controle nas regiões italianas ocupadas pelos alemães em seus mínimos detalhes.

Em 8 de setembro de 1943, foi anunciado em Roma o cessar-fogo assinado cinco dias antes. Esse foi o sinal para os alemães.

O Estado marionete no Norte da Itália

O desmoralizado Exército italiano de milhões de combatentes foi desarmado pelas Forças Armadas alemãs — não apenas na península Itálica, mas também no Sul da França e no mar Egeu. Enquanto 700 mil italianos eram presos, a esquadra de alto-mar italiana que havia zarpado de La Spezia tentava alcançar Malta, a fim de se entregar aos britânicos. Nisso, bombardeiros alemães afundaram o encouraçado *Roma* e danificaram o idêntico *Italia*. Enquanto a Wehrmacht e a SS tomavam as posições-chave do país e avançavam em direção a Roma, formava-se um contragoverno sob Alessandro Pavolini; o governo Badoglio e a Casa Real saíam da Cidade Eterna para se instalar em Brindisi. Essa tinha sido tomada, no meio-tempo, pelas unidades do 8º Exército britânico, desembaraçado em 3 de setembro na Calábria. Em 9 de setembro, um exército americano montou uma cabeça de ponte no golfo de Salerno. Ao mesmo tempo, unidades britânicas desembarcaram em Taranto. No início de outubro, os Aliados haviam chegado a Nápoles com seu importante porto. Seu deslocamento seguinte até Roma foi obstruído por várias posições de defesa alemã. As mais sangrentas e longas batalhas da Segunda Guerra Mundial aconteceram junto à "Linha Gustav",* que passava pelo monte Cassino, de importância estratégica.

Em 12 de setembro de 1943, por meio de uma ação espetacular, Hitler tinha conseguido libertar seu amigo Mussolini de um hotel de montanha nos Abruzos e trazê-lo para Rastenburg. Só que suas expectativas em relação ao "Duce", a quem ele tinha chamado fazia pouco num discurso radiofônico de o "maior filho do solo italiano desde o final do mundo antigo",[15] foram amargamente frustradas. Pois Mussolini assumiu com

---

* A Linha Gustav era uma linha fortificada na Itália composta de fortalezas, bunkers de concreto, arame farpado e campos minados, que ia de costa a costa: desde a foz do rio Garigliano no mar Tirreno, a oeste, até a foz do rio Sangro, na costa do Adriático, a leste.

O *Estado marionete no Norte da Itália*

extrema contrariedade o contragoverno fascista sediado em Salò, no lago de Garda. Entretanto, a supervisão da Repubblica Sociale Italiana, fundada em 23 de setembro, foi assumida por outro: o plenipotenciário do Reich, Rudolf Rahn, e o mais alto líder da SS e da polícia na Itália, Karl Wolff. Apesar disso, Hitler continuava tratando o "Duce" — a quem logo foi ditada uma lei, segundo a qual os judeus do país deveriam ser transferidos aos campos de concentração do Leste — com a maior deferência; afinal, ele era o "maior filho" da Itália.

O mundo de Hitler se constituía mais e mais de autoengano e autossugestão, bem como de acessos de fúria contra os judeus. E, em meio a isso tudo, ele estava sempre se esforçando para passar a impressão de que ainda era senhor da situação. A traição da turma de Badoglio e a transferência das tropas alemãs da Rússia para a Itália, que em 13 de outubro de 1943 declarou guerra à Alemanha, serviram para que ele explicasse o desenvolvimento catastrófico no front leste. O Exército Vermelho havia partido para uma grande ofensiva em seu trecho sul e logo também no central. Hitler então aceitou recuar os Grupos de Exércitos Centro e Sul até os rios Dniepr e Desna, depois de ter insistido com Manstein, ainda no final de agosto, em ficar parado em todos os lugares "até que o inimigo se convença da inutilidade de seus ataques".[16] As margens dos dois rios deveriam ser integradas num "muro do Leste", que se estenderia do mar Báltico até o mar Negro. Só que antes de a retirada se iniciar em setembro, o "muro do Leste" já tinha sido ultrapassado como posição inicial pelos eventos da batalha. Pois no decorrer da conquista soviética da bacia do Donets até o fim de setembro, as unidades alemãs do Grupo de Exércitos Sul foram empurradas de volta até a Linha Dniepr. Em outubro/novembro, enquanto o Exército Vermelho formava grandes cabeças de ponte na margem oeste do rio, o Grupo de Exércitos Centro ainda mantinha a

A reedição da estratégia de Hitler de 1939

posição no "muro do Leste" conquistada em outubro, assim como as posições ao sul de Leningrado.

Se Hitler, em oposição a suas constantes ordens de parada e suas frases sobre lutar até o último cartucho, havia concordado com a retirada até o "muro do Leste", então foi porque o movimento estava vinculado ao anúncio, avesso a qualquer realidade, de assim retomar a iniciativa. Pois o avanço do Exército Vermelho deveria ser interrompido no "muro do Leste". Visto que a empreitada demandaria um mínimo de força — como dizia Hitler —, as divisões então liberadas poderiam ser empregadas na defesa contra o esperado desembarque na costa francesa do Atlântico. Como uma reedição de sua estratégia de 1939, isso deveria consolidar a situação no Oeste, para em seguida ser possível retomar a ofensiva no Leste.

A postura desdenhosa de Hitler em relação às sondagens de paz da União Soviética exemplifica até que ponto ele se mantinha ligado (ou melhor, preso) à sua estratégia. Ribbentrop pretendia retomar mais uma vez o contato com os soviéticos. Para tanto, ele enviara um homem a Estocolmo encarregado de entregar o ofício correspondente, como Mólotov mais tarde relatou. Quando se descobriu que esse movimento não tinha sido autorizado por Hitler, o lado soviético rompeu a conversa. Isso foi em outubro de 1943. Goebbels, que supostamente sabia da empreitada de Ribbentrop, tocou no assunto da paz em separado com a União Soviética numa visita ao "quartel-general do Führer" de Rastenburg em 9 de setembro de 1943. É bem provável que ele quisesse promover o assunto com Hitler. Mas este rechaçou a ideia. Em vez disso, defendeu a opinião "de que antes poderíamos fazer algo [...] com os ingleses. Em algum momento, os ingleses [...] vão se tornar razoáveis". Em seguida, Hitler explicou a Goebbels que os ingleses se manteriam ilesos no mar Mediterrâneo, invocando nesse contexto a Sicília, a Calábria, a Sardenha e a Córsega. "Se eles saírem

"One World" de Roosevelt

da guerra com esse butim, terão ganhado algo. O Führer acredita que daí eles estariam eventualmente mais acessíveis para um entendimento."[17] Enquanto as explicações de Hitler se tornavam cada vez mais absurdas, delineava-se o que ele sempre havia profetizado: que a Grã-Bretanha acabaria tendo de se colocar cada vez mais à sombra dos Estados Unidos. Apesar de toda a habilidade estratégica de Churchill, Roosevelt se tornava pouco a pouco o fiel da balança dos Aliados anglo-saxões. Na Conferência de Quebec, o presidente americano — que queria ir ao encontro do ditador soviético — fez questão de que a "autêntica" invasão (ou seja, a do lado ocidental) fosse definida como o primeiro objetivo terrestre e aéreo de 1944. Dessa maneira, ele se impôs frente a Churchill, que precisou aceitar que a condução da guerra no mar Mediterrâneo e o objetivo a ela coligado, de evitar o acesso da União Soviética aos países do Sudeste e Centro-Oeste da Europa, eram quase impossíveis. E Churchill também teve de se curvar ao mais forte na questão da condução da Operação Overlord, codinome da invasão na costa atlântica francesa. Ele nutriu em vão a esperança de um britânico no comando, mas foi o americano Eisenhower que controlou as operações conjuntas na Sicília e no continente italiano.

Para Roosevelt e seu grupo de generais, Stálin havia se tornado um fator decisivo na Europa. As vitórias do Exército Vermelho, nas quais ninguém apostava no início da guerra germano-soviética, aumentavam o respeito e a valorização que lhe eram dispensados. Já em agosto, o generalato americano havia entregado a Roosevelt um estudo que, com suas consequências não reconhecidas, assemelhava-se efetivamente a uma renúncia dos princípios democráticos na Europa do pós-guerra. Lia-se nele: "Visto que a Rússia representa o fator decisivo, ela precisa receber todo o apoio e tudo precisa ser mobilizado para ganhar sua amizade. Visto que depois da derrota do 'Eixo' ela

"One World" de Roosevelt

reclamará sem dúvida a supremacia na Europa, o desenvolvimento e a manutenção de relações amistosas com a Rússia é ainda o mais importante".[18]

O documento correspondia integralmente à visão política de Roosevelt. Na sua fixação no oponente, a Alemanha de Hitler, ele não enxergou a natureza da tirania de Stálin e a dinâmica revolucionária mundial do comunismo. Apesar de todos os alertas, o presidente americano achava que, quando ambos os Estados inimigos estivessem derrotados e sob controle internacional, a criação de uma ordem pacífica do pós-guerra na Europa estaria garantida. Roosevelt acreditava no seu modelo do "One World", cujo pensamento básico ele certa vez resumiu assim:

> Não podemos viver sozinhos em paz, nosso próprio bem-estar depende do bem-estar de outras nações — nações muito distantes. Aprendemos a ser cidadãos do mundo, membros de uma comunidade humana. Aprendemos a verdade simples de Emerson, a de que o caminho mais simples de se ter um amigo é ser um amigo.[19]

O presidente americano estava convencido de que seria possível transformar a coalizão de quase o mundo inteiro contra a Alemanha e o Japão em uma única aliança de paz, na qual reinariam a justiça e a ordem. Os princípios da Carta do Atlântico, invocados por 26 Estados em 1º de janeiro de 1942 numa Declaração das Nações Unidas, deveria se tornar a base dessa *pax americana.* Com a declaração de Moscou de outubro de 1943, os Estados Unidos, a Grã-Bretanha, a União Soviética e a República da China concordaram em criar em breve uma organização de países soberanos e equânimes, que se empenhariam na manutenção da paz e da segurança internacional.

Durante a conferência com Stálin, que aconteceu entre 28 de novembro e 1º de dezembro de 1943, em Teerã, Roosevelt

O novo curso de Tóquio na Ásia

e Churchill queriam avançar em todas essas questões. Eles tinham vindo do Cairo, onde se reuniram com seu mais importante aliado na Ásia, o líder da China, Chiang Kai-shek, para discutir sobre a condução da guerra no Extremo Oriente. Esta não havia se tornado mais fácil desde que o governo do primeiro-ministro Hideki Tōjō, agora com um novo ministro das Relações Exteriores, Mamoru Shigemitsu, mudara o curso da política. A expansão japonesa, baseada até então no discurso da libertação da Ásia da violência e da opressão dos imperialistas, passou a defender a independência dos países subjugados sob a guarda da potência japonesa. Desse modo, Tóquio acreditava que conseguiria criar, em vez da resistência, um efeito de mobilização pan-asiática contra os brancos, como já tinha sido o caso uma vez no início da expansão japonesa. O que estava acontecendo no Japão em princípio era comparável com aquilo que foi reivindicado na Alemanha depois de Stalingrado e que fracassou no dogmatismo ideológico-racista de Hitler.

A nova política do Japão começou na China, onde o regime de Wang Ching-wei, contrário a Chiang Kai-shek e estabelecido em Nanjing, recebeu o status de parceiro igualitário. Esse regime colaboracionista, que declarou guerra a Washington e a Londres no início de 1943, passou a fazer uma política contrária aos antigos direitos especiais das potências coloniais. Isso pressionou também Chiang Kai-shek e limitou seu espaço de manobras em relação a Roosevelt e Churchill. Tóquio garantiu a liberdade também às Filipinas, à Tailândia e à Birmânia. Em seguida, a Birmânia entrou em estado de guerra com os Estados Unidos e a Grã-Bretanha. (A Tailândia já havia feito o mesmo em janeiro de 1942.) Nas outras regiões do âmbito de poder japonês, a população teve direito a mais autonomia. Apenas Singapura, na condição de grande base para a Marinha e da Força Aérea, deveria se manter sob o domínio direto do Japão. A "esfera de coprosperidade da Grande Ásia Oriental"

O novo curso de Tóquio na Ásia

recebeu assim um novo rosto, que tornava cada vez mais questionáveis as exigências das forças coloniais europeias num restabelecimento das antigas relações e, portanto, embora não evitasse a derrota do Japão, iniciava — a longo prazo — o fim da era colonial na Ásia.

O mesmo valia também para a Índia, que no verão de 1943 tinha voltado ao foco de Tóquio. No contexto da visita do líder nacionalista indiano Subhas Chandra Bose à capital japonesa em junho, Tōjō declarou garantir toda a ajuda possível à libertação da Índia. Em 21 de outubro, em Singapura, Bose anunciou a criação de um Governo Provisório da Índia Livre e o estado de guerra com a Grã-Bretanha e os Estados Unidos, mas não com a República da China de Chiang Kai-shek. Roosevelt e Churchill combinaram com os chineses — como anunciado na Declaração do Cairo —, para depois da rendição internacional de Tóquio, a restauração das fronteiras da China pré-expansão japonesa, bem como a fundação de uma Coreia livre e independente. No que dizia respeito à condução de guerra da época, estava programada uma campanha contra a Birmânia com apoio chinês, que se tornou parte integrante do plano de guerra anglo-americano, cuja ênfase estava no prosseguimento do "*island hoping*" em direção à área central do Japão e às Filipinas.

Dois dias após esse encontro no Cairo, Roosevelt e Churchill se reuniram pela primeira vez com Stálin, em Teerã. Os três homens não podiam ser mais diferentes entre si: de um lado, o espírito livre e casual americano, com as visões ilimitadas, e o esnobe da alta aristocracia inglesa, que tentava trazer o máximo possível da velha política inglesa de poder mundial aos novos tempos. Do outro lado, o líder soviético astuto e inescrupuloso, fixado no seu império e em ampliar seu poder por todos os meios. Stálin ganhou pontos logo na primeira conversa ao mencionar o Extremo Oriente e anunciar a

A Conferência de Teerã

pretensão de lutar na guerra contra o Japão ao lado dos anglo-saxões, após o término da guerra na Europa. Isso correspondia exatamente aos desejos dos líderes ocidentais, principalmente os de Roosevelt.

Na Conferência de Teerã, preparada pelos ministros das Relações Exteriores Hull, Eden e Mólotov no final de outubro, em Londres, não foram tratadas as importantes questões sobre a orientação político-social e, consequentemente, de política externa, dos Estados da Europa meridional, central e oriental, que estavam na área do avanço do Exército Vermelho. Tratava-se muito mais das fronteiras futuras. No caso da Polônia, os "Três Grandes", como ficaram conhecidos, logo pactuaram com a Linha Curzon. Desse modo, o lado soviético tinha se imposto. A fim de não comprometer totalmente o governo polonês no exílio, que não estava à mesa de negociações em Teerã, Churchill sugeriu compensar seus protegidos às custas do inimigo comum, a Alemanha. Sobre esse assunto, o primeiro-ministro escreveu: "Eden achou que a Polônia poderia ganhar no Leste aquilo que perde no Oeste [...]. Depois, com a ajuda de três palitos de fósforo, ilustrei meus pensamentos sobre um deslocamento a oeste da Polônia. Stálin gostou [...]".[20] Os líderes da coalizão anti-Hitler acabaram concordando que o território do Estado e do povo polonês a princípio deveria se estender entre a Linha Curzon e o rio Oder, estando anexadas a Prússia Oriental e Opole; entretanto, dizia-se que a definição real das fronteiras exigiria mais estudo e um possível deslocamento de população em alguns pontos. Essas palavras abriram o caminho para a maior migração da história recente.

Os "Três Grandes" também concordavam que a Alemanha, depois da vitória da coalizão anti-Hitler, não deveria mais continuar intacta (como Hull defendia), mas dividida. Churchill, que enxergava em Hitler e no nacional-socialismo uma continuidade do Império, queria separar a Prússia, "o núcleo ruim

A Conferência de Teerã

do militarismo alemão", do restante da Alemanha. Roosevelt queria dividir a Alemanha em cinco partes:

1. A Prússia como um todo, tornada menor e mais fraca possível; 2. Hannover e a região Noroeste; 3. Saxônia e a região de Leipzig; 4. Hessen-Darmstadt, Hessen-Kassel e a região ao sul do rio Main; 5. Baviera, Baden e Würtenberg.

Ele propôs que essas cinco partes deveriam se autogovernar e que deveria haver duas regiões sob controle das Nações Unidas ou de algum tipo de controle internacional.[21]

Stálin fez de conta priorizar o plano do presidente. Ele claramente desaprovava um controle, independente do tipo, das Nações Unidas sobre a Alemanha ou sobre parte dela. Estava mais empenhado na definição de esferas de interesse. Além disso, queria evitar quaisquer formas de confederações já em seu início, ao afirmar que a Áustria, assim como a Hungria, a Romênia e a Bulgária, deveriam se tornar Estados independentes. Stálin conhecia os planos sobre a Confederação do Danúbio de Churchill e sua intenção de manter distante a influência de Moscou. Roosevelt, que durante a Conferência de Teerã esteve alojado na embaixada soviética, concordou com seu anfitrião, visto que confederações não combinavam com suas ideias de "um só mundo".

Na breve declaração final de Teerã, falou-se também da "família mundial das nações democráticas", da "eliminação da tirania e da escravidão, da opressão e da intolerância", bem como do dia "em que todos os povos do mundo, desconhecendo a tirania, poderão viver livres, de acordo com seus diversos desejos e suas próprias consciências".[22] Nem Churchill nem Roosevelt queriam enxergar o fato de que Stálin e seu Exército Vermelho se dispunham a trazer essa tirania à Europa central. Mas o britânico, conhecido no passado por seus

Na expectativa da invasão na França

discursos anticomunistas, estava consciente de que, para Stálin, democracia era algo um pouco diferente. No entanto, ele estava convencido de que encontraria um denominador comum com o líder soviético. Roosevelt considerava o homem uniformizado de marechal inclusive um homem de palavra. Ele parecia fascinado por sua força e presença. E havia os inimigos odiados, que os uniam.

Por meio de um agente na embaixada britânica em Ancara, onde os relatórios sobre a reunião estavam disponíveis, Hitler estava detalhadamente informado sobre os resultados da Conferência de Teerã. Para ele, o grande alinhamento de seus inimigos em realidade tão diferentes era uma reconfirmação da traição global contra a Alemanha, presente em sua visão de mundo ideológico-racista. É claro que as informações sobre a planejada invasão dos Aliados na costa francesa do Atlântico lhe eram especialmente importantes. Mesmo assim, durante a passagem do ano, o Alto-Comando da Wehrmacht estava em dúvida sobre os documentos britânicos oriundos de Ancara, que podiam ser "materiais de brincadeira" com o intuito de desviar a atenção de um movimento dos anglo-americanos no mar Mediterrâneo leste ou de levar o comando alemão a deslocar as tropas do front leste para o oeste, a fim de facilitar o avanço do Exército Vermelho.

Este tinha ido, no início de janeiro de 1944, até a antiga fronteira oriental polonesa na Volínia. No final do mês, o cerco alemão a Leningrado foi totalmente quebrado pelo Exército Vermelho. A autoafirmação da cidade cercada durante novecentos dias, que havia perdido mais de 1 milhão de habitantes principalmente por causa da fome e do frio, foi como uma chama de esperança na União Soviética. Nesse momento haveria de ser possível derrotar totalmente as "hordas fascistas", que tinham recuado até o istmo de Narva, bem como ao sul do lago Peipus, numa linha Pleskau-Ostrow, e deslocar a

Na expectativa da invasão na França

guerra até sua origem. Enquanto isso, o Alto-Comando do Exército alemão apostava que as reservas soviéticas logo estariam exauridas, pois os russos tinham perdido 18,5 milhões de pessoas desde o início da Operação Leste alemã e haveria, no melhor dos casos, 2,1 milhões de homens aptos à guerra. Zeitzler animava as fantasias de vitória final de Hitler com tais "informações".

Nesse momento, a atenção de Hitler estava totalmente voltada à esperada invasão no Oeste. Sua diretriz n. 51, de 3 de novembro de 1943, já fala de uma situação geral alterada.

O perigo do Leste permanece, mas se delineia um maior; o desembarque anglo-saxão! No Leste, a dimensão do espaço permite, num caso extremo, uma perda maior de território sem ferir de morte o nervo central alemão. No Oeste, é diferente! Se o inimigo consegue ali invadir à larga nossa defesa, as consequências são imprevisíveis no curto prazo. Todos os sinais apontam que o inimigo, no mais tardar na primavera [...] vai atacar o front oeste.

Por esse motivo, Hitler escreveu ter se decidido a reforçar a defesa ali.[23]

Hitler incumbiu ninguém menos que Rommel para ampliar o "muro do Atlântico", idealizado pela propaganda de Goebbels. No início de janeiro, ele o nomeou comandante-chefe do Grupo de Exércitos B — de ambos os Grupos de Exércitos na França e comandados por Rundstedt como comandante-chefe do Oeste, aquele estacionado mais ao norte. A "Raposa do Deserto", que havia reconquistado seu velho otimismo, era um líder de tropas bem ao gosto de Hitler. "Ele tem uma antiga conta a acertar com os ingleses e os americanos, está ardendo internamente de raiva e ódio [...]", disse Goebbels ao seu "Führer".[24] Rommel, que havia montado seu quartel-general

O bombardeio aliado contra as refinarias

em La Roche-Guyon, viajou incansavelmente a costa do canal, tomando pé do "muro do Atlântico" que estava sendo construído desde 1942. Tratava-se menos de um muro do que de uma sequência de inúmeras fortificações e bunkers separados entre si, que foi adensada por Rommel. Para tanto, acabaram sendo consumidas partes significativas dos recursos alemães de matérias-primas e mão de obra. Visto que não eram suficientes, até bunkers da Linha Maginot foram desmontados; o ferro ali reciclado, depois de fundido, chegou aos canteiros de obra do "muro do Atlântico". Como uma defesa mais subdividida ao longo da costa não era possível devido à sua extensão, Rommel declarou a praia como a principal linha de combate. Ele ordenou a instalação de muitos obstáculos, de minas e arame farpado até estacas de madeira e obstáculos antitanque. Depois de algumas semanas de atividades frenéticas, desconhecendo a armada gigantesca que os britânicos e os americanos juntavam do outro lado do canal da Mancha, no Sul da Inglaterra, para a Operação Overlord, ele escreveu: "Certamente acredito que ganharemos a batalha de defesa".[25] Em breve, também seriam montadas as primeiras rampas de lançamento para a "luta à distância" contra a Inglaterra — tratava-se de preparar o ataque com as bombas voadoras Fieseler Fi 103, que desde março de 1944 encontravam-se prontas para uso. A "arma de represália 1", chamada de V1, o "míssil em forma de aeronave", foi a precursora do míssil de cruzeiro. Ela alcançava 250 quilômetros e carregava uma tonelada de explosivos. Comparando, a carga de um bombardeiro britânico Lancaster era seis vezes maior.

Desde o início de 1944, os ataques aéreos dos anglo-americanos foram mais intensos contra a indústria armamentista alemã, principalmente contra os armamentos aéreos. Depois do ataque, em janeiro, às plantas industriais em Halberstadt, Braunschweig, Magdeburg e Oschersleben, no decorrer da "Big Week" em fevereiro ocorreram novas e pesadas investidas contra a indústria aeronáutica alemã. Embora sua Força Aérea, lutando encarniçadamente no céu sobre seu país, computasse números altos de abates, as próprias perdas eram ainda maiores. Apenas em fevereiro de 1944, os aviadores de Göring perderam 1217 aeronaves. A tendência se manteve nos meses subsequentes, de modo que as quebras da indústria aeronáutica não podiam mais ser compensadas. Na primavera de 1944, o domínio aéreo sobre a Alemanha passou definitivamente para os anglo-americanos.

O calcanhar de aquiles da condução alemã de guerra como um todo eram as refinarias e as instalações de hidrogenação, que produziam gasolina sintética a partir de carvão, suprindo metade de toda a demanda alemã por combustível. Em Casablanca, o general americano Spaatz já havia alertado para que se atacasse o inimigo nesse ponto. Entretanto, demoraria mais quase dois anos e meio até que os estragos sistemáticos das indústrias fossem iniciados a partir de uma grande ofensiva aérea aliada. Em 12 de maio de 1944, oitocentos bombardeiros da 8ª esquadra aérea americana atacaram o complexo industrial químico Leuna em Merseburg, Tröglitz e Böhlen, e também as instalações de hidrogenação em Brüx. Mais tarde, Speer avaliou que "nesse dia, a guerra técnica foi decidida".[26] Muito se especulou sobre os motivos de esse ataque ocorrer tão tarde, a respeito do qual Milch afirmou ter sido "o pior que nos podia acontecer".[27] Um relatório do Alto-Comando da Luftwaffe de abril de 1944 especulou: poderia ser do interesse dos ingleses "não deixar a Alemanha sem condições de prosseguir a guerra contra a Rússia".[28] Tais reflexões não eram totalmente improváveis, pois a destruição das instalações de hidrogenação foram imediatamente anteriores à invasão aliada, e não antes, para facilitar a condução soviética da guerra.

Entretanto, a superioridade numérica e material do Exército Vermelho tinha permitido a derrota de toda a Ucrânia mesmo sem a neutralização das instalações de hidrogenação alemãs. No decorrer da ofensiva da primavera, os soviéticos avançaram sobre o rio Bug em direção à Galícia; no fim de março, sobre o rio Prut, no antigo território romeno. No início de abril, suas divisões atravessaram o rio Siret antes de interromper a ofensiva diante da crista da cordilheira dos Cárpatos. Devido ao avanço do Exército Vermelho, Hitler tinha desenvolvido frente aos aliados do Sudeste europeu um ativismo tão desesperado quanto inútil. Ele queria encorajá-los à continuação da guerra contra o bolchevismo ou ainda a seu início. Em 23 e 24 de março de 1944, ele se encontrou em Klessheim com o ditador romeno Antonescu. O marechal hesitou, pois seu poder no país estava em declínio. A oposição mantinha negociações secretas com a coalizão anti-Hitler no Cairo. E ele se esforçava em manter o pescoço a salvo de alguma maneira, mas também não queria arriscar um rompimento com Hitler.

O ditador alemão conversou com o conselho de regência búlgaro, sob o príncipe Kyril, ainda no mesmo mês. O tsar Boris III, falecido no início de setembro de 1943 e sucedido pelo filho menor, Simeon, recusou-se obstinadamente a entrar na guerra contra a União Soviética, dizendo que, havia quinhentos anos, seu país tinha sido libertado do domínio turco pelos russos. Na primavera de 1944, em Sofia, ninguém mais tinha a intenção de entrar ao lado da Alemanha numa guerra perdida. Pelo contrário, conjecturava-se abandonar o pacto das três potências; negociações com os aliados ocidentais já tinham sido iniciadas. Desse modo, também esse encontro foi infrutífero.

Em paralelo, o regente húngaro Horthy foi obrigado a aceitar uma ocupação de seu país — que também estava em contato com os anglo-saxões — pela Wehrmacht. Em 19 de março de 1944, no decorrer da Operação Margarethe, oito divisões alemãs invadiram a Hungria e instalaram um governo pró-Alemanha sob o primeiro-ministro Ferenc Szálasi; o plenipotenciário da

Alemanha, Edmund Veesenmayer, foi designado para acompanhá-lo. A partir de então, as Forças Armadas húngaras prosseguiram a guerra ao lado dos alemães.

No Sudeste da Europa, Hitler também estava muito preocupado com outro aspecto de sua condução da guerra — o encerramento da "solução final". O ditador alemão mostrava-se absolutamente ambicioso, como se quisesse, pouco antes do fim, neutralizar ao menos todos os seus inimigos raciais que até então tinham escapado de sua "pena justa". Para Antonescu, ele falou o seguinte: "Se alguém acredita que judeus tratados de maneira indulgente se tornariam intercessores pela sua nação anfitriã no caso de uma derrota, então saibam que isso é um engano completo, como ficou comprovado pela bolchevização da Hungria e da Baviera depois da Primeira Guerra Mundial".[29] Hitler estava se referindo a 1919, quando tanto a Baviera quanto a Hungria foram Repúblicas de Conselhos, lideradas por revolucionários judeus, entre outros. Foi esse o tempo do amadurecimento de sua lunática visão de mundo ideológico-racista, uma visão de mundo que ainda o enfeitiçava.

Devido a suas experiências à época, ele estava muito atento principalmente aos judeus húngaros, o último grande grupo étnico na ainda área de influência alemã. "Se os soviéticos viessem a bater à porta da Hungria amanhã, a revolução de judeus e proletários seria inflamada imediatamente caso o país não estivesse ocupado pelos alemães", disse ele.[30] Por essa razão, os judeus húngaros tinham de ser exterminados. Ele havia encontrado resistência em relação a esse assunto na sua conversa com Horthy do ano anterior. O regente húngaro havia dito "que tinha feito de tudo contra os judeus no âmbito do aceitável, mas assassiná-los ou matá-los de um jeito ou de outro certamente não é possível".[31] Foi o que aconteceu na primavera de 1944. A caçada aos judeus foi liderada por uma "força-tarefa Hungria", comandada pelo já bastante conhecido Eichmann.

O genocídio e o mundo

Em 13 de junho de 1944, Veesenmayer — o plenipotenciário em Budapeste — relatou ao Ministério das Relações Exteriores: "Evacuação de judeus dos Cárpatos e da Transilvânia [...] encerrada, totalizando 289 357 judeus em 92 trens, cada qual com 45 vagões".[32] Os trens dirigiam-se aos campos de concentração. E viriam muitos mais. No cômputo geral, foram assassinados cerca de 380 mil judeus da Hungria, 250 mil apenas no campo de concentração de Auschwitz. Oito mil pessoas chegaram a ser assassinadas com gás num único dia nesse campo; os corpos eram queimados depois de seu "aproveitamento". Ribbentrop, que se esforçava em subir no conceito de Hitler, tinha previsto que cerca de 900 mil judeus seriam presos até o fim da ação. Entretanto, em 9 de julho as deportações da Hungria foram interrompidas.

As intervenções da Suécia, Espanha, Turquia e Suíça foram decisivas nesse sentido. No verão de 1944, a Cruz Vermelha Internacional, com sede em Genebra, havia se manifestado publicamente pela primeira vez por intermédio de seu presidente Carl Jacob Burckhardt. Até aquele momento, qualquer pronunciamento nesse sentido tinha sido evitado devido ao temor de que Hitler rescindisse a Convenção de Genebra, impedindo o acesso dos representantes da CV aos campos prisionais alemães. Outro argumento sempre apresentado contra uma intervenção era a preocupação com a neutralidade da Suíça. Por esse motivo, os representantes da Cruz Vermelha Internacional eram orientados a se ocupar dos judeus apenas com grande discrição e cuidado.

O Vaticano teve um papel importante no genocídio, sendo sempre acusado de inatividade e, consequentemente, de cumplicidade moral. No centro estava a pessoa do papa Pio XII. Eugenio Pacelli, outrora núncio papal em Munique durante a República Soviética da Baviera, durante muito tempo reconheceu na Alemanha nacional-socialista o bastião contra o

O genocídio e o mundo

bolchevismo ímpio. Coerentemente, a Igreja católica na Alemanha apoiou a "cruzada contra o bolchevismo" de Hitler. Durante muito tempo Pio XII defendeu-se, dizendo que os relatórios sobre os campos de concentração não podiam ser comprovados. Em sua mensagem de Natal em 1942 ele fez menção às centenas de milhares de pessoas que "às vezes apenas por causa de sua nacionalidade ou raça se veem destinadas à morte ou a um lento sofrimento".[33]

Depois de o papa ter sido informado, em maio de 1943, que dos 4,5 milhões de judeus da Polônia nem mesmo 100 mil estavam vivos, ele condenou o genocídio em sermões e discursos públicos, sem mencionar explicitamente a responsabilidade alemã. Para o pontífice, todo o resto teria sido uma adesão ao bolchevismo, que ele queria evitar a todo custo. Sua postura está refletida num comunicado que um de seus colaboradores mais próximos, Domenico Tardini, entregou ao encarregado de negócios britânico na Santa Sé. Nele estava escrito:

Dois perigos ameaçam a cultura europeia e cristã. O nazismo e o comunismo. Ambos são materialistas, totalitários, cruéis e militaristas [...]. Apenas quando a guerra europeia tiver vencido ambos os perigos, nazismo e comunismo, a Europa conseguirá encontrar a paz na união e no trabalho conjunto de todos os países.[34]

Por certo, nem a Casa Branca nem Downing Street n. 10 compartilhavam dessa visão do papa em 1944.

Washington e Londres demonstravam um incrível desinteresse frente ao genocídio dos judeus perpetrado pelos nacional-socialistas. Intervenções que poderiam dificultar as deportações de judeus húngaros, como ataques aéreos contra as linhas férreas até Auschwitz, foram rechaçadas por ambos os países. O mesmo era válido para a reivindicação de se destruir as câmaras de gás dos campos de extermínio, das quais havia fotografias aéreas excelentes. Numa observação de um colaborador do ministro interino das Relações Exteriores americano James McCloy, de 23 de junho de 1944, essa reivindicação recebeu o seguinte comentário lapidar: "Abafar". A justificativa oficial para isso apoiava-se na falta de capacidade operacional. Isso certamente não era verdade, pois a Força Aérea americana bombardeava sem parar a área industrial da Alta Silésia. Em agosto e setembro de 1944, foram atacadas por duas vezes as fábricas do conglomerado químico IG-Farben em Monowitz, não muito distantes de Birkenau.

De acordo com novas pesquisas, a administração de Roosevelt sabia, desde a Conferência de Wannsee, de janeiro de 1942, o que se passava com os judeus europeus. Esse conhecimento não levou a nenhuma consequência. Washington seguiu relutante a respeito da moção do ministro britânico das Relações Exteriores, Anthony Eden. Pressionado pelo Congresso Judaico Mundial e pelo governo polonês no exílio, Eden tinha preparado uma declaração das Nações Unidas, que acabou sendo assinada também pelos Estados Unidos, pela Grã-Bretanha, pela União Soviética e por oito governos no exílio de países ocupados pela Alemanha, bem como pelo Comitê Francês de Libertação Nacional, de De Gaulle. O documento, transmitido em dezembro de 1942 pela BBC, referia-se à situação nos campos de concentração, onde aqueles capazes de trabalhar eram obrigados a realizar serviços pesadíssimos "até morrerem de exaustão. Os doentes e os fracos são entregues à morte por hipotermia ou fome ou são assassinados friamente, em massa". Os autores da declaração estimavam seu número em "muitas centenas de milhares".[35]

Diante de tais iniciativas, reinava do lado das potências ocidentais certa vergonha, quase desconforto. Não se sabia onde estavam as causas. Será que imaginar a dimensão do crime já

O genocídio e o mundo

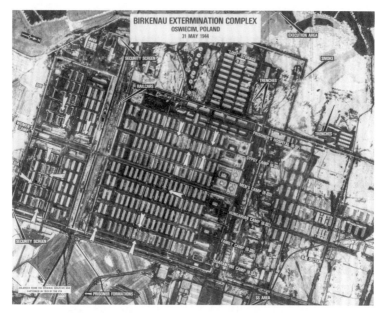

Auschwitz-Birkenau, foto tirada a partir de um avião britânico. As linhas férreas até os campos de extermínio não foram bombardeadas pela coalizão anti-Hitler.

não era suficiente? Tratava-se do próprio racismo? No caso de Roosevelt, com certeza também havia o fato de ele estar sendo acusado pelos republicanos de defender mais veementemente os interesses dos judeus do que os dos americanos. Dessa maneira, ao ser perguntado o que pretendia fazer contra os campos de concentração nacional-socialistas, ele se defendia com a resposta estereotipada de que a melhor forma de ajudar os judeus era ganhar a guerra rapidamente. Em 6 de junho de 1944, o presidente pensou estar dando o passo decisivo dos Estados Unidos a esse respeito: era o dia em que começaria a invasão aliada na costa francesa do Atlântico.

8.
O segundo front na Europa

Junho a dezembro de 1944

Talvez chegue, sim, o tempo em que
nossa conduta seja reconhecida de outra
maneira, em que sejamos vistos não como
canalhas, mas como críticos e patriotas.

Conde Peter Yorck von Wartenburg,
início ago. 1944

O desembarque aliado na Normandia marca o início da última fase da Segunda Guerra Mundial. No fundo, as reflexões estratégicas ilusórias de Hitler assemelhavam-se àquelas de 1940 — apesar de o contexto político mundial ser totalmente diferente —, quando ele usou a ofensiva ocidental a fim de ganhar liberdade de ação para sua verdadeira guerra no Leste. Nesse momento, o que importava para ele era rechaçar a invasão aliada na costa francesa do Atlântico para, em seguida, enfrentar novamente, com força máxima, o Exército Vermelho que avançava na direção da Europa central. Hitler, que procurava disfarçar entre as pessoas próximas seus cada vez mais frequentes momentos de impotência com uma autossuficiência fingida, queria simplesmente acreditar no sucesso de tal empreendimento a despeito de toda a ilusão ali contida. Aliás, ele não tinha alternativa. Pois um entendimento com Stálin permanecia, como antes, impensável. As coisas em relação à Inglaterra, porém, se mantinham de outra maneira. Na sua opinião, se a batalha da invasão fosse encerrada de modo vitorioso, os britânicos perderiam o interesse em prosseguir a guerra contra a Alemanha. Talvez a aliança anglo-americana se partisse e um

Dia D na Normandia

tipo de entendimento qualquer com Londres entraria no âmbito do possível.

Do ponto de vista de Hitler, portanto, ele estava novamente diante de uma batalha decisiva no Oeste. Por essa razão, o Alto-Comando da Wehrmacht concentrou ali tudo o que ainda era possível em termos de forças disponíveis sem descobrir o front soviético, que se despedaçava. Tendo em vista os minguados recursos, uma questão se tornou prioritária: onde aconteceria a invasão? Em março, Hitler acreditava "que a região ao sul do estuário da Gironda ou a península da Bretanha e a da Normandia talvez possam ser os locais do desembarque para uma invasão".[1] Quanto mais a invasão se aproximava, mais o comandante supremo tendia a se decidir pela Normandia. Rundstedt e Rommel, por sua vez, estavam convencidos de que o ataque começaria contra a fortaleza Europa em Pas de Calais, ou seja, no lado mais estreito do canal da Mancha. Sua convicção era reforçada pelas informações da inteligência alemã. A divisão Exércitos Estrangeiros Oeste também era da opinião de que a principal direção de ataque dos Aliados seria nesse ponto. Os alemães, entretanto, tinham caído numa manobra de despistamento do oponente. Uma simulada concentração de tropas ao redor de Dover, Hastings, Sandwich e Romney divulgada por rádio deu a impressão de que o desembarque aconteceria em meados de julho em Pas de Calais e uma manobra de despistamento seria realizada na Normandia.

Do lado alemão, a discordância na avaliação da situação levou o Alto-Comando da Wehrmacht a rejeitar o pedido de Rommel para que lhe fossem subordinadas todas as divisões de tanques disponíveis que haviam ocupado áreas de concentração no interior do país. Essa demanda tinha sido considerada muito arriscada, pois o marechal de campo pretendia trazer os tanques o mais próximo possível da costa em Pas de Calais, para então empregá-los rapidamente na guerra, que, segundo

Os comandantes-chefes aliados Eisenhower (à dir.) e Montgomery (à esq.). Embora parceiros, o americano e o britânico eram rivais ferrenhos.

ele, seria decidida ainda na praia. Por fim, o Alto-Comando da Wehrmacht deu a Rommel apenas parte dessas divisões, enquanto a outra ficou para trás como reserva nas áreas de concentração. Dessa maneira, os alemães estavam numa situação desastrosa, deslocando mais forças para Pas de Calais, onde já se encontrava a maioria das 59 divisões empregadas no Oeste, enquanto a portentosa Armada anglo-americana, composta de mais de 5300 navios — de encouraçados até botes de desembarque — tomava seu curso para a Normandia.

Na madrugada de 6 de junho de 1944, quando a invasão aliada, o Dia D, começou com pesados ataques aéreos e uma salva de vários milhares de canhões, os defensores foram surpreendidos. As informações dos meteorologistas alemães, segundo as quais o tempo ruim impossibilitaria um desembarque naquele momento, contribuíram para isso. Inúmeros comandantes tomaram a previsão do tempo como oportunidade para uma excursão até Paris. Até Rommel tinha viajado para casa. A confusão foi grande. Como faltavam claras análises da situação, ele partiu do pressuposto de que se tratava de um desembarque falso. A princípio, o Alto-Comando da Wehrmacht era da mesma opinião. Por esse motivo, as reservas de tanques, mantidas no interior do país, não foram mobilizadas nesse momento.

Apenas na tarde desse "dia mais longo" — depois de 130 mil soldados aliados terem desembarcado com 20 mil tanques e outros veículos na foz do rio Orne, na costa do departamento de Calvados, no lado oriental da península do Cotentin e na região de Sainte-Mère-Eglise (à noite, paraquedistas haviam tomado importantes posições operacionais ali) —, os generais de Hitler tomaram ciência de que uma batalha decisiva tinha se iniciado no Oeste. Sobre a reação do comandante supremo, Warlimont relata que ele, segundo um costume frequente,

O desembarque aliado num trecho da costa da Normandia. No total, cerca de 5300 navios participaram da Operação Overlord.

A opressiva superioridade da força anfíbia

se decidiu pelo papel de ator. [...] com uma risada totalmente descontraída e a postura de um homem que finalmente encontrou a ocasião para o ajuste de contas com o inimigo, ele se aproximou dos mapas e, num inusual forte sotaque austríaco, disse apenas as palavras: "Bem... começou".[2]

O que havia começado na Normandia foi, apesar das dificuldades inerentes de um desembarque anfíbio, uma luta desigual, pois a Armada aliada, composta de americanos, britânicos, canadenses, franceses, poloneses e soldados de uma série de outros países, era tão superior que os defensores não tinham chance. Depois de uma hora, os atacantes já haviam se instalado em quatro das cinco zonas de desembarque da península do Cotentin. Apenas na praia de Omaha foi preciso o dia inteiro para a resistência alemã ser quebrada. Os americanos contabilizaram 2 mil mortos ali, num combate de extrema brutalidade. Ambos os lados não faziam muitos prisioneiros. Depois da guerra, Ernest Hemingway, antigo correspondente de guerra e futuro laureado com o prêmio Nobel, afirmou ter matado soldados alemães que haviam se rendido. Esse destino era comum principalmente aos membros da Waffen-SS, cujas divisões haviam cometido crimes de guerra, como o assassinato de cerca de cem canadenses rendidos no segundo dia da batalha da invasão.

O papel decisivo para o sucesso coube à opressiva superioridade aérea dos Aliados, que haviam disponibilizado mais de 12 mil aeronaves para a Operação Overlord. Apenas no dia da invasão, eles somaram 14 674 missões. A Luftwaffe, por sua vez, chegou a 319, e logo desapareceu do céu da Normandia. A superioridade aérea aliada se tornou também o problema principal das já muito enfraquecidas reservas alemãs no interior. Divisões de tanques chegavam tarde demais ao front porque só podiam ser movimentadas se protegidas pela escuridão

275

A intervenção de Rommel para o fim da guerra no Oeste

ou nunca chegavam porque tinham sido bombardeadas. Além disso, o lado alemão contava com muitas divisões montadas a toque de caixa, inexperientes, e também com a legião indiana da Waffen-SS, constituída por antigos prisioneiros de guerra e que deviam lutar por uma "Índia Livre" na Normandia. Por esse motivo, as cabeças de ponte aliadas foram rapidamente montadas, recebendo reforços ininterruptos através de seus portos artificiais. Até 12 de junho, o contingente aliado envolvido na invasão, que nesse momento contava com 330 mil homens e dispunha de mais de 50 mil veículos de todos os tipos, tinha conseguido unir as cinco zonas de desembarque num front único, de cem quilômetros de extensão.

Enquanto a batalha fervia no extremo oeste da França, enquanto a Résistance iniciava uma guerra de partisans no interior e as unidades da SS — como em Oradour — vingavam-se terrivelmente junto à população civil, teve início a "batalha à distância" com o VI. Hitler mandou soltar mais desses mísseis guiados, não contra o front da invasão, mas contra a Inglaterra. Londres era o alvo prioritário. Hitler estava convencido de que desse modo poderia quebrar o moral da população britânica — em vão. Pois além de o potencial de extermínio da nova bomba voadora ter se mostrado limitado, sua pouca velocidade (não chegava nem a seiscentos quilômetros por hora) permitia que a defesa antiaérea britânica atirasse nela ou alterasse sua trajetória.

Nesse meio-tempo, Hitler, com grande expectativa em relação ao VI, tinha eclipsado ainda mais a realidade no que se referia à Normandia, onde os Aliados assumiam cada vez mais o controle da situação. Se analisada objetivamente, a guerra no Oeste não podia mais ser vencida. Foi Rommel que se dirigiu a Hitler para falar abertamente sobre esse assunto, na presença do comandante-chefe do Oeste, Von Rundstedt, numa reunião estratégica em 17 de junho, em

A intervenção de Rommel para o fim da guerra no Oeste

Margival, nas cercanias de Soissons. Segundo o testemunho de Jodl em Nuremberg, Rommel apresentou a gravidade da situação de maneira claríssima a Hitler e em seguida solicitou em vão que a guerra fosse encerrada no Oeste pelos meandros políticos. Depois que um contra-ataque alemão a leste do rio Orna teve de ser interrompido em poucos dias, sem sucesso, e a situação na França se tornava cada vez mais difícil, em 30 de junho Rommel fez uma nova investida junto a Hitler.

Ele viajou à Alemanha para se encontrar com Hitler em Berchtesgaden. A questão parecia ainda mais urgente, pois no setor médio do front leste o Exército Vermelho tinha iniciado a ofensiva de verão rumo a Vítebsk, Orcha, Moguiliov e Bobruisk, o que logo levou à derrocada de todo o setor do front alemão. A Crimeia já tinha sido evacuada em maio. E depois de os últimos paraquedistas alemães ainda vivos terem deposto suas armas no monte Cassino, a norte de Nápoles, onde o avanço dos Aliados ficou estacionado por meses, em 4 de junho os Aliados entraram em Roma, declarada cidade livre. Do ponto de vista de Rommel, era preciso negociar. Só que o marechal de campo, que não compreendia seu "Führer", assim como a maioria dos comandantes militares, fracassou de novo. Quando mencionou a necessidade de um cessar-fogo na França, Hitler expulsou-o da reunião.

A postura de Hitler — fiel à ideia de "milagre ou queda" — de prosseguir com a guerra era menos surpreendente do que a ingenuidade política do marechal de campo alemão, que parecia acreditar seriamente que as potências ocidentais anunciariam a paz com a Alemanha de Hitler. Se Rommel, que logo ficaria ausente por meses, pois tinha sido seriamente ferido por um ataque aéreo, foi enredado na resistência militarista sem dela fazer parte, isso se deveu também a sua simplória política. Pois o coronel Caesar von Hofacker, oficial do grupo de

Complô contra Hitler

conspiradores parisienses, liderado pelo comandante militar da França, general Carl-Heinrich von Stülpnagel, aproximou--se de Rommel, referindo-se de maneira cifrada ao encerramento urgentemente necessário da guerra no Oeste. Hofacker decerto não falou sobre uma eliminação do ditador com o marechal de campo considerado protegido de Hitler, mas nas entrelinhas a considerou condição prévia indispensável. A conversa no quartel-general de Rommel em La Roche-Guyon, durante a qual ele concordou vivamente com seu interlocutor, acabou tendo consequências fatais. Pois Hofacker pressupôs que Rommel concordava com os planos dos conspiradores, como os torturadores da SS mais tarde o fizeram confessar.

O quartel-general em Paris do comandante militar da França, de cujo staff pessoal Hofacker fazia parte, era o braço ocidental da central de conspiração berlinense liderada por Stauffenberg. Este tinha se tornado o propulsor dos partidários da resistência do grupo de Beck, depois de convalescer de um sério ferimento de guerra sofrido na cabeça de ponte da Tunísia e de ser transferido ao quartel-general do Exército de Reserva. A partir do edifício chamado Bendlerblock, utilizado por diversos departamentos militares, ele construiu uma rede conspirativa ampla e ramificada entre os Altos-Comandos dos agrupamentos do Exército e das armadas, mas também entre o assim chamado Círculo de Kreisau do conde Helmuth James von Moltke. Mas desde a invasão da Normandia, a filial mais importante era o quartel-general de Stülpnagel, pois lá eram tomadas as providências para um fim da guerra no Oeste.

Em meio a tudo aquilo que os conspiradores faziam, certamente também se importavam em salvar da "sua" Alemanha o que ainda era possível de ser salvo. Durante muito tempo eles apostaram num rompimento da antinatural coalizão anti--Hitler. Em agosto de 1943, o diplomata Ulrich von Hassell escreveu que na verdade só havia mais "um artifício": "Fazer

Rundstedt, Rommel e seu chefe do Estado-Maior Hans Speidel (da dir. para a esq.) no quartel-general do comandante-chefe do Oeste. Os três oficiais achavam, de maneira unânime, que a guerra contra os anglo-saxões estava perdida.

com que a Rússia ou os anglo-americanos compreendam que uma Alemanha intacta é do seu interesse. Nesse jogo, prefiro o Ocidente, mas se necessário também aceito um acordo com a Rússia".[3] O problema para a resistência, que em sua grande maioria procurava um entendimento com o Ocidente, era a expressão "rendição incondicional", que a coalizão anti-Hitler tinha sacramentado em Casablanca.

Complô contra Hitler

Embora isso excluísse qualquer arranjo com os conspiradores, estes tentaram de tudo. Em 1942, Dietrich Bonhoeffer — teólogo da Igreja Confessante, crítica ao regime — tentou fazer contatos na Inglaterra por meio do bispo anglicano de Chichester, George Bell, em Estocolmo; em seguida, Bernd Gisevius, funcionário da inteligência alemã, procurou o serviço americano de inteligência militar na Suíça. O diplomata Adam von Trott zu Solm viajou em março de 1944 pela terceira vez a Estocolmo a fim de se encontrar com seu contato Ivar Anderson, redator-chefe do jornal *Svenska Dagbladet*. Segundo o sueco, a principal questão para Trott era saber se a Inglaterra prosseguiria com os ataques aéreos contra a Alemanha mesmo depois de um bem-sucedido golpe na Alemanha. Se sim, o povo alemão "avaliaria que a Inglaterra não estava lutando contra Hitler, mas contra a Alemanha, com a intenção de destruí-la completamente".[4] Quando Anderson transmitiu a mensagem ao seu contato britânico, Walter Monckton, membro do gabinete de Churchill, fugiu do assunto e lhe avisou que os Aliados não podiam aceitar nenhum movimento político na Alemanha.

Em junho, Trott conseguiu viajar mais uma vez, a última, para a Estocolmo. Depois de uma reunião com um britânico terminar sem resultado, ele tentou entrar em contato com os soviéticos, decepcionados com as potências ocidentais. Nessa época, Gisevius tinha avisado ao Serviço Secreto militar americano que Trott e os conspiradores de Berlim haviam fechado um acordo tácito para abrir o front leste e permitir que os russos marchassem rumo à Europa central. Entretanto, Washington não cedeu à manifesta tentativa de obrigar o Ocidente a negociar. Isso fez com que as esperanças dos opositores alemães de impedir de alguma maneira o declínio da Alemanha se esvaíssem por completo. Uma profunda depressão abateu-se sobre eles.

Stauffenberg também não estava imune a esse estado de espírito, embora sua determinação fosse maior do que a de todos os outros. Foi também ele que, apesar de sua deficiência física — faltava-lhe um braço e dois dedos da única mão —, se declarou disposto a explodir Hitler pelos ares. Antes do atentado, ele havia redigido apelos com Beck (previsto para ser chefe de governo), Goerdeler e Leber. Seus colaboradores também haviam criado uma declaração, na qual os signatários, certamente sob influência do grupo de Kreisau, se declaravam partidários de um Estado de bem-estar social democrático e anunciavam eleições livres. Stauffenberg formulou as próprias ideias de Estado em 1944 juntamente com o irmão Berthold e o amigo Rudolf Fahrner num juramento não destinado à divulgação pública. Em seus "Princípios para um renascimento alemão", eles reforçavam a "missão" do povo alemão e sua obrigação "de conduzir os povos ocidentais a uma vida mais bela" e denunciavam "a mentira da igualdade".[5]

No papel havia ainda algo daquilo que, no passado, levara muitos dos conservadores que estavam entre seus signatários a Hitler e ao nacional-socialismo. Eles não apenas enxergaram em Hitler um grande revisionista que liquidaria a vergonha de Versalhes e devolveria aos militares sua posição privilegiada no Estado. Eles enxergaram no Estado marrom também o restabelecimento do antigo Império, mais moderno, impregnado do espírito de um socialismo prussiano, assim como Oswald Spengler o havia descrito. Nos anos 1930, por exemplo, Hofacker acreditou naquele "socialismo da serenidade, da simplicidade, da resistência [...] dignamente representado na pessoa do Führer".[6] Esses conservadores também saudavam uma repressão dos judeus, "que entraram em nossa vida pública em formas que carecem de toda discrição necessária" (Goerdeler).[7] Naquele instante, estavam diante dos escombros de suas antigas ilusões.

20 de julho de 1944

Depois da invasão e com a proximidade do final da guerra, um hesitante Stauffenberg perguntou a Tresckow se o plano do golpe ainda fazia sentido. O general respondeu: "O atentado contra Hitler deve acontecer, a qualquer custo. Se não der certo, o golpe precisa ser tentado. Pois já não se trata mais do objetivo prático, mas de que o movimento de resistência alemão, diante do mundo e diante da história, ousou fazer o lance decisivo empenhando a vida. Diante disso, todo o resto é indiferente".[8]

Depois de três tentativas frustradas, Stauffenberg estava na hora do almoço de 20 de julho de 1944 no barracão de reuniões de Hitler, a "Toca do Lobo", seu quartel-general em Rastenburg, Prússia Oriental. Ele havia depositado a bomba escondida dentro de sua maleta debaixo da grande mesa de mapas, ao redor da qual se encontravam Hitler, Keitel, Jodl, Heusinger e mais dezenove generais, almirantes, membros da junta militar e estenógrafos. Em seguida, Stauffenberg deixou o barracão para voar de volta a Berlim a partir de um aeroporto próximo à "Toca do Lobo". Enquanto andava, a terrível explosão que ouviu o fez acreditar que o ditador tinha morrido.

No edifício Bendlerblock, o conspirador Olbricht usou a senha "Valquíria" e iniciou a mobilização do Exército de Reserva. Witzleben soltou uma mensagem telegráfica aos comandantes dos distritos militares anunciando o estado de exceção, enquanto Stauffenberg, já de volta, informou os conspiradores parisienses do círculo de Stülpnagel, que imediatamente deram voz de prisão aos líderes locais da SS. Enquanto isso, em Berlim, o batalhão de guarda Grossdeutschland começava a cercar as quadras dos edifícios governamentais. Mas então chegou a confirmação daquilo que, a princípio, circulava apenas como boato: "O Führer está vivo!". Todos que até então estavam participando sem muito empenho, como o comandante-chefe do Exército de Reserva Friedrich Fromm,

20 de julho de 1944

trocaram imediatamente de lado a fim de salvar o pescoço. Restou um grupinho perdido de patriotas, que assumiram seus feitos e consequentemente perderam a vida. Beck tirou a sua. Ainda na noite de 20 de julho, a fim de eliminar as testemunhas de sua conivência, Fromm mandou assassinar, no pátio do Bendlerblock, Olbricht, Merz, Von Haeften e Stauffenberg. "Viva a sagrada Alemanha!",[9] exclamou o último ao destacamento, antes de os tiros o calarem.

Como Tresckow havia dito, o que importava não era a finalidade prática, mas o sinal de que o movimento de resistência alemão ousou um lance decisivo diante do mundo e da história. Mesmo que tarde demais. A conta foi paga com sangue, pois a vingança de Hitler contra o "grupelho de oficiais ambiciosos, inescrupulosos e, ao mesmo tempo, criminosos e idiotas"[10] foi terrível. Essa tarefa coube a Himmler, que desde o outono de 1943 também era ministro do Interior. Os principais conspiradores logo foram presos. Witzleben, Stülpnagel, Hofacker, Delp, Moltke, Höppner, Yorck e muitos outros foram apresentados ao Tribunal do Povo, presidido por Freisler.* Condenados à morte, foram pendurados em ganchos de açougueiro e estrangulados com arame de ferro no presídio Plötzensee, em Berlim. Outros foram levados a campos de concentração, onde acabaram assassinados apenas perto do fim da guerra, como o chefe da Inteligência Wilhelm Canaris. Tresckow fez parte daqueles que tiraram a própria vida. O general usou uma granada para se explodir numa área de floresta não distante de Bialstok.

---

* O Tribunal do Povo foi criado em 1934 como uma corte especial para crimes de alta traição e traição à pátria. Sua atuação entrou para a história como exemplo da submissão da Justiça ao terror organizado de Estado, com 18 mil condenados, entre eles mais de 5 mil à morte. Roland Freisler foi seu presidente entre 1942 e 1945.

20 de julho de 1944

Foram executados ou impelidos à morte dezenove generais, 26 membros da junta militar e inúmeros altos funcionários públicos, totalizando mais de cem pessoas. Entre elas, também Fromm e Kluge, que sabia do atentado e ficou sem saída. Ele atirou em si mesmo antes que os carrascos o pegassem, não sem antes (certamente pensando na família) manifestar em carta mais uma vez seu apreço pelo "Führer". E havia ainda Rommel. Já curado de seu grave ferimento, ele tinha acreditado até o fim que seria convocado por Hitler a prestar contas devido à fracassada batalha de defesa na Normandia. Entretanto, tinha sido incriminado por Speidel e Hofacker e foi colocado diante da alternativa de manter a honra tirando a própria vida ou depor diante do Tribunal do Povo. O marechal de campo, profundamente resignado, decidiu-se pela primeira opção. Rundstedt encerrou o discurso fúnebre na cerimônia de Estado na prefeitura de Ulm com as palavras "Seu coração pertencia ao Führer".[11] Depois da guerra, quando Rommel foi relacionado à resistência contra Hitler, sua viúva contestou o fato.

Na última carta antes da sua execução em Plötzensee, o conde Yorck escreveu: "Talvez chegue, sim, o tempo em que nossa conduta seja reconhecida de outra maneira, em que sejamos vistos não como canalhas, mas como críticos e patriotas".[12] Demoraria ainda muito tempo para que sua esperança fosse concretizada, pois a grande massa dos alemães, desejosa de paz, considerava os atos da resistência como traição — opinião defendida pela maioria da população durante décadas após o fim da guerra. No verão de 1944, ninguém no estrangeiro se interessava pelo "levante da consciência". O fracassado golpe de Estado foi visto simplesmente como um indício de que a Alemanha cambaleava rumo ao declínio.

O golpe fracassado não fez nascer em Hitler a preocupação de que seu generalato estivesse desertando. O fato de ter escapado por um triz do atentado que vitimou quatro de seus

A *mobilização das últimas reservas alemãs*

acólitos, como que o animou. Tinha sido assim no atentado à bomba de Elser em novembro de 1939: a batalha da Polônia tinha terminado vitoriosa, mas todo seu plano de guerra estava fracassado com a declaração de luta armada da Inglaterra contra a Alemanha. Em 1944, Hitler estava de novo totalmente seguro de que a "Providência" era a única responsável. No início da tarde de 20 de novembro, Mussolini — cuja visita casualmente tinha sido marcada para esse dia —, que também considerava "a salvação do Führer um indício claro do Todo-Poderoso", disse: "Alguém que escapa dos ataques de seus inimigos de maneira tão milagrosa também conseguirá levar o conflito presente até um final vitorioso [...]".[13]

Vinte de julho de 1944 fez com que o comando do governo mobilizasse forças uma última vez. Goebbels foi nomeado "plenipotenciário da guerra total". Aquilo que o ministro de Propaganda havia anunciado em seu discurso no Sportpalast em fevereiro do ano anterior se tornaria, com atraso, realidade. Como um tipo de ditador interno emergencial, ele fechou empresas que não eram necessariamente vitais à guerra, limitou em grande medida a vida cultural e a imprensa, e reduziu a burocracia estatal. Desse modo, mais uma vez centenas de milhares puderam ser recrutados às Forças Armadas. Sob Himmler, que havia sido nomeado por Hitler tanto comandante do Exército de Reserva quanto chefe de armamentos do Exército, os recrutas formaram as chamadas "divisões dos granadeiros do povo", que — mal formadas e mal equipadas — logo foram enviadas aos fronts, sofrendo perdas devastadoras.

As notícias que chegavam desses fronts eram ruins em sua totalidade. No Oeste, depois de passar por Avranches em 31 de julho, a armada da invasão dos Aliados (que contava então com 1,5 milhão de soldados) estava com o caminho livre para o interior da França. Depois de a massa dos tanques disponíveis do comandante-chefe do Oeste ter sido cercada e exterminada

A mobilização das últimas reservas alemãs

no cerco de Falaise e as tropas alemãs terem recuado para o leste, em Rouen e Elbeuf, atravessando o Sena, o comandante alemão de Paris Dietrich von Choltitz ordenou a evacuação da cidade, sem resistência. Em 25 de agosto, tropas americanas e da França Livre, sob De Gaulle, entraram triunfalmente na metrópole. Os parisienses, mas também os franceses em geral, festejaram o general como libertador, embora ele tivesse pouco que ver com a invasão e com o avanço aliado. (Isso se deu porque De Gaulle conseguiu amarrar as diferentes orientações da França Livre debaixo do guarda-chuva do Comitê Francês de Libertação Nacional, criado por ele, e então chamado de Governo Provisório.) Alguns dias antes da libertação da capital francesa, algumas tropas americanas e da França Livre tinham desembarcado no Sul da França, junto à Riviera, entre Cannes e Toulon, motivo pelo qual Hitler ordenou a evacuação gradual do Sul da França. Ao mesmo tempo, unidades da Wehrmacht e da Waffen-SS mantinham na Itália — cuja capital estava desde 4 de junho nas mãos dos Aliados — um combate desesperado na linha Fano-Pesaro-Rimini. E os alemães iniciaram os preparativos para a evacuação também no Sudeste, na Grécia e no mar Egeu.

No front leste setentrional, o Exército Vermelho aproximava-se da baía de Riga, cortando temporariamente o Grupo de Exércitos Norte do restante do front. A parceira Finlândia deixou a frente antibolchevista e anunciou em seguida o rompimento das relações diplomáticas com Berlim. Mais tarde, declarou guerra à Alemanha. O Exército Vermelho chegou ao rio Vístula no trecho médio do front leste. E no Sul do front leste, depois do colapso do Grupo de Exércitos Ucrânia-Sul, ele avançou na direção da região petrolífera romena, da Bulgária e da Hungria. Isso trouxe consequências políticas de longo alcance: no final de agosto, Antonescu foi derrubado e a Romênia trocou de lado no front. Logo em seguida, a Bulgária anunciou sua saída da guerra. Na Hungria, Horthy selou um cessar-fogo

A rebelião de Varsóvia

com os soviéticos. Ferenc Szálasi, por meio de um golpe, chegou ao poder com seu Partido da Cruz Flechada, enquanto forças especiais alemãs, a ele aliadas, atacavam o castelo de Buda. O regente foi obrigado a revogar a ordem de cessar-fogo e acabou preso na Alemanha. Na Iugoslávia, quase não havia mais áreas não controladas pelo Exército de Libertação Nacional de Tito, engajado numa ferrenha guerrilha contra a Wehrmacht. O rápido avanço do Exército Vermelho também atingiu os parceiros de Stálin na coalizão anti-Hitler. Churchill, por exemplo, ficou em dúvida se os soviéticos deixariam algum dia as áreas por eles ocupadas. Os eventos de ambos os lados do setor médio do rio Vístula, ocorridos em agosto, geraram estranhamento em Londres. Em Varsóvia, o Exército da Pátria polonês, com 40 mil homens e liderado pelo conde Tadeusz Komorowski, se rebelou contra os ocupantes alemães. Seu objetivo era sinalizar uma futura Polônia independente, na expectativa de receber apoio do Exército Vermelho, estacionado na margem leste do Vístula, na luta contra a Alemanha. Mas as tropas de Stálin permaneceram imóveis durante semanas diante dos portões da cidade, até que unidades da SS e da polícia, enviadas por Himmler e sob o comando de Erich von dem Bach-Zelewski, trucidaram os rebeldes em batalhas urbanas aguerridas que duraram semanas. Cerca de 180 mil poloneses, via de regra civis, morreram; 60 mil foram levados a campos de concentração. Os carrascos de Hitler, que ordenou tornar Varsóvia terra arrasada, exterminaram assim a maior parte da liderança nacional polonesa que havia restado.

Isso estava em total sintonia com os planos de Stálin, que havia designado um comando comunista para a Polônia — o Comitê de Lublin ou o Comitê de Libertação Nacional. Por essa razão, ele se manteve à margem e ignorou o pedido conjunto de Churchill e Roosevelt de permissão para a aterrissagem de aviões de carga com suprimentos para o Exército da

Pátria nos aeroportos a leste do Vístula. O primeiro-ministro britânico havia proposto o empreendimento, com o qual Roosevelt concordou, hesitante. Em sua resposta, Stálin mencionou um "bando de criminosos [...] que havia incitado a aventura de Varsóvia a fim de chegar ao poder. Essas pessoas abusaram da confiança da população de Varsóvia e jogaram muitas pessoas, como que desarmadas, diante dos atiradores, tanques e aviões alemães".[14] Tendo em vista tal reviravolta, Churchill sugeriu ao presidente confrontar Stálin com fatos consumados e enviar aviões aliados sem a aprovação dos soviéticos. Roosevelt rechaçou a ideia, de modo que os britânicos não tiveram alternativa senão lançar um preocupado apelo ao governo soviético. Mas isso também não deu resultado. Em 5 de setembro, Roosevelt — visivelmente aliviado — comunicou a Churchill que tudo havia terminado em Varsóvia, sem deixar de acrescentar que estava "profundamente abalado" por não ter sido possível ajudar a Polônia.[15] Entretanto, o "caso muito sério e de graves consequências",[16] nas palavras de Churchill, não produziu efeitos palpáveis para a relação interna da coalizão anti-Hitler.

Enquanto Roosevelt prosseguia apostando na amizade com a União Soviética, o britânico — enxergando o avanço do Exército Vermelho rumo à Europa do Leste e Sudeste — tentava fazer alguma contraposição à iminente sovietização da região. Embora Roosevelt quisesse resolver todas as questões controversas apenas depois do final da guerra, em 9 de outubro Churchill viajou para Moscou; na presença do embaixador americano Averell Harriman, a ideia era chegar a um acordo bastante peculiar em relação às respectivas influências na Europa do Leste e Sudeste. Nesse sentido, a Grécia seria área de influência britânica; Hungria e Iugoslávia, divididas em britânica e russa; Bulgária e Romênia, russa.

Claro que a Polônia também foi tema em Moscou, mas a assistência não prestada dos soviéticos no levante de Varsóvia

Briga pelas futuras fronteiras da Polônia

ficou de fora. Tratava-se muito mais do tema permanente das fronteiras soviéticas. Os "Três Grandes" haviam acordado, já em Teerã, que a Polônia deveria ser empurrada para oeste. Roosevelt e Churchill aceitaram basicamente a Linha Curzon como fronteira leste polonesa. O traçado da futura fronteira oeste através da Alemanha ainda não estava definido. No protocolo de Moscou, lê-se: "O camarada Stálin explica [...] é preciso devolver à Polônia a Prússia Oriental e a Silésia; e a região ao redor de Königsberg, mais a cidade, fica com a União Soviética". Reagindo aos planos bem definidos do ditador soviético, Churchill disse "que ele os considera corretos, mas acha que a população alemã dessas áreas deve ser reassentada na Alemanha. Haverá suficiente espaço vital para os alemães na Alemanha, depois de os Aliados terem matado cerca de 8 milhões de alemães".[17]

Apesar da pressão britânica, Mikołajczyk e o governo polonês no exílio se recusaram veementemente a aceitar a Linha Curzon. Ele alertou o primeiro-ministro dizendo que não se podia decidir sobre quase metade do território polonês sem ouvir a opinião do povo polonês. Churchill ameaçou: "Terei de me dirigir aos outros poloneses, e esse governo de Lublin talvez trabalhe muito bem. Ele será o governo. O senhor faz uma tentativa criminosa [...] de atrapalhar o entendimento entre os aliados".[18] Desapontado, Mikołajczyk passou a tentar conseguir o máximo de indenização territorial possível às custas da Alemanha. Ele e seu governo no exílio começaram a exigir também regiões a oeste do rio Oder, ao redor de Stettin e Breslau, até o rio Neisse. Desse modo e de maneira mais ou menos consciente, eles estavam servindo a Stálin. Do lado de Churchill e também de Roosevelt, a ideia foi rechaçada devido aos imensos deslocamentos populacionais envolvidos.

A questão sobre o futuro da Alemanha já havia sido discutida por Roosevelt e Churchill durante a segunda Conferência de Quebec, em meados de setembro de 1944. Ambos os líderes concordaram com o chamado 1º Protocolo de Zonas, elaborado pelos representantes das três potências na Comissão de Assessoramento Europeu, que se reunia desde dezembro em Londres. Assim, as áreas a leste da linha Lübeck-Helmstedt--Eisenach-Hof seriam de influência soviética. Berlim receberia um status especial. Na ordem do dia em Quebec estava também um plano americano para a configuração da futura Alemanha. Seu autor era Henry Morgenthau, que durante muitos anos foi ministro das Finanças de Roosevelt.

O chamado Plano Morgenthau não foi resultado de uma todo-poderosa burocracia de Washington, avessa à Alemanha, mas antes de uma grande confusão a respeito de uma nova ordem alemã no pós-guerra. Na capital americana, eram vários os órgãos governamentais que trabalhavam em seus próprios planos para a Alemanha. Havia o State Department de Hull, que gradualmente perdia influência; havia o Ministério da Guerra e também o Ministério da Marinha. Diplomatas e militares lutavam entre si, porque todos queriam se impor diante do presidente com as próprias ideias sobre as zonas de ocupação e sua futura organização. No fim, não se chegou a uma posição consensual americana, o que se deveu também ao estilo relaxado de liderança do presidente.

A situação chegou a um ponto tal que Eisenhower — comandante-chefe das forças aliadas na Europa ocidental e que deveria assumir a futura zona de ocupação americana na Alemanha —, depois de aguardar em vão por instruções de Washington, tomou sozinho a iniciativa. No verão de 1944, o general, que partia do pressuposto de uma política moderada para a Alemanha, visto que ela era representada pelo State Department, pediu que seu grupo de planejamento redigisse um documento a respeito. O "Manual para o Governo Militar na Alemanha", enviado a Washington para aceite, fez com que

O Plano Morgenthau

Morgenthau arregaçasse as mangas. O ministro das Finanças, que sabia do genocídio dos judeus e que por vezes se referia aos alemães como "bestas", elaborou um plano próprio para o futuro da Alemanha. Este previa anular, no mundo todo e por um longo período de tempo, a Alemanha desmembrada por ser um elemento perturbador e, simultaneamente, fortalecer a economia da Inglaterra, da França e da Bélgica. Regiões industriais fronteiriças, como a Silésia e o Sarre, deveriam ser separadas da Alemanha; as plantas industriais da região do Ruhr, desmontadas; a economia do país como um todo, colocada sob o controle das Nações Unidas. O plano, que significava uma ampla transformação da Alemanha num Estado agrário, abria a possibilidade do desemprego em massa. Provavelmente por esse motivo, uma primeira versão do documento previa ainda o envio de milhões de alemães à África como trabalhadores forçados.

Atenuado dessa e de outras exigências a princípio o Plano de Morgenthau foi aceito por Churchill e Roosevelt, mas depois novamente recusado pelo presidente devido a severas críticas vindas de seu gabinete. Hull, ministro das Relações Exteriores, falou de um "plano de vingança cega",[19] e Henry L. Stimson, ministro da Guerra, registrou em seu diário o perigo de uma "retaliação em massa" contra os alemães, que cedo ou tarde acabaria levando a uma nova guerra.[20] Na realidade, a divulgação do Plano Morgenthau gerou uma grita de indignação na Alemanha. A propaganda nacional-socialista salivava. "Roosevelt e Churchill abraçaram o plano assassino de Judas"[21] ou "Clemenceau superado — 40 milhões de alemães em excesso", estampou o jornal do partido nacional-socialista *Völkischer Beobachter* em setembro de 1944.[22] Goebbels escolheu propositalmente a analogia com Versalhes e enfatizou o desejo do judaísmo de exterminar o povo alemão. Historiadores também acreditam que o Plano Morgenthau acendeu o desejo de luta dos alemães e de seus seguidores a favor do seu "Führer".

O bombardeamento de Londres com o V2

Para Hitler, o Plano Morgenthau não foi uma surpresa. Ele se encaixava perfeitamente na sua imagem de mundo ideológico-racista. Imperturbável, ele esperava que as forças antijudaicas na Grã-Bretanha ainda fossem vencer. Os relatos sobre as dissonâncias entre Ocidente e Oriente que lhe eram apresentados tornavam-se suas confirmações. No Irã, disputavam-se as fontes de petróleo. Na Bulgária, os soviéticos haviam chegado muito perto da Turquia, que, nesse meio-tempo, pressionada pelos Aliados, teve de abrir mão de sua neutralidade. Em sua opinião, o interesse soviético por Dardanelos, o estreito estrategicamente tão importante, era a derrocada de "toda a construção" da coalizão inimiga.

A fim de incentivar uma troca de front britânico, ele empregou contra Londres o V2, agora disponível. Em 8 de setembro de 1944, os dois primeiros mísseis atingiram a cidade. Mais 1357 deveriam se seguir, ladeados pela propaganda de Goebbels sobre a nova "arma milagrosa", contra a qual não havia antídoto. Entretanto, seu efeito era reduzido devido ao baixo índice de acertos no alvo. O míssil caía de maneira relativamente aleatória na cidade, mas vinha de súbito, como um raio. Ele só teve certo efeito sobre a população inglesa, que perdeu 2724 pessoas pelos ataques. A esperança de Hitler de que o V2 significasse o fim da guerra teve de ser rapidamente enterrada.

Além disso, o míssil era altamente perdulário. Em suas memórias, Churchill escreveu que até o "Mosquito", um bombardeiro britânico leve,

> provavelmente não era mais caro do que um míssil [...] enquanto sua vida útil era de, em média, 125 toneladas de material explosivo lançado num raio de 1,5 quilômetro de seu objetivo [...] enquanto o míssil lançava apenas uma tonelada por vez, numa área média de 25 quilômetros.[23]

O bombardeamento de Londres com o V2

Um V2 com dispositivo móvel de disparo. A "arma milagrosa" estava longe de corresponder às expectativas de Hitler.

Mesmo assim, o V2, desenvolvido pelos engenheiros do Centro de Experiências do Exército em Peenemünde, na ilha Usedom, era uma inovação que apontava para o futuro. Esse primeiro míssil balístico haveria de se tornar modelo para os foguetes americanos, que mais tarde foram lançados de Cabo Canaveral, na Flórida, com a participação decisiva de engenheiros alemães.

Mais tarde, Churchill afirmou que foi uma sorte os alemães terem se dedicado tanto aos mísseis. Na realidade, a concentração no desenvolvimento de caças e mísseis acabou deixando em segundo plano um campo infinitamente mais significativo para os armamentos: a pesquisa atômica. Sua história começou na Alemanha em 1939, quando o Departamento de Armas do Exército convocou físicos alemães. Naquela época, foi criado o Grêmio Urano como um empreendimento vital à guerra e classificado com o mais alto grau de confidencialidade. O líder

O desenvolvimento da bomba atômica na Alemanha e nos Estados Unidos

científico do projeto, que deveria estar à frente da construção da bomba atômica, era o vencedor do prêmio Nobel Werner Heisenberg. Ao seu lado estavam os pesquisadores do renomado Instituto Kaiser Wilhelm, de Berlim, a começar por Carl Friedrich von Weizsäcker, que havia desenvolvido um "processo para a geração explosiva de energia e nêutrons a partir da fissão do elemento 94".[24] Todo o começo, porém, é difícil. Demorou seu tempo até os cientistas alemães descobrirem que para a construção da bomba seria preciso um reator nuclear.

Durante muito tempo os responsáveis no governo não reconheceram o significado da bomba e sua inacreditável força destrutiva. Apenas em junho de 1942, quando Heisenberg foi a uma reunião com Milch e Speer, a coisa mudou, e 15 mil marcos lhe foram colocados à disposição. Só que então os pesquisadores se encontravam diante de um novo problema. As instalações da Norsk Hydro, em Rjukan, na Noruega, não tinham capacidade de fornecer as quantidades necessárias de água pesada, que, juntamente com o urânio, era necessária para o funcionamento de um reator nuclear. Em 1943, comandos britânicos de sabotagem e ataques da Royal Air Force tinham quase que encerrado a produção local. De todo modo, foram feitas tentativas para a construção de uma "máquina de urânio" (como o reator nuclear alemão era chamado) com as quantidades existentes de água pesada primeiro em Berlim, mais tarde em Haigerloch, próximo a Tübingen. Segundo os registros de uma escuta, o físico nuclear alemão Kurt Wirtz — internado depois da guerra numa prisão inglesa em Farm Hall, Cambridge — disse ao colega pesquisador Weiszäcker: "Com um pouco de sorte teríamos conseguido terminar no inverno de 1944-5".[25]

Mesmo que a afirmação tenha sido provavelmente exagerada, o fato é que o desenvolvimento da bomba alemã, que teria tido o caráter de uma chamada "bomba suja", avançou mais do que se imaginava. Mas os esforços do pequeno grupo de

294

O desenvolvimento da bomba atômica na Alemanha e nos Estados Unidos

físicos nucleares alemães, que mais tarde alardearam ter frustrado a bomba de Hitler, parecem realmente discretos se comparados com os trabalhos intensos nos Estados Unidos. Em agosto de 1939, ninguém menos que Albert Einstein tinha se dirigido a Roosevelt, alertando-o de que a Alemanha de Hitler provavelmente conseguiria construir uma bomba atômica. O presidente respondeu ao físico ganhador do prêmio Nobel que considerava a informação muito importante e que havia criado uma comissão a respeito. Esse foi o primeiro passo no caminho da bomba americana. Os trabalhos foram intensificados depois que fontes informaram, em 1942, sobre um notório aumento da produção de água pesada na fábrica Norsk Hydro. Já em dezembro de 1942, em Chicago, Enrico Fermi supervisionou o primeiro reator nuclear em ação — resultado do Projeto Manhattan, que tinha recebido 2,5 bilhões de dólares do Congresso americano. Na sequência, mais de 150 mil civis e soldados, entre eles 14 mil cientistas e engenheiros, passaram a trabalhar em quatro laboratórios de pesquisa em Oak Ridge (Tennessee), Savannah River (Carolina do Sul), Hanford (Washington) e Los Alamos (Novo México), gerenciados pelo general de brigada Groves e pelo físico nuclear Oppenheimer, no projeto que previa a construção de três bombas.

O atraso da Alemanha no armamento nuclear em relação ao Ocidente era inversamente proporcional à sua vantagem em quase todo o restante do campo da tecnologia de armamentos. Ao lado do V1 e V2, os centros de pesquisa da Wehrmacht e da SS desenvolviam as mais modernas armas guiadas. O início de 1945 marcou o lançamento da primeira "asa voadora" a jato com características *stealth*, quer dizer, era de difícil localização pelos radares inimigos. Mas como faltavam matérias-primas e capacidades produtivas, a maioria desses projetos parava nos protótipos.

Produção armamentista subterrânea

A produção em série das novas "armas milagrosas", como o V2 ou o Me 262 ou o submarino de alto desempenho do tipo XXI (dos quais 123 foram produzidos, mas não empregados), foi mérito da coordenação de recursos armamentistas, que promoveu um novo "planejamento central". As reuniões do grêmio, chamado de "o verdadeiro gabinete de guerra da economia alemã", contavam com a presença de Speer, ministro de Armamentos e da Produção de Guerra. Ele tinha ampliado continuamente sua área de influência, tornando-se a figura dominante da indústria bélica alemã. Participavam do grêmio também Milch e representantes das indústrias de armamentos, como também o Plenipotenciário Geral para a Implementação do Trabalho, Fritz Sauckel.

Devido aos contínuos ataques aéreos anglo-americanos, Hans Kammler, homem da confiança de Himmler, passou a transferir continuamente partes da produção de armamentos para debaixo da terra. Desse modo, a montagem final do "Agregado 4", nome dado pelos técnicos ao V2, aconteceu num complexo em Kohnstein (chamado "Mittelwerk"), próximo a Nordhausen. Em Kahla, na Turíngia, os caças com motor a jato eram montados em galerias de quilômetros de extensão (codinome "Salmão"), trazidos para cima com elevadores, de onde levantavam voo. Em Oberammergau (codinome "Cerusit") e em St. Georgen an der Gusen — não distante do campo de concentração Mauthausen —, foi criada em 1944 uma das maiores e mais modernas fábricas de aviões subterrânea ("B8 Bergkristall"), onde era montado o Me 262.

As fábricas secretas de armamentos recebiam força de trabalho dos 24 campos de concentração, que montavam campos externos nos locais com demanda por "material humano". Desse modo, somente o campo de concentração Buchenwald possuía mais de cem campos externos. Um deles era em Nordhausen, que mais tarde se tornou independente como campo

Produção armamentista subterrânea

de concentração Mittelbau-Dora. Ele supria a força de trabalho para a montagem final do V2. As pessoas trabalhavam nas condições mais desumanas, ficavam o tempo todo sob suspeita de sabotagem e eram ameaçadas de morte. Vinte mil delas perderam a vida. No total, centenas de milhares morreram nas fábricas de armamentos e nos campos anexos.

A falta de mão de obra era, ao lado da falta de matérias-primas, o problema central da economia de guerra alemã. Por esse motivo — sem levar em conta o emprego em massa das "compatriotas"* —, trabalhadores das áreas ocupadas já tinham sido mobilizados. No início, eles eram atraídos até a Alemanha com todo o tipo de promessas, mais tarde eram obrigados a realizar esse trabalho. Vinham das áreas de influência alemã na Europa. Juntavam-se a esse contingente presos de guerra, principalmente do Ocidente. Eles também faziam parte dos 7 milhões que tinham sido forçados a trabalhar na indústria de armamentos (mas também na agricultura) para a "vitória final" de Hitler.

Desse modo, a produção de armamentos pôde registrar mais um aumento em 1944. Nesse ano, apesar das condições péssimas, 34 mil aviões deixaram as fábricas (nos Estados Unidos, foram 74 mil). Entretanto, boa parte do equipamento de guerra apresentava defeitos. Os problemas com o material eram frequentemente a causa, mas havia também sabotagem no acabamento. Entretanto, a produção, apesar de todos os esforços, era pequena demais para produzir algum efeito no desenrolar da guerra. O Me 262, do qual foram produzidos 1500 até o final da guerra, proporcionava à Luftwaffe um caça muito superior, mas mesmo assim não foi possível encerrar o domínio inimigo sobre o céu da Alemanha. Pois alguns Me 262 em

---

* O termo "*Volksgenosse*", aqui traduzido por "compatriota", foi usado na época do nacional-socialismo para se referir a quem tinha "sangue alemão ou aparentado".

Novos contatos com a embaixada soviética em Estocolmo

condições de uso (a maioria era usada como "bombardeiro-relâmpago") não podiam fazer frente a grupos de bombardeiros, protegidos por centenas de caças de longo alcance. E logo começaram a faltar pilotos que soubessem comandar a complexa aeronave. A desesperançada inferioridade material e pessoal e suas consequências para a condução alemã da guerra — as armadas da coalizão anti-Hitler se aproximavam incessantemente das fronteiras da Alemanha — fizeram com que os paladinos de Hitler saíssem à procura de possibilidades políticas que talvez conseguissem evitar o inevitável. Ribbentrop, ministro das Relações Exteriores, esforçou-se novamente para contatar os soviéticos, via Estocolmo. Sua expectativa era a de que ainda fosse possível chegar a um acordo com eles. O diplomata mais graduado agiu de maneira independente, embora soubesse do apoio silencioso de Himmler, Schellenberg e Kaltenbrunner. Goebbels, apesar de atestar a incapacidade do ministro das Relações Exteriores para Hitler, em 20 de setembro de 1944 entregou um memorando em forma de carta a seu "Führer" que seguia na mesma direção. O ponto de partida foi a conclusão de que a União Soviética e as potências ocidentais estavam separadas por uma "cordilheira de interesses antagônicos", que eram superados apenas pela condução conjunta da guerra contra a Alemanha. Se o funcionário multitarefas nazista defendia por escrito um entendimento com Stálin, então era porque este último, em oposição a Churchill, "não tem nenhum tipo de amarra na política interna". Além disso, Stálin não seria um calculista frio "caso não soubesse que cedo ou tarde terá de se confrontar com as potências ocidentais e, portanto, não pode sangrar de antemão no front leste nem permitir que ingleses e americanos se tornem, até lá, donos de uma parte considerável do potencial alemão, humano e de armamentos".[26] Essa chance tinha de ser usada, escreveu Goebbels no final de seu memorando, não sem manifestar uma vez mais sua devoção a Hitler.

Novos contatos com a embaixada soviética em Estocolmo

Aparentemente foi devido à pressão de seus companheiros mais próximos, que consideravam a ideologia mera ideologia, que Hitler finalmente aceitou um contato com a embaixada soviética em Estocolmo. Entretanto, ele não mudou sua postura em relação a conversas de paz com o inimigo mortal, mesmo que seus paladinos torcessem por isso. Ele acreditava que conseguiria semear discórdia por meio da manobra em Estocolmo. Só que seu plano fracassou, pois os soviéticos, que na realidade não tinham mais nenhum interesse em qualquer tipo de conversas com o lado alemão, informaram os anglo-americanos — como havia sido combinado entre a coalizão anti-Hitler no outono do ano anterior no caso de os alemães fazerem contato.

Certamente Hitler não fazia ideia disso, motivo pelo qual ele — a fim de não ameaçar a questão de Estocolmo — adiou a divulgação da formação do Exército Russo de Libertação Nacional (ROA), incentivada especialmente por Ribentropp e Himmler. Depois de Hitler ter abrandado sua obstinada resistência, apesar de todas as objeções e considerações, o comandante militar da SS reuniu-se em 16 de setembro de 1944 com Vlássov. No fim das conversações, chegou-se à criação de um Comitê para a Libertação dos Povos Russos e à promessa de formação das três primeiras divisões do ROA. Semanas mais tarde, em Münzingen, nos Alpes suábios, a primeira fez seu juramento à bandeira; logo seguiu-se outra, em Heuberg. Se Vlássov e seus homens — que tinham sido recrutados nos campos de prisioneiros de guerra alemães — ainda se declaravam dispostos a tal operação, apesar da situação desesperançada da Alemanha, era porque aguardavam um conflito leste-oeste. Sua esperança se dirigia totalmente aos anglo-americanos. Com sua ajuda e lado a lado com o Exército Insurreto Ucraniano, eles tinham a intenção de dar um fim no odiado regime soviético de Moscou. Esse foi um desastroso erro de julgamento.

A formação da milícia nacional alemã

Hitler, que considerava Vlássov "ninguém", tinha evitado qualquer contato com os combatentes nacionais russos, visto que a situação contradizia profundamente a noção que tinha de sua verdadeira guerra. Além disso, as divergências entre ele e seus acólitos, conduzidos por reflexões cada vez mais práticas, só faziam aumentar. Inclusive Himmler havia considerado um trabalho conjunto com o Exército Insurreto Ucraniano. Desde que tinha sido reconquistada, a Ucrânia lutava contra o poderio soviético, depois de ter passado por uma guerrilha contra os alemães. Em julho de 1944, os líderes do movimento nacional nos Cárpatos formaram um governo provisório com o Comitê Superior da Libertação da Ucrânia.

Himmler também teve participação decisiva na formação da Volkssturm [milícia nacional alemã]. O decreto de Hitler a respeito dizia: "Ao conhecido desejo de extermínio total de nossos inimigos judeus internacionais ofereceremos a mobilização total de nossa gente".[27] Os preparativos foram feitos pelo comandante militar da SS em conjunto com Bormann e Goebbels. A formação e a liderança da milícia nacional alemã deviam ficar a cargo dos líderes de províncias; a formação, o armamento e o emprego das milícias formadas por adolescentes, homens inaptos à guerra e velhos, absolutamente sem sentido do ponto de vista militar, era tarefa de Himmler, que se preparava para atuar também como líder de Exército. O novo grupo de combate foi apresentado aos alemães em 18 de outubro de 1944, quando a rádio transmitiu o discurso de Himmler, proferido em Bartenstein na presença de Keitel, Guderian e Erich Koch, diante das primeiras companhias da milícia nacional alemã. Tanto o dia quanto o lugar foram escolhidos a dedo: 18 de outubro foi o dia decisivo da Batalha das Nações, em Leipzig, e Bartenstein ficava na Prússia Oriental, cuja fronteira o Exército Vermelho tinha acabado de ultrapassar.

A formação da milícia nacional alemã

Dois dias antes do discurso de Himmler em Bartenstein, os soviéticos haviam tomado as primeiras cidades alemãs no Leste: Eydtkuhnen, Stallupönen e Gołdap. Entretanto, elas logo foram retomadas. O massacre sofrido pela população alemã — em Nemmersdorf, todos os moradores foram mortos — foi celebrado pela propaganda de Goebbels como prova definitiva da verdadeira "face grotesca do bolchevismo". Hitler referiu-se às "bestas da estepe asiática" e à luta que conduzia como uma batalha pela "honra do ser humano europeu"[28] — justo ele. Literalmente ele desabrochou em seu mundo alucinado. Como tinha adoecido nesse meio-tempo, Hitler temia não conseguir mais terminar sua "histórica missão universal". Seu estado de saúde acabou melhorando e ele passou a se concentrar cada vez mais no cenário ocidental da guerra.

Lá, as armadas dos anglo-americanos prosseguiam na perseguição do vencido Exército Oeste alemão sem o empenho dos primeiros meses. Havia diversos motivos para isso. Os reabastecimentos eram difíceis, pois se dependia ainda dos distantes portos artificiais no Oeste. O porto da Antuérpia — de grande importância estratégica e que tinha sido tomado em 4 de setembro — não podia ser usado, visto que uma armada alemã controlou até meados de novembro, a partir da cabeça de ponte de Bresken, a foz do rio Escalda. Além disso, havia as diferenças de opinião, baseadas na rivalidade pessoal entre Eisenhower, o comandante-chefe do Exército Expedicionário aliado na Europa, e Montgomery, o comandante-chefe do 21º grupo da Armada britânica.

O vencedor de El-Alamein tinha a intenção de conduzir um avanço concentrado a partir do território entre a Holanda e Aachen — tratava-se de seu trecho de fronteira — em direção ao vale do Ruhr, Norte da Alemanha e Berlim. Eisenhower, por sua vez, queria avançar num front amplo e chegar ao Reno passando também pelos rios Mosela e Sarre. Visto que Montgomery

Arnheim e floresta de Hürtgen

não queria acompanhar a proposta do comandante supremo aliado, ele organizou a própria ofensiva e a iniciou em 17 de setembro com uma audaz operação de assalto aeroterrestre com paraquedistas britânicos e canadenses para a conquista das pontes do Reno entre Eindhoven e Arnheim. Em Arnheim, os paraquedistas, com armas leves, foram combatidos por um corpo de tanques da SS. Na Holanda, mais ao sul, uma armada britânica abriu um corredor até Nimwegen, de modo que as posições conquistadas puderam ser mantidas. No cômputo geral, a Operação Market Garden, que contou com cerca de 39 mil paraquedistas, acabou sendo uma derrota para Montgomery, mesmo que essa visão tenha sido contestada por ele mais tarde. Pois cerca de 17 mil de seus soldados foram mortos, feridos ou presos sem que tivesse havido uma melhoria significativa na situação operacional.

Os americanos, que em 12 de setembro haviam atravessado o muro ocidental ao sul de Aachen e, portanto, a fronteira da Alemanha anterior ao início da guerra, em 21 de outubro conquistaram a cidade após lutas intensas. Ao sul, na floresta de Hürtgen, fracassou no início de novembro, pela segunda vez, sua tentativa de romper as linhas alemãs. A batalha da floresta de Hürtgen na região de Vossenack se transformou na pior derrota sofrida por uma de suas divisões na Europa. Ainda mais ao sul, junto ao rio Ruhr, a ofensiva lançada em 16 de novembro tampouco trouxe o sucesso esperado a Eisenhower. A manobra não sintonizada das forças expedicionárias anglo--americanas fez com que elas não fossem fortes o suficiente em nenhum lugar para realizar o decisivo rompimento das linhas inimigas. Isso garantiu um respiro aos alemães, que entre 6 de junho e 29 de setembro haviam perdido cerca de 600 mil homens no Oeste.

Encorajado pelo desenrolar dessa situação — principalmente do êxito defensivo em Arnheim —, Hitler quis acreditar

Arnheim e floresta de Hürtgen

que, com um golpe decisivo, conseguiria reverter a derrota na última hora. Já em 19 de agosto de 1944 ele havia ordenado que se juntassem as bases materiais para um novo exército ocidental, pois planejava uma nova ofensiva em novembro — quando a piora nas condições climáticas atenuaria a superioridade aérea aliada. Nesse caso, Hitler agiu sem as divisões do Alto-Comando do Exército competentes para tais planejamentos, visto que não queria mais saber das esperadas restrições dos burocratas militares. Apenas Guderian, que estava no lugar de Zeitzler como chefe do Estado-Maior do Exército, foi informado de seu plano de ataque. Göring assegurou um acompanhamento de larga escala da Luftwaffe, a Operação Bodenplatte. Ela previa que as aeronaves táticas do inimigo seriam destruídas nos seus aeroportos no Sul da Holanda, na Bélgica e no Norte da França por um ataque-relâmpago de todos os esquadrões aéreos ainda disponíveis, a fim de garantir a necessária liberdade de movimento às tropas em solo. Entretanto, sua ofensiva teve de ser sucessivamente adiada porque o avanço das tropas previstas para isso atrasava. Nesse meio-tempo, Hitler dirigiu a insensata luta defensiva nas Ardenas, no Alto Reno, na Prússia Oriental, em Curlândia e na Hungria, onde no início de dezembro registravam-se combates nas cidades ao redor de Budapeste.

9.
A luta final pelo Reich e a morte de Hitler

Dezembro de 1944 a maio de 1945

Nem o presidente nem ninguém de nós
duvidou minimamente que poderíamos
viver e nos entender [com os russos]
até um futuro a perder de vista.

Harry Hopkins, Ialta, 1945

Em 16 de dezembro de 1944 teve início a última grande ofensiva alemã da Segunda Guerra Mundial, entre os Altos Fagnes (Bélgica) e a região Norte de Luxemburgo. Numa reedição do "corte de foice" de 1940, três armadas alemãs comandadas por Rundstedt deveriam avançar até a Antuérpia, ceifar as unidades inimigas e, em seguida, exterminá-las. Depois, as divisões de tanques seriam deslocadas para o Leste, a fim de se unir numa violenta batalha na costa do mar Báltico com as armadas alemãs estacionadas na cabeça de ponte em Curlândia. Esse era o desejo de Hitler que, entretanto, não tinha nenhuma relação com as verdadeiras possibilidades da condução de guerra alemã no final de 1944, mas sim com a crença no impossível, profundamente enraizada. Por esse motivo, após o fracasso diante de Moscou, Hitler tinha colocado suas esperanças na ofensiva de verão de 1942, depois na batalha da invasão e, seguindo sua lógica, estava apostando agora na ofensiva das Ardenas. As objeções de Rundstedt, que defendia uma ofensiva a princípio limitada até Maas e apenas então a tomada de novas decisões, foram evidentemente descartadas. De que lhe servia um sucesso parcial? A questão era tudo ou nada.

A ofensiva das Ardenas

Os comandantes e soldados foram animados de acordo. "Sua grande hora chegou! [...] Trata-se do todo", dizia a ordem do dia de Rundstedt de 16 de dezembro.[1] Embora o marechal de campo soubesse que a empreitada não daria certo — já em maio de 1942 ele havia dito a um companheiro que "está fora de questão a Alemanha ganhar a guerra"[2] —, enviou seus homens à morte, homens que acreditavam estar defendendo a pátria, como sugeria o codinome da ofensiva das Ardenas: "Vigília sobre o Reno". Havia muito os generais que ainda eram benquistos por Hitler não nutriam mais um sentimento de responsabilidade em relação aos soldados. Tornados inescrupulosos carrascos de um homem alucinado, eles estavam cegos devido aos seus privilégios e apoiavam a propaganda que deveria condicionar seus homens à morte.

Na ofensiva das Ardenas, foram distribuídos folhetos aos soldados que os exortavam a lutar "no espírito de Frederico, o Grande, na batalha de Leuthen" e vencer o inimigo "sem perguntar pelo número de pessoas e suas armas".[3] O grande tema da propaganda de resistência da época era que o tamanho das armadas não definia a vitória ou a derrota — apenas a vontade contava para isso. E Goebbels ainda mandou produzir um custoso filme histórico que ilustrava essa tese. No 12º ano da tomada de poder, *Kolberg* estreou em Berlim e na base militar de Saint-Nazaire, onde, como em La Rochelle, os alemães resistiram até o final.

A ofensiva das Ardenas, iniciada com o bombardeamento da Antuérpia por meio de mísseis V1 e V2, foi o ataque mais mal preparado da Segunda Guerra Mundial, pois o planejamento em relação ao abastecimento foi vergonhosamente negligenciado. Apesar disso, ela começou vitoriosa. Os Aliados realmente foram surpreendidos e o mau tempo neutralizou sua superioridade aérea (mas também atrasou a Operação Bodenplatte). Desse modo, três unidades de tanques alemãs conseguiram avançar rapidamente. Dentro de poucos dias, eles

A ofensiva das Ardenas

deslocaram para noventa quilômetros a oeste um front de sessenta quilômetros de extensão. Os alemães haviam quase chegado ao rio Maas, porém se meterem em batalhas intermináveis nos flancos nas cidades de Saint-Vith e Bastogne. Hitler, que havia transferido seu quartel-general para perto de Bad Nauheim, voltou a exercitar sua certeza de vitória eufórica e alucinada. Apesar da propaganda incessante, apenas poucos alemães acreditavam numa virada no Oeste. E muito menos os membros de diversos grupos colaboracionistas franceses assentados em Sigmaringen, na Alta Suábia. No castelo de Hohenzollern, no qual também Pétain ficou abrigado (separado dos outros), os políticos discutiam sobre o futuro da França. Os porta-vozes eram Ferdinand de Brinons, que coordenava os trabalhos dos grupos, e Doriot, presidente do Parti Populaire Français, de extrema direita, que queria o Ministério das Relações Exteriores como futuro chefe de um Estado marionete francês.

O objeto de ódio comum era De Gaulle, que nesse meio-tempo estava à frente de um governo francês provisório, reconhecido por britânicos e americanos, e que procurava fortalecer sua autoridade por meio de um impiedoso acerto de contas com a colaboração. Duas semanas antes do início da ofensiva das Ardenas, ele havia viajado a Moscou para negociar com Stálin uma aliança e um pacto de apoio contra a Alemanha. De Gaulle também queria conseguir do líder soviético a concordância para a separação da região do vale do rio Ruhr e da Renânia. Stálin, por sua vez, queria que De Gaulle reconhecesse o Comitê de Lublin. Visto que isso seria mal recebido por seus parceiros ocidentais (já irritados com sua prepotência), De Gaulle rejeitou a proposta. O pacto acabou sendo assinado por Mólotov e Bidault em 10 de dezembro.

Seguindo a Wehrmacht, os colaboradores em Sigmaringen esperavam retornar à França e conseguir ajustar as contas com De Gaulle e seus colaboradores. Nada disso aconteceu. A ofensiva das Ardenas não avançou. Ao lado do aporte das

A ofensiva das Ardenas

reservas americanas e do problema de abastecimento dos alemães, a causa era o clareamento do céu de Natal sobre a área de operações, possibilitando a ação de unidades da Força Aérea dos Aliados, superiores. Além disso, o emprego maciço da Luftwaffe, que haveria justamente de impedir isso, ainda não tinha sido concretizado. Apenas em 1º de janeiro de 1945, 1035 caças e aviões de combate — voando baixo, para não ser vistos pelos radares inimigos — atacaram dezessete aeroportos aliados; 479 aeronaves aliadas foram severamente danificadas. Quase dois terços das 277 máquinas alemãs perdidas foram abatidas pela própria esquadra devido à falta de coordenação da operação.

A fim de injetar novo ânimo na ofensiva das Ardenas, Hitler planejou outro ataque alemão no Alto Reno, na direção da linha Pfalzburg-Zabern, no qual o Grupo de Exércitos Oberrhein, sob comando de Himmler, devia ser incluído. Em 28 de dezembro, Hitler apelou aos comandantes envolvidos na Operação Nordwind: "Que os senhores entrem nessa operação com todo o seu ardor, com toda a sua energia e com todo o seu vigor. Trata-se de uma operação decisiva. Seu sucesso trará automaticamente o sucesso da segunda".[4] Ao se referir à "segunda", Hitler queria dizer a ofensiva das Ardenas. Só que nada deu certo; a operação logo teve de ser interrompida. Nas Ardenas, uma batalha de desgaste se desenrolou por uma semana; no final, o front estava de volta ao ponto de início da ofensiva alemã. Com seus 20 mil mortos, a "The Battle of the Bulge", como é chamada pelos anglo-americanos, foi a mais mortífera do lado aliado na Segunda Guerra Mundial, com as lutas na floresta de Hürtgen como ápice sangrento. Hemingway chamou-a de "fábrica de mortos".

Depois do fracasso das ofensivas do Oeste, Hitler começou a ficar cada vez mais agoniado. Ele sabia havia tempos que a guerra, de um ponto de vista realista, estava perdida. Mas a derrota nas Ardenas lhe tirou a última carta das mãos. Depois disso, apenas o rompimento da coalizão inimiga poderia produzir a

A grande ofensiva de inverno soviética

virada. Goebbels teve quase que forçá-lo a falar aos alemães em 30 de janeiro de 1945 (como de costume, nessa data); nesse momento, ele se dirigiu também aos Aliados ocidentais — não sem antes invocar o "Todo-Poderoso", que em 20 de julho lhe entregara o "reforço" de sua tarefa — ao chamar sua luta de luta pelo mundo civilizado. Segundo ele, tratava-se da supremacia na Europa. A vitória da União Soviética significaria seu "extermínio". Visto que sem a Alemanha o Ocidente não estava em condições de "acalmar" o bolchevismo, Hitler apelou em seu discurso radiofônico à "razão", antes de anunciar seu "desejo inalterável" de "não temer absolutamente nada nessa luta para salvar nosso povo do destino mais cruel de todos os tempos".[5]

Ao falar do "destino mais cruel de todos os tempos", Hitler estava se referindo aos relatos que recebia da Prússia Oriental. Em 12 de janeiro de 1945, o Exército Vermelho tinha iniciado uma grande ofensiva de inverno, num front do território de Memel até os Cárpatos. Depois de poucos dias as linhas defensivas alemãs foram quebradas. Até o final do mês, os russos se aproximaram de Königsberg e, numa operação de cerco, em 26 de janeiro alcançaram a laguna, em Elbing. Dessa maneira, a Prússia Oriental estava sitiada. Mais ao sul, o Exército Vermelho logo tomou Gnesen e Thorn e foi avançando em direção à província de Posen e Frankfurt an der Oder. Foi lá que um extenuado Himmler, que em 21 de janeiro havia recebido o comando do Grupo de Exércitos Weichsel, tentou em vão deter a ofensiva dos bolchevistas.

Ali, nas províncias orientais do Reich alemão, os exércitos de Stálin, vingando-se dos crimes alemães na Rússia, atacaram a população de maneira cruel. Antevendo a nova ordem da Europa central-leste de "varrer" etnicamente amplas áreas da Prússia Oriental, da Pomerânia e da Silésia, os soldados soviéticos foram convocados pelo propagandista-chefe do Exército Vermelho, Iliá Ehrenburg, para matar. Folhetos diziam: "Mate! Alemães não são gente!", "Quebre a arrogância racial das mulheres germânicas, elas são um butim legítimo!".[6] A guerra iminente, o medo dos soldados do Exército Vermelho e a propaganda de Goebbels sobre as "hordas bestiais, asiáticas" fizeram milhões de pessoas fugir das regiões orientais alemãs para o Ocidente em viagens intermináveis, em charretes ou a pé e sob o ataque de aviões rasantes soviéticos; da Prússia Oriental sobre a laguna congelada para o cordão do Vístula e dali em direção a Danzig, mas também para o porto de Pillau, para então arranjar uma salvadora passagem de navio até o Ocidente.

No final de janeiro, tiveram início as evacuações da Marinha de Guerra a partir de Pillau e dos portos da baía de Danzig. Visto que Hitler, indiferente ao destino dos refugiados, se mantinha firme na sua estratégia de resistência, segundo a qual todo metro de solo alemão deveria ser defendido "até o último suspiro", a chefia da Marinha seguiu uma estratégia dupla. Por um lado, ela não se omitia diante da possibilidade de apoiar operações de caráter fútil da Wehrmacht, mas, por outro, seguindo uma avaliação objetiva da situação, dedicava-se à evacuação. Desse modo, a Marinha de Guerra transportou suprimentos às "cabeças de ponte marítimas" Curlândia, Prússia Oriental e Danzig, envolveu-se em batalhas terrestres com a artilharia dos navios e, ao mesmo tempo, evacuou os refugiados através do mar do Norte. Desse modo, mais de 2 milhões de refugiados e soldados puderam ser levados ao Ocidente até o final da guerra, apesar dos submarinos soviéticos. No dia em que Hitler falou pela última vez no rádio para os alemães, *Wilhelm Gustloff*, um antigo navio da organização KdF* foi torpedeado. Logo em seguida, *Goya*, *Steuben* e *Cap Arcona* tiveram o mesmo destino. No total, as quatro catástrofes vitimaram mais de 25 mil pessoas nas águas geladas da costa da Pomerânia.

---

* *"Kraft durch Freude"* [Força pela Alegria]: Organização política dedicada a planejar as atividades de lazer da população alemã, com o objetivo final de aumentar a produtividade de seus trabalhadores.

A evacuação pelo mar do Norte

Fila de refugiados no Leste. Milhões de alemães tentaram escapar do rápido avanço do Exército Vermelho seguindo para o Oeste em charretes ou a pé.

Numa estranha expressão da alucinação, Hitler manifestou seu respeito ao inimigo mortal Stálin, justamente nas semanas em que a guerra alcançou o território do Reich. Parecia que ele admirava a brutalidade e a dureza do russo, como se fosse possível aprender com ele. Por esse motivo, Hitler não queria deixar de acreditar que o diabo Stálin um dia chegaria inclusive a livrar a Rússia do domínio judaico. Ele ditou isso a Bormann. Os registros dos primeiros dias de fevereiro de 1945, entretanto, não refletem apenas o ódio de Hitler, mas também são um testemunho persuasivo de quão obstinadamente aferrado o ditador alemão estava em sua visão de mundo ideológico-racista e na política e condução de guerra dela derivada. Totalmente preso às suas obsessões sobre a grande batalha mundial, ele constatou: "Nenhuma guerra até hoje foi tão declarada e exclusivamente uma guerra judaica como esta […]. Se eu ganhar esta guerra, então colocarei um fim no poder mundial judaico, vou golpeá-lo de morte".[7]

Mas foi a coalizão anti-Hitler que golpeou de morte a Alemanha nacional-socialista — em terra e no ar. Em novembro de 1944, Harris avisou que o Bomber Comand havia devastado, em dezoito meses, 45 das sessenta cidades de maior porte. E sugeria prosseguir assolando as restantes, que haviam sido poupadas até aquele momento: Magdeburg, Halle, Leipzig, Dresden, Chemnitz, Breslau, Nuremberg, Munique, Koblenz e Karlsruhe, além de manter o ataque a Berlim e Hannover. Harris pretendia penalizar os odiados alemães, pois o bombardeamento em massa da população civil havia muito tinha perdido qualquer sentido estratégico. Em janeiro, o marechal do ar, que era chamado de "Harris, o Carniceiro" entre os generais britânicos, tinha colocado o posto de chefe do Bomber Command à disposição como forma de pressão para que suas pretensões fossem concretizadas. E Harris conseguiu seu intento, pois suas ideias coincidiam com as de Churchill.

Churchill tinha sido assediado por Stálin no início de fevereiro, durante a Conferência de Ialta, para que apoiasse o avanço soviético com uma concentração dos ataques aéreos britânicos nas cidades do Leste da Alemanha. O primeiro-ministro falou em seguida com Sinclair, o ministro da Força Aérea, pedindo-lhe para checar "se Berlim e sem dúvida também outras grandes cidades do Leste da Alemanha não podem ser vistas como alvos especialmente interessantes no momento".[8] Desse modo, Dresden entrou na mira do Bomber Command. Como a única rota de fuga da área de Breslau passava pela linha férrea sul, atravessando Racibórz e o rio Neisse, milhares de refugiados seguiam em direção à Saxônia, e seu ponto de convergência era Dresden. Ali era possível "esmigalhar os alemães ao deixarem Breslau", como disse Churchill.[9]

Na noite de 13 de fevereiro de 1945 e na hora do almoço do dia seguinte, quase oitocentos bombardeiros britânicos e americanos apagaram a metrópole saxônica. Mais de vinte quilômetros quadrados de área urbana foram devastados. Sir Robert Saundby, marechal do ar britânico, membro do Conselho Real, falou de 135 mil mortos. Segundo um relato da chefia superior de polícia e da SS Elbe, de 15 de março de 1945, 18 375 pessoas morreram nesses devastadores bombardeamentos. Tratava-se majoritariamente de mulheres, crianças e idosos, como nas estimadas 575 mil vítimas da guerra de bombas contra as cidades alemãs. As forças aéreas aliadas perderam 100 mil pilotos e membros de tripulações, algumas centenas acabaram linchados. Desde o final de 1944, Bormann tinha ordenado aos chefes distritais que não se envolvessem mais nesses casos.

Churchill estava no caminho de volta de Ialta quando recebeu a notícia do vitorioso ataque sobre Dresden. Entre 4 e 11 de fevereiro de 1945, ele havia se encontrado com Roosevelt e Stálin no Kremlin. Na ordem do dia da conferência estavam as questões ainda em aberto sobre a nova ordem da Europa e da Ásia, bem como da Organização das Nações Unidas. Apesar das oposições, a vitória iminente sobre a Alemanha se sobrepunha a tudo. O sentimento gerado era o de comunhão, embora um olhar voltado ao futuro revelasse sua inexistência. Os três "líderes" se agraciavam com superlativos e honrarias. Churchill disse que esperava francamente "que o marechal continue à frente dos povos da União Soviética e que nos ajude a todos a caminhar em direção a tempos um pouco menos infelizes do que o de agora".[10] E Stálin brindou a Churchill, o "homem que só nasce uma vez em cem anos".[11] Roosevelt não baixou o tom. E tentou — lemos nos protocolos de Ialta — inclusive superar Stálin com tiradas sanguinárias, como se quisesse demonstrar que também era um homem de verdade. Harry Hopkins, o representante especial e conselheiro de Roosevelt, relatou:

Dresden após o devastador ataque aéreo. A cidade foi escolhida como alvo porque estava cheia de refugiados do Leste.

Estávamos totalmente convencidos de ter ganhado a primeira grande vitória pacífica — e, quando digo nós, estou me referindo a todos, a humanidade civilizada inteira. Os russos tinham comprovado que podiam ser confiáveis e que tinham visão de longo prazo, e nem o presidente nem nenhum de nós duvidou que poderíamos viver e nos relacionar pacificamente com eles até o futuro infinito.[12]

O presidente americano — reeleito em novembro e reempossado em 20 de janeiro — reuniu-se com "Uncle Joe", como ele chamava Stálin quase carinhosamente, com a despreocupação que lhe era característica. Sua motivação era a guerra no Pacífico, cujo final ainda parecia distante, embora os japoneses houvessem recuado ainda mais, além de terem sofrido uma

A confiança de Roosevelt em Stálin

derrota importante. Em março de 1944, tropas japonesas e nacionalistas indianas partiram da Birmânia, passaram por Assam e chegaram ao Nordeste da Índia. Seu objetivo era o de acenar para o movimento independentista local. Só que não deu certo, talvez também porque o exército de ocupação ficou parado na região de fronteira. A luta que se estendeu até o fim de junho, e posteriormente foi interrompida contra as tropas britânico-indianas pela cidade de Imphal, se tornou a batalha mais letal para o Exército imperial japonês na Segunda Guerra Mundial. Após Imphal, logo se deu a reconquista da Birmânia sob o comando de Louis Mountbatten, o comandante-chefe aliado do Sudeste da Ásia.

A operação iniciada em abril de 1944 pelos combatentes japoneses no Sul da China foi mais exitosa. As tropas de Tóquio atropelaram as armadas pouco combativas de Chiang Kai-shek e criaram uma ligação por terra de Hankou a Cantão e de lá para a Indochina. Isso tinha importância estratégica porque as bases aéreas aliadas, como Henyang — a partir das quais era possível atacar o território mais central japonês e a capital Tóquio —, ficam perdidas para os americanos. Apenas quando os marines conquistaram a ilha Saipan, do arquipélago das Marianas, a US Air Force esteve novamente em condições de atacar a principal ilha japonesa com seus bombardeiros B29 e aumentar seu domínio aéreo no Pacífico Central. A consequente alteração da situação estratégica geral, então desfavorável para o Japão, levou à renúncia do governo Tōjō. Ele foi sucedido por um gabinete liderado por Kuniaki Koiso e o ministro da Marinha Mitsumasa Yonai, que reorganizaram a defesa japonesa na linha ilhas Curilhas-ilhas japonesas-Okinawa-Formosa e Filipinas.

Em 19 de outubro de 1944, McArthur iniciou a reconquista das Filipinas com o desembarque na ilha Leyte. A operação foi flanqueada por uma forte esquadra, que contava, entre outros,

315

Problemas da guerra americana no Extremo Oriente

com dezesseis porta-aviões e sete encouraçados. Ao entrar em ação, a flotilha japonesa se envolveu na maior batalha naval e aérea da história. Em seu transcorrer, a Marinha imperial japonesa perdeu três encouraçados e quatro porta-aviões — a maior parte de sua esquadra. A luta por Leyte se estenderia por semanas, nas quais a Marinha japonesa usou pela primeira vez suas unidades especiais de combate, os chamados camicases, que se lançavam de maneira suicida sobre os navios inimigos com seus aviões transformados em bombas voadoras. Enquanto Roosevelt estava em Ialta, teve início a luta por Manila, marcada por pesados massacres da população perpetrados pelos japoneses e que custaram a vida de mais de 100 mil pessoas. Demoraria até junho de 1945 para que as Filipinas como um todo estivessem em mãos americanas.

Apesar de toda a sua superioridade marítima e aérea, o problema da condução americana da guerra no Extremo Oriente era a superioridade do inimigo em terra. Visto que as tropas do Japão lutavam com uma fanática disposição ao autossacrifício e a liderança americana imaginou que esse comportamento se intensificaria quanto mais os combates se aproximassem da pátria, Washington tinha clareza de que seria necessário empenhar muitas vidas humanas antes de vencer o Japão. Por essa razão, Roosevelt acreditava na necessidade imperiosa da ajuda militar da União Soviética contra o império do Extremo Oriente. Como pagamento para o aceite da entrada em guerra dos soviéticos, dado em Teerã e então registrado num acordo secreto, e que deveria acontecer dois ou três meses depois do término das lutas na Europa, Roosevelt assegurou a Stálin a devolução do Sul da ilha de Sacalina, a anexação das ilhas Curilas, japonesas, direitos especiais na Manchúria, a internacionalização de Dairen [hoje, Dalian], bem como a restituição do antigo contrato tsarista de arrendamento sobre Port Arthur. Chiang Kai-shek era enganado, e isso correspondia à ideia do

Problemas da guerra americana no Extremo Oriente

ditador soviético, que assim poderia expandir sua área de influência no Extremo Oriente.

Se Roosevelt vinha ao encontro de seu parceiro soviético também em outras questões da grande política, isso se devia principalmente à guerra ainda não encerrada no outro lado do mundo — algo que teria consequências graves no funcionamento da nova organização mundial. Entre o final de agosto e o início de outubro de 1944, durante a Conferência de Dumbarton Oaks, os especialistas da Grã-Bretanha, da União Soviética, da República da China e dos Estados Unidos chegaram a um acordo quanto às questões centrais dessa organização, como aquelas referentes aos objetivos e à estrutura. A Carta das Nações Unidas, a Assembleia Geral, o Conselho de Segurança, a Secretaria e o Tribunal Internacional são resultados do encontro, batizado com o nome da propriedade que o sediou em Georgetown, Washington.

A questão decisiva do poder de veto no Conselho de Segurança havia ficado em aberto. Em Ialta, o presidente americano concordou com Stálin no sentido de que o veto das grandes potências deveria valer mesmo estando elas envolvidas no conflito. Isso significou que as Nações Unidas, como instituição de paz do grande projeto de Roosevelt, "One World", só seria capaz de funcionar enquanto a União Soviética ou outro membro do Conselho de Segurança não fosse parte de um conflito. Dessa maneira, Stálin conseguiu que a nova organização mundial, cuja carta deveria ser discutida a partir de 24 de abril em San Francisco, não fosse um empecilho para seus planos expansionistas. Ele a neutralizara como instrumento para a manutenção da paz mundial. O fato de ter sido justamente Roosevelt, guiado pela ideia de "um mundo", quem abriu caminho para a divisão desse um mundo é um paradoxo da história.

Na Conferência de Ialta, os "Três Grandes" chegaram a um acordo, pelo menos a princípio, também sobre o futuro da

Polônia e dos Estados do Leste e do Sudeste da Europa. Em Varsóvia, devia ser criado um governo composto, de modo paritário, de membros do governo no exílio em Londres e do Comitê de Lublin. No que se refere à questão da fronteira ocidental polonesa, Stálin aceitou a formulação bastante vaga de que ao Norte e a Oeste a Polônia deveria receber um "considerável aumento territorial". A "definição definitiva" dessa fronteira seria entregue a uma conferência de paz — que nunca aconteceu. O ditador soviético pôde aceitar tudo sem medo, pois ele estava diante de um fato consumado. Justamente quando reunidos no Kremlin, ele ordenou que Bierut, que preparava a transformação da Polônia em um Estado vassalo soviético, assumisse a administração civil nas áreas do Reich alemão a leste da linha dos rios Oder-Neisse. Em outras palavras, a administração militar soviética já tinha entregado a soberania administrativa das províncias orientais alemãs aos poloneses, ainda antes de um acordo final com os aliados ocidentais ter sido sacramentado.

Os líderes ocidentais condicionaram a aceitação da Linha Curzon à celebração de eleições livres na Polônia. Uma Declaração sobre a Europa Libertada, conjunta, deveria obrigar Stálin a realizá-las em todos os países conquistados pelo Exército Vermelho. Do ponto de vista teórico, isso significava o surgimento de democracias de automática orientação pró-Ocidente. O valor da assinatura de Stálin num papel desses fica claro a partir dos relatos do embaixador americano em Moscou. Em janeiro, Harriman passou um cabograma a Washington, dizendo que, embora os soviéticos evitassem tentativas diretas de se enfronhar em países estrangeiros que não estavam dentro das fronteiras de 21 de junho de 1941,

apesar disso, usam todos os múltiplos meios de que dispõem a fim de assegurar a formação de regimes que passem, ao exterior, uma impressão de independência e amplo

A conferência de Ialta

Os "Três Grandes", Churchill, Roosevelt e Stálin (da esq. para a dir.), em Ialta. As divergências fundamentais na reorganização da Europa foram amplamente relevadas.

apoio popular, mas na realidade sua existência depende de grupos que veem como positivas as sugestões vindas do Kremlin. Esses meios são tropas de ocupação, polícia secreta, partidos comunistas locais, sindicatos, organizações esquerdistas simpatizantes, comunidades culturais fomentadas e pressão econômica.[13]

Tais alertas vieram dos mais diferentes lados, mas não tiveram nenhuma influência sobre a política de Roosevelt.

As questões sobre o futuro da Alemanha não tinham pressa, visto que do lado ocidental partia-se do pressuposto de que "caso o movimento clandestino alemão esteja ativo", demoraria "de um a dois anos"[14] para surgirem situações minimamente organizadas. Churchill achava que todos tinham a mesma opinião

Ialta e a armada de Vlássov

sobre a divisão, "só que o processo é muito complicado para que seus detalhes sejam definidos em cinco ou seis dias". Em seguida, Roosevelt pressionou para que a minuta da declaração de capitulação contivesse necessariamente o termo "desmembramento". Stálin queria conversar concretamente sobre as zonas de ocupação, negociadas pela Comissão de Assessoramento Europeu no outono de 1944. Por fim, os "Três Grandes" chegaram a um acordo, mas com uma modificação: por pedido de Churchill, a França também receberia uma zona de ocupação — mais especificamente, um setor— em Berlim. Esses setores seriam recortados das áreas ou distritos da cidade a serem controlados pelos anglo-americanos. A França, que ficou com o status de potência vencedora, acabou recebendo também assento e voto no Conselho de Controle Aliado, ou seja, no grêmio que deveria governar o restante do Reich.

Em Ialta, havia ainda inúmeros outros temas na ordem do dia, como, por exemplo, a importante pergunta para a União Soviética sobre as reparações, a respeito da qual não se chegava a um consenso. Por sua vez, a questão dos prisioneiros de guerra e civis libertados que deveriam ser levados de volta a seus países de origem foi definida por um acordo de repatriação. Para os membros do Exército Russo de Libertação Nacional, o significado prático disso depois da guerra foi a morte ou o confinamento num campo. Sua repatriação compulsória pelos americanos gerava cenas inacreditáveis. Muitos membros da armada de Vlássov escolheram o suicídio. Milhares sumiram nos campos de trabalhos forçados. O próprio Vlássov e uma série de seus generais foram a julgamento. Eles morreram em agosto de 1946 em Lubianka, a infame central moscovita do NKVD [Comissariado do Povo para Assuntos Internos, responsável pela repressão política], no patíbulo.

Com o transcorrer da guerra, o Exército Russo de Libertação Nacional não tinha mais o que fazer, mesmo que, desde fevereiro de 1945, 113 batalhões estivessem aptos ao combate,

Ialta e a armada de Vlássov

71 deles no front leste. Nesse mês, a Baixa Silésia, com sua capital Breslau, foi cortada do restante do território do Reich pelo Exército Vermelho. Na Prússia Oriental, os soviéticos apertavam cada vez mais o cerco ao redor de Königsberg, que havia recebido de Hitler o status de fortificação. No Oeste, os americanos haviam atravessado o rio Reno em Remagen e formado uma cabeça de ponte. Mais ao Norte, em 7 de março, eles invadiram Colônia, que estava em ruínas. A metrópole do Reno, alvo de 250 bombardeios, tinha sofrido o último ataque de grandes proporções fazia cinco dias. Antes disso, foi a vez de Pforzheim ser atacada. Mais de 17 mil pessoas morreram. Em meados de março, os americanos bombardearam Swinemünde, lotada de refugiados, e a RAF liquidou Würzburg. Hildesheim e Paderborn foram transformadas em escombros logo depois.

Mirando a decadência do Reich, Hitler passava por fases de uma resistência obstinada, quando, em 24 de fevereiro, em sua última proclamação ao povo alemão, anunciou o final vitorioso da guerra para os dez meses seguintes. Essas fases eram seguidas por momentos de derrotismo, o derrotismo de um megalomaníaco. Como se quisesse dizer que esse povo alemão não o merecia — aquele que queria ter salvado a Terra da grande conspiração judaica —, Hitler falou para Speer, seu ministro de Armamentos, em 18 de março: "Se a guerra for perdida, o povo alemão estará perdido. Esse destino é inescapável. [...] O povo mostrou ser o mais fraco [...]".[15] Logo em seguida, ele proclamou o chamado Decreto Nero, que previa a destruição de todas as instalações militares de transportes, comunicações, industriais e de abastecimento, bem como quaisquer bens tangíveis dentro do território do Reich que o inimigo pudesse utilizar para a continuação da guerra. Mas o decreto não foi posto em prática, pois ninguém viu sentido nele. Speer vangloriou-se depois da guerra de tê-lo sabotado com sucesso. Por esse motivo, acabou escapando da pena de morte no julgamento de crimes de guerra em Nuremberg.

Himmler e seus contatos suecos

O homem que, como executor de Hitler, havia trazido a morte para 6 milhões de judeus também estava preocupado com sua sobrevivência. Seu ramificado sistema de campos de concentração e extermínio estava se desintegrando desde o avanço do Exército Vermelho no território do Governo Geral no ano anterior. Em 27 de janeiro, ele chegou a Auschwitz. Milhares de presos tinham sido evacuados dali anteriormente para não caírem nas mãos dos soviéticos. O mesmo aconteceu com a chegada dos anglo-americanos nas terras do Reich no Oeste. Nesse caso, os presos dos campos saíram caminhando em longas colunas pelo interior, tocados pelos vigias da SS. Nessas marchas da morte, mais de 200 mil pessoas pereceram, vítimas de exaustão ou foram brutalmente assassinadas, como os 1016 presos do campo de concentração Mittelbau-Dora, perseguidos até um celeiro na cidade de Gardelegen, que foi incendiado.

Nos campos de concentração restantes, a anarquia reinava. Os carrascos da SS estavam ocupados apenas com a organização de sua própria sobrevivência. Quando as tropas aliadas se aproximavam, eles deixavam os prisioneiros entregues à própria sorte ou os matavam, antes de fugir. Não parecia haver um comportamento único nem qualquer ordem vinda "de cima". O confidente e massagista de Himmler, o "conselheiro médico finlandês", como Felix Kersten se autodenominava, relatou que o chefe ignorou, a seu pedido, a ordem de Hitler de explodir todos os presos dos campos de concentração bem como os vigias da SS. Caso Himmler tenha realmente se negado a cumprir essa ordem, então foi porque ele achava que podia usar os presos dos campos de concentração, principalmente os judeus, como moeda de troca com os anglo--americanos. Por esse motivo, em março de 1945, enviou Oswald Pohl a vários campos a fim de que este garantisse que os presos judeus fossem suficientemente protegidos.

Nesse momento, o comandante militar da SS estava em contato com o conde Folke Bernadotte. Num dos primeiros encontros

Himmler e seus contatos suecos

com o sobrinho do rei sueco e vice-presidente da Cruz Vermelha sueca, em fevereiro, que tinha sido arranjado pelo chefe do Serviço Secreto, Schellenberg, ficou acertada a reunião de todos os presos escandinavos dos campos de concentração num abrigo no Norte da Alemanha, para que eles pudessem ser cuidados pela Cruz Vermelha sueca. Num segundo encontro com o conde, Himmler assegurou que os prisioneiros de todos os campos de concentração seriam poupados no momento da aproximação das tropas aliadas. Ele imaginava que, numa espécie de contrapartida, seria possível acertar uma reunião com Eisenhower por intermédio de Bernadotte. Só que a investida não deu certo, e Himmler enviou uma oferta de capitulação através do conde. A fim de melhorar as perspectivas de ser ouvido, Himmler se encontrou nos últimos dias de abril — por obra do massagista Kersten — com um representante do Congresso Judaico Mundial, assegurando-lhe a libertação de mil mulheres do campo de concentração Ravensbrück.

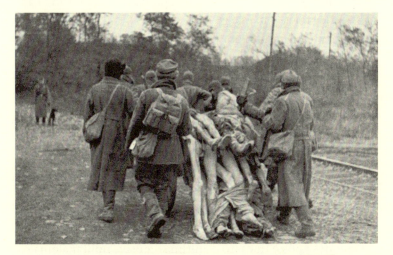

Retirada de presos mortos num campo externo ao campo de concentração Buchenwald. No fundo, à esq., um homem da ss com um pastor-alemão. Esta é uma das poucas fotos remanescentes do tempo anterior à libertação dos campos a registrar o horror.

Hitler entre agonia e loucura

Wolff, o ex-assistente pessoal de Himmler, agiu com mais sucesso. Como a mais alta autoridade da SS e da polícia na Itália, ele conseguiu entrar em contato com o chefe europeu do Serviço Secreto militar americano OSS, Allan Dulles. Em uma série de encontros de ambos em Berna, foi discutida uma capitulação parcial das tropas alemãs em sua área de comando e chegou-se a um acordo. A operação, chamada de "Sunrise" pelos americanos, deveria realmente terminar a Segunda Guerra Mundial na Itália — onde os Aliados tinham avançado até o rio Pó — uma semana antes e salvar muitas vidas humanas. Entre elas, a do próprio Wolff, que como um dos mais graduados líderes ainda vivos da SS à época, não foi acusado nos processos contra crimes de guerra de Nuremberg.

Enquanto a população alemã antevia o final inescapável, enquanto cada vez mais gente era vítima da temida polícia militar e o moral de combate só se mantinha alto nas unidades do Leste, que protegiam as pessoas fugindo do Exército Vermelho, Hitler foi sendo mais e mais tomado pela agonia. Esse estado era interrompido por manifestações eufóricas em que dizia que o rompimento da coalizão inimiga estava próximo, e principalmente por suas tiradas de ódio contra os judeus. Hitler enxergava traição por todos os lados. E chamava de covardes oficiais de coragem irretocável, condenando-os à morte in absentia. Foi o que aconteceu com Otto Lasch, comandante da fortaleza de Königsberg, que havia capitulado em 9 de abril, após semanas de combates ferrenhos. Mesmo antigos companheiros de jornada e nacional-socialistas ferrenhos como Sepp Dietrich, o antigo chefe da SS-Leibstandarte Adolf Hitler, acabou degradado por recuar com o resto de sua unidade de tanques após o fracasso da última ofensiva militar alemã na Hungria. Mas havia também os exemplos do heroísmo alemão, como os 183 pilotos que em 7 de abril tinham como missão interceptar de modo suicida aviões do tipo Flying Fortress da US

Discórdias entre os Aliados ao avançar pelo Reich

Air Force sobre o lago de Steinhude (Operação Lobisomem). Hitler ficava satisfeito com esse tipo de ação, que animava sua fé. Depois ele imaginava novas armas milagrosas, o foguete América, que traria morte e destruição para Nova York e as metrópoles dos Estados Unidos, e bombas que, por meio de "fragmentação nuclear", liberariam forças destruidoras inauditas. Numa de suas ligações telefônicas a Mussolini, Hitler anunciou a "bomba termonuclear". Só que a notícia estava bem distante da realidade.

Franklin D. Roosevelt, que havia aberto caminho para a construção da bomba atômica americana, não haveria de testemunhar sua concretização e tampouco o final da guerra. Ele morreu de maneira surpreendente em 12 de abril de 1945 em sua casa de campo em Palm Springs. Os últimos dias de sua vida foram marcados por descontentamentos com Stálin. Em seus relatos sobre Moscou, os embaixadores dos Estados Unidos e da Grã-Bretanha tinham apontado, entre outros, para o comportamento dos soviéticos na Polônia, que pareciam não cumprir nenhum dos acordos na hora da planejada montagem do governo, além de prender líderes do movimento clandestino nacionalista polonês. Isso fez com que Churchill pressionasse Roosevelt a intervir em Moscou. Em comunicados diplomáticos separados a Stálin, no início de abril, ambos o alertaram sobre o cumprimento das decisões de Ialta. Em sua resposta, Stálin culpou os embaixadores de Londres e Washington. Segundo Stálin, eles haviam deixado a questão polonesa num "beco sem saída" ao querer acabar com o governo de Lublin. Visto que o líder soviético tinha conhecimento das reuniões secretas de Wolff com Dulles na Suíça, ele as usou para pressionar Roosevelt ainda mais. Em 3 de abril, Stálin usou um tom rude para alegar falta de lealdade e até cumplicidade do americano com os alemães, que, segundo ele, abririam caminho às tropas anglo-americanas para o avanço ao leste. Como o estado

Discórdias entre os Aliados ao avançar pelo Reich

de saúde de Roosevelt não lhe permitia redigir de próprio punho a resposta, foi o chefe do Estado-Maior, Marshall, quem a escreveu. No seu final, lia-se: "Depois de todos os tremendos sacrifícios pessoais e materiais, seria uma das grandes tragédias da história mundial se, justamente neste momento em que a vitória se avizinha, nosso projeto imenso fosse ameaçado por tamanha falta de confiança e tamanha suspeita".[16]

Nas últimas semanas da Segunda Guerra Mundial, nada era mais temível para Stálin do que um acordo entre os Aliados ocidentais e a Alemanha. Seus antigos medos de um jogo duplo dos parceiros haviam retornado. Por essa razão ele tinha feito de tudo para impedir que as regiões da futura zona de ocupação soviética caíssem em mãos dos anglo-americanos. A fim de conduzir seu avanço para o Sul, ele se correspondeu com Eisenhower. Entretanto, em 28 de março de 1945, o comandante-chefe aliado comunicou ao líder soviético que ele iria tomar, com o grosso de suas tropas, o Réduit Alpino* alemão e que pensava seguir em direção à parte alta do rio Elba a partir da linha Erfurt-Leipzig, onde esperaria pelo Exército Vermelho. Nessa época, duas armadas americanas cercaram um grupo do Exército alemão que operava entre os rios Reno, Ruhr e Sieg, enquanto outras unidades anglo-americanas seguiam para o Norte da Alemanha.

Enquanto isso, Montgomery pretendia seguir em direção a Berlim, supostamente encorajado por Churchill, que avaliava a ideia de garantias, com as quais posições ocidentais deveriam se afirmar frente a Stálin. Mas em 31 de março, Montgomery recebeu ordens de Eisenhower para abandonar o avanço até Berlim. O lado americano queria deixar aos soviéticos a prestigiosa conquista da capital do Reich. Quatro dias depois, a armada de Patton atravessou o rio Werra e entrou na futura zona

---

* Complexo de fortificações diversas ao longo dos Alpes.

Discórdias entre os Aliados ao avançar pelo Reich

de ocupação russa. Quando Stálin enviou sua mensagem rude a Roosevelt, as unidades americanas já tinham entrado na Turíngia, que foi conquistada em dezesseis dias. Eisenhower estava interessado principalmente nos locais de produção das "armas milagrosas", como Mittelbau-Dora, em Nordhausen. Mas também nas fábricas Škoda, em Pilsen, nas metalurgias de armamentos da SS no Protetorado, onde se desenvolviam os mais modernos equipamentos de guerra.

Para o notório desconfiado Stálin, a principal questão era saber se os anglo-americanos cumpririam os acordos de Ialta sobre a divisão da Alemanha. Era evidente que ele não conseguia acreditar que havia potências que se dispunham a devolver territórios uma vez conquistados. Depois da morte de Roosevelt, tornou-se mais urgente para Stálin criar mais fatos concretos por meio de suas armadas. Assim, era conveniente que elas alcançassem Viena em 13 de abril e rapidamente atravessassem a Porta Morávia, encaminhando-se para Praga, onde logo os tchecos iriam se rebelar contra os ocupantes alemães. E suas unidades, estacionadas junto aos rios Oder e Neisse para a conquista de Berlim, deveriam agir o mais rapidamente possível. Pois do ponto de vista soviético, era muito incerto como Harry S. Truman, o novo homem na Casa Branca, iria se portar diante dos compromissos de Ialta.

No bunker sob a chancelaria do Reich, a notícia da morte de Roosevelt foi recebida como "sensação mundial". Hitler e seu círculo viam nela a ação da "Providência". Segundo o relato de um oficial do Estado-Maior, tinha se tornado "quase uma certeza" de que a coalizão inimiga estava prestes a ruir.[17] Falava-se do retorno do milagre que havia poupado, no último instante, a Prússia de Frederico II da derrocada. Como na época da morte da tsarina Elisabeth, que havia encerrado a coalizão inimiga austro-russa, naquele momento era a morte do "inimigo mortal" judeu que acabaria trazendo o fim da coalizão entre as "plutocracias" e o bolchevismo. Mais uma vez, animado pelos acontecimentos, Hitler acreditou que poderia ganhar tempo por meio de uma última mobilização, até que a morte de Roosevelt produzisse consequências políticas concretas. Numa "ordem do Führer" aos soldados do front leste, ele os conclamou a desafiar "o inimigo mortal judeu-bolchevista" num "último ataque". "No instante em que o destino tirou desta Terra o maior criminoso de guerra de todos os tempos, dar-se-á a virada da guerra."[18]

O último ato da Segunda Guerra Mundial começou em 16 de abril de 1945, com a batalha por Berlim. Na noite de 14 para 15 de abril, o Bomber Command devastou Potsdam, o símbolo do militarismo alemão-prussiano; nas primeiras horas da manhã seguinte, os agrupamentos dos marechais soviéticos Júkov e Ivan Kónev — com 2,5 milhões de soldados, 41,6 mil atiradores, 6250 tanques, apoiados por mais de 7 mil aviões —, depois de uma hora de tiros de artilharia e lança-mísseis a partir de seus pontos de apoio no front Oder-Neisse, partiram para um avanço concentrado em direção à capital do Reich. O ataque aéreo e o início da ofensiva não eram uma ação concertada, pois do lado ocidental partia-se do pressuposto de que o Exército Vermelho (como Stálin havia dito a Eisenhower) atacaria Berlim apenas em meados de maio.

O último movimento da Wehrmacht, que pela primeira vez foi fortalecida por unidades do Exército Russo de Libertação Nacional, não conseguiu fazer frente à poderosa Armada soviética. Primeiro em Küstrin e logo em outros locais, os russos atravessaram as posições de defesa alemãs a oeste do rio Oder e seguiram rumo ao cerco de Berlim. Enquanto isso, a propaganda de Goebbels atiçava mais uma vez os alemães à resistência a qualquer custo. Em seu último editorial, ele escreveu sobre "garotos e garotas" que "atiram de janelas e buracos de porões, sem se importar com o perigo que correm".[19] Essa

A Batalha de Berlim

última intensificação de sua perversa ideia da guerra total não era mera propaganda. Meninas de internatos do partido foram realmente enviadas às zonas de conflito. A SS queria encontrar apoio nos soldados da Juventude Hitlerista que, nas últimas semanas, haviam recebido treinamento para operar carabinas e bazucas do tipo Panzerfaust* em campos de doutrinação e treinamento, para depois empregá-los na batalha por Berlim. A maioria desses soldados-crianças entre doze e quinze anos começou a lutar logo em seguida junto ao rio Havel ou para defender o estádio olímpico — e muitos perderam a vida.

Bormann e outros continuaram tentando fazer com que Hitler se salvasse fugindo para os Alpes, onde Göring já se encontrava. Bem diferente de Goebbels, o mais fiel de seus acólitos, que permaneceu em Berlim quando o governo do Reich foi transferido, em 21 de abril, para o acampamento Forelle, próximo ao lago Suhrer, na cidade de Plön. Sempre mirando a posteridade, o ministro da Propaganda e líder distrital de Berlim defendia a ideia de que o "Führer" deveria lutar a "batalha final" na capital do Reich. Para que Hitler não sucumbisse às sugestões de seu círculo, em 22 de abril Goebbels enviou sua não menos fanática mulher mais os filhos ao bunker. Lá, o casal queria ficar ao lado do seu "Führer".

Em 25 de abril de 1945, o dia em que os soldados americanos e os soviéticos se deram as mãos às margens do rio Elba, em Torgau, o Exército Vermelho tinha fechado o cerco ao redor de Berlim. Antes de isso ter ocorrido, o Alto-Comando da Wehrmacht com Keitel e Jodl havia se retirado dali para Rheinsberg, a noroeste, de onde dirigiram as tentativas de rompimento do cerco com duas armadas, a 9ª e a 12ª, que já não eram mais armadas. Apesar disso, foram em frente. Hauser, com o

---

* Arma antitanque leve, de uso único. Seu manuseio simples permitia que fosse empregada também por mulheres e crianças.

restante de suas unidades do Nordeste, Wenck, com as suas na margem oeste do Elba, formavam a última reserva, que partia do Sudoeste na direção de Potsdam. O front do cerco pôde ser aberto mais uma vez por alguns quilômetros. Em seguida, o ataque teve de ser interrompido. Quando tudo já estava perdido, Hitler soltou tarde da noite de 29 de abril a desesperada mensagem por rádio ao Alto-Comando da Wehrmacht: "Onde [está a] dianteira de Wenck? Quando ele começa? [...]".[20]

O Exército Vermelho avançava, passo a passo, contra unidades da Wehrmacht juntadas a esmo com membros da milícia criada por Hitler em 1944 até o coração de Berlim, totalmente bombardeada. No centro da cidade, viram-se frente a frente com soldados das divisões SS Charlemagne e Nordland, alsacianos e escandinavos, que acreditavam estar defendendo a Europa — e não o império soçobrado de Hitler — contra o bolchevismo. Cada casa, cada rua, cada ponte eram ferozmente disputadas; por fim foi a vez da ruína do edifício do Reichstag, de onde se chegava num pulo até a área da chancelaria do Reich e o "bunker do Führer". Mais uma vez, milhares morreram, de maneira totalmente sem sentido.

Fortalecido por Goebbels, Hitler havia se decidido definitivamente a permanecer em Berlim e também a morrer ali. Ele sentia profundo desprezo por aqueles que, naquele momento, praticavam a traição a fim de salvar a vida. Göring havia telegrafado de Berchtesgaden, perguntando se poderia assumir a liderança geral do Reich, pois temia que o "Führer" havia perdido a liberdade de ação. Numa análise totalmente equivocada da sua situação, o marechal do Reich viciado em morfina procurava um jeito qualquer de negociar com os americanos. Hitler não esperava coisa muito diferente de Göring. Mas ele ficou abalado quando, em 28 de abril, soube das atividades de Himmler, seu fiel seguidor desde os tempos do putsch de Munique e com quem se sentia intimamente ligado através da

O testamento político de Hitler

visão de mundo comum. Ele pediu a presença do interino no quartel-general, Hermann Fegelein. Quando este não apareceu, Hitler mandou procurá-lo e assassiná-lo. Mas nem isso mudou o fato de que a autoridade do antes tão poderoso "Führer" estava desvanecendo no bunker. Seus generais ainda presentes esperavam, letárgicos, pela chegada dos soldados do Exército Vermelho. Outros pensavam em como ainda poderiam sair vivos de Berlim. Todos esperavam que Hitler desse um fim naquilo. Apenas Goebbels e a mulher, inquebrantáveis em sua fé no "Führer", ainda estavam a seu lado e não se deixavam dissuadir de acompanhá-lo, mais os próprios filhos, à morte.

No "testamento político" de Hitler de 29 de abril de 1945, sua loucura obsessiva sobre a conspiração mundial judaica encontra-se expressa uma última vez, em meio a autojustificativas e recriminações. Mas ele não atacou o "bolchevismo judaico", incluindo seu inimigo mortal Stálin. Hitler não perdeu nenhuma palavra sobre ele ou sobre sua guerra de extermínio no Leste. O texto reflete muito mais toda sua decepção com a Inglaterra. Desse modo, tematizou novamente seu grande trauma, quando a declaração de guerra de Londres, em setembro de 1939, cancelou a condição decisiva para a realização de seu plano de guerra. Ele afirmou que tinha tentado de tudo para garantir a paz com a Inglaterra. Se isso não aconteceu, então foi "porque os círculos predominantes da política inglesa desejavam a guerra. Em parte pelos esperados negócios e, em parte, animados por uma propaganda organizada pelo judaísmo internacional".[21] Em seu chamado *Segundo livro* de 1928, ainda estava em aberto para Hitler se "o judeu" na Inglaterra venceria, pois "a invasão judaica ali sempre é confrontada com uma antiga tradição britânica".[22] Essa questão, entretanto, estava respondida definitivamente para ele e havia selado também o destino da Europa, da qual ele se enxergava como a última esperança.

331

O testamento político de Hitler

Mais uma vez Hitler reforçou em seu "testamento político" que não tinha dúvidas "que quando os povos da Europa forem novamente considerados apenas portifólios de ações desses conspiradores monetários e financeiros mundiais, então será chamado a prestar contas o povo que é o único culpado nessa luta mortal: o judeu!".[23] Nem por um segundo sequer ele duvidou da correção de suas ações ao conclamar, no final do seu testamento político, a futura liderança da nação e seus seguidores "à obediência estrita das leis raciais e à resistência inclemente contra os envenenadores mundiais de todos os povos, o judaísmo internacional", acrescentando ainda que o objetivo deveria continuar sendo "ganhar espaço para o povo alemão no Leste". Hitler devia estar muito dominado por sua missão para, apesar da catástrofe reinante, ainda invocá-la.

Hitler, que honrou "o desempenho desmedido" de seus soldados nos fronts e anunciou escolher voluntariamente a morte caso o posto de "Führer" não pudesse mais ser mantido, soltou ainda mais algumas regulamentações que seriam tão desimportantes para o futuro quanto suas afirmações ideológico-racistas. Ele expulsou Göring e Himmler do partido e de todos os cargos oficiais. Nomeou Karl Hanke, líder distrital da Silésia e defensor de Breslau, como novo comandante militar da SS, e Paul Giesler, o líder distrital de Munique e da Alta Baviera, como novo ministro do Interior. Seu sucessor como chanceler do Reich seria Joseph Goebbels. Apenas a nomeação de Dönitz, comandante-chefe da Marinha e comandante do Espaço Norte, como presidente do Reich e comandante supremo da Wehrmacht ainda teria alguma relevância no contexto da capitulação alemã.

Em 30 de abril de 1945, Adolf Hitler suicidou-se no bunker com sua companheira Eva Braun, recém-desposada como Eva Hitler, sob um quadro de Frederico, o Grande, cuja perseverança dizem que ele tanto apreciava. Goebbels seguiu-o

O testamento político de Hitler

na morte com a família, depois de ter realizado ações (tão frenéticas quanto inúteis) visando um arranjo com os soviéticos. Bormann morreu na fuga, no centro de Berlim, depois de ter informado Dönitz, na tarde de 1º de maio, sobre os acontecimentos do bunker. A notícia da morte de Mussolini havia chegado lá em 29 de abril. Guerrilheiros o haviam capturado e liquidado, juntamente com a amante Clara Petacci, em Dongo, no lago de Como. Os corpos violados foram levados até Milão, onde, pendurados pelos pés, estiveram expostos ao público.

Os alemães foram informados da morte de Hitler quando a rádio oficial do Reich, às 22h26 de 1º de maio, anunciou que "nosso Führer Adolf Hitler caiu hoje de tarde em seu posto de comando na chancelaria do Reich, lutando até o fim contra o bolchevismo".[24] Não era verdade, pois Hitler morrera na tarde do dia anterior e ele também não tinha "caído". Mas sua "luta contra o judaísmo internacional", iniciada por ele em 1919-20, foi levada até o profético fim; ou seja, de que a Alemanha seria potência mundial ou nada.

10.
A Cortina de Ferro e a capitulação do Japão

Maio a setembro de 1945

*Se a bomba era para ser usada ou não,
não discutimos a respeito.*

Winston Churchill, *Memórias*, 1953

A morte de Hitler fez com que a luta no Ocidente praticamente cessasse. Já nos dias anteriores, o avanço dos Aliados — bem diferente do que se temia — quase não encontrou resistência. A luta clandestina da Operação Lobisomem e a defesa fanática da "fortaleza alpina"* só existiam na propaganda de Goebbels. Apesar de toda a doutrinação nazista, a maioria da população alemã não nutria sentimentos hostis contra os americanos e britânicos que chegavam. As imagens do "Führer" tinham sido tiradas das paredes e os sinais de sua dominação, jogados no lixo. As pessoas agiam como se Hitler quase não tivesse existido. Isso se explica em grande medida pelo fato de os alemães dividirem suas esperanças com os anglo-americanos. Eles acreditavam que os vencedores não aceitariam a barbárie dos russos nem o estabelecimento do sistema soviético no centro da Europa. Desse modo, americanos e britânicos tornaram-se automaticamente quase parceiros. Visto que Hitler tinha renunciado — era o que se queria acreditar —, não havia mais

---

* Lobisomem [*Werwolf*] foi uma força de resistência voluntária para lutar atrás das linhas inimigas. Pouco mobilizou a população e membros da Wehrmacht. A "fortaleza alpina" ou "último reduto" na realidade não existiu, mas teve grande impacto nos planos e estratégias dos Aliados.

O governo Dönitz

nenhum obstáculo intransponível para uma aliança anglo-americano-soviética. Era como se suas consciências tivessem apagado que, até havia pouco, a Alemanha tinha lutado de maneira aguerrida contra as potências ocidentais, seus inimigos detestáveis. O acontecimento como um todo da guerra que se encerrava e a luta individual pela sobrevivência diária não deixavam espaço para o ontem nem para a reflexão. O "agora" determinava tudo. E esse "agora" era a defesa contra os russos e o temor de um futuro sob a dominação soviética.

Essas também foram as diretrizes que determinaram desde o começo o trabalho de Dönitz, comandante do Espaço Norte, nomeado presidente do Reich por Hitler, que assumiu a liderança da Alemanha em 1º de maio de 1945 e logo passou a organizar a formação de um novo governo. Isso ficou claríssimo em seu discurso, do mesmo dia, dedicado à morte de Hitler. A homenagem a seu "Führer", cujo mundo ideológico-racista ele nunca prezou, limitou-se à constatação de que Hitler reconheceu cedo "o grande perigo do bolchevismo", cujo combate "consagrou sua existência". Em seguida, como Hitler fizera tantas vezes no passado, Dönitz apresentou a luta contra esse bolchevismo como luta "da Europa e de todo o mundo civilizado". Tratava-se de um apelo indireto aos Aliados ocidentais para encerrar a guerra contra a Alemanha e, unidos, voltarem-se contra a União Soviética:

> Minha primeira tarefa é salvar as pessoas desse inimigo bolchevista que avança. A luta militar prossegue apenas rumo a esse único objetivo. Enquanto os britânicos e os americanos impedirem a realização desse objetivo, vamos continuar também nos defendendo e lutando contra eles. Os britânicos e os americanos não estarão mais lutando por seus próprios interesses, mas apenas pela disseminação do bolchevismo na Europa.[1]

O governo Dönitz

O discurso do ex-ministro das Finanças, conde Lutz Schwerin von Krosigk, transmitido em 2 de maio pela rádio oficial do Reich, mostra o quanto Dönitz e a maioria dos representantes do antigo governo do Reich, que havia renunciado nesse mesmo dia, mais o comando militar (todos reunidos na cidade de Plön), achavam que o fim da coalizão anglo-americano-soviética estava prestes a acontecer. O "ministro-chefe", que recebeu a tarefa de formar o novo governo, exigia que as Nações Unidas — reunidas desde o final de abril em San Francisco — finalmente começassem a luta contra a União Soviética e cessassem fogo contra a Alemanha, contra uma Alemanha que "numa luta heroica sem igual, que mobilizou até suas últimas forças, ergueu o bastião Europa e, com isso, também o do mundo, contra o fluxo vermelho". A fim de enfatizar suas palavras, nas quais a guerra de ataque e de extermínio tinha sida reinterpretada como um sacrifício alemão, o conde pegou emprestado de Goebbels a expressão "Cortina de Ferro", que, segundo ele, estava avançando sem parar e atrás da qual começaria "a obra do extermínio dos homens e mulheres pegos pela violência do bolchevismo".[2]

Em 5 de maior formou-se o governo Dönitz, instalado desde o fim de abril na Academia Naval de Mürwik, em Flensburg, juntamente com o Alto-Comando da Wehrmacht, sob Keitel e Jodl. Von Krosigk tornou-se — como previsto — "ministro-chefe", ministro das Relações Exteriores e ministro das Finanças. Speer ocupou as pastas da Economia, Wilhelm Stuckart, as do Interior e da Cultura. Também para esses três ministérios, Dönitz convocou homens que, por um lado, tinham experiência no governo, mas não estavam entre os nacional-socialistas fanáticos. Desses ele quis se livrar. Assim, exonerou Himmler, Rosenberg e outros, que entraram na clandestinidade. Logo em seguida, o executor do genocídio de Hitler foi preso com documentos falsos por um posto militar

A capitulação geral da Wehrmacht

britânico em Bremervörde e devidamente identificado. Em 23 de maio, em Lübeck, Himmler escapou de sua responsabilidade ao morder uma cápsula de cianeto de potássio.

Ainda antes de o governo Flensburg estar montado, Dönitz tinha enviado o almirante-general Von Friedeburg e um grupo de militares de alta patente até o quartel-general de Montgomery, perto de Luneburgo. Eles deveriam negociar uma capitulação parcial alemã com os britânicos e conseguir sua anuência para que as unidades alemãs estacionadas no Leste fossem deslocadas para as zonas britânicas de operação e capitulassem ali. O último pedido não foi aceito. Entretanto, a capitulação parcial do Noroeste da Alemanha, da Holanda e da Dinamarca foi assinada em 4 de maio de 1945, entrando em vigor no dia seguinte. A disposição a uma concessão relativa e as cessões militares, nas quais unidades inteiras do Exército ou da Luftwaffe não eram desarmadas e se mantinham sob comando alemão, foram interpretadas em Flensburg como sinal inconfundível de uma breve reviravolta do Oeste contra o Leste. Circulavam também boatos sobre a formação de uma Armada germano-britânico-polonesa. Foi Eisenhower quem alertou Montgomery sobre um tratamento tão improvidente com os alemães, dizendo que esses só queriam criar divergências entre os Aliados.

Jodl e Von Friedeburg foram trazidos a Reims, autorizados por Dönitz a assinar apenas a capitulação parcial. O presidente do Reich sem um Reich, que continuava apostando na dissolução da coalizão inimiga, queria ganhar mais tempo para possibilitar que muitos soldados nas áreas de operação do Exército Vermelho no Leste ainda conseguissem alcançar as linhas britânicas e americanas. (Entretanto, acontecia com frequência que unidades que se rendiam aos americanos, como o restante da armada de Wenck, que tinha chegado até o rio Elba, eram entregues de volta aos soviéticos.) Os Aliados, porém, faziam questão da capitulação geral da Wehrmacht, como firmado

Stumpff, Keitel e Friedeburg (da esq. para a dir.) após a assinatura do documento de capitulação em Berlim-Karlshorst. Por questão de prestígio, os soviéticos exigiram uma nova capitulação.

em Ialta. Em 7 de maio de 1945, às 2h41, na presença de Eisenhower, Montgomery e representantes franceses e soviéticos, Jodl e Von Friedeburg assinaram, no quartel-general das forças aliadas em Reims, o documento correspondente. A capitulação entrou em vigor em 9 de maio de 1945 às 00h01; pelo horário da Europa central, 8 de maio, às 23h01. Visto que os soviéticos, por razões de prestígio, faziam questão de uma nova capitulação na capital do Reich por eles conquistada, Keitel, Friedeburg e Stumpff, como representantes do Alto-Comando da Wehrmacht, da Marinha e da Luftwaffe, assim como Júkov e o marechal Tedder, firmaram um outro documento em 9 de maio, às 00h16. Dizem que Keitel ficou abalado com a dimensão dos estragos durante a viagem pela paisagem berlinense em ruínas até Karlshorst.

A Segunda Guerra Mundial na Europa estava formalmente encerrada. Mas as armas não silenciaram todas. Em muitos

A capitulação geral da Wehrmacht

lugares, grupos de membros das Forças Armadas alemãs tentavam penetrar, com o uso da violência, na região dos Aliados. E num último ato de força, Dönitz fez com que mais de 40 mil pessoas fossem evacuadas pelo mar do Norte. Na noite de 8 para 9 de maio, e na manhã de 9 de maio de 1945, o mar entre a península de Hel e Bornholm estava coalhado de navios. A última embarcação chegou em 14 de maio em Flensburg com 75 feridos, 25 mulheres e crianças, bem como 35 soldados. Os homens uniformizados faziam parte dos 1,85 milhão de soldados do Exército Leste alemão, que nos últimos dias de guerra tinham conseguido sair da área de influência soviética. Centenas de milhares acabaram em prisões de guerra soviéticas, por fim aquelas na Curlândia e na Prússia Oriental, onde a capitulação das últimas grandes divisões alemãs aconteceu nos dias 10 e 14 de maio, respectivamente.

Enquanto milhões festejavam a vitória nas capitais da coalizão anti-Hitler, os alemães viviam a "hora zero". Devido aos ataques aéreos mantidos até o final, suas cidades tinham se transformado em montes de escombros, a infraestrutura do país estava destruída e, no lugar da organização estatal, havia diversos regimes de ocupação. Além disso, o país se parecia com uma enorme estação de manobras. Cinco milhões de alemães da Prússia Oriental, Prússia Ocidental, Pomerânia Oriental, Brandemburgo Oriental, mas também dos Sudetos e da Boêmia e da Morávia estavam a caminho do Ocidente. Juntavam-se aos fluxos de refugiados ainda todos aqueles que tinham sido evacuados das grandes cidades para o campo por causa dos bombardeios aliados. Um grupo enorme era constituído por "indivíduos deslocados", o exército dos prisioneiros de guerra e daquelas pessoas levadas para trabalhos forçados, que estavam a caminho de casa. À exceção destes e dos prisioneiros que tinham sobrevivido aos campos de concentração — o legado terrível dos nazistas chocou até militares aliados

O novo curso de Stálin na Alemanha

muito escaldados —, aqueles que se sentiam livres na Alemanha eram minoria. Sim, as pessoas estavam aliviadas que a guerra tinha finalmente terminado e que elas haviam sobrevivido. Mas a vida era difícil, determinada por necessidade, privação e incerteza — também devido aos 3,15 milhões de prisioneiros de guerra, dos quais 1,11 milhão não voltariam para casa. Entretanto, a esperança de um futuro melhor não tinha morrido. Foi uma surpresa que justo Stálin se tornou advogado da Alemanha. Em seu discurso por ocasião da vitória sobre o fascismo de Hitler, ele se disse contra a política de desmembramento e a favor de uma unidade da nação alemã. Já em meados de abril, o ditador soviético havia ordenado o cessamento de sua propaganda de ódio. O *Pravda* passou a dizer que era ridículo identificar o grupinho de Hitler com o Estado alemão. Na propaganda soviética, apareciam constantemente as palavras do grande líder soviético proferidas em fevereiro de 1943, quando ele disse que Hitlers iam e vinham, mas que o povo alemão permanecia. Tendo em vista os conflitos que se desenhavam com as potências ocidentais, Stálin acreditava ter de cortejar os alemães, principalmente os "seus" alemães, que havia pouco ainda eram chamados de "bestas" pela propaganda soviética à la Ehrenburg. A brutalidade exercida contra a população — segundo avaliações conservadoras, mais de 1 milhão de mulheres foram estupradas — diminuía apenas lentamente. No final de abril, começo de maio, os excessos dos soldados do Exército Vermelho foram tamanhos em Demmin, quando por lá passaram saqueando e estuprando, que quase mil habitantes se suicidaram.

Em 30 de abril, o Grupo Ulbricht tinha chegado a Berlim de avião. Ele era a vanguarda e o cerne da nova Alemanha imaginada por Stálin. Com Ulbricht — antigo delegado dos soldados, espartaquista, deputado do Partido Comunista da Alemanha que havia participado da fundação do Comitê Nacional e

O final do governo Dönitz

que mais tarde se tornaria secretário-geral da RDA — vinham mais três dúzias de outros comunistas. Todos eram companheiros que tinham conquistado apreço na União Soviética, como Karl Maron, antigo chefe do Departamento de Imprensa e Informação do Comintern; Richard Gyptner, ex-secretário do chefe do Comintern Dimitrov; ou Wolfgang Leonhard, antigo redator da emissora de rádio do Comitê Nacional, que mais tarde rompeu com o comunismo. Eles estavam divididos em três grupos menores: para a Saxônia, para Berlim e para "Stettin" (!), como se lê nas listas. Imediatamente começaram a construção do domínio comunista na zona de ocupação soviética, em trabalho conjunto com a Administração Militar Soviética na Alemanha (SMAD), nome do aparelho gigante e onipresente do governante militar marechal Júkov.

Em Flensburg, eles continuavam esperando, mesmo que a intransigência das potências ocidentais e a presença de uma comissão de controle aliada tenham levado a algum comedimento. Em sua fala na rádio por ocasião do final da guerra, Dönitz declarou: "Com a ocupação da Alemanha, o poder está com as forças de ocupação. Está nas mãos deles se eu e o governo por mim montado poderemos agir ou não".[3] Os papéis e memorandos escritos no enclave de Mürwik atestam o quanto aquelas pessoas estavam imersas em ilusões. Jodl, que mantinha como antes suas reuniões diárias sobre a situação, desenvolveu até cenários de uma guerra germano-britânico-americana contra a União Soviética. O final disso tudo foi anunciado com a prisão de Keitel em 13 de maio de 1945. Dez dias mais tarde, todo o governo Dönitz, assim como os generais mais importantes do Alto-Comando da Wehrmacht e das outras armas foram presos por pressão dos soviéticos. Em 5 de junho de 1945, Eisenhower, Montgomery, Júkov e De Lattre de Tassigny anunciaram, no âmbito da Declaração de Berlim, o fim do poder governamental na Alemanha e sua

O final do governo Dönitz

tomada pela Autoridade de Controle Aliado, encabeçada por governantes militares.

Júkov havia permitido, já em maio, a formação de partidos políticos nas áreas soviéticas ocupadas pelo Exército Vermelho. Havia uma simulação de democracia. Na realidade, porém, atrás do "cataclismo antifascista-democrático" e todos os discursos, escondia-se nada mais do que uma sovietização progressiva. A fim de ocultá-la, Stálin divulgou em 11 de julho uma proclamação do KPD, que dizia, entre outras coisas: "Somos da opinião de que o caminho de impor o sistema soviético à Alemanha seria errado [...]".[4] No ponto de inflexão com o Ocidente era preciso fingir um pouco mais de democracia do que em outros lugares de sua área de poder, pois havia muitos pontos indefinidos entre os membros da coalizão anti-Hitler em relação ao futuro da Alemanha. Dessa maneira, Moscou queria que os anglo-americanos saíssem rapidamente da zona de ocupação soviética, bem como o pagamento de indenizações, sobre as quais — ao lado de uma série de outras questões — não se havia chegado a um consenso.

Na Polônia, essa "democracia" tão propalada estava bem mais estabelecida. As marionetes moscovitas e seus asseclas do Serviço Secreto de Stálin atacavam de maneira sistemática as forças nacionalistas polonesas. Ao mesmo tempo, eles também tinham acelerado a expulsão dos alemães das regiões dos rios Oder e Neisse, embora a fronteira oeste do país ainda não estivesse definida pelas potências vencedoras. Fatos eram criados. Já em março, cerca de 5 milhões de pessoas, que tinham permanecido na Polônia, foram expropriadas por decreto. Pior ainda era o terror que tinham de suportar: sentenças de morte em série, linchamentos e deportações para campos como Lamsdorf ou Grottkau, onde milhares morreram, eram corriqueiros. A vingança contra os alemães, que era realizada também por grande parte da população polonesa, foi

Diferenças de opinião entre Truman e Churchill

o final de uma espiral de violência que tinha se iniciado com o Tratado de Versalhes e a expulsão de 1,5 milhão de alemães da província de Posen, entregue à Polônia, e de partes da Prússia Ocidental, e que encontrou seu clímax na política de colonização e subjugação de Hitler. Na área dos Sudetos alemães, na Tchecoslováquia, onde Beneš — que tinha acabado de regressar de seu exílio em Moscou — dava as cartas, os alemães passavam o mesmo.

Churchill, que gradualmente foi entrando no papel de parceiro júnior dos Estados Unidos, tinha usado principalmente os eventos na Polônia, da qual a Grã-Bretanha um dia se declarou protetora, para revisitar sua postura em relação a Stálin. Se durante muito tempo ele havia acreditado que o Ocidente poderia chegar a um acordo com o potentado de Moscou em todas as posições contraditórias, esse já não era mais o caso. Em 4 de maio, num ensaio sobre a situação europeia, ele disse temer que na marcha russa através da Alemanha até o rio Elba "coisas terríveis" tivessem acontecido.

O pretendido recuo das armadas americanas sobre o [...] significa que a maré da supremacia russa em um front de quinhentos a seiscentos quilômetros de extensão avançou duzentos quilômetros. Se realmente se confirmar, esse seria um dos eventos mais deploráveis da história mundial. Uma vez consumado o ato, e se toda a região estiver ocupada por russos, a Polônia estará totalmente cercada por países ocupados por russos e ali enterrada [...]. Desse modo, o controle russo abrangeria a costa báltica, toda a Alemanha até a zona de fronteira prevista, toda a Iugoslávia, a Hungria, a Romênia e a Bulgária, até a fronteira da Grécia não fortificada.[5]

Churchill, que queria usar as áreas da zona soviética sob controle ocidental como caução, tentou fazer com que Truman

Diferenças de opinião entre Truman e Churchill

seguisse uma linha mais dura contra Stálin. Ele achava que teria boas chances, pois o novo presidente tinha conseguido que os representantes do governo de Lublin não fossem reconhecidos como representantes legais da Polônia na conferência para o estabelecimento da Carta das Nações Unidas no final de abril em San Francisco. Além disso, no dia da capitulação alemã, Truman restringiu rigorosamente, de acordo com o Programa de Empréstimo e Arrendamento, os envios americanos para a União Soviética. Em 12 de maio, Churchill telegrafou à Casa Branca:

> apenas se tomarmos firmemente a situação nas mãos enquanto ainda temos poder é que a Europa pode ser salva de um banho de sangue. De outra maneira, é possível que percamos todos os frutos de nossa vitória e que a organização mundial visando impedir agressões territoriais e futuras guerras naufrague de antemão.

Ele apontou que uma "cortina de ferro" tinha se baixado e seria empurrada para a frente no caso de uma saída da zona soviética pelo "avanço moscovita ao coração" da Europa. A mensagem de Churchill, que alguns dias antes tinha sugerido uma conferência tripartite, dizia: "É de primordial importância se chegar a um entendimento com a Rússia [...] antes de enfraquecermos nossas armadas até o desfalecimento e nos retirarmos às nossas zonas de ocupação".[6]

Outras intervenções do primeiro-ministro junto a Truman se seguiram, sem o efeito pretendido pelo britânico. Na administração americana, consolidava-se a postura de deixar os assuntos europeus novamente a cargo dos europeus, concentrando todas as forças disponíveis e adequadas à derrota do Japão. Sem ouvir os alertas do parceiro júnior, os Estados Unidos recolheram a maioria de suas forças de combate aéreas e terrestres da Europa. Visto que a França estava fraca e "difícil de lidar",[7] como Churchill se expressou, Stálin deve ter se sentido encorajado a levar a sovietização adiante também onde sua área de influência deveria ser limitada, como na Iugoslávia. O Exército Vermelho ainda se fixou numa parte da Áustria — que deveria voltar a ser um Estado independente, como combinado em Ialta, e que à semelhança da Alemanha seria dividida em quatro zonas de ocupação —, prevista como de ocupação americana.

Visto que Churchill e seu desejo pelo confronto se tornavam, do ponto de vista de Washington, cada vez mais incômodos, Truman planejou conversar a sós com Stálin antes do encontro a três — e falou isso ao primeiro-ministro britânico. Churchill, profundamente magoado, formulou sua incompreensão num memorando que fez com que Truman abrisse mão do que intentava fazer. No seu lugar, Truman enviou Hopkins, um conselheiro especial, a Moscou, que foi recebido "muito calorosamente". Mas não só: Stálin anunciou — como havia sido combinado em Ialta — concordar com a presença de dois representantes do governo no exílio londrino, nas pessoas de Mikołajczyk e Stanczyki, para o futuro Governo da Unidade Nacional polonês. A pequena concessão de Stálin, sem maiores consequências, e a anunciada possibilidade de uma anistia para alguns combatentes nacionalistas poloneses clandestinos que estavam presos tiveram um grande efeito. Truman considerou as objeções de Churchill injustificadas, e o britânico também foi obrigado a enviar um cabograma a Washington dizendo que o "impasse" estava certamente superado.

Em 1º de junho de 1945, Churchill foi informado por Truman que a data para o encontro tripartite, combinada com Stálin, seria 15 de julho. A política do primeiro-ministro era então conseguir um adiantamento do início da conferência ou uma protelação da retirada das tropas (em sua maioria americanas)

As concessões de Truman para os soviéticos

da zona de ocupação soviética. Ele queria sem falta negociar com Stálin em Potsdam, o local da conferência, a partir de uma posição de força, motivo pelo qual se dirigiu mais uma vez a Truman em 4 de junho. Entretanto, este rechaçou o pedido do parceiro júnior dizendo que o relacionamento dos Estados Unidos com "os soviéticos iria sofrer muito se não fizéssemos nada antes do encontro de julho".[8]

Por esse motivo, no início de julho as tropas americanas e também as britânicas saíram da zona de ocupação soviética. Em paralelo, contingentes dos três aliados ocidentais entraram em seus setores de Berlim, cujo acesso tinha sido organizado apenas por um entendimento verbal. O Conselho de Controle Aliado foi sediado na antiga Suprema Corte de Berlim, lá onde o presidente do Tribunal Popular, Roland Freisler, morreu em fevereiro durante um bombardeio. Os quatro governadores militares assinaram leis e diretrizes que deveriam valer para todas as zonas de ocupação. Devido às crescentes divergências, porém, eles logo criaram regulamentações para suas zonas — ou melhor, seus setores — em Berlim.

Saindo de parte da Saxônia, Brandemburgo, Mecklenburg e toda a Turíngia, o Ocidente perdeu todos os seus trunfos contra Stálin. As condições para mover o ditador soviético a qualquer tipo de acordo tinham sido desperdiçadas. Churchill sabia disso. Mesmo assim, esteve presente nas negociações, que tiveram início em 16 de julho no castelo Cecilienhof, em Potsdam, defendendo o tempo todo que Varsóvia tinha de se contentar com a ampliação do território a leste do rio Oder. Como argumento, apresentou a dimensão do deslocamento populacional e suas consequências. Ele falou do "transplante de 8,25 milhões de pessoas" (Churchill usou o número de habitantes de antes da guerra), que "são muito mais do que o que posso defender".[9] Stálin divergiu com a afirmação, fantasiosa, de que não havia mais alemães naquelas áreas, repetindo várias

A Conferência de Potsdam

vezes que estes estariam mortos ou teriam fugido. Truman satisfez-se com o papel do mediador e sugeriu que representantes do governo polonês deveriam ser incorporados às negociações em Potsdam, o que não facilitou a posição de Churchill. A luta pela fronteira oeste da Polônia ainda estava em andamento quando um acontecimento fortaleceu ainda mais a posição de Stálin na negociação: em 26 de julho, Churchill perdeu as eleições na Câmara Baixa do Parlamento e Clement Attlee ficou em seu lugar na mesa-redonda no Palácio Cecilienhof. O político trabalhista, sobrecarregado com a situação, tinha pouco a contrapor diante de Stálin. E Truman continuava sua postura reservada, de modo que até seu novo ministro das Relações Exteriores, Byrnes, queixou-se: "Lamento não ver sinais de determinação de nossa parte. Todos parecem partir do pressuposto de que vamos ser condescendentes na questão da linha Oder-Neisse".[10] E foi isso o que aconteceu, mas de maneira dissimulada, na medida em que se combinou uma regulamentação "provisória" com Stálin, adiando o tema até uma conferência de paz, que nunca ocorreu. E dessa maneira o Norte da Prússia Oriental com sua capital Königsberg foi entregue à União Soviética até que houvesse uma regulamentação definitiva. Sob administração polonesa tinham sido colocados, até então, "as regiões a leste da linha que vai do mar do Norte imediatamente a Oeste de Swinemünde e de lá segue ao longo do rio Oder até a foz do rio Neisse ocidental e ao longo do rio Neisse ocidental até a fronteira tcheca".[11] O mesmo aconteceu com a Cidade Livre de Danzig. Churchill, profundamente magoado por sua revogação, ressentiu-se posteriormente de que nem ele nem Eden deveriam ter aceitado isso.

Embora tudo devesse ser "provisório", a expulsão dos alemães iniciada havia tempos não apenas da Polônia foi sancionada em Potsdam, e a regulamentação se tornou um pouco mais definitiva. No artigo 13 do Protocolo de Potsdam, lê-se:

348

A Conferência de Potsdam

"Os três governos discutiram a questão de todos os pontos de vista e reconhecem que a transferência para a Alemanha da população — ou partes dela — que permaneceu na Polônia, na Tchecoslováquia ou na Hungria deve ser realizada". Evidentemente enfatizava-se que a "transferência" das pessoas de origem étnica alemã aconteceria "de maneira ordenada e humana".[12] Entretanto, qual o valor de um pedaço de papel cuja colocação em prática carecia, ao menos no início, de qualquer controle? Entre os alemães, eram aqueles das regiões orientais que tiveram de pagar o maior preço pela guerra de Hitler. Cerca de 12 milhões deles perderam seu torrão natal, 2 milhões morreram.

Potsdam também regulamentou outras atividades nas zonas da Alemanha governadas pelo Conselho de Controle Aliado, que durante a época da ocupação deveriam ser tratadas como "unidade econômica"; esse ponto foi acordado sem qualquer estardalhaço. Estava previsto que, no âmbito de um programa combinado de desmilitarização e reparação, o potencial de guerra da Alemanha deveria ser quitado pela inutilização e pela desmontagem de sua indústria bélica. No que se referia às reparações para a União Soviética, à qual foi concedido um terço dos navios da Marinha Mercante e de Guerra, combinou-se que seriam oriundas dos Estados conquistados por ela, bem como de sua zona de ocupação alemã. Além disso, as zonas ocidentais também deveriam gerar pagamentos de reparações, sem um valor ainda consensual.

Se Truman, que prosseguia a política de Roosevelt, adiava para o futuro a solução — a partir de seu ponto de vista — de todas as questões europeias e assim, certamente de maneira inconsciente, fixava as exigências territoriais de Stálin, então era porque uma questão ainda mais urgente havia surgido no decorrer da conferência: a utilização da bomba atômica. No dia anterior ao seu início, o presidente recebeu a notícia

A bomba atômica e suas expectativas

do exitoso teste da bomba nuclear no deserto do Novo México. Imediatamente, a segunda das três "bombas especiais" disponíveis foi despachada para a ilha Tinian, no arquipélago das ilhas Marianas, no Pacífico. A terceira tomou seu caminho em seguida. Pois ainda antes dos testes, a liderança americana já havia decidido que a "bomba especial" seria usada contra o Japão. Eisenhower confirmou isso posteriormente. E Churchill, cujo país participava do Projeto Manhattan e, portanto, estava informado sobre a bomba atômica, escreveu em suas memórias: "Então de uma hora para outra o pesadelo havia passado e em seu lugar apareceu a perspectiva clara e consoladora de acabar com a guerra com um ou dois golpes contundentes [...]. Não se discutia se era o caso de usar a bomba ou não".[13] Pois aos olhos daqueles que conheciam o assunto, tratava-se de uma arma como outra qualquer, apenas com uma força explosiva exorbitantemente maior. Considerações morais contra sua utilização parecem ter sido levantadas apenas entre alguns físicos nucleares do Projeto Manhattan — gente que sabia de sua força destrutiva e do problema da radiação nuclear.

Ou seja, empregar a bomba o mais rápido possível contra o Japão era algo evidente entre os políticos e militares responsáveis, mesmo que alguns tenham afirmado o contrário depois. Claro que as experiências de guerra dos meses anteriores tinham seu peso, com a resistência dos japoneses cada vez mais aguerrida e o aumento das perdas nas próprias fileiras. Isso ficou patente já no início da conquista de Iwo Jima, em 19 de fevereiro de 1945. Okinawa, onde se deu o desembarque da força de combate americana, que contava com mais de 450 mil homens em 1º de abril, foi defendida pelos japoneses literalmente até seu último homem. Os defensores tentavam ultrapassar a superioridade naval americana atirando contra a ilha, usando os camicases. O autossacrifício não se limitou às tropas de Tóquio, que perderam mais de 100 mil homens na luta

A bomba atômica e suas expectativas

por Okinawa. Quando sua derrota se mostrou inevitável, milhares de civis lançaram-se das rochas brancas de calcário ao oceano Pacífico e à morte. Os americanos tinham 12 510 mortos e cerca de 39 mil feridos a reclamar. Também devido a esses números, os responsáveis pelo planejamento dos Aliados projetaram mais de 250 mil mortos na conquista das principais ilhas japonesas. O emprego da bomba atômica economizaria muito sangue americano caso levasse a uma rápida capitulação. Em Potsdam, Truman não pôde deixar de impressionar Stálin com a "bomba especial", ao explicar seu funcionamento. No início da conferência, durante uma conversa com o soviético, o presidente citou casualmente que os Estados Unidos dispunham de uma nova arma com uma incrível força explosiva. Para a decepção de Truman, porém, Stálin não demonstrou grande interesse. Mais tarde, o presidente recordou-se de que ele disse apenas que estava contente e que esperava que os americanos fizessem bom uso dela na luta contra os japoneses. Churchill, informado sobre a conversa e tendo observado a reação do soviético a alguns metros de distância, mais tarde escreveu que estava convencido de "que Stálin não tinha compreendido o significado do que lhe tinha sido dito [...] e que ele não possuía nenhum conhecimento a respeito do incrível processo de pesquisa [...]".[14] O britânico se enganava. Na verdade, o ditador soviético estava informado por relatos de agentes a respeito da exitosa detonação no Novo México. Ainda no mesmo dia, ele pediu a Mólotov que ordenasse aos responsáveis em Moscou a aceleração dos próprios armamentos nucleares.

Nesse momento, Truman não pensava na bomba como meio de pressão contra Stálin a fim de realizar sua política. Mesmo assim, ele queria frear o líder soviético com seu emprego no Japão. Roosevelt tinha desejado a entrada soviética na guerra contra o império do Extremo Oriente porque acreditava necessitar de seu apoio. E Stálin vendeu seu aceite com

A não percebida dimensão "da bomba"

ganhos territoriais às custas do Japão e da China de Chiang Kai-shek, aliada dos Estados Unidos. Mas ele iria se satisfazer com isso? As experiências na Europa diziam a Truman que a União Soviética não abandonaria posições uma vez conquistadas pelo Exército Vermelho. E os preparativos para a ofensiva de Moscou na guerra prosseguiam. Em 5 de abril de 1945, o Kremlin anunciou o fim do acordo de neutralidade soviético--japonês, causando em Tóquio a queda do governo Koiso. Ainda no mesmo mês, começou em Cold Bay, no extremo Sul do Alasca, o programa de apoio acordado com Washington para a frota soviética do Pacífico, que previa a entrega de inúmeros navios de guerra. Ao mesmo tempo, o Exército Vermelho reunia suas forças no Extremo Oriente. E no decorrer da Conferência de Potsdam, os comandantes das três potências discutiram a planejada invasão americana da ilha japonesa de Honshu. Com o lançamento de suas duas "bombas especiais", Truman acreditava "que os japoneses irão ceder antes de a Rússia atacar".[15]

Mesmo que o presidente americano, como quase todos os envolvidos, não compreendesse a dimensão total da bomba, ele calculava que sua ação tinha as melhores chances de dar certo. Afinal, os bastiões japoneses estavam caindo um após o outro. As tropas de Mountbatten tinham ocupado Rangun, na Birmânia, e Bornéu. A resistência japonesa em Mindanao foi destruída e a ilha-mãe japonesa foi severamente atingida pelos permanentes ataques aéreos da frota de bombardeiros estratégicos com seus B-29 Superfortress. Tóquio era constantemente atacada a partir das ilhas Tinian, Saipan e Guam, do arquipélago das Marianas. Em 9 e 10 de março, um incêndio de grandes proporções queimou um quarto das casas, predominantemente de madeira, da capital japonesa. Mais de 83 mil pessoas morreram, mais de 40 mil ficaram feridas. Depois de outros bombardeios, a rádio anunciou no início de julho a evacuação da metrópole, que

A não percebida dimensão "da bomba"

em 18 de julho foi atingida por 2 mil bombas aliadas. Os ataques atingiram não apenas Tóquio, mas também Osaka, Nagoya e outras cidades, sendo dirigidos tanto contra a população quanto contra a indústria armamentista japonesa.

Em 9 de julho de 1945, o embaixador japonês em Moscou, Naotake Satō, pediu ao comissário das Relações Exteriores da ainda neutra União Soviética para encaminhar aos estadistas ocidentais em Potsdam o desejo de seu governo por negociações de paz. Tóquio estava disposta a aceitar condições duras; somente a honra do Império não estava à disposição. A instrução para o encarregado de negócios japonês na capital soviética ia na mesma linha: "Caso os Estados Unidos e a Grã-Bretanha insistam numa capitulação incondicional do Japão, seremos obrigados, com o mais profundo pesar, a defender nossa honra bem como a existência da nação até o amargo fim".[16]

O diplomata acreditava que Mólotov era um mediador honesto. Na realidade, porém, Stálin não tinha mais nenhum interesse numa rápida paz dos Estados Unidos e da Grã-Bretanha com o Japão, pois senão provavelmente perderia o butim combinado com Roosevelt. Ele realmente entregou o pedido do Japão a Truman em 18 de julho, mas comentou que aquilo não era para ser levado a sério. Em vez de paz, Stálin falou "cheio de satisfação [...] sobre a interferência russa contra o Japão e sobre a guerra, a ser conduzida cada vez mais ferozmente, cuja dimensão seria limitada apenas pela capacidade de transporte da estrada de ferro Transiberiana".[17] Com o vácuo de poder gerado a partir da destruição do Japão, ele queria avançar na Manchúria e na Coreia, enquanto na China iniciava-se o avanço vitorioso do Exército de Libertação Nacional comandado por Mao Tsé-tung contra o movimento Kuomintang de Chian Kai-shek, dilapidado por anos de guerra.

Enquanto isso, Truman, que xingava os japoneses de "selvagens, inescrupulosos, inclementes e fanáticos",[18] aguardava

O ultimato não era ultimato

ansiosamente o emprego da "bomba especial". Em 25 de julho, ele ordenou a Carl Spaatz, estacionado em Tinian, que comandava então a estratégica Força Aérea dos Estados Unidos no Pacífico, que preparasse seu lançamento para 3 de agosto. Washington havia escolhido como alvo diversas cidades grandes japonesas. O presidente deixou a cargo de Spaatz decidir quais deveriam ser varridas do mapa. A escolha recaiu sobre Hiroshima, de 255 mil habitantes. Em 26 de julho, Truman, Churchill e Chiang Kai-shek enviaram um comunicado ao governo japonês. A União Soviética não estava entre os remetentes, pois ainda não tinha entrado em guerra contra o Japão. Um pedido de Mólotov, para que a declaração fosse adiada até que a questão fosse resolvida, não foi atendido. O documento exigia, como um ultimato, que o governo de Tóquio capitulasse de maneira definitiva e incondicional. Ele dizia: "O poder e a influência daqueles que, com imposturas e insídias, induziram à loucura da conquista do mundo, devem ser neutralizados de uma vez por todas [...]". De outro modo, ameaçava-se não apenas com "o extermínio total do contingente militar japonês" como também com a "destruição completa" das ilhas japonesas.[19] Truman deveria saber, de antemão, que tal declaração não tinha como ser ajustada ao orgulho e à autoimagem de Tóquio. Com uma formulação mais defensiva, na qual a expressão "capitulação incondicional" tivesse sido evitada, a resposta de Tóquio com certeza teria sido diferente, visto que a única exigência dos japoneses era a manutenção do Império, tido como sagrado. Mas o presidente americano desejava uma demonstração de força.

Em 27 de julho, o primeiro-ministro japonês, o almirante Suzuki, declarou, como era de esperar, que seu país "ignorava" a declaração de Potsdam. Esse foi o sinal de início para os três B-29 Superfortress em Tinian, que na manhã de 6 de agosto de 1945 alcançaram Hiroshima, após quatro horas e meia de voo.

O ultimato não era ultimato

O cogumelo atômico sobre Nagasaki. A cidade japonesa era um alvo secundário; na realidade, a bomba deveria ter sido jogada sobre Kokura.

Às 8h16 a tripulação do bombardeiro *Enola Gay* soltou, a dez quilômetros de altura, a bomba atômica de quatro toneladas. A seiscentos metros de altura, ela se incendiou com um raio, mais clara que mil sóis. Enquanto o cogumelo atômico crescia para o alto, embaixo extensas partes de Hiroshima eram destruídas pela pressão, depois tornadas cinzas devido ao incêndio. Entre 70 mil e 80 mil pessoas morreram instantaneamente. As que ainda estavam vivas foram atingidas, minutos depois, pela chuva radioativa, que ceifou igual número de vidas devido a suas consequências de longo prazo.

Nas primeiras horas da manhã de 9 de agosto, outro bombardeiro, ladeado por duas outras aeronaves, partiu das ilhas Marianas. A bordo estava a segunda bomba atômica com quase

Declaração de guerra de Moscou ao Japão e a intervenção de Tenno

o dobro de força explosiva (22 mil toneladas de TNT). Quando o B-29 chegou a Kokura, a cidade com suas inúmeras fábricas de armamentos estava debaixo de uma densa nuvem. Isso fez o comandante do bombardeiro direcionar o curso da aeronave para Nagasaki, o alvo substituto. Às 11h02 repetiu-se ali a tragédia de Hiroshima. Mais uma vez morreram entre 70 mil e 80 mil pessoas, 74 909 ficaram feridas, mais ainda foram expostas à radiação, enquanto os habitantes de Kokura seguiam seu cotidiano normal, sem saber de nada.

Ao mesmo tempo, tropas do Exército Vermelho invadiram a Manchúria e a Coreia, além de desembarcarem nas ilhas Curilas, japonesas. No dia anterior, a União Soviética havia declarado guerra ao Japão. As catástrofes que se abateram sobre o Império fizeram com que o imperador Hiroito, apesar de encontrar alguma resistência no governo, entregasse uma oferta de capitulação aos Aliados. Depois de Truman e Attlee terem garantido ao imperador que não definiriam a futura forma de governo japonês, Tóquio aceitou a capitulação incondicional em 14 de agosto. Ela foi assinada em 2 de setembro de 1945 no encouraçado *Missouri* pelo ministro das Relações Exteriores Shigemitsu e McArthur, o comandante-chefe das Forças Armadas americanas no Pacífico. Desse modo, a Segunda Guerra Mundial tinha chegado ao fim. E uma nova era começava.

Notas

Prólogo [pp. 7-13]

1. Apud François Furet e Ernst Nolte, *Feindliche Nähe. Kommunismus und Faschismus im 20. Jahrhundert. Ein Briefwechsel.* Munique: Herbig, 1998, p. 91.
2. Edward Grey, *Fünfundzwanzig Jahre Politik. Memoiren 1892-1916.* v. 2. Munique: Bruckmann, 1926, p. 18.
3. Adolf Hitler, *Mein Kampf. Eine kritische Edition.* Org. de Christian Hartmann, Thomas Vordermayer, Othmar Plöckinger e Roman Töppel. 2 v. Munique; Berlim: Institut für Zeitgeschichte, 2016, v. 2, p. 1657. [Citações seguintes: *Mein Kampf.*]

1. Weimar, Hitler e a Segunda Guerra Mundial [pp. 15-44]

1. Manfred Jessen-Klingenberg, "Die Ausrufung der Republik durch Philipp Scheidemann am 9. November 1918", *Geschichte in Wissenschaft und Unterricht*, ano 19, pp. 649-56, 1968, aqui p. 653.
2. Peter Rindl, *Der internationale Kommunismus.* Munique: Günter Olzog Verlag, 1961, p. 19.
3. Ernst Nolte, *Die Weimarer Republik. Demokratie zwischen Lenin und Hitler.* Munique: Herbig, 2006, p. 57.
4. Christian Gellinek, *Philipp Scheidemann. Eine biographische Skizze.* Colônia; Weimar; Viena: Böhlau, 1994, p. 60.
5. Klaus Schwabe (Org.), *Quellen zum Friedensschluss von Versailles.* Darmstadt: Wissenschaftliche Buchgesellschaft, 1997, pp. 156 ss.
6. *Versailles 1919. Aus der Sicht von Zeitzeugen.* Munique: Herbig, 2002. O texto do tratado está reproduzido a partir da p. 112, aqui p. 219.
7. John Maynard Keynes, *Die wirtschaftlichen Folgen des Friedensvertrages.* Munique; Leipzig: Duncker & Humblot, 1920, p. 184.
8. Jan C. Smuts, "Brief an Wilson vom 30. Mai 1919". In: *Versailles 1919. Aus der Sicht von Zeitzeugen*, op. cit., pp. 100 ss., aqui p. 110.

9. Christian Gellinek, *Philipp Scheidemann. Eine biographische Skizze*, op. cit., p. 61.
10. Eberhard, Jäckel e Axel, Kuhn (Orgs.), *Hitlers sämtliche Aufzeichnungen 1905-1924*. Stuttgart: Deutsche Verlag Anstalt, 1980 [out. 1923], p. 1024.
11. *Mein Kampf*, op. cit., v. 2, p. 1657.
12. Eberhard, Jäckel e Axel, Kuhn (Orgs.), *Hitlers sämtliche Aufzeichnungen 1905-1924*, op. cit., 25 set. 1919, p. 80.
13. Otto Wenzel, *1923. Die gescheiterte Deutsche Oktoberrevolution*. Münster: LIT Verlag, 2003, p. 205.
14. *Mein Kampf*, v. 2, op. cit., p. 1581.
15. Bernhard H. Bayerlein, "Stalin und die Kommunistische Partei Deutschlands in der Weimarer Republik". In: Andreas Engwert e Hubertus Knabe (Orgs.), *Der Rote Gott. Stalin und die Deutschen*. Berlim: Lukas Verlag, 2018, pp. 13 ss., aqui p. 15.
16. *Mein Kampf*, op. cit., v. 1, p. 231.

2. O caminho para a guerra europeia [pp. 45-82]

1. Gerhard L. Weinberg,; Christian Hartmann e Klaus A. Lankheit (Orgs.), *Hitler. Reden. Schriften. Anordnungen, Februar 1925 bis Januar 1933*. v. 2 A: *Außenpolitische Standortbestimmung nach der Reichstagswahl, Juni bis Juli 1928*. Munique; New Providence; Londres; Paris: K. G. Saur, 1995, p. 185. [Citações seguintes: Zweites Buch].
2. Ibid., p. 186.
3. Ibid.
4. Ibid.
5. *Mein Kampf*, op. cit., v. 2, p. 1637.
6. *Zweites Buch*, op. cit., p. 112.
7. Ibid.
8. Ibid., p. 134.
9. *Daily Mail*, 17 set. 1936.
10. Joachim von Ribbentrop, *Zwischen London und Moskau*. Leoni am Starnberger See: Druffel, 1953, p. 88.
11. Wilhelm Treue, "Hitlers Denkschrift zum Vierjahresplan 1936", *Vierteljahrshefte für Zeitgeschichte 3*, pp. 184 ss., 1955.
12. *Der Prozeß gegen die Hauptkriegsverbrecher vor dem Internationalen Militärgerichtshof*. v. XXV, doc. 386-PS. Nuremberg, 1948, pp. 403 ss.
13. Friedrich Hossbach, *Zwischen Wehrmacht und Hitler 1934-1938*. Göttingen: Vandenhoeck & Ruprecht, 1965, p. 219.
14. *Völkischer Beobachter*, 13 mar. 1938.
15. Ibid., 21 set. 1938.
16. *London Times*, 1 out. 1938.

17. Hansjörg Wörner, "Rassenwahn — Entrechtung — Mord". In: Elmar Krautkrämer e Paul-Ludwig Weinacht (Orgs.), *Zeitgeschehen. Erlebte Geschichte — Lebendige Politik*. Freiburg im Breisgau: Herder, 1981, p. 29.

18. Max Domarus, *Hitler, Reden und Proklamationen 1932-45*. 2 v., 30 jan. 1939. Wiesbaden: R. Löwit, 1973, v. II.1, p. 1058.

19. Ralf Georg Reuth, *Hitler. Eine politische Biographie*. Munique: Piper Verlag, 2003, p. 437.

20. Ibid.

21. Carl Jacob Burckhardt, *Meine Danziger Mission 1937-1939*. Munique: Callwey, 1960, p. 348.

22. Andreas Hillgruber (Org.), *Staatsmänner und Diplomaten bei Hitler*. 2 v. Frankfurt am Main: Bernard & Graefe, 1967 e 1970, v. I, p. 78, nota 3.

23. *Akten zur Deutschen Auswärtigen Politik*, Série D, 1937-45. Baden-Baden: P. Keppler, 1950ss., v. VII, n. 265, p. 239.

24. Ibid., n. 192, pp. 167 ss.

25. Leonidas E. Hill (Org.), *Die Weizsäcker-Papiere 1933-1950*. Berlim; Frankfurt am Main: Propyläen Verlag, 1974, p. 162.

3. Guerras-relâmpago contra a Polônia e a França [pp. 83-119]

1. Max Domarus, *Hitler, Reden und Proklamationen 1932-45*, op. cit., v. II.1, 1 set. 1939, p. 1312.

2. Theo Schwarzmüller, *Zwischen Kaiser und Führer. Generalfeldmarschall August von Mackensen. Eine politische Biographie*. Paderborn: Ferdinand Schöningh Verlag, 1995, p. 363.

3. Paul Schmidt, *Statist auf diplomatischer Bühne 1923-1945*. Bonn: Atheneum Verlag; Gerhard von Reutern Verlag, 1950, p. 463.

4. *Der Prozeß gegen die Hauptkriegsverbrecher vor dem Internationalen Militärgerichtshof*, op. cit., v. X, p. 583.

5. Bernhard H. Bayerlein (Org.), *Georgi Dimitroff. Tagebücher 1933-1943*. Berlim: Aufbau Verlag, 2000, 7 set. 1939, p. 273.

6. Johannes Hürter, *Hitlers Heerführer. Die deutschen Oberbefehlshaber im Krieg gegen die Sowjetunion 1941-42, Quellen und Darstellungen zur Zeitgeschichte*. Org. de Institut für Zeitgeschichte. v. 66. Munique: Institut für Zeitgeschichte, 2006, p. 190.

7. *Der Prozeß gegen die Hauptkriegsverbrecher vor dem Internationalen Militärgerichtshof*, op. cit., v. XXVI, 864-PS, p. 379.

8. Sven Felix Kellerhoff, "So antisemitisch war Polen vor dem Holocaust", *Die Welt*, 9 mar. 2018.

9. *Der Prozeß gegen die Hauptkriegsverbrecher vor dem Internationalen Militärgerichtshof*, op. cit., v. X, p. 583.

10. Max Domarus, *Hitler, Reden und Proklamationen 1932-45*, op. cit., v. II.1, 6 out. 1939, p. 1390.
11. Ralf Georg Reuth, *Hitler. Eine politische Biographie*, op. cit., p. 464.
12. Michael Salewski, *Die deutsche Seekriegsleitung*. 2 v. Frankfurt am Main: Bernard & Graefe, 1970 e 1975, v. 1, p. 116.
13. Albert Zoller, *Hitler privat. Erlebnisbericht einer Geheimsekretärin*. Düsseldorf: Droste Verlag, 1949, p. 181.
14. Ralf Georg Reuth, *Hitler. Eine politische Biographie*, op. cit., p. 474.
15. Christian Hartmann, *Halder. Generalstabschef Hitlers 1938-1942*. Paderborn; Munique; Viena; Zurique: Ferdinand Schoeningh, 1991, p. 197.
16. Walter Warlimont, *Im Hauptquartier der deutschen Wehrmacht 1939-1945: Grundlagen, Formen, Gestalten*. Munique: Bernard & Graefe, 1978, p. 112.
17. Ibid., p. 114, nota 9.
18. John Lukacs, *Churchill und Hitler. Der Zweikampf. 10. Mai-31. Juli. 1940*. Stuttgart: Deutsche Verlags-Anstalt, 1992, p. 127.
19. Winston S. Churchill, *Der Zweite Weltkrieg*. 16 v. Berna; Munique; Viena: Alfred Scherz Verlag, 1953-4, v. II.1, p. 42.
20. Pietro Badoglio, *Italien im Zweiten Weltkrieg. Erinnerungen und Dokumente*. Munique; Leipzig: Paul List Verlag, 1957, p. 32.
21. Ralf Georg Reuth, *Entscheidung im Mittelmeer. Die südliche Peripherie Europas in der deutschen Strategie des Zweiten Weltkrieges 1940-1942*. Koblenz: Bernard & Graefe, 1985, p. 19.
22. Hans-Christian Jasch, *Staatssekretär Wilhelm Stuckart und die Judenpolitik: Der Mythos von der sauberen Verwaltung*. Berlim: De Gruyter Oldenbourg, 2012, p. 294.
23. *Die Tagebücher von Joseph Goebbels*. Im Auftrag des Instituts für Zeitgeschichte und mit Unterstützung des Staatlichen Archivdienstes Rußlands. 26 v. Org. de Elke Fröhlich. Munique e outras: K. G. Saur, 1987-2001, parte 1, v. 8, 17 ago. 1970, p. 276. Ver também: *Joseph Goebbels Tagebücher 1924-1945*. 5 v. Org. de Ralf Georg Reuth. Munique; Zurique: Piper Verlag, 1992, v. 4, p. 1466. [Citações seguintes: *Edição selecionada*.]
24. Ibid., 3 jul. 1940, p. 202. *Edição selecionada*, v. 4, p. 1445.
25. Max Domarus, *Hitler, Reden und Proklamationen 1932-45*, op. cit., v. II.1, 19 jul. 1940, p. 1558.
26. *Evening Standard*, 17 set. 1937.
27. Günther W. Gellermann, *Geheime Wege zum Frieden mit England. Ausgewählte Initiativen zur Beendigung des Krieges 1940/1942*. Bonn: Bernard & Graefe, 1995, p. 32.
28. Ralf Georg Reuth, *Hitler. Eine politische Biographie*, op. cit., p. 485.

4. A luta pela Inglaterra [pp. 121-52]

1. Christian Hartmann, *Halder. Generalstabschef Hitlers 1938-1942*, op. cit., p. 215.
2. Sir Winston Churchill, *Great War Speeches. KG, OM, CH, MP. A Unique Collection of the Finest and Most Stirring Speeches by One of the Greatest Leaders in Our Time*. The First Year. A Speech to the House of Commons, 20 ago. 1940. Londres: Transworld Publishers, 1957, pp. 52 ss., aqui p. 58.
3. Bernhard von Loßberg, *Im Wehrmachtführungsstab*. Hamburgo: Nölke, 1949, p. 59.
4. *Kriegstagebuch des Oberkommandos der Wehrmacht (Wehrmachtführungsstab)*. 4 v. Org. de Percy Ernst Schramm, Munique: Bernard & Graefe, 1982, v. I, 30 ago. 1940, p. 54. [Citações seguintes: KTB OKW.]
5. Ralf Georg Reuth, *Entscheidung im Mittelmeer. Die südliche Peripherie Europas in der deutschen Strategie des Zweiten Weltkrieges 1940-1942*, op. cit., p. 22.
6. Klaus Hildebrandt, *Deutsche Außenpolitik 1939-1945*. Stuttgart; Berlim; Colônia; Mainz: Kohlhammer, 1980, p. 62.
7. *Akten zur Deutschen Auswärtigen Politik*, op. cit., v. IX, 24 set. 1940, p. 146.
8. Andreas Hillgruber (Org.), *Staatsmänner und Diplomaten bei Hitler*, op. cit., v. I, 24 out. 1940, p. 278.
9. Franz Halder, *Kriegstagebuch. Tägliche Aufzeichnungen des Chefs des Generalstabes des Heeres 1939-1942*. 3 v. Org. de Arbeitskreis für Wehrforschung. Stuttgart: Verlag W. Kohlhammer, 1962-1964, v. II, 4 nov. 1940, p. 165. [Citações seguintes: Halder KTB.]
10. Hildegard von Kotze (Org.), "Heeresadjutant bei Hitler. Aufzeichnungen des Major Engel" (15 nov. 1940), *Schriftenreihe der Vierteljahrshefte für Zeitgeschichte*, Stuttgart, n. 29, p. 91, 1974. [Citações seguintes: Engel, *Heeresadjutant*.]
11. Walther Hubatsch, "Hitlers Weisungen für die Kriegführung 1939-1945". *Dokumente des Oberkommandos der Wehrmacht*. Koblenz: Bernard & Graefe, 1983, p. 84. [Citações seguintes: *Hitlers Weisungen*.]
12. Engel, *Heeresadjutant*,op. cit., 18 dez. 1940, p. 92.
13. Ibid.
14. Halder KTB, op. cit., v. II, 28 jan. 1941, p. 261.
15. Bernd Wegner, "Hitlers Besuch in Finnland. Das geheime Tonprotokoll seiner Unterredung mit Mannerheim am 4. Juni 1942", *Vierteljahrshefte für Zeitgeschichte*, 1993, p. 135.
16. *Akten zur Deutschen Auswärtigen Politik*, op. cit., v. XI.2, 10 nov. 1940, p. 538.
17. Ralf Georg Reuth, *Entscheidung im Mittelmeer. Die südliche Peripherie Europas in der deutschen Strategie des Zweiten Weltkrieges 1940-1942*, op. cit., p. 49.

18. KTB OKW, op. cit., v. I, 28 jan. 1941, p. 283.
19. Ralf Georg Reuth, *Rommel. Das Ende einer Legende*. Munique; Zurique: Piper Verlag, 2004, p. 61.
20. Ibid., p. 108.
21. Ibid., p. 110.
22. Winston S. Churchill, *Der Zweite Weltkrieg*, op. cit., v. III.1, p. 122.
23. Andreas Hillgruber (Org.), *Staatsmänner und Diplomaten bei Hitler*, op. cit., v. I, 11 maio 1941, p. 541.
24. Ralf Georg Reuth, *Hitler. Eine politische Biographie*, op. cit., p. 507.
25. Gerd R. Überschär, *Der deutsche Angriff auf die Sowjetunion 1941*. Darmstadt: Primus in BWG, 1998, p. 141.
26. Ibid.
27. Gabriel Gorodetsky (Org.), *Die Maiski-Tagebücher. Ein Diplomat im Kampf gegen Hitler 1932-1943*. Munique: C. H. Beck, 2016, 13 jun. 1941, p. 531.
28. Ibid., 18 jun. 1941, p. 534.
29. Max Domarus, *Hitler, Reden und Proklamationen 1932-45*, op. cit., v. II.2, 22 jun. 1941, p. 1731.
30. Ralf Georg Reuth, *Hitler. Eine politische Biographie*, op. cit., p. 519.

5. A guerra de extermínio contra a União Soviética [pp. 153-80]

1. Johannes Rogalla von Bieberstein, *"Jüdischer Bolschewismus". Mythos und Realität*. Dresden: Antaios, 2002, p. 281.
2. Adolf Hitler, *Monologe im Führerhauptquartier 1941-1944. Die Aufzeichnungen Heinrich Heims*. Org. de Werner Jochmann. Hamburgo: Albrecht Knaus, 1980, 21 out. 1941, p. 99. [Citações seguintes: Hitler, *Monologe*.]
3. Halder KTB, op. cit., v. II, 30 mar. 1941, p. 335.
4. Felix Römer, *Der Kommissarbefehl. Wehrmacht und NS-Verbrechen an der Ostfront 1941/42*. Paderborn; Munique; Viena; Zurique: Verlag Ferdinand Schöningh, 2008, p. 77. [Citações seguintes: Römer, *Kommissarbefehl*.]
5. Reinhard Rürup (Org.), *Der Krieg gegen die Sowjetunion 1941-1945. Eine Dokumentation*. Berlim: Argon, 1991, p. 85. [Citações seguintes: Rürup, *Krieg*.]
6. Ibid., p. 141.
7. Gabriel Gorodetsky (Org.), *Die Maiski-Tagebücher. Ein Diplomat im Kampf gegen Hitler 1932-1943*, op. cit., 22 jun. 1941, p. 540.
8. Ibid., 9 maio 1941, p. 523.
9. Halder KTB, op. cit., v. III, 3 jul. 1941, p. 38.
10. Peter Longerich (Org.), *Die Ermordung der europäischen Juden. Eine umfassende Dokumentation des Holocaust*. Munique: Piper Verlag, 1989, p. 118.
11. *Hitlers Weisungen*, op. cit., p. 136.

12. Hans-Adolf Jacobsen, *Der Weg zur Teilung der Welt. Politik und Strategie von 1939 bis 1945*. Koblenz; Bonn: Wehr & Wissen, 1979, 14 ago. 1941, p. 157. [Citações seguintes: Jacobsen, *Teilung der Welt*.]
13. Ralf Georg Reuth, *Hitlers Judenhass, Klischee und Wirklichkeit*. Munique; Zurique: Piper Verlag, 2009, p. 302.
14. Römer, *Kommissarbefehl*, op. cit., p. 233.
15. Rürup, *Krieg*, op. cit., p. 122.
16. Simon Sebag Montefiore, *Stálin. Am Hof des roten Zaren*. Frankfurt am Main: Fischer Verlag, 2005, p. 431.
17. Jacobsen, *Teilung der Welt*, op. cit., 22 jun. 1941, p. 155.
18. Winston S. Churchill, *Der Zweite Weltkrieg*, op. cit., v. III.2, p. 18.
19. *Die Tagebücher von Joseph Goebbels*, op. cit., part II, v. I, 19 ago. 1941, pp. 259 ss. (Reuth, *Edição selecionada*, pp. 1653 ss.)
20. Ibid.
21. Ralf Georg Reuth, *Hitlers Judenhass, Klischee und Wirklichkeit*, op. cit., p. 304.
22. Martin Cüppers, *Wegbereiter der Shoa. Die Waffen-SS, der Kommandostab des Reichsführer-SS und die Judenvernichtung 1939-1945*. Darmstadt: Primus in WBG, 2005, p. 183.
23. Peter Longerich, *Heinrich Himmler. Biographie*. Munique: Piper Verlag, 2008, p. 709.
24. Ralf Georg Reuth, *Hitler. Eine politische Biographie*, op. cit., p. 541.
25. *Die Tagebücher von Joseph Goebbels*, op. cit., parte II, v. I, 24 jul. 1941, p. 116 (*Edição selecionada*, v. 4, p. 1640).
26. Ibid., 19 ago. 1941, p. 269 (Ibid., p. 1658).
27. Peter Longerich, *Die Ermordung der europäischen Juden. Eine umfassende Dokumentation des Holocaust*. Munique: Piper Verlag, 1989, p. 81.
28. *Die Tagebücher von Joseph Goebbels*, op. cit., parte II, v. I, 24 set. 1941, p. 482 (*Edição selecionada*, v. 4, p. 1671).
29. Ralf Georg Reuth, *Hitler. Eine politische Biographie*, op. cit., p. 538.
30. Hitler, *Monologe*, op. cit., 26 e 27 out. 1941, p. 110.
31. Ibid.
32. Halder KTB, op. cit., parte III, 19 nov. 1941, p. 295.
33. Andreas Hillgruber e Gerhard Hümmelchen, *Chronik des Zweiten Weltkrieges. Kalendarium militärischer und politischer Ereignisse 1939-45*. Düsseldorf: Droste Verlag, 1978, 1 dez. 1941, p. 107.
34. *Der Dienstkalender Heinrich Himmlers 1941-42*. Forschungsstelle für Zeitgeschichte in Hamburg. Editado, comentado e prefaciado por Peter Witte e outros. Hamburgo, 1999, 17 nov. 1941, p. 265.
35. Ralf Georg Reuth, *Hitlers Judenhass, Klischee und Wirklichkeit*, op. cit., p. 309.

6. A ampliação da guerra à Guerra Mundial [pp. 181-226]

1. Max Domarus, *Hitler, Reden und Proklamationen 1932-45*, op. cit., v. II.2, II dez. 1941, p. 1828.
2. Hitler, *Monologe*, op. cit., 5-6 jan. 1942, p. 180.
3. KTB OKW, op. cit., v. I, 26 dez. 1941, p. 1086.
4. Dietrich Eichholtz, *Geschichte der deutschen Kriegswirtschaft*. Munique: De Gruyter, 2013, p. 484.
5. Andreas Hillgruber, *Der 2. Weltkrieg 1939-1945*. Stuttgart; Berlim; Colônia; Mainz: Kohlhammer, 1982, p. 89.
6. Ralf Georg Reuth, *Rommel. Das Ende einer Legende*, op. cit., p. 111.
7. Id., *Entscheidung im Mittelmeer. Die südliche Peripherie Europas in der deutschen Strategie des Zweiten Weltkrieges 1940-1942*, op. cit., p. 144.
8. Michael Salewski, *Die deutsche Seekriegsleitung*, op. cit., v. II, p. 80.
9. Ralf Georg Reuth, *Entscheidung im Mittelmeer. Die südliche Peripherie Europas in der deutschen Strategie des Zweiten Weltkrieges 1940-1942*, op. cit., p. 145.
10. Hitler, *Monologe*, op. cit., 7 jan. 1942, p. 183.
11. Andreas Hillgruber (Org.), *Staatsmänner und Diplomaten bei Hitler*, op. cit., v. II, 11 fev. 1942, p. 48.
12. Ulrich von Hassell, *Die Hassel-Tagebücher 1938-1944. Aufzeichnungen vom Anderen Deutschland*. Org. de Friedrich Hiller von Gaertingen. Berlim: Siedler Verlag, 1988, p. 253.
13. Ralf Georg Reuth, *Entscheidung im Mittelmeer. Die südliche Peripherie Europas in der deutschen Strategie des Zweiten Weltkrieges 1940-1942*, op. cit., p. 145.
14. Shashi Tharoor, "The Ugly Briton", *Time*, 29 nov. 2010.
15. David Motadel, "Das heftige Werben um die Muselmanen", *Frankfurter Allgemeine Zeitung*, 7 nov. 2017.
16. Ralf Georg Reuth, *Entscheidung im Mittelmeer. Die südliche Peripherie Europas in der deutschen Strategie des Zweiten Weltkrieges 1940-1942*, op. cit., p. 178.
17. Ibid., p. 200.
18. *Hitlers Tischgespräche*, 27 jun. 1942, p. 416.
19. KTB OKW, op. cit., v. II, 4 jul. 1942, p. 474.
20. *Hitlers Weisungen*, op. cit., p. 194.
21. Gabriel Gorodetsky (Org.), *Die Maiski-Tagebücher. Ein Diplomat im Kampf gegen Hitler 1932-1943*, op. cit., 5 mar. 1941, p. 605.
22. Jacobsen, *Teilung der Welt*, op. cit., 26 maio 1942, p. 171.
23. *Die Tagebücher von Joseph Goebbels*, op. cit., parte II, v. 3, 27 mar. 1942, p. 561 (*Edição selecionada*, v. 4, p. 1776).

24. Armeebefehl des Armeeoberkommandos 6 vom 16 ago. 1942, Bundesarchiv-Militärarchiv, RG 20-6/197, Bl. 267.
25. Torsten Diedrich, *Paulus. Das Trauma von Stalingrad. Eine Biographie.* Paderborn; Munique; Viena; Zurique: Schoeningh Ferdinand, 2008, p. 232.
26. Engel, *Heeresadjutant*, op. cit., 8 set. 1942, p. 126.
27. Adolf Heusinger, *Befehl im Widerstreit.* Tübingen; Stuttgart: Rainer Wunderlich Verlag, 1950, p. 201.
28. Max Domarus, *Hitler, Reden und Proklamationen 1932-45*, op. cit., v. II.2, 8 nov. 1942, p. 1938.
29. Ralf Georg Reuth, *Rommel. Das Ende einer Legende*, op. cit., p. 73.
30. Andreas Hillgruber (Org.), *Staatsmänner und Diplomaten bei Hitler*, op. cit., v. II, 18 dez. 1942, p. 161.
31. Ralf Georg Reuth, *Hitler. Eine politische Biographie*, op. cit., p. 583.
32. Jochen Hellbeck, *Die Stalingrad Protokolle. Sowjetische Augenzeugen berichten aus der Schlacht.* Frankfurt am Main: S. Fischer Verlag, 2014, p. 305.

7. As forças do Eixo na defensiva [pp. 227-70]

1. Ralf Georg Reuth, *Goebbels.* Munique; Zurique: Piper Verlag, 1996, p. 518. [Citações seguintes: Reuth, *Goebbels.*]
2. *Die Tagebücher von Joseph Goebbels*, op. cit., parte II, v. 7, 8 fev. 1943, p. 296.
3. Longerich, *Ermordung*, p. 222.
4. *Die Tagebücher von Joseph Goebbels*, op. cit., parte II, v. 7, 31 jan. 1943, p. 227.
5. Josef W. Stálin, *Über den Großen Vaterländischen Krieg der Sowjetunion.* Berlim: Verlag für fremdsprachliche Literatur, 1946, p. 49.
6. Ralf Georg Reuth, *Hitler. Eine politische Biographie*, op. cit., p. 593.
7. Walter Warlimont, *Im Hauptquartier der deutschen Wehrmacht 1939-1945*, op. cit., p. 335.
8. KTB OKW, op. cit., v. III, 15 abr. 1943, p. 1425.
9. Jacobsen, *Teilung der Welt*, op. cit., 11 jun. 1943, p. 305.
10. Othmar Nicola Haberl, "Kommunistische Internationale". In: *Pipers Wörterbuch zur Politik.* v. 4: *Sozialistische Systeme.* Munique; Zurique: Piper Verlag, 1981, p. 216.
11. Jacobsen, *Teilung der Welt*, op. cit., 13 jul. 1943, p. 314.
12. Ibid., 21 abr. 1943, p. 314.
13. Ibid.
14. Heinz, Guderian. *Erinnerungen eines Soldaten.* Stuttgart: Motorbuch, 1994, p. 283.

15. Max Domarus, *Hitler, Reden und Proklamationen 1932-45*, op. cit., v. II.2, 10 set. 1943, p. 2036.

16. Andreas Hillgruber; Gerhard Hümmelchen, *Chronik des Zweiten Weltkrieges. Kalendarium militärischer und politischer Ereignisse 1939-45*, op. cit., 27 ago. 1943, p. 181.

17. *Die Tagebücher von Joseph Goebbels*, op. cit., parte II, v. 9, 10 set. 1943, p. 464 (*Edição selecionada*, v. 5, p. 1949).

18. Jacobsen, *Teilung der Welt*, op. cit., 10 ago. 1943, p. 317.

19. "Franklin D. Roosevelt's Fourth Inaugural Address", 20 jan. 1945. Disponível em: <http://www.inauguralclock.com/inaugural-addresses/franklin-delanoroosevelt> Acesso em: 26 fev. 2022.

20. Winston S. Churchill, *Der Zweite Weltkrieg*, op. cit., v. V. 2, p. 50.

21. Jacobsen, *Teilung der Welt*, op. cit., 1 dez. 1943, p. 323.

22. Ibid., [s.d.], p. 325.

23. *Hitlers Weisungen*, op. cit., 3 nov. 1943, p. 233.

24. *Die Tagebücher von Joseph Goebbels*, op. cit., parte II, v. 12, 18 abr. 1944, p. 129 (*Edição selecionada*, v. 5, p. 2033).

25. Ralf Georg Reuth, *Rommel. Das Ende einer Legende*, op. cit., p. 87.

26. Albert Speer, *Erinnerungen*, Frankfurt am Main; Berlim; Viena: Propyläen, 1969, p. 357.

27. "Schlacht um Sprit", *Der Spiegel*, 14/64, 1 abr. 1964.

28. Ibid.

29. Andreas Hillgruber (Org.), *Staatsmänner und Diplomaten bei Hitler*, op. cit., v. II, 5 ago. 1944, p. 494.

30. Ibid., 23 mar. 1944, p. 392.

31. Ibid., 16 abr. 1943, p. 245.

32. Pätzold Kurt e Erika Schwarz, "'Auschwitz war für mich nur ein Bahnhof'. Franz Nowak — der Transportoffizier Adolf Eichmanns". In: *Dokumente, Texte, Materialien*. Org. de Zentrum für Antisemitismusforschung der Technischen Universität Berlin. v. 13. Berlim, 1994, p. 145.

33. Ralph Rotte, *Die Außen- und Friedenspolitik des Heiligen Stuhls: Eine Einführung*. Wiesbaden: Spinger Verlag, 2014, p. 265.

34. Dieter Albrecht, "Der Vatikan und das Dritte Reich". In: Geschichtsverein der Diözese Rottenburg-Stuttgart (Org.), *Kirche im Nationalsozialismus*. Sigmaringen: Jan Thorbecke, 1984, p. 42.

35. Disponível em: <http://news.bbc.co.uk/onthisday/hi/dates/stories/december/17/newsid_3547000/354715i.stm>>.

8. O segundo front na Europa [pp. 271-303]

1. Andreas Hillgruber (Org.), *Staatsmänner und Diplomaten bei Hitler*, op. cit., v. II, 25 mar. 1944, p. 390.
2. Walter Warlimont, *Im Hauptquartier der deutschen Wehrmacht 1939-1945*, op. cit., p. 457.
3. Ralf Georg Reuth, "Vielleicht wird man uns einmal als Patrioten sehen", *Welt am Sonntag*, 18 jul. 2004. [Citações seguintes: Reuth, *Patrioten.*]
4. Ibid.
5. Peter Hoffmann, *Claus Schenk Graf von Stauffenberg und seine Brüder*. Stuttgart: Pantheon, 2004, p. 396.
6. Reuth, *Patrioten.*
7. Ralf Georg Reuth, *Hitler. Eine politische Biographie*, op. cit., p. 609.
8. Peter Hoffmann, *Claus Schenk Graf von Stauffenberg und seine Brüder*, op. cit., p. 388.
9. Ibid., p. 443.
10. Max Domarus, *Hitler, Reden und Proklamationen 1932-45*, op. cit., v. II.2, 20 jul. 1944, p. 2118.
11. Ralf Georg Reuth, *Rommel. Das Ende einer Legende*, op. cit., p. 254.
12. Reuth, *Patrioten.*
13. Andreas Hillgruber (Org.), *Staatsmänner und Diplomaten bei Hitler*, op. cit., v. II, 21 jul. 1944, p. 468.
14. Winston S. Churchill, *Der Zweite Weltkrieg*, op. cit., v. VI.1, p. 168.
15. Ibid., p. 176.
16. Ibid., p. 167.
17. Ralf Georg Reuth (Org.), *Deutsche auf der Flucht. Zeitzeugenberichte über die Vertreibung aus dem Osten*. Augsburgo; Hamburgo: Redaktion Bild, 2007, p. 14.
18. Ibid.
19. Cordell Hull, *Memoirs*. 2 v. Nova York: Macmillan, 1948, v. 2, p. 1601.
20. "Plan der Rache", *Der Spiegel*, 51/1967, 11 dez. 1967.
21. *Völkischer Beobachter*, 26 set. 1944.
22. Ibid., 16 set. 1944.
23. Winston S. Churchill, *Der Zweite Weltkrieg*, op. cit., v. VI.1, p. 74.
24. Ralf Georg, Reuth. "Weizsäckers Atombomben-Patent", *Welt am Sonntag*, 20 mar. 2005.
25. *Deutsche Geschichte in Dokumenten und Bildern*, v. 7. Deutschland unter der Herrschaft des Nationalsozialismus, 1933-1945. Heimlich aufgezeichnete Unterhaltungen deutscher Kernphysiker auf Farm Hall (6-7/8/1945). Disponível em: <http://germanhistorydocs.ghi-dc.org/pdf/deu/German101ed.pdf> Acesso em: 26 fev. 2022.
26. *Die Tagebücher von Joseph Goebbels*, op. cit., parte II, v. 13, p. 539.

27. Fritz W. Seidler, *Deutscher Volkssturm. Das letzte Aufgebot 1944/45.* Munique; Berlim: Herbig, 1989, p. 48.
28. Ralf Georg Reuth, *Hitler. Eine politische Biographie*, op. cit., p. 621.

9. A luta final pelo Reich e a morte de Hitler [pp. 305-33]

1. Adolf Hohenstein e Wolfgang Trees, *Die Hölle im Hürtgenwald. Die Kämpfe vom Hohen Venn bis zur Rur September 1944 bis Februar 1945.* Aachen: Elisabeth Trees, 1981, p. 229.
2. Sönke Neitzel, *Abgehört. Deutsche Generäle in britischer Kriegsgefangenschaft 1942-1945.* Berlim: Propyläen, 2007, p. 62.
3. Ibid., p. 230.
4. Walter Warlimont, *Im Hauptquartier der deutschen Wehrmacht 1939-1945*, op. cit., p. 524.
5. Max Domarus, *Hitler, Reden und Proklamationen 1932-45*, op. cit., v. II.2, 1 jan. 1945, p. 2187.
6. Ralf Georg Reuth, "Nehmt die Frauen als Beute", *Welt am Sonntag*, 20 fev. 2005.
7. *Hitlers politisches Testament. Die Bormann-Diktate vom Februar und April 1945. Mit einem Essay von Hugh R. Trevor-Roper.* [s.n.], [s.d.], 3 fev. 1945, p. 65.
8. Ralf Georg Reuth, "Erstickt, verkohlt, zerstückelt", *Welt am Sonntag*, 6 fev. 2005.
9. Ibid.
10. Winston S. Churchill, *Der Zweite Weltkrieg*, op. cit., v. VI.2, p. 25.
11. Ibid.
12. Ralf Georg Reuth, "Das Ende der Illusionen", *Welt am Sonntag*, 31 jul. 2005.
13. Jacobsen, *Teilung der Welt*, op. cit., 10 jan. 1945, p. 398.
14. Winston S. Churchill, *Der Zweite Weltkrieg*, v. VI.2, op. cit., p. 12.
15. KTB OKW, op. cit., v. IV, 29 mar. 1945, p. 1582.
16. Churchill, *Zweiter Weltkrieg*, v. VI. 2, p. 126.
17. Ralf Georg Reuth, *Hitler. Eine politische Biographie*, op. cit., p. 632.
18. KTB OKW, v. IV, 15 abr. 1945, op. cit., p. 1590.
19. Reuth, *Goebbels*, p. 598.
20. Günther W. Gellermann, *Die Armee Wenck. Hitlers letzte Hoffnung.* Koblenz: Bernard & Graefe, 1984, p. 177.
21. Jacobsen, *Teilung der Welt*, op. cit., 29 abr. 1945, p. 410.
22. *Zweites Buch*, p. 186.
23. Jacobsen, *Teilung der Welt*, op. cit., 29 abr. 1945, p. 410.
24. Discurso de Karl Dönitz, 1 maio 1945. Deutsches Rundfunk-Archiv, Wiesbaden B4621748.

368

10. A Cortina de Ferro e a capitulação do Japão [pp. 335-56]

1. Discurso de Karl Dönitz, 1 maio 1945. Deutsches Rundfunk-Archiv, Wiesbaden B4621748.

2. Michael Buddrus, "Wir sind nicht am Ende, sondern in der Mitte eines großen Krieges. Eine Denkschrift aus dem Zivilkabinett der Regierung Dönitz vom 16. Mai 1945", *Vierteljahrshefte für Zeitgeschichte*, 1996, p. 607.

3. Discurso do almirante Dönitz sobre a capitulação do Reich alemão, 8 maio 1945. Deutsches Rundfunk-Archiv. Wiesbaden B004625657.

4. Stefan Donth, "Stalins Deutschland: die Durchsetzung der kommunistischen Diktatur in der sowjetischen Besatzungszone". In: Andreas Engwert e Hubertus Knabe, *Der Rote Gott. Stalin und die Deutschen*. Berlim: Lukas Verlag, 2018, pp. 55 ss., aqui p. 55.

5. Jacobsen, *Teilung der Welt*, op. cit., 4 maio 1945, p. 411.

6. Winston S. Churchill, *Der Zweite Weltkrieg*, op. cit., v. VI.2, p. 262.

7. Ibid., p. 461.

8. Ibid., p. 297.

9. Ibid., p. 356.

10. Ralf Georg Reuth (Org.), *Deutsche auf der Flucht. Zeitzeugenberichte über die Vertreibung aus dem Osten*, op. cit., p. 19.

11. Jacobsen, *Teilung der Welt*, op. cit., 2 ago. 1945, p. 421.

12. Ibid.

13. Winston S. Churchill, *Der Zweite Weltkrieg*, op. cit., v. VI.2, p. 335.

14. Ibid., p. 371.

15. Theo Sommer, "Entscheidung in Potsdam", *Zeit*, online, 21 jul. 2005.

16. Veja Hiroito. Disponível em: <http://Deacademic.com> Acesso em: 26 fev. 2022.

17. Winston S. Churchill, *Der Zweite Weltkrieg*, op. cit., v. VI.2, p. 370.

18. Uwe Schmitt, "Der Zweite Weltkrieg endete in nur zehn Minuten", *Welt,* online, 2 set. 2015.

19. Jacobsen, *Teilung der Welt*, op. cit., 26 jul. 1945, p. 434.

Fontes

Livros, diários, memórias

Akten zur Deutschen Auswärtigen Politik 1918-1945, série D, 1937-45. Baden-Baden: P. Keppler, 1950.

ALY, Götz et al. (Orgs.). *Die Verfolgung und Ermordung der europäischen Juden durch das nationalsozialistische Deutschland 1933-1945*. 14 v. Munique: Oldenbourg, 2008 a 2017.

BADOGLIO, Pietro. *Italien im Zweiten Weltkrieg. Erinnerungen und Dokumente*. Munique; Leipzig: Paul List Verlag, 1957.

BAYERLEIN, Bernhard H. (Org.). *Georgi Dimitroff. Tagebücher 1933-1943*. Berlim: Aufbau Verlag, 2000.

BÖTHIG, Peter; WALTHER, Peter (Orgs.). *Die Russen sind da. Kriegsalltag und Neubeginn 1945 in Tagebüchern aus Brandenburg*. Berlim: Lukas Verlag, 2011.

BUDDRUS, Michael. "Wir sind nicht am Ende, sondern in der Mitte eines großen Krieges. Eine Denkschrift aus dem Zivilkabinett der Regierung Dönitz vom 16. Mai 1945", *Vierteljahrshefte für Zeitgeschichte*, ano 44, caderno 4, 1996.

BURCKHARDT, Carl Jacob. *Meine Danziger Mission 1937-1939*. Munique: Callwey, 1960.

CHURCHILL, Winston, Sir. *Der Zweite Weltkrieg*. 6 v. Berna; Munique; Viena: Alfred Scherz Verlag, 1953-4.

_____. *Great War Speeches. KG, OM, CH, MP. A Unique Collection of the Finest and Most Stirring Speeches by One of the Greatest Leaders in Our Time*. Londres: Transworld, 1957.

CIANO, Galeazzo. *Tagebücher 1939-1943*. Berna: Alfred Scherz Verlag, 1946.

DOMARUS, Max. *Hitler, Reden und Proklamationen 1932-1945*. 2 v. Wiesbaden: R. Löwit, 1973.

DÖNITZ, Karl. *Zehn Jahre und zwanzig Tage*. Koblenz: Bernard & Graefe, 1997.

EBERLE, Henrik; UHL, Mathias (Orgs.). *Das Buch Hitler. Geheimdossier des NKWD für Josef W. Stalin. Zusammengestellt aufgrund der Verhörprotokolle des Persönlichen Adjutanten Hitlers, Otto Günsche, und des Kammerdieners Heinz Linge. Moskau, 1948/49*. Bergisch Gladbach: Lübbe, 2005.

EISENHOWER, Dwight D. *Kreuzzug in Europa*. Amsterdam: Bermann-Fischer, 1948.

FISCHER, Alexander (Org.). *Teheran — Jalta — Potsdam. Die sowjetischen Protokolle von den Kriegskonferenzen der Großen Drei*. Colônia: Verlag Wissenschaft und Politik, 1985.

FRÖHLICH, Elke (Org.). *Die Tagebücher von Joseph Goebbels*. 26 v. Munique e outras: K. G. Sauer, 1987-2001.

GORODETSKY, Gabriel (Org.). *Die Maiski-Tagebücher. Ein Diplomat im Kampf gegen Hitler 1932-1943*. Munique: C. H. Beck, 2016.

GREY, Edward. *Fünfundzwanzig Jahre Politik. Memoiren 1892-1916*. v. 2. Munique: Bruckmann, 1926.

GUDERIAN, Heinz. *Erinnerungen eines Soldaten*. Stuttgart: Motorbuch, 1994.

HAFFNER, Sebastian. *Versailles 1919. Aus der Sicht von Zeitzeugen*. Munique: Herbig, 2002.

HALDER, Franz. *Kriegstagebuch. Tägliche Aufzeichnungen des Chefs des Generalstabes des Heeres 1939-1942*. Org. de Arbeitskreis für Wehrforschung. v. I-III. Stuttgart: Verlag W. Kohlhammer, 1962-4.

HART, Basil H. L. (Org.). *The Rommel Papers*. Londres: Collins, 1953.

HARTMANN, Christian et al. (Orgs.). *Hitler. Mein Kampf. Eine kritische Edition*. 2 v. Munique; Berlim: Institut für Zeitgeschichte, 2016.

_____. *Hitler. Reden. Schriften. Anordnungen, Februar 1925 bis Januar 1933*. Comentários de Christian Hartmann, Klaus A. Lankheit, Clemens Vollnhals, Bärbel Dusik, Constantin Goschler (Institut für Zeitgeschichte). 5 v. Munique; New Providence; Londres; Paris: K. G. Saur, 1992-8.

HASSELL, Ulrich v. *Die Hassel-Tagebücher 1938-1944. Aufzeichnungen vom Anderen Deutschland*. Org. de Friedrich Hiller von Gaertingen. Berlim: Siedler Verlag, 1988.

HEINISCH, Gertrude; HELLWIG, Otto (Orgs. e trads.). *Die offiziellen Jalta-Dokumente des U. S. State Departments*. Viena; Munique; Stuttgart; Zurique: Wilhelm Frick Verlag, 1955.

HELLBECK, Jochen (Org.). *Die Stalingrad-Protokolle. Sowjetische Augenzeugen berichten aus der Schlacht*. Frankfurt am Main: S. Fischer Verlag, 2012.

HEUSINGER, Adolf. *Befehl im Widerstreit. Schicksalsstunden der deutschen Armee 1923-1945*. Tübingen; Stuttgart: Rainer Wunderlich Verlag, 1950.

HILL, Leonidas E. (Org.). *Die Weizsäcker-Papiere 1933-1950*. Berlim; Frankfurt am Main: Propyläen Verlag, 1974.

HILLGRUBER, Andreas (Org.). *Staatsmänner und Diplomaten bei Hitler*. v. I e II. Frankfurt am Main: Bernard & Graefe, 1967 e 1970.

Hitlers politisches Testament. Die Bormann Diktate vom Februar und April 1945. Com um ensaio de Hugh R. Trevor-Roper. [S.l.]: [s.n.], [s.d.].

HOSSBACH, Friedrich. *Zwischen Wehrmacht und Hitler 1934-1938*. Göttingen: Vandenhoeck & Ruprecht, 1965.

HUBATSCH, Walther. *Hitlers Weisungen für die Kriegführung 1939-1945.* Documentos do Alto-Comando da Wehrmacht. Koblenz: Bernard & Graefe, 1983.

HULL, Cordell. *Memoirs.* 2 v. Nova York: Macmillan, 1948.

HÜRTER, Johannes (Org.). *Notizen aus dem Vernichtungskrieg. Die Ostfront 1941/42 in den Aufzeichnungen des Generals Heinrici.* Darmstadt: WBG, 2016.

INTERNATIONALER MILITÄRGERICHTSHOF NÜRNBERG (Org.). *Der Prozeß gegen die Hauptkriegsverbrecher vor dem Internationalen Militärgerichtshof,* Nürnberg 14 nov.1945 a 1 out. 1946. 24 v. Nuremberg, 1949. Reimpressão: Munique; Zurique: Delphin, 1984.

JÄCKEL, Eberhard; KUHN, Axel (Orgs.). *Hitlers sämtliche Aufzeichnungen 1905--1924.* Stuttgart: Deutsche Verlag Anstalt, 1980.

JACOBSEN, Hans-Adolf. *Der Weg zur Teilung der Welt. Politik und Strategie von 1939 bis 1945.* Koblenz; Bonn: Wehr & Wissen, 1979.

JOCHMANN, Werner (Org.). *Adolf Hitler. Monologe im Führerhauptquartier 1941--1944. Die Aufzeichnungen Heinrich Heims.* Hamburgo: Albrecht Knaus, 1980.

KEYNES, John Maynard. *Die wirtschaftlichen Folgen des Friedensvertrages.* Munique; Leipzig: Dunker & Humblot, 1920.

KOTZE, Hildegard von (Org.). "Heeresadjutant bei Hitler. Aufzeichnungen des Major Engel", *Schriftenreihe der Vierteljahrshefte für Zeitgeschichte,* n. 29, 1974.

LOSSBERG, Bernhard von. *Im Wehrmachtführungsstab.* Hamburgo: Nölke, 1949.

MANSTEIN, Erich von. *Verlorene Siege.* Koblenz: Bernard & Graefe, 2009.

NEITZEL, Sönke. *Abgehört. Deutsche Generäle in britischer Kriegsgefangenschaft 1942-1945.* Berlim: Propyläen, 2007.

PÄTZOLD, Kurt; SCHWARZ, Erika. "'Auschwitz war für mich nur ein Bahnhof' Franz Nowak — der Transportoffizier Adolf Eichmanns", *Dokumente, Texte, Materialien,* Berlin, Zentrum für Antisemitismusforschung der Technischen Universität Berlin, v. 13, 1994.

REUTH, Ralf Georg (Org.). *Deutsche auf der Flucht. Zeitzeugenberichte über die Vertreibung aus dem Osten.* Augsburgo; Hamburgo: Redaktion Bild, 2007.

_____. *Joseph Goebbels Tagebücher 1924-1945.* 5 v. Munique; Zurique: Piper Verlag, 1992.

RIBBENTROP, Joachim v. *Zwischen London und Moskau.* Leoni a. Starnberger See: Druffel, 1953.

RÜRUP, Reinhard (Org.). *Der Krieg gegen die Sowjetunion 1941-1945. Eine Dokumentation.* Berlim: Argon, 1991.

RUGE, Friedrich. *Rommel und die Invasion. Erinnerungen.* Stuttgart: K. F. Koehler, 1959.

SCHMIDT, Paul. *Statist auf diplomatischer Bühne 1923-1945.* Bonn: Atheneum Verlag; Gerhard von Reutern Verlag, 1950.

SCHMIEDEL, David. *"Du sollst nicht morden"*. *Selbstzeugnisse christlicher Wehrmachtssoldaten aus dem Vernichtungskrieg gegen die Sowjetunion*. Frankfurt am Main: Campus Verlag, 2017.

SCHRAMM, Percy Ernst (Org.). *Kriegstagebuch des Oberkommandos der Wehrmacht (Wehrmachtführungsstab)*. v. I-IV. Munique: Bernard & Graefe, 1982.

SCHWABE, Klaus (Org.). *Quellen zum Friedensschluss von Versailles*. Darmstadt: Wissenschaftliche Buchgesellschaft, 1997.

SPEER, Albert. *Erinnerungen*. Frankfurt am Main; Berlim; Viena: Propyläen, 1969.

STÁLIN, Josef W. *Über den Großen Vaterländischen Krieg der Sowjetunion*. Moscou: Verlag für fremdsprachliche Literatur, 1946.

TREUE, Wilhelm. "Hitlers Denkschrift zum Vierjahresplan 1936", *Vierteljahrshefte für Zeitgeschichte 3*, 1955.

TRUMAN, Harry S. *Memoirs by Harry S. Truman: 1945 Year of Decisions*. [S.l.]: [s.n.], 1999.

UHL, Mathias et al. (Orgs.). *Verhört. Die Befragungen deutscher Generale und Offiziere durch die sowjetischen Geheimdienste 1945-1952*. Berlim: De Gruyter Oldenbourg, 2015.

WARLIMONT, Walter. *Im Hauptquartier der deutschen Wehrmacht 39-45: Grundlagen, Formen, Gestalten*. Munique: Bernard & Graefe, 1978.

WEGNER, Bernd. "Hitlers Besuch in Finnland. Das geheime Tonprotokoll seiner Unterredung mit Mannerheim am 4. Juni 1942", *Vierteljahrshefte für Zeitgeschichte 4*, 1993.

WELZER, Harald; NEITZEL, Sönke; GUDEHUS, Christian (Orgs.). *"Der Führer war wieder viel zu human, viel zu gefühlvoll". Der Zweite Weltkrieg aus der Sicht deutscher und italienischer Soldaten*. Frankfurt am Main: Fischer Verlag, 2011.

WITTE, Peter; WILDT, Michael; VOGT, Martina. *Der Dienstkalender Heinrich Himmlers 1941/42*. Editado por Forschungsstelle für Zeitgeschichte, Hamburgo. Organização, comentários e prefácio de Peter Witte et al. Hamburgo: Christians, 1999.

Bibliografia selecionada

ALBRECHT, Dieter. "Der Vatikan und das Dritte Reich". In: GESCHICHTS-VEREIN DER DIÖZESE ROTTENBURG-STUTTGART (Org.). *Kirche im Nationalsozialismus*. Sigmaringen: Jan Thorbecke, 1984.

BAYERLEIN, Bernhard H. "Stalin und die Kommunistische Partei Deutschlands in der Weimarer Republik". In: ENGWERT, Andreas et al. (Orgs.). *Der Rote Gott. Stalin und die Deutschen*. Berlim: Lukas Verlag, 2018.

BENZ, Wolfgang. *Der Holocaust*. Munique: C. H. Beck, 2008.

BESYMENSKI, Lew. *Stalin und Hitler. Pokerspiel der Diktatoren*. Berlim: Aufbau Verlag, 2002.

BIEBERSTEIN, Johannes Rogalla von. *"Jüdischer Bolschewismus". Mythos und Realität*. Dresden: Edition Antaios, 2002.

BRAKEL, Alexander: *Der Holocaust. Judenverfolgung und Völkermord*. Berlim: Bebra Verlag, 2008.

CÜPPERS, Martin. *Wegbereiter der Shoa. Die Waffen-SS, der Kommandostab des Reichsführer SS und die Judenvernichtung 1939-1945*. Darmstadt: Primus in WBG, 2005.

Das Dritte Reich und der Zweite Weltkrieg. Edit. por Militärgeschichtlichen Forschungsamt. Stuttgart: Deutsche Verlags-Anstalt, 1979-2008.

V. 1: DEIST, Wilhelm; MESSERSCHMIDT, Manfred; VOLKMANN, Hans-Erich; WETTE, Wolfram. *Ursachen und Voraussetzungen der deutschen Kriegspolitik*.

V. 2: MAIER, Klaus A.; ROHDE, Horst; STEGEMANN, Bernd; UMBREIT, Hans. *Die Errichtung der Hegemonie auf dem europäischen Kontinent*.

V. 3: SCHREIBER, Gerhard; STEGEMANN, Bernd; VOGEL, Detlef. *Der Mittelmeerraum und Südosteuropa — Von der "non belligeranza" Italiens bis zum Kriegseintritt der Vereinigten Staaten*.

V. 4: BOOG, Horst; FÖRSTER, Jürgen; HOFFMANN, Joachim; KLINK, Ernst; MÜLLER, Rolf-Dieter; UEBERSCHÄR, Gerd R. *Der Angriff auf die Sowjetunion*.

V. 5.1: KROENER, Bernhard R.; MÜLLER, Rolf-Dieter; UMBREIT, Hans. *Organisation und Mobilisierung des deutschen Machtbereichs: Kriegsverwaltung, Wirtschaft und personelle Ressourcen 1939 bis 1941*.

V. 5.2: KROENER, Bernhard R.; MÜLLER, Rolf-Dieter; UMBREIT, Hans. *Organisation und Mobilisierung des deutschen Machtbereichs: Kriegsverwaltung, Wirtschaft und personelle Ressourcen 1942 bis 1944/45*.

V. 6: BOOG, Horst; RAHN, Werner; STUMPF, Reinhard; WEGNER, Bernd. *Der globale Krieg — Die Ausweitung zum Weltkrieg und der Wechsel der Initiative 1941 bis 1943.*

V. 7: BOOG, Horst; KREBS, Gerhard; VOGEL, Detlef. *Das Deutsche Reich in der Defensive — Strategischer Luftkrieg in Europa, Krieg im Westen und in Ostasien 1943 bis 1944/45.*

V. 8: FRIESER, Karl-Heinz; SCHMIDER, Klaus; SCHÖNHERR, Klaus; SCHREIBER, Gerhard; UNGVÁRY, Krisztián; WEGNER, Bernd. *Die Ostfront 1943/44 — Der Krieg im Osten und an den Nebenfronten.*

V. 9.1: BLANK, Ralf; ECHTERNKAMP, Jörg; FINGS, Karola et al. *Die Deutsche Kriegsgesellschaft 1939 bis 1945. Politisierung, Vernichtung, Überleben.*

V. 9.2: CHIARI, Bernhard et al. *Die deutsche Kriegsgesellschaft 1939 bis 1945. Ausbeutung, Deutungen, Ausgrenzung.*

V. 10.1: MÜLLER, Rolf-Dieter (Org.). *Der Zusammenbruch des Deutschen Reiches 1945 und die Folgen des Zweiten Weltkrieges. Die militärische Niederwerfung der Wehrmacht.*

V. 10.2: MÜLLER, Rolf-Dieter (Org.). *Der Zusammenbruch des Deutschen Reiches 1945 und die Folgen des Zweiten Weltkrieges. Die Auflösung der Wehrmacht und die Auswirkungen des Krieges.*

DIEDRICH, Torsten. *Paulus. Das Trauma von Stalingrad. Eine Biographie.* Paderborn; Munique; Viena; Zurique: Schoeningh Ferdinand, 2008.

DONTH, Stefan: "Stalins Deutschland — die Durchsetzung der kommunistischen Diktatur in der sowjetischen Besatzungszone". In: ENGWERT, Andreas; KNABE, Hubertus. *Der Rote Gott. Stalin und die Deutschen.* Berlim: Lukas Verlag, 2018.

DOWER, John W. *Embracing Defeat. Japan in the Wake of World War II.* Nova York: W. W. Norton, 1999.

DRÄGER, Kathrin. *Hiroshima und Nagasaki als Endpunkte einer Konflikteskalation. Ein Beitrag zur Debatte über die Atombombenabwürfe.* Marburg: Tectum, 2009.

EBERLE, Henrik. *Hitlers Weltkriege. Wie der Gefreite zum Feldherrn wurde.* Hamburgo: Hoffmann und Campe, 2014.

EDMONDS, Robin. *Die großen Drei: Churchill, Roosevelt, Stalin.* Berlim: Goldmann, 1998.

EICHHOLTZ, Dietrich. *Geschichte der deutschen Kriegswirtschaft.* Munique: De Gruyter, 2013.

ENGWERT, Andreas; KNABE, Hubertus (Orgs.). *Der Rote Gott. Stalin und die Deutschen.* Berlim: Lukas Verlag, 2018.

FRANK, Richard B. *Downfall. The End of the Imperial Japanese Empire.* Nova York: Penguin, 2001.

FURET, François; NOLTE, Ernst. *Feindliche Nähe. Kommunismus und Faschismus im 20. Jahrhundert. Ein Briefwechsel.* Munique: Herbig, 1998.

GELLERMANN, Günther W. *Die Armee Wenck — Hitlers letzte Hoffnung.* Koblenz: Bernard & Graefe, 1984.

_____. *Geheime Wege zum Frieden mit England. Ausgewählte Initiativen zur Beendigung des Krieges 1940/1942.* Bonn: Bernard & Graefe, 1995.

GELLINEK, Christian. *Philipp Scheidemann. Eine biographische Skizze.* Colônia; Weimar; Viena: Böhlau, 1994.

HABERL, Othmar Nicola. "Kommunistische Internationale". In: *Pipers Wörterbuch zur Politik.* v. 4, Munique; Zurique: Piper Verlag, 1981.

HAMBY, Alonzo. *Man of the People: A Life of Harry S. Truman.* Nova York: Oxford University Press, 1995.

HARTMANN, Christian. *Halder. Generalstabschef Hitlers 1938-1942.* Paderborn; Munique; Viena; Zurique: Ferdinand Schoeningh, 1991.

HILDEBRANDT, Klaus. *Deutsche Außenpolitik 1939-1945.* Stuttgart; Berlim; Colônia; Mainz: Kohlhammer, 1980.

HILLGRUBER, Andreas. *Der 2. Weltkrieg 1939-1945.* Stuttgart; Berlim; Colônia; Mainz: Kohlhammer, 1982.

_____. *Hitlers Strategie. Politik und Kriegführung 1940-1941.* Koblenz: Bernard & Graefe, 1982.

_____. *Deutsche Großmacht- und Weltpolitik im 19. und 20. Jahrhundert.* Düsseldorf: Droste Verlag, 1977.

_____; HÜMMELCHEN, Gerhard. *Chronik des Zweiten Weltkrieges. Kalendarium militärischer und politischer Ereignisse 1939-45.* Düsseldorf: Droste Verlag, 1978.

HOFFMANN, Peter: *Claus Schenk Graf von Stauffenberg und seine Brüder.* Stuttgart: Pantheon, 2004.

HOHENSTEIN, Adolf; TREES, Wolfgang. *Die Hölle im Hürtgenwald. Die Kämpfe vom Hohen Venn bis zur Rur. September 1944 bis Februar 1945.* Aachen: Elisabeth Trees, 1981.

HUBER, Florian. *Kind, versprich mir, dass du dich erschießt. Der Untergang der kleinen Leute 1945.* Berlim: Berlin Verlag, 2015.

HÜRTER, Johannes. "Hitlers Heerführer. Die deutschen Oberbefehlshaber im Krieg gegen die Sowjetunion 1941/42". In: INSTITUT FÜR ZEITGESCHICHTE (Org.). *Quellen und Darstellungen zur Zeitgeschichte.* Munique: Institut für Zeitgeschichte, 2006.

JASCH, Hans-Christian. *Staatssekretär Wilhelm Stuckart und die Judenpolitik: Der Mythos von den sauberen Verwaltung.* Berlim: De Gruyter Oldenbourg, 2012.

JESSEN-KLINGENBERG, Manfred. "Die Ausrufung der Republik durch Philipp Scheidemann am 9. November 1918", *Geschichte in Wissenschaft und Unterricht*, ano 19, 1968.

JUNKER, Detlef. *Franklin D. Roosevelt. Macht und Vision: Präsident in Krisenzeiten.* Göttingen: Musterschmidt, 1979.

KELLERHOFF, Sven Felix. *Berlin im Krieg. Eine Generation erinnert sich.* Berlim: Bastei Lübbe, 2011.

_____. *Die NSDAP: Eine Partei und ihre Mitglieder.* Stuttgart: Klett-Cotta, 2017.

KENNEDY, Paul. *Die Casablanca-Strategie. Wie die Alliierten den Zweiten Weltkrieg gewannen.* Munique: dtv, 2011.

KERSHAW, Ian. *Das Ende. Kampf bis in den Untergang — NS-Deutschland 1944/45.* Munique: Deutsche Verlags-Anstalt, 2011.

_____. *Höllensturz. Europa 1914 bis 1949.* Munique: Deutsche Verlags-Anstalt, 2016.

_____. *Hitler*, v. 1: 1889-1936, v. 2: 1936-1945. Stuttgart: Deutsche Verlags-Anstalt, 1998-2000.

KOLB, Eberhard. *Der Frieden von Versailles.* Munique: C. H. Beck, 2011.

LONGERICH, Peter (Org.). *Die Ermordung der europäischen Juden. Eine umfassende Dokumentation des Holocaust.* Munique: Piper Verlag, 1989.

LONGERICH, Peter. *Heinrich Himmler. Biographie.* Munique: Piper Verlag, 2008.

LUKACS, John. *Churchill und Hitler. Der Zweikampf. 10. Mai-31. Juli 1940.* Stuttgart: Deutsche Verlags-Anstalt, 1992.

MONTEFIORE, Simon Sebag. *Stalin. Am Hof des roten Zaren.* Frankfurt am Main: Fischer Verlag, 2005.

MÜLLER, Rolf-Dieter. *Der Feind steht im Osten. Hitlers geheime Pläne für einen Krieg gegen die Sowjetunion im Jahr 1939.* Berlim: Ch. Links Verlag, 2011.

NOLTE, Ernst. *Die Weimarer Republik. Demokratie zwischen Lenin und Hitler.* Munique: Herbig, 2006.

O'BRIEN, Phillips. *How the War was won. Air-Sea Power and Allied Victory in World War II.* Cambridge: Cambridge Univesity Press, 2015.

OVERY, Richard. *Der Bombenkrieg: Europa 1939-1945.* Berlim: Rohwolt Berlin, 2014.

PAHL, Magnus. *Fremde Heere Ost. Hitlers militärische Feindaufklärung.* Berlim: Ch. Links Verlag, 2012.

PLATTHAUS, Andreas. *Der Krieg nach dem Krieg. Deutschland zwischen Revolution und Versailles.* Berlim: Rowohlt Berlin, 2018.

QUINKERT, Babette. *Deutsche Besatzung in der Sowjetunion 1941-1944. Vernichtungskrieg, Reaktionen, Erinnerung.* Paderborn: Ferdinand Schöningh Verlag, 2014.

REUTH, Ralf Georg. *Entscheidung im Mittelmeer. Die südliche Peripherie Europas in der deutschen Strategie des Zweiten Weltkrieges 1940-1942.* Koblenz: Bernard & Graefe, 1985.

_____. *Goebbels.* Munique; Zurique: Piper Verlag, 1990.

_____. *Hitler. Eine politische Biographie.* Munique: Piper Verlag, 2003.

_____. *Rommel. Das Ende einer Legende.* Munique; Zurique: Piper Verlag, 2004.

_____. *Hitlers Judenhass, Klischee und Wirklichkeit.* Munique; Zurique: Piper Verlag, 2009.

RICHTER, Heinz A. *Operation Merkur. Die Eroberung der Insel Kreta im Mai 1941*. Mainz: Harrassowitz, 2011.

RINDL, Peter. *Der internationale Kommunismus*. Munique: Günter Olzog Verlag, 1961.

ROHWER, Jürgen; HÜMMELCHEN, Gerhard. *Chronik des Seekrieges 1939-1945*. Herrsching: Pawlak, 1991.

RÖMER, Felix. *Der Kommissarbefehl. Wehrmacht und NS-Verbrechen an der Ostfront 1941/42*. Paderborn; Munique; Viena; Zurique: Verlag Ferdinand Schöningh, 2008.

ROTTE, Ralph. *Die Außen- und Friedenspolitik des Heiligen Stuhls: Eine Einführung*. Wiesbaden: Spinger Verlag, 2014.

SALEWSKI, Michael. *Die deutsche Seekriegsleitung*. 2 v. Frankfurt am Main: Bernard & Graefe, 1970 e 1975.

SCHERER, Klaus. *Nagasaki. Der Mythos der entscheidenden Bombe*. Berlim: Hanser Berlin, 2015.

SCHWARZMÜLLER, Theo. *Zwischen Kaiser und Führer. Generalfeldmarschall August von Mackensen. Eine politische Biographie*. Paderborn: Ferdinand Schöningh Verlag, 1995.

SEIDLER, Fritz W. *Deutscher Volkssturm. Das letzte Aufgebot 1944/45*. Munique; Berlim: Herbig, 1989.

STARGARDT, Nicolas: *Der deutsche Krieg: 1939-1945*. Frankfurt am Main: Fischer Verlag, 2015.

SÜSS, Dietmar. *Tod aus der Luft. Kriegsgesellschaft und Luftkrieg in Deutschland und England*. Munique: Siedler Verlag, 2011.

TÖPPEL, Roman: *Kursk 1943. Die größte Schlacht des Zweiten Weltkriegs*. Paderborn: Ferdinand Schöningh Verlag, 2017.

ÜBERSCHÄR, Gerd R. *Der deutsche Angriff auf die Sowjetunion 1941*. Darmstadt: Primus in BWG, 1998.

URBAN, Tobias. *Katyn 1940. Geschichte eines Verbrechens*. Munique: C. H. Beck, 2015.

WEBER, Thomas. *Wie Adolf Hitler zum Nazi wurde: Vom unpolitischen Soldaten zum Autor von "Mein Kampf"*. Berlim: Propyläen, 2016.

WEINBERG, Gerhard L. *Eine Welt in Waffen. Die globale Geschichte des Zweiten Weltkrieges*. Stuttgart: Deutsche Verlags-Anstalt, 1995.

WENZEL, Otto. *1923. Die Geschichte der deutschen Oktoberrevolution*. Münster: LIT Verlag, 2003.

WESTEMEIER, Jens. *Himmlers Krieger. Joachim Peiper und die Waffen-SS in Krieg und Nachkriegszeit*. Paderborn: Ferdinand Schöningh Verlag, 2012.

WINKLER, Heinrich August. *Geschichte des Westens. Die Zeit der Weltkriege 1914-1945*. Munique: C. H. Beck, 2011.

WÖRNER, Hansjörg: "Rassenwahn — Entrechtung — Mord". In: *Zeitgeschehen. Erlebte Geschichte — Lebendige Politik*. Org. de Elmar Krautkrämer e Paul-Ludwig Weinacht. Freiburg im Breisgau: Herder, 1981.

Índice toponímico

A

Aachen, 301-2
Abissínia, 55, 60, 110, 138
África, 110-1, 125, 135-8, 140-1, 144, 156, 178, 189, 191-3, 196, 199-201, 203-4, 211, 218-21, 239-42, 291
Agram (Zagreb), 140
Alemanha, 8-9, 13, 15-25, 29-33, 35-43, 45, 47, 49-58, 60-3, 65, 68, 71, 74-5, 77-8, 80-3, 86-9, 92, 94-7, 100-1, 107, 110-2, 115, 117-8, 122-4, 126-32, 137, 139-42, 145-54, 156-8, 161-3, 167, 172-3, 177, 180-1, 185-6, 189, 198, 210, 213, 218-9, 224-6, 228, 231, 233, 235-8, 240, 243-6, 248-50, 253, 256-7, 259-61, 264-9, 271, 277-80, 283-7, 289-91, 293-5, 297-9, 301-2, 306-7, 309, 312-3, 319, 323, 326-7, 333, 336-8, 340-4, 346, 349
Alexandria, 139, 146, 193, 203
Alpes, 61, 111, 125, 131, 299, 326, 329
Alta Silésia, 22, 36, 89, 214, 269
Altos Fagnes, 305
América do Sul, 97
Ancara, 261
Andamão, ilhas, 196
Antuérpia, 301, 305-6
Arábia, 198
Argélia, 108, 129, 219, 239
Arkhangelsk, 154, 168, 201-2, 237
Arnheim, 302-3
Ásia, 62, 75, 87, 118, 127, 148, 162, 193, 257-8, 313, 315
Atenas, 140
Augsburgo, 147

Auschwitz-Birkenau (campo de concentração), 214-5, 267-8, 270, 322
Austrália, 84, 126, 193, 196, 210
Áustria, 11, 22, 61, 64-6, 82, 180, 210, 260, 346
Avranches, 285

B

Bad Nauheim, 307
Bagdá, 145
Baku, 193, 215
Bálcãs, 118, 138-40, 143, 149, 152, 241
Báltico, mar, 90, 131, 159, 253, 305
Bardia, 137
Bartenstein, 300-1
Basileia, 85
Basra, 193-4
Bastogne, 307
Baviera, 19, 25, 33, 69, 210, 260, 266, 267, 332
Bélgica, 15, 22, 35, 94, 101-3, 107, 111, 122, 213, 291, 303, 305
Belzec, 212
Benghazi, 138, 192, 218
Berchtesgaden, 145, 277, 330
Bergen, 95, 99
Berlim, 16-7, 19, 22, 24-5, 31, 33, 36, 40-1, 61-2, 65-6, 81, 83, 98, 111, 123, 127-8, 131-2, 141, 145, 149-50, 157, 161, 177, 182, 185, 199, 210, 225, 229, 231-2, 243, 280, 282-3, 286, 290, 294, 301, 306, 312, 320, 326-31, 333, 339, 341-2, 347
Berna, 324

381

Bessarábia, 78, 117, 214
Białystok, 246
Biélgorod, 239
Bir Hakeim, forte, 203
Birmânia, 126, 182, 189, 257-8, 315, 352
Birmingham, 73
Bizerta, 220
Bobruisk, 277
Boêmia, 42, 66, 73, 172-3, 180, 340
Böhlen, 264
Bordeaux, 107
Boríssov, 232
Bornéu, 126, 189, 352
Bornholm, 340
Braunau, 65
Braunschweig, 206, 215, 263
Bremervörde, 338
Brenner, 129
Bresken, 301
Breslau, 289, 312, 321, 332
Brest-Litovsk, 15, 88
Bretanha, península da, 272
Briansk, 177, 206
Brindisi, 252
Brüx, 264
Bucareste, 138
Buchenwald (campo de concentração), 296, 323
Budapeste, 138, 267, 303
Bug, rio, 85, 88, 265
Bulgária, 117, 131, 138, 213, 260, 286, 288, 292, 344

C

Cabo Canaveral, 293
Cairo, 204, 257-8, 265
Cambridge, 294
Canárias, Ilhas, 126
Cannes, 286
Cantão, 315
Carcóvia, 176, 206, 208, 239
Cárpatos, montes, 265, 267, 300, 309

Casablanca, 126, 219, 225-6, 235-6, 242, 248, 279
Cassino, monte, 277
Cáucaso, 154, 164, 188, 193-5, 206-8, 215-6, 223, 237, 239
Ceilão, 196
Chemnitz, 312
Chicago, 75, 295
China, 61-2, 75, 128, 162, 182, 256-8, 315, 317, 352-3
Chipre, 110
Cirenaica, 141-2, 192-3, 200, 203
Cold Bay, 352
Colônia (Alemanha), 248, 321
Como, lago de, 333
Compiègne, bosque de, 16, 20, 25, 101, 107-9
Coral, mar de, 196
Coreia, 258, 353, 356
Corinto, istmo de, 140
Córsega, 110, 219, 254
Coucy, 114
Coventry, 123
Cracóvia, 85, 90
Creta, 131, 134, 140, 143-5, 192, 200
Crimeia, 164, 206, 277
Croácia, 140, 175, 214
Curilhas, ilhas, 315

D

Dacar, 126, 130
Danzig, 22, 36, 52, 76, 78, 81, 83, 310, 348
Delhi, 197
Demiansk, 187, 222, 239
Demmin, 341
Derna, 204
Desna, rio, 253
Dieppe, 211
Dinamarca, 22, 98-100, 175, 338
Dniepr, rio, 159, 253
Don, rio, 195, 207, 215, 220-1, 232

Donets, rio, 164, 176, 202, 206, 239, 253
Dongo, 333
Doorn, 23
Dortmund, 249
Dover, 121, 272
Dresden, 312-4
Dubno, 232
Dundy, 114
Dungavel House, 147
Dunquerque, 103-6, 218
Düsseldorf, 249

E

Eben Emalel, forte, 101
Egeu, mar, 252, 286
Egito, 121, 125, 139-40, 143, 145-6, 192-3, 195, 199-200, 203-5
Eindhoven, 302
Eisenach, 290
El Agheila, 138, 192
El-Alamein, 205, 218, 301
Elba, rio, 326, 329-30, 338, 344
Elbeuf, 286
Elbing, 309
Elbrus, monte, 216
Erfurt, 326
Escalda, rio, 301
Escandinávia, 46, 94-5
Escócia, 146-8
Eslováquia, 73, 175, 214
Espanha, 57-60, 111, 114, 128-9, 136, 267
Essen, 249
Estados Unidos, 7, 52, 55, 71, 75, 80, 82, 92-3, 102, 111-3, 116, 119, 127, 132, 136, 148-9, 161-3, 167-8, 181-2, 185-6, 188, 190, 231, 235-6, 245, 250, 255-8, 269, 294-5, 297, 317, 325, 344-45, 351-4
Estocolmo, 94, 225, 243, 254, 280, 298-9
Estônia, 78, 117, 175
Etiópia ver Abissínia

Eupen-Malmedy, 22, 36
Evian, 71-2, 111
Eydtkuhnen, 301

F

Falaise, 286
Falmouth, 114
Fano, 286
Farm Hall, 294
Feltre, 251
Filipinas, 181-2, 184, 189, 193, 236, 257-8, 315-6
Finlândia, 24, 78, 89, 117, 131, 175, 286
Flensburg, 338, 340, 342
Florença, 131
Formosa, 315
França, 15, 30-1, 35-6, 46, 49, 51, 54-5, 57, 60, 64, 67, 70, 75, 77, 81-4, 91-3, 100, 102, 106-14, 116-7, 119, 122, 124, 126, 128-30, 133-6, 166, 175, 186, 200, 203, 213, 219, 221, 242, 252, 261-2, 276-8, 285-6, 291, 303, 307, 320, 346
Frankfurt an der Oder, 309

G

Galícia (Leste Europeu), 88, 159, 213, 265
Garda, lago de, 253
Gardelegen, 322
Gibraltar, 59, 110, 125-6, 129, 135-6, 247
Gironda, 272
Glasgow, 147
Gnesen, 309
Gołdap, 301
Grã-Bretanha, 11, 30, 35, 39, 51-2, 54, 56, 59-60, 62-4, 68, 73, 75-6, 81-2, 84, 95, 102, 105-6, 109-10, 112-4, 116, 121-2, 124,-7, 130-1, 136, 146-9, 158, 162-3, 170, 173, 181, 185-6, 196, 198, 204, 235, 237, 245-6, 255-8, 269,

292, 317, 325, 344, 353; *ver também*
Império Britânico; Inglaterra
Grécia, 75, 121, 130-1, 134-5, 138-40,
143-5, 213, 242, 286, 288, 344
Grottkau (campo de prisioneiros de
guerra), 343
Grózni, 215
Guadalcanal, ilha, 205
Guam, 189, 352
Guernica, 59

H

Haigerloch, 294
Halberstadt, 263
Halle, 312
Hamburgo, 33, 40, 249
Hanford, 295
Hankou, 315
Hannover, 260, 312
Hastings, 272
Havaí, 182-3, 196
Havel, rio, 329
Hel, península de, 340
Helmstedt, 290
Helsinki, 94
Hendaye, 129
Henyang, 315
Hildesheim, 321
Hiroshima, 7, 354-6
Hof, 290
Holanda, 94, 101, 111, 213, 301-3, 338
Hong Kong, 182, 189
Hungria, 19, 56, 66, 73, 117, 131, 138,
140, 175, 207, 213, 260, 265-7, 286,
288, 303, 324, 344, 349
Hürtgen, floresta de, 302-3, 308

I

Ialta, 305, 312-3, 316-21, 325, 327,
339, 346

Ibérica, península, 57
Ilmen, lago, 187
Império Austro-Húngaro, 22
Império Britânico, 10, 74, 84, 92, 102,
112, 115, 125-6, 140, 162, 194
Império Japonês, 354
Império Romano, 60, 131, 135
Imphal, 315
Índia, 62, 84, 127-8, 143, 153, 189, 196-
7, 205, 258, 276, 315
Índias holandesas, 126, 182, 189
Indochina, 126, 162, 182, 315
Inglaterra, 11-2, 50-2, 55, 61-
2, 65, 67, 78, 80, 86, 91-4, 96-
7, 102, 105-6, 109, 114, 116-9, 121-
30, 133, 137, 144-8, 151, 154, 156,
158, 161-2, 177, 190, 194, 198-9,
205, 211, 230, 237, 263, 271, 276,
280, 285, 291, 331; *ver também*
Grã-Bretanha
Inn, rio, 65
Irã, 168, 195, 292
Iraque, 145, 195, 198
Israel, 71
Istra, 179
Itália, 11, 22, 35, 50, 54-6, 60, 63, 80,
101, 109-11, 123, 125-8, 130-1, 134-5,
137, 142, 152, 162, 189, 198-9, 207,
236, 241, 251-3, 286, 324
Itálica, península, 110, 252
Iugoslávia, 131, 138-9, 213, 242, 287-8,
344
Iwo Jima, 350

J

Japão, 11, 51, 61-3, 77, 80, 93, 118, 126-
8, 148, 150, 161-3, 181-5, 189-90, 194,
196, 202, 256-9, 315-6, 335, 345,
350-6
Java, 193
Jitómir, 174

384

K

Kahla, 296
Kalatch, 215, 220
Kalínin, 187
Kamianets-Podilski, 174
Kandalakcha, 208
Karlshorst, 339
Karlsruhe, 312
Katyn, floresta de, 88, 246-7
Kaunas, 180
Kholm, 187, 222
Kielce, rio, 85
Kiev, 157, 164, 174-5
Klessheim, castelo (Salzburgo),
  241, 265
Klin, 179
Koblenz, 312
Kock, 86
Kohnstein, 296
Kokura, 355-6
Königgrätz, 177
Königsberg, 289, 309, 321, 324, 348
Krasnogorsk, 243
Kristiansund, 99
Kronstadt, 158
Kúibychev, 177
Kulmhof, 214
Kursk, 176, 206, 239, 241, 247-8
Küstrin, 328

L

La Plata, 97
La Roche-Guyon, 263, 278
La Rochelle, 306
La Spezia, 252
Ladoga, lago, 195
Lamsdorf (campo de prisioneiros de
  guerra), 343
Landsberg, 10, 34, 146
Laon, 107
Leipzig, 300, 312, 326

Léman, lago, 71
Lemberg, 88, 159
Leningrado, 158-9, 164, 175-6, 195,
  208, 217, 239, 254, 261
Letônia, 78, 117
Leyte, ilha, 315-6
Líbano, 125
Líbia, 110, 135
Linz, 65
Lisboa, 146
Lituânia, 22, 88, 117
Livny, 187
Locarno, 35-6, 54, 56
Łódź, 90, 173
Londres, 46, 52, 54-5, 58, 61, 63, 65-6,
  68, 74-6, 78-9, 81-2, 91-2, 94-5, 112-
  4, 123, 127, 130, 138-9, 146, 148-9,
  151, 157-8, 163-4, 196, 198, 245, 257,
  259, 268, 272, 276, 287, 290, 292-3,
  318, 325, 331
Los Alamos, 295
Lübeck, 248, 290, 338
Lublin, 86, 90-1, 247, 287, 289,
  307, 318
Luneburgo, 338
Lüttich, 101
Luxemburgo, 101, 305
Lyme Regis, 121

M

Maas, rio, 103, 305, 307
Madri, 58, 127, 135-6
Magdeburg, 263, 312
Maggiore, lago, 54
Maikop, 215-6
Majdanek, 214
Malaia, península, 182, 189
Malásia, 126
Malta, 110, 135, 142, 195, 200, 203,
  205, 252
Mancha, canal da, 101, 105-6, 121, 191,
  201, 263, 272

Manchúria, 51, 61-2, 77, 246, 316, 353, 356
Manila, 316
Margival, 277
Marianas, arquipélago das, 315, 350, 352, 355
Marne, rio, 93, 107
Marrocos, 129, 136, 219, 239
Marsa Matruk, 205
Matapan, cabo, 139-40
Mauthausen (campo de concentração), 296
Mediterrâneo, mar, 60-1, 63, 101, 110-1, 114, 123-6, 128, 131, 134-7, 139-40, 142-5, 148, 190-2, 194-5, 201, 204, 220, 236, 254-5, 261
Memel, 22, 210, 309
Merseburg, 264
Mers-el-Kébir, 108, 114, 219
Midway, ilhas, 205-6
Milão, 61, 240, 333
Mindanao, 352
Minsk, 87, 171, 180
Mittelbau-Dora (campo de concentração), 297, 322, 327
Moguiliov, 277
Monowitz, 269
Montevidéu, 97
Montoire-sur-le-Loir, 129-30, 136
Morávia, 66, 73, 172, 180, 327, 340
Moscou, 19, 29, 32-3, 35, 41-2, 51, 53, 57, 59, 73, 77, 79, 86-8, 94, 117, 128, 139, 149, 151-2, 156, 158-9, 164, 167, 175-9, 181, 208, 210-1, 217, 225, 227, 233-4, 243, 245-6, 256, 260, 288-9, 299, 305, 307, 318, 325, 343-4, 346, 351-3, 356
Mosela, 301
Mossul, 145, 194
Mtsensk, 187
Munique, 10, 19, 25, 30, 67-9, 79, 98, 219, 267, 312, 330, 332
Münzingen, 299
Murmansk, 195, 201-2, 208-9, 217, 237

N

Nagasaki, 7, 355-6
Nagoya, 353
Nanjing, 75, 257
Nápoles, 252, 277
Narew, rio, 78
Narva, istmo de, 261
Narvik, 95, 99
Negro, mar, 206, 253
Neisse, rio, 289, 312, 318, 327-8, 343, 348
Nemmersdorf, 301
Nilo, rio, 139, 199, 203
Nimwegen, 302
Nomonhan, 128
Nordhausen, 296, 327
Norfolk, 191
Normandia, 271-6, 278, 284
Noruega, 94-5, 97-100, 111, 114, 116, 166, 175, 189, 191, 201-2, 294
Nova Guiné, 196
Nova York, 37, 191, 325
Nova Zelândia, 84, 127, 210
Nuremberg, 85, 91, 249, 277, 312, 321, 324

O

Oak Ridge, 295
Oberammergau, 296
Oder, rio, 259, 289, 309, 318, 327-8, 343, 347-8
Okinawa, 315, 350-1
Omaha, 275
Omsk, 161
Orã, 108, 129, 219
Oradour, 276
Orcha, 277
Orel, 176
Orne, rio, 274
Osaka, 353
Oschersleben, 263

Oslo, 94, 99
Ostáchkov, 187
Ostmark, 65, 180
Ostrow, 261

P

Paderborn, 321
Países Baixos, 23
Palestina, 71, 199
Palm Springs, 325
Paris, 32, 36, 46, 53, 58, 65-6, 71, 77, 79,
   92, 95, 107, 273, 278, 286
Pas de Calais, 272-3
Pearl Harbor, 181, 183-5
Peenemünde, 293
Peipus, lago, 261
Peloponeso, 139-40
Pesaro, 286
Petsamo, 210
Pfalzburg, 308
Pforzheim, 321
Pillau, 310
Pilsen, 327
Pissa, rio, 78
Pleskau, 261
Ploieşti, 117, 135
Plön, 329, 337
Plymouth, 114
Pó, rio, 324
Polar, mar, 210
Polônia, 22, 24, 31, 33, 35, 51-3, 70, 73-
   7, 80-5, 87-92, 119, 131, 133, 210,
   242, 245-6, 259, 268, 285, 287-9,
   318, 325, 343-5, 348-9
Pomerânia, 309-10, 340
Port Arthur, 316
Port Darwin, 193
Port Moresby, 196
Portsmouth, 114
Posen, 22, 89, 172, 309, 344
Potsdam, 44, 328, 330, 347-9, 351-4
Praga, 73-4, 76, 82, 327

Pripiat, 171
Prússia, 8, 22, 89, 118, 169, 177, 210,
   245, 250, 259-60, 282, 289, 300,
   303, 309-10, 321, 327, 340, 348
Prut, rio, 265
Punta Stilo, 123

Q

Qattara, 205
Quebec, 255, 290

R

Racibórz, 312
Radom, 90
Rangun, 352
Rapallo, 31-3
Rastenburg, 221, 249, 254, 282
Ravensbrück (campo de
   concentração), 323
Regensburg, 250
Reims, 338-9
Remagen, 321
Remscheid, 249
Renânia, 11, 19, 25, 35-6, 40, 55-6, 82,
   210, 307
Reno, rio, 20, 23, 301-3, 306, 308,
   321, 326
Rheinsberg, 329
Riga, 180, 286
Rimini, 286
Rjukan, 294
Roma, 50, 60-2, 110-1, 134, 141, 182,
   198, 213, 251-2, 277
Romênia, 24, 56, 66, 75, 78, 86, 117, 131,
   138, 175, 207, 210, 214, 260, 286, 288
Romney, 272
Rostov, 239
Rouen, 286
Roussillon, 129
Ruhr, rio, 32, 291, 301-2, 307, 326

Rússia, 12, 15-7, 19, 24, 30-2, 35, 39, 49-50, 78, 82, 87, 93, 100, 118-9, 121, 125, 132-5, 141, 143-4, 146-7, 151, 154, 156, 159-60, 162, 164-5, 168, 171, 174, 176-7, 179, 186, 194-5, 200, 206, 208, 211, 217, 221, 233-4, 253, 255-6, 264, 279, 309, 311, 345, 352; *ver também* União Soviética

S

Sainte-Mère-Eglise, 274
Saint-Germain, 21, 30
Saint-Nazaire, 306
Saint-Vith, 307
Saipan, ilha, 315, 352
Salerno, golfo de, 252
Salò, 253
Salomão, ilhas, 206
Salônica, 140
Salzburgo, 200, 241
San Francisco, 317, 337, 345
San, rio, 78, 85
Sandomierz, 85
Sandwich, 272
São Petersburgo, 33, 160
Sarre, 36, 55-6, 291, 301
Savannah River, 295
Scapa Flow, baía de, 97
Schleswig, 22, 83
Schweinfurt, 250
Sebastopol, 206, 220
Sedan, 103
Sena, rio, 107, 286
Sérvia, 214
Sheffield, 123
Sibéria, 166, 179
Sicília, 134, 142, 192, 236, 242, 249-51, 254-5
Sidi Barrani, 137
Sidra, golfo de, 138, 192
Sieg, rio, 326
Sigmaringen, 307
Silésia, 66, 289, 291, 309, 321, 332

Singapura, 182, 189, 193-5, 257-8
Siret, rio, 265
Síria, 145
Smolensk, 88, 164, 176, 246
Sobibor, 212, 214
Sofia, 138, 265
Soissons, 277
Somme, rio, 103
Southampton, 123
St. Georgen an der Gusen, 296
Stalingrado, 208, 215-7, 220-3, 224, 227, 229, 231, 233, 235, 239, 244, 249, 257
Stallupönen, 301
Stettin, 289, 342
Stresa, 54
Sudão, 110, 138
Suécia, 95, 100, 267
Suez, 110, 125, 135, 143, 193-5, 199
Suhrer, lago, 329
Suíça, 35, 267, 280, 325
Sukhúmi, 216
Swinemünde, 321, 348

T

Tailândia, 189, 257
Tannenberg, 118
Taranto, 134, 252
Tchecoslováquia, 22, 35, 55, 63, 66-7, 73, 242, 344, 349
Teerã, 256, 258-61, 289
Theresienstadt, 173
Thorn, 309
Tíkhvin, 187
Tilsit, 210
Tim, 187
Tinian, ilha, 350, 352, 354
Tobruk, 138, 142, 192, 200, 203-4, 218
Tóquio, 61-2, 75, 126, 128, 162-3, 179, 181-4, 197, 257-8, 315, 350, 352-4, 356
Torgau, 329
Toulon, 108, 219, 286

Treblinka, 212
Trípoli, 138, 141, 218, 220
Tripolitânia, 135, 137-9, 220
Tröglitz, 264
Trondheim, 201
Tübingen, 294
Tula, 187
Túnis, 220, 240
Tunísia, 110, 134, 220-1, 240-1, 278
Turim, 240
Turíngia, 33, 296, 327, 347
Turquia, 139, 194, 236, 267, 292

U

Ucrânia, 156-7, 159, 161, 202, 214, 232, 264, 286, 300
Ufa, 177
Ulm, 284
União Soviética, 7, 10-2, 33, 35, 41, 46, 50-1, 57, 61-3, 66, 75-80, 86, 88, 92, 116-9, 126, 128, 132-3, 139, 149-54, 156-8, 161-3, 166-9, 172, 175, 185-6, 188, 195-6, 202, 207, 210, 212, 217, 221, 224, 235, 237-8, 243, 246-7, 254-6, 261, 265, 269, 288-9, 298, 309, 313, 316-7, 320, 336-7, 342, 345, 348-9, 352-4, 356; ver também Rússia
Urais, montes, 177
Ural, rio, 160
Uruguai, 97
Usedom, ilha, 293

V

Varsóvia, 36, 70, 81, 85-7, 90, 231, 287-8, 318, 347
Vêneto, 251
Verdun, 107, 130
Versalhes, 9, 21-5, 27, 29-32, 35-6, 38, 40, 42, 48-51, 53-6, 65-6, 73, 78, 89, 95, 102, 108, 139, 185, 281, 291, 344

Viazma, 177
Vichy, 111-4, 125-6, 128-30, 135-6, 145, 162, 175, 200, 203, 219
Viena, 22, 65, 71, 177, 327
Vístula, rio, 78, 85, 286-8, 310
Vítebsk, 277
Vladivostok, 237
Volga, rio, 154, 166, 177, 195, 207-8, 215-6, 223, 227, 235
Volínia, 261
Vossenack, 302

W

Wake, 189
Washington, D.C., 75, 102, 113-4, 148-9, 157, 164, 167, 182, 185, 189, 211, 236, 242, 244-5, 257, 268-9, 290, 295, 316-8, 325, 346, 352
Weimar, 15, 18, 25-6, 40, 42, 48, 53, 59, 65, 67
Werra, rio, 326
Wuppertal, 249
Würzburg, 321

X

Xangai, 75

Y

Yokohama, 127

Z

Zabern, 308
Zagreb, 140

Índice onomástico

A

Abe, Nobuyuki, 80
al-Gailani, Rashid Ali, 145, 198
al-Husayni, Amin, 198
Anderson, Ivar, 280
Antonescu, Ion, 265-6, 286
Arnim, Hans-Jürgen von, 220, 241
Attlee, Clement, 348, 356
Auchinleck, Claude, 143

B

Bach-Zelewski, Erich von dem, 287
Badoglio, Pietro, 109, 251, 253
Baldwin, Stanley, 55, 62
Bandera, Stepan, 156
Beck, Ludwig, 67, 232-3, 278, 281, 283
Bell, George, bispo de Chichester, 280
Beneš, Edvard, 67, 73, 344
Bernadotte, Folke, conde, 322-3
Bidault, Georges, 307
Bierut, Bolesław, 318
Bismarck, Otto von, 44, 96, 191
Blomberg, Werner von, 48, 63-4
Blum, Léon, 57-8
Bock, Fedor von, 103, 176, 179, 208
Bonaparte, Napoleão, 188, 244
Bonhoeffer, Dietrich, 280
Boris III, rei da Bulgária, 213, 265
Bormann, Martin, 154, 300, 311, 313, 329, 333
Bose, Chandra, 197, 258
Brauchitsch, Walter, 64, 84, 98, 133, 164, 187
Braun, Eva (Eva Hitler), 332

Briand, Aristide, 36
Brinons, Ferdinand de, 307
Brüning, Heinrich, 37, 42
Bukhárin, Nicolai Ivânovitch, 66
Burckhardt, Carl Jacob, 78, 267
Bussche, Axel von dem, 232
Byrnes, James F., 348

C

Canaris, Wilhelm, 283
Chamberlain, Neville, 45, 67-9, 73-5, 77, 81, 93, 146
Chiang Kai-shek, 61, 182, 257-8, 316, 354
Choltitz, Dietrich von, 286
Christian X, rei da Dinamarca, 99
Churchill, Winston, 76, 94, 106-7, 112-7, 122-4, 139, 143, 146-9, 151, 158, 162-3, 166-8, 173, 189, 194, 196-9, 209-11, 225, 235-6, 242-3, 245, 247-8, 250, 255, 257-60, 280, 287-9, 291-3, 298, 312-3, 319-20, 325-6, 335, 344-8, 350-1, 354
Ciano, Galeazzo, conde, 61, 221, 225
Clausen, Frits, 56
Clemenceau, Georges, 22, 291
Cripps, Richard S., 196

D

Daladier, Édouard, 58, 67, 69, 81, 95
Darlan, François, 145, 219
De Gaulle, Charles, 102, 112, 269, 286, 307
Degrelles, Léon, 56

Delp, Alfred, 228, 283
Dietl, Eduard, 99
Dietrich, Sepp, 324
Dimitrov, Gueórgui, 86, 342
Dohna-Schlobitten, Heinrich, conde, 222
Dönitz, Karl, 97, 173, 191, 201, 236-7, 332-3, 336-8, 340, 342-3
Doriot, Jacques, 57, 307
Douglas-Hamilton, Angus, 146
Drexler, Anton, 27
Dulles, Allan, 324-5
Dzhugasvili, Iákov, 166

E

Ebert, Friedrich, 17-8
Eckart, Dietrich, 28
Eden, Anthony, 151, 158, 210, 244-5, 259, 269, 348
Ehrenburg, Iliá, 309, 341
Eichmann, Adolf, 71, 112, 174, 180, 212, 266
Einstein, Albert, 295
Eisenhower, Dwight D., 219, 255, 273, 290, 301-2, 323, 326-8, 338-9, 342, 350
Eisner, Kurt, 26
Elisabeth, tsarina, 327
Elser, Georg, 98, 285
Emanuele III, Vittorio, rei da Itália, 251
Emerson, Ralph Waldo, 256
Engel, Gerhard, 132-3, 217
Erzberger, Matthias, 16, 108-9
Fahrner, Rudolf, 281
Farouk I, rei do Egito e do Sudão, 145, 199

F

Feder, Gottfried, 27
Fegelein, Hermann, 171, 331

Felmy, Hellmuth, 145
Fermi, Enrico, 295
Ford, Henry, 26, 76
Franco, Francisco, 57, 111, 129-31, 175
Frederico II, o Grande, rei da Prússia, 44, 332
Freisler, Roland, 283, 347
Freyberg, Bernard, 143
Friedeburg, Hans-Georg von, 338-9
Fritsch, Werner von, 63-4
Fromm, Friedrich, 282-4

G

Galland, Adolf, 249
Gamelin, Maurice Gustave, 102
Gandhi, Mohandas (Mahatma), 196-7
Gehlen, Reinhard, 233
George, David Lloyd, 21
Giesler, Paul, 332
Giraud, Henri, 219
Gisevius, Bernd, 280
Goebbels, Joseph, 40, 47, 64, 101, 111, 114, 152-3, 169, 172-3, 175, 180, 212, 218, 223, 228-31, 234, 238, 246, 254, 262, 285, 291-2, 298, 300-1, 306, 309-10, 328-32, 335, 337
Goerdeler, Carl Friedrich, 232-3, 281
Gorbatchóv, Mikhail Serguêievtich, 147
Göring, Hermann, 43, 59, 63-4, 82, 85, 104, 109, 114, 122-3, 140, 192, 220-1, 223, 249, 264, 303, 329-30, 332
Grey, Edward, 7
Groener, Wilhelm, 17
Groves, Leslie R., 295
Grynszpan, Herszel, 71
Guderian, Heinz, 88, 248, 300, 303
Guilherme II, imperador alemão e rei da Prússia, 44
Guilhermina, rainha da Holanda, 94
Gyptner, Richard, 342

H

Haakon VII, rei da Noruega, 99
Hacha, Emil, 73
Haeften, Hans Bernd von, 283
Halder, Franz, 93-4, 103-4, 121, 133-4,
    142, 154, 159, 164-5, 176, 178, 190,
    208, 217
Hanke, Karl, 332
Harrer, Karl, 27
Harriman, Averell, 288, 318
Harris, Arthur, 248, 312
Hassell, Ulrich von, 278
Haushofer, Albrecht, 146
Haushofer, Karl, 62, 146
Heinrici, Gotthard, 83, 90
Heisenberg, Werner, 294
Hemingway, Ernest, 275, 308
Henderson, Nevile, 82, 84
Henrique I (imperador germânico
    medieval), 70
Heusinger, Adolf, 282
Heydrich, Reinhard, 112-3, 159, 171,
    173-4, 188
Heβ, Rudolf, 146-9
Himmler, Heinrich, 68-70, 111-3, 155-6,
    159-72, 174, 198, 211, 214-5, 227, 231,
    243, 283, 287, 296, 298-301, 308-9,
    322-4, 330, 332, 337-8
Hinbenburg, Paul von, 35
Hindenburg, Paul von, 15, 42, 44, 49
Hiranuma, Kiichirō, 80
Hiroito, imperador do Japão, 356
Hitler, Adolf, 8-13, 15, 18-9, 26-31, 33-
    4, 37-74, 76-106, 108-12, 114-9, 121-
    40, 142-62, 164, 166-81, 185-8, 191,
    194-213, 215-223, 225-8, 230-7, 239,
    241-57, 259, 261-2, 265-8, 270-2, 274,
    276-88, 292-3, 295, 297-303, 305-
    12, 321-2, 324-5, 327-33, 335-7, 340-
    1, 343-4, 349
Hlond, August, cardeal, 91
Hoare, Samuel, 54, 146
Hofacker, Caesar von, 277-8, 281, 283-4

Hopkins, Harry, 167, 305, 313, 346
Horthy, Miklós, 140, 265-6, 286
Höss, Rudolf, 215
Hull, Cordell, 245, 259, 290-1
Humberto, príncipe da Itália, 111
Huntziger, Charles, 108

I

Iéltsin, Boris, 246

J

Jodl, Alfred, 64, 98, 103-4, 109, 125, 177,
    277, 282, 329, 337-9, 342
Jones, Adolf, 31
Júkov, Gueórgui K., 150, 179, 328, 339,
    342-3

K

Kaltenbrunner, Ernst, 298
Kámenev, Lev Borisovich, 66
Kammler, Hans, 296
Kapp, Wolfgang, 26
Keitel, Wilhelm, 64, 85, 91, 103, 108-
    9, 164, 181, 188, 282, 300, 329, 337,
    339, 342
Kempf, Werner, 247
Kennedy, Joseph, 76
Kersten, Felix, 322-3
Kesselring, Albert, 204, 220
Kessler, Harry, conde, 20
Keynes, John Maynard, 24
Khruschóv, Nikita, 88, 116
Kleist, Peter, 225, 243
Klopper, Hendrik, 203
Kluge, Günther von, 232, 247, 284
Koch, Erich, 300
Koiso, Kuniaki, 315, 352
Komorowski, Tadeusz, 287

393

Kónev, Ivan, 328
Konoe, Fuminaro, 126
Krebs, Albert, 40
Küchler, Georg, 208
Kvaternik, Slavko, 140
Kyril, príncipe da Bulgária, 265

L

Laborde, Jean de, 219
Langsdorff, Hans, 97
Lasch, Otto, 324
Lattre de Tassigny, Jean de, 342
Laval, Pierre, 129-30, 136, 213, 219
Leber, Julius, 228, 281
Lênin (Vladímir Ílitch Ulianov), 17, 19, 88, 157, 177
Leonhard, Wolfgang, 342
Leopoldo III, rei da Bélgica, 94
Ley, Robert, 40
Liebknecht, Karl, 17
Lindbergh, Charles, 76
Litvínov, Maksim, 158
Ludendorff, Erich, 15
Luther, Hans, 35
Luxemburgo, Rosa, 17, 20

M

Mackensen, August von, 83
Máiski, Ivan M., 151
Mann, Thomas, 20
Mannerheim, Carl Gustaf, 94, 118
Manstein, Erich von, 100, 220, 232, 239, 247-8, 253
Mao Tsé-tung, 61, 353
Maron, Karl, 342
Marshall, George C., 113, 326
Matsuoka, Yosuke, 126
McArthur, Douglas, 193, 315, 356
McCloy, James, 269
Meir, Golda, 71

Mikołajczyk, Stanisław, 289, 346
Milch, Erhard, 230, 249, 264, 294, 296
Mólotov, Viatcheslav, 77, 79, 91, 128, 131-2, 139, 149, 210, 245, 254, 259, 307, 351, 353-4
Moltke, Helmuth James, conde, 228, 278, 283
Monckton, Walter, 280
Montgomery, Bernard, 218, 273, 301, 326, 338-9, 342
Morgenthau, Henry, 290-2
Mosley, Oswald, 57, 107
Mountbatten, Louis, 315, 352
Murr, Wilhelm, 40
Mussolini, Benito, 50, 56, 60-1, 67, 69, 80-1, 101, 109-11, 124-5, 129-31, 134-9, 192, 200, 203-4, 213, 221, 240-1, 250-3, 285, 325, 333

N

Nagumo, Chūichi, 183
Neurath, Konstantin von, 63-5
Nicolau II, czar do Império Russo, 118, 155, 157
Nomura, Kichisaburō, 80, 194

O

Olbricht, Friedrich, 282-3
Oppenheimer, Robert, 295
Ōshima, Hiroshi, 161-2, 181
Oster, Hans, 67

P

Pacelli, Eugenio, 267
Papen, Franz von, 38, 42-3, 47
Pasha, Mostafa El-Nahas, 199
Patton, George S., 326
Paulo, príncipe da Iugoslávia, 139
Paulus, Friedrich, 216, 220, 223, 244

Pavolini, Alessandro, 252
Pedro II, rei da Iugoslávia, 139
Petacci, Clara, 333
Pétain, Philippe, 107, 111, 129-31, 136,
    145, 219, 307
Philby, Kim, 149
Pieck, Wilhelm, 243
Piłsudski, Józef Klemens, 118
Pio XI, papa, 60
Pio XII, papa, 267-8
Pohl, Oswald, 322
Poincaré, Raymond, 32
Pound, Dudley, 209
Prien, Günther, 97

Q

Quisling, Vidkun, 98-100

R

Rademacher, Franz, 112
Raeder, Erich, 63, 95-9, 126-7, 137,
    194, 201, 209, 237
Rahn, Rudolf, 253
Rath, Ernst vom, 71
Rathenau, Walther, 31
Reichenau, Walter von, 48, 93, 165
Reichwein, Adolf, 228
Renaud, Paul, 95
Ribbentrop, Joachim von, 54, 61, 63,
    65, 76-7, 79, 84, 109, 112, 127-8, 131,
    150, 162, 181, 197-8, 225, 234, 254,
    267, 298
Röhm, Ernst, 47-8
Rommel, Erwin, 103, 121, 138, 140-
    4, 192-3, 195, 199-200, 203-5, 218,
    220, 239-41, 251, 262-3, 272-3,
    276,-9, 284
Roosevelt, Franklin D., 55, 75-6, 82,
    94, 107, 113, 132, 148, 162-3, 166-
    8, 173, 182, 184-5, 189, 202, 209-11,
    225, 227, 235, 242-4, 248, 255-61,

269-70, 287-91, 295, 313-4, 316-7,
    319-20, 325-8, 349, 351, 353
Rosenberg, Alfred, 92, 153, 156, 179, 337
Rundstedt, Gerd von, 103, 105, 211,
    262, 272, 276, 279, 284, 305-6
Rydz-Smigly, Edward, 85

S

Sakskoburggotski, Simeon Borissow,
    265
Satō, Naotake, 353
Sauckel, Fritz, 296
Saundby, Sir Robert, 313
Scheidemann, Philipp, 16-7, 19, 21,
    24-5
Schellenberg, Walter, 298, 323
Schlabrendorff, Fabian von, 233
Schleicher, Kurt von, 49, 67
Schmundt, Rudolf, 216
Scholl, Hans, 228
Scholl, Sophie, 228
Schulenburg, Friedrich-Werner von
    der, conde, 87, 139
Schwerin von Krosigk, Lutz, 337
Shigemitsu, Mamoru, 257, 356
Sikorski, Władysław, 86, 245-7
Simović, Dušan, 139
Sinclair, Laurence, 312
Smuts, Jan C., 24
Sorge, Richard, 179
Spaatz, Carl A., 248, 264, 354
Speer, Albert, 47, 230, 264, 294, 296,
    321, 337
Spengler, Oswald, 281
Stálin, Ióssif, 9, 11, 13, 33, 35, 41, 46, 51,
    53, 58, 77-81, 86-9, 94, 115-7, 119, 126,
    131-2, 149-52, 155, 158, 166-9, 173,
    177-9, 188, 196, 202, 209-11, 224-5,
    227, 234-5, 237-8, 242-3, 245-7, 255-
    6, 258-61, 271, 287-9, 298, 307, 309,
    311-4, 316-20, 325-8, 331, 340-1, 343-
    9, 351, 353

Stanczyki, Jan, 346
Stauffenberg, Berthold Schenk, conde, 278, 281-2
Stauffenberg, Claus Schenk, conde, 232
Stetskó, Iaroslav, 156
Stimson, Henry L., 291
Strasser, Gregor, 40, 48
Strasser, Otto, 40
Streckenbach, Bruno, 174
Streicher, Julius, 40
Stresemann, Gustav, 35-7
Stroop, Jürgen, 231
Stuckart, Wilhelm, 337
Stülpnagel, Carl-Heinrich von, 278, 282-3
Stumpff, Hans-Jürgen, 339
Suñer, Serrano, 129
Suzuki, Kantaro, 354
Szálasi, Ferenc, 265, 287

T

Tardini, Domenico, 268
Tchitchérin, Gueórgui, 31, 35
Tchuikov, Vassíli, 216, 222, 224
Tedder, Arthur, 339
Timochenko, Semion K., 150
Tirpitz, Alfred von, 12, 95-6, 191, 201, 209
Tito, Josip Broz, 287
Todt, Fritz, 211, 230
Tōjō, Hideki, 182, 185, 257-8, 315
Tresckow, Henning von, 232-3, 282-3
Troeltsch, Ernst, 20
Trott zu Solz, Adam von, 94, 280
Truman, Harry S., 327, 344-9, 351-4, 356

U

Udet, Ernst, 59
Ulbricht, Walter, 243-4, 341

V

Vansittart, Robert, 115
Veesenmayer, Edmund, 266-7
Vlássov, Andrei A., 233-4, 299-300, 320-1

W

Wang Ching-wei, 257
Warlimont, Walter, 104-5, 274
Wavell, Archibald, 138, 143, 197
Weichs, Maximilien von, 208
Weinert, Erich, 244
Weizsäcker, Carl Friedrich von, 294
Welles, Sumner, 245
Wenck, Walther, 330, 338
Weygand, Maxime, 136
Wilson, Woodrow, 20-1, 24, 163, 185, 226
Wirth, Joseph, 31
Wirtz, Kurt, 294
Witzleben, Erwin von, 67, 282-3
Wolff, Karl, 113, 171-2, 253, 324-5
Wood, Frederick Lindley (visconde de Halifax), 147

Y

Yamamoto, Isoroku, 182, 196
Yonai, Mitsumasa, 315
Yorck von Wartenburg, Ludwig, conde, 228, 244, 271, 283-4

Z

Zeitzler, Kurt, 217, 233, 247, 262, 303
Zinóviev, Grigóri Eveieviteh, 19, 66

Créditos das imagens

p. 28: Universal Images Group/AGB Photo Library
p. 43: akg-images
p. 60: SZ Photo/ Süddeutsche Zeitung Photo/ Keystone Brasil
p. 69: Bundesarchiv, Bild 146-1970-052-24/ CC-BY-SA 3.0
p. 79: Agence France Press
p. 89: Bundesarchiv, Bild 101I-121-0008-25/ Max Ehlert/ CC-BY-SA 3.0
p. 103: BPK/Heinrich Hoffmann
p. 106: Universal Images Group/ AGB Photo Library
p. 109: Ralf Georg Reuth
p. 113: akg-images
p. 124: Picture Alliance/ Everett Collection
p. 141: Roger Viollet/ TopFoto/ AGB Photo Library
p. 160: FPG/ Hulton Archive/ Getty Images
p. 170: Universal Images Group/ AGB Photo Library
p. 176: akg-images
p. 184: Atlas Photo Archive/ TopFoto/ AGB Photo Library
p. 208: akg-imagess
p. 222: Universal Images Group/ AGB Photo Library
p. 224: Sputnik/ TopFoto/ AGB Photo Library
p. 229: Bundesarchiv, Bild 183-J05235/ Ernst Schwahn/ CC-BY-SA 3.0
p. 238: Ralf Georg Reuth
p. 240: TopFoto/ AGB Photo Library
p. 270: Picture Alliance/ akg-images
p. 273: Keystone/ Hulton Archive/ Getty Images
p. 274: Mondadori Portfolio/ Getty Images
p. 279: Ralf Georg Reuth
p. 293: akg-images/ Science Photo Library
p. 311: akg-images
p. 314: Picture Alliance/ ZB/ AGB Photo Library
p. 319: Sputnik
p. 323: Ralf Georg Reuth
p. 339: Universal Images Group/ AGB Photo Library
p. 355: Historical/ Getty Images

Todos os esforços foram feitos para localizar os detentores de direitos autorais das imagens incluídas neste livro. Em caso de eventual omissão, pedimos contatar a editora.

Kurze Geschichte des Zweiten Weltkriegs © Rowohlt —
Berlin Verlag GmbH, Berlim, 2018

Todos os direitos desta edição reservados à Todavia.

Grafia atualizada segundo o Acordo Ortográfico da Língua
Portuguesa de 1990, que entrou em vigor no Brasil em 2009.

capa
Daniel Trench
foto de capa
Hulton Archive/ Getty Images
foto do verso de capa
FPG/ Hulton Archive/ Getty Images
foto de quarta capa
Picture Alliance/ ZB/ AGB Photo Library
tratamento de imagens
Carlos Mesquita
preparação
Nina Schipper
índices toponímico e onomástico
Luciano Marchiori
revisão
Jane Pessoa
Ana Maria Barbosa

Dados Internacionais de Catalogação na Publicação (CIP)

Reuth, Ralf Georg (1952-)
Breve história da Segunda Guerra Mundial / Ralf
Georg Reuth ; tradução Claudia Abeling. — 1. ed. —
São Paulo : Todavia, 2022.

Título original: Kurze Geschichte des Zweiten Weltkriegs
ISBN 978-65-5692-270-6

1. Alemanha — História. 2. Segunda Guerra Mundial
(1939-1945). 3. Nazismo. I. Abeling, Claudia. II. Título.

CDD 940.53

Índice para catálogo sistemático:
1. Segunda Guerra Mundial 940.53

Bruna Heller — Bibliotecária — CRB 10/2348

todavia
Rua Luís Anhaia, 44
05433.020 São Paulo SP
T. 55 11. 3094 0500
www.todavialivros.com.br

fonte
Register*
papel
Pólen soft 80 g/m²
impressão
Ipsis